ULTRAVULNERABILIDADE NA ERA DA INTERNET DOS CORPOS

Instrumentos para proteção dos direitos fundamentais diante da manipulação e controle algorítmico

Dados Internacionais de Catalogação na Publicação (CIP)

S586u Silva, Roberta Scalzilli.

Ultravulnerabilidade na era da internet dos corpos : instrumentos para proteção dos direitos fundamentais diante da manipulação e controle algorítmico / Roberta Scalzilli Silva. – Porto Alegre : Livraria do Advogado, 2023.

230 p. ; 25 cm.

Inclui bibliografia.

ISBN 978-65-86017-95-3

1. Direitos fundamentais - Proteção. 2. Internet dos corpos. 3. Tecnologia - Vulnerabilidade. 4. Assédio de consumo. 5. Ética. 6. Direitos dos consumidores. 7. Controle social. I. Título.

CDU 342.7:004.738.5

Índice para catálogo sistemático:

1. Direitos fundamentais : Proteção : Internet 342.7:004.738.5

(Bibliotecária responsável: Sabrina Leal Araujo – CRB 8/10213)

Roberta Scalzilli Silva

ULTRAVULNERABILIDADE NA ERA DA INTERNET DOS CORPOS

Instrumentos para proteção dos direitos fundamentais diante da manipulação e controle algorítmico

livraria DO ADVOGADO editora

Porto Alegre, 2023

Capa, projeto gráfico e diagramação
Livraria do Advogado Editora

Revisão
Rosane Marques Borba

Imagem da capa
Montagem
br.freepik.com/vetores-gratis/corpo-humano/dna

Direitos desta edição reservados por
Comércio de Livros dos Advogados Ltda.
Livraria do Advogado Editora
Rua Riachuelo, 1334 s/105
90010-273 Porto Alegre RS
Fone: (51) 3225-3311
livraria@doadvogado.com.br
www.livrariadoadvogado.com.br

Impresso no Brasil / Printed in Brazil

A Deus, a razão de tudo.

Ao meu esposo, Marcell, e minhas filhas, Isabella e Alice.
Vocês ajudam a tornar a minha vida
valiosa e com propósito.

Lista de abreviaturas e siglas

ACLU............. American Civil Liberties Union
ADMs............. Algoritmos de destruição em massa
AMI............... Marco de avaliação global da alfabetização midiática e informacional
BCI................Brain-Computer Interfaces
CIA............... Agência Central de Inteligência dos EUA
CEDH............ Convenção Europeia dos Direitos Humanos
CADH............ Convenção Americana dos Direitos Humanos
CDC.............. Código de Proteção e Defesa do Consumidor
CC................ Código Civil
Chat GPT........ Generative Pre-Trained Transformer
CONAR.......... Conselho Nacional de Autorregulamentação Publicitária
DUDH............ Declaração Universal de Direitos Humanos
FDA.............. Food and Drug Administration
H+ .... Humanity Plus
IA................. Inteligência Artificial
IBGE............. Instituto Brasileiro de Geografia e Estatística
IoB................ Internet of Bodies
IoT................ Internet of Things
IHC............... Interação Humano-Computador
IHM.............. Interação Homem-Máquina
ICM.............. Interface Cérebro Máquina
LGPD............ Lei Geral de Proteção de Dados
MKULTRA...... Mind Kontrol
OCDE........... Organização para a Cooperação e Desenvolvimento Econômico
ONU............. Organização das Nações Unidas
PL................ Projeto de Lei

PROCON........ Programa de Proteção e Defesa do Consumidor

QI................. Quoeficiente de Inteligência

RV................. Realidade Virtual

SCADA........... Supervisory Control and Data Aquisition

EU................. União Europeia

UNESCO......... Organização das Nações Unidas para a Educação, a Ciência e a Cultura

TIC................ Tecnologia da Informação e Comunicação

Apresentação

Fiquei extremamente honrado com o convite da competente Professora Dra. Roberta Scalzilli para redigir a sua Apresentação para a obra *Ultravulnerabilidade na Era da Internet dos Corpos: Instrumentos para proteção dos direitos fundamentais diante da manipulação e do controle algorítmico*. O trabalho apresentado se qualifica pelo desbordar das novas fronteiras jurídicas e sociais. Autora destaca muito bem que a ultravulnerabilidade humana representa um risco máximo perante a aplicação da Internet das Coisas (IoB), capaz de afetar inexoravelmente o núcleo essencial da dignidade da pessoa humana. É nesse horizonte que irá tecer as novas abordagens que se exigem de uma ciência jurídica, inovadora, questionadora e adaptada à compreensão do mundo atual. É uma das primeiras, e talvez a primeira, exposições sistemáticas, no Direito nacional, dessa nova realidade.

O livro é fruto de defesa de Doutoramento da autora, defendida na Programa de Pós-Graduação em Direito da Pontifícia Universidade Católica do Rio Grande do Sul, como requisito parcial para a obtenção do título de Doutora em Direito. O trabalho recebeu a segura e sólida Orientação do Professor Doutor *Adalberto Pasqualotto.*

A defesa foi realizada perante a rigorosa banca, tendo o trabalho sido orientado pelo estimado Professor Dr. *Adalberto Pasqualotto* (Orientador), da Pontifícia Universidade Católica do Rio Grande do Sul (PUCRS), tendo a minha participação nessa defesa que obteve a aprovação, com todos os elogios regimentais, aos quais somo a minha admiração que merece o trabalho. Trata-se de um trabalho inovador, interdisciplinar, inspirador e que trará profundo impacto nas pesquisas nacionais sobre o tema. Tenho certeza de que já nasce como umas das obras de referência sobre o assunto.

O trabalho apresentado no presente livro pela autora descortina um novo tempo, com grandes desafios para o Direito. A tecnologia sempre uniu pessoas por meio e com objetos, mas a tecnologia atual os conecta de um modo nunca visto, em uma profundidade e intensidade ainda não plenamente compreendida. É nesse contexto que pessoas e objetos compartilham informações, ações e produzem um novo modo de conexão, que praticamente integra o espaço físico, natural e artificial, em um ambiente digital.

Todo o arcabouço de proteção jurídico e constitucional existente se debate com esse novo momento. Até onde o avanço exponencial da tecnologia, da internet das coisas, da virtualização, da inteligência artificial e de tantas outras tecnologias disruptivas irá ameaçar a proteção dos direitos fundamentais, conquistados e construídos, durante tanto tempo?

A autora toma como exemplo o problema da proteção do consumidor e sua relação com a internet dos corpos (IoB), como um exemplo dos inúmeros problemas que poderão surgir. E o faz com perspicácia, propriedade e desenvoltura. Não poderia ser diferente, dado que tenha sido tão bem orientada.

A tese, mantendo-se nesses limites já seria inovadora e relevante, mas ela avança. Ela enfrenta ainda mais profundos desafios. Afinal, até que ponto as empresas de tecnologia, envolvidas nesse mercado, podem, intencionalmente, usar da internet dos corpos para manipular a autonomia e controlar as pessoas, sem o consentimento destas? Até que ponto os pilares fundamentais da dignidade da pessoa humana estarão ameaçados pelos recentes avanços? E como impedir, controlar e reparar os possíveis danos decorrentes?

O estabelecimento de um marco normativo sólido, eficiente e adequado é um gigantesco desafio, e a obra se propõe a enfrentar e sugerir como assim proceder. A Tese utiliza do termo "*ecossistema*", para justamente designar esse ambiente, que merece um marco legal de tutela e proteção dos direitos fundamentais, com centralidade no humano. Talvez, o cerne de sua tese esteja na proposição da fórmula PAM, como principal mecanismo de coibição de práticas artificiais manipulatórias. A busca de instrumentos de limitação ao poder artificial é o grande desafio de nosso tempo e quiçá de nossa civilização. Nesse modelo, a hierarquização de riscos e meios de seu controle é parte fundamental do sucesso a este desafio.

O trabalho de *Roberta Scalzilli*, para além de demonstrar que o fenômeno da internet dos corpos (IoB) já é uma realidade, alerta a necessidade de um marco regulamentar sobre o seu uso, com renovada atualização dos tradicionais deveres impostos à Administração e ao setor privado. A autora alerta para diversos novos questionamentos fundamentais, tais como a proteção antimanipulatória, problemas de equidade e enviesamento algorítmico, capacidade de controle de riscos e revisão dos sistemas inteligentes aplicados.

O trabalho de *Roberta Scalzilli* contribui decisivamente para inaugurar uma nova linha de pesquisas, profícua, inovadora, impactante e necessária. Ela vislumbra um dos grandes desafios do século XXI, marcado pelo uso de sistemas inteligentes e de seus profundos desafios. Como proteger a dignidade do humano em uma época de rápida expansão da tecnologia. Trata-se de uma obra grandiosa, que somente se robustece cada vez mais pelo debate e aplicação concreta.

É uma grande honra, recomendo a obra da Dra. *Roberta Scalzilli*, pela sua impressionante contribuição original e inestimável para os grandes desafios decorrentes da Internet dos Corpos (IoB). Os questionamentos claros, estruturados, serenos e prospectivos entre Direito, Sociologia, Filosofia e Tecnologia, nesse encontro tão fundamental, irá contribuir decisivamente para a Teoria do Direito. São estudos como este que apoiam a construção de uma nova arquitetura pública e privada; administrativa e legislativa; legal e jurisprudencial mais segura, sólida e por consequência, mais eficiente e justa na proteção dos direitos fundamentais.

Porto Alegre, setembro de 2023.

Prof. Dr. Paulo Caliendo

Professor Titular da PUCRS
Membro Permanente do PPGD-PUCRS
ID Lattes: 9047483160060734
ORCID: 0000-0002-7549-8275

Prefácio

Como chegamos a este ponto?

Bem poderia ser este o subtítulo da tese de Roberta Scalzilli Silva. A humanidade se encontra em estupefação. Exagero? Segundo predizem vozes autorizadas da ciência, *businessmen* e mesmo os desenvolvedores da inteligência artificial, estamos arrostando o risco de extinção da humanidade, tal a potencialidade de prejuízo para a cultura que desenvolvemos ao longo da história. O perigo não pode ser negligenciado. O aprendizado de máquina pode chegar ao descontrole fatal de não poder mais ser regulado pelos seres humanos.

A tese de Roberta Scalzilli Silva está nesse contexto, mas trata de um aspecto ainda mais preocupante: o fato de que os corpos humanos foram transformados em portadores de tecnologia a serviço de interesses econômicos e políticos. Como a autora bem adverte, a tecnologia que nos seduz pode vir a nos aprisionar, transformando-se em fator de controle social manipulado por alguns poucos donos do poder. Diante dessa situação, a autora firma o conceito de ultravulnerabilidade, algo que vai além da vulnerabilidade caracterizada pela falta de informação diante da tecnologia (vulnerabilidade técnica) ou de qualquer outro aspecto da fragilidade dos consumidores frente aos fornecedores nas relações mercadológicas. A ultravulnerabilidade atinge a essência da dignidade do ser humano, transformando-nos em artefato.

Como reagir frente a isso? Quais são os instrumentais do direito?

Antes de responder a essas perguntas, é preciso lembrar que a ciência não tem retorno. O que é descoberto nunca mais será recoberto. E como há interesses envolvidos – interesses econômicos e políticos que convergem para o poder de controle social – não há esperança na autocontenção baseada na ética. As forças do mercado atuam como radicais livres, capturam liberdades alheias para amealharem mais dinheiro e mais poder. Como sempre advertiram os juristas efetivamente preocupados com o chamado mercado livre, a autorregulamentação não basta. Assim como a ciência não tem ponto de retorno, ninguém abre mão do poder que tem ou que pode ter.

A isso agrega-se o fator territorial. A universalidade da ciência e a globalização econômica escancaram a limitação da soberania dos Estados, que só podem impor a coercitividade das leis no âmbito do seu próprio território. E mais ainda: o Estado também necessita dominar a tecnologia, que em geral tem sido desenvolvida por particulares. Além de não conseguir regular os abusos, o Estado é dependente da tecnologia alheia, pertencente, em última análise, ao abusador.

Qual, então, a solução?

O que a tese entrevê é um caminho político. A exemplo do que já foi feito em outras situações – é lembrada a Convenção Quadro para o Controle do Tabaco – é imprescindível uma arquitetura política internacional que resulte em um tratado matriz de normas que sejam internalizadas pelos Estados soberanos, impondo regras universais uniformes capazes de harmonizar a coexistência de pessoas e máquinas. Além disso, a tese desenvolve uma norma jurídica baseada em riscos para identificar situações ameaçadoras à integridade psicofísica das pessoas, de modo a resguardar a dignidade humana.

Quem conhece Roberta pessoalmente pode afirmar que a tese a retrata. Roberta é inquieta, incansável, inconformada, audaz. Roberta não é acomodada, conformista, resignada. Somente um espírito como o dela poderia enfrentar tema de tamanha complexidade com o destemor que ela o fez. Nas linhas do texto, percebem-se os traços do temperamento da autora.

Às características acima descritas, quero acrescentar um fato que muito me tocou. Anunciei a ela no início do ano a intenção de encerrar a minha carreira acadêmica no mês de julho. Roberta teria prazo para concluir a tese até março de 2024, mas imediatamente afirmou que concluiria o seu trabalho antes da minha saída. De fato, em junho foi feita a qualificação e na primeira semana de agosto ocorreu a defesa em banca de doutorado. Tive, assim, o privilégio de concluir a minha trajetória no Programa de Pós-Graduação em Direito da Pontifícia Universidade Católica do Rio Grande do Sul com a orientação de uma tese corajosa, escrita por uma pessoa de alta qualificação moral e intelectual.

Em meio ao tumulto causado pela inteligência artificial e pela internet dos corpos, a voz de Roberta precisa ser ouvida. Que este livro seja o seu megafone. Creio firmemente que à dela outras vozes se unirão, e que esta não será a sua única mensagem. O melhor que posso desejar a Roberta é que siga o seu caminho e que persista na sua inconformidade enquanto uma solução harmonizadora da coexistência – ou do ecossistema – entre pessoas e máquinas não seja encontrada.

A mensagem de Roberta não é somente jurídica, é profundamente humanista.

Leia e una-se a ela.

Porto Alegre, setembro de 2023.

Adalberto Pasqualotto
Doutor em Direito.

Sumário

Introdução

A sociedade passa por um período de grandes transformações e mudanças no modo de vida diante da contínua aceleração tecnológica. A utilização da internet é capaz de oferecer muitos benefícios à sociedade, desde que seja centrada no ser humano, ética, sustentável, e respeite os direitos e valores fundamentais, pois a depender do seu uso é capaz de causar consequências nefastas.

A tecnologia exerce uma influência invisível, e por vezes irresistível, na vida humana, direcionando as pessoas a escolhas inconscientes, por meio de instrumentos de manipulação que usurpam direitos fundamentais e causam prejuízos já conhecidos e outros não revelados. Alguns mecanismos como programação preditiva, gatilhos de compromisso e coerência conduzem a um efeito manada e pensamento de colmeia. O exponencial desenvolvimento computacional também se utiliza dessas ferramentas para introduzir na sociedade tecnologias disruptivas, gerando a necessidade de pertencimento de grupo e a consequente normalização de práticas cujos efeitos maléficos não são compartilhados ou conhecidos, como nas tecnologias da internet dos corpos e o projeto do transumanismo.

Essas condutas, encabeçadas especialmente por grandes empresas, ditam regras de conduta, implementam cultura na sociedade e controlam as pessoas, mantendo-as em um confortável cativeiro. Há aqueles que acreditam que fazem suas próprias escolhas, mas, apesar de serem manipuladas, elas são consideradas benéficas se oferecem facilidades, proporcionam sensação de pertencimento social (não sendo excluídos), fornecem acesso a uma alimentação saborosa e farta (mesmo que não seja saudável) e permitem aproveitar a vida sem dor nem sofrimento.

Diante disso, objetiva-se trabalhar de forma introdutória o assédio de consumo, avançando para o uso da internet dos corpos como meio de manipulação da autonomia humana e do controle social, demonstrando as condutas necessárias para harmonização das relações entre pessoas e a tecnologia, para que ela não seja manipuladora, mas subordinada aos valores humanos.

A tecnologia atual está se universalizando de tal forma nos diferentes setores da atividade humana que já penetrou até mesmo nos nossos corpos. Ao mesmo tempo, em que dela nos servimos, a tecnologia nos subjuga. Cada vez menos a dominamos e cada vez mais dela somos dependentes. Esse paradoxo coloca os seres humanos, em uma situação inédita de vulnerabilidade, transformando a dependência em ameaça. A nossa privacidade, a nossa integridade psicofísica e a nossa dignidade estão ameaçadas. Diante dos avanços recentes da inteligência artificial, já se fala em ameaça civilizatória.[1] As ameaças tecnológicas são tão grandes, que foram excedidos todos os padrões de vulnerabilidade até agora versados: as quatro vulnerabilidades ordinariamente relacionadas ao consumidor no mercado (vulnerabilidade técnica, jurídica, econômica e informacional),[2] e a vulnerabilidade agravada, que afeta determinados consumidores em especial, como crianças, idosos, analfabetos e imigrantes,[3] chamada por outros de hipervulnerabilidade.[4] Todos esses conceitos foram ultrapassados. Estamos agora diante de um novo e superlativo padrão, a ultravulnerabilidade, uma elevação das debilidades humanas à sua quintessência, porque a própria natureza humana é vulnerada.

A essa natureza capital da lesão causada à natureza humana pela máquina, adiciona-se o elemento universal. Não há fronteiras para a tecnologia. A exploração capitalista da tecnologia a torna ubíqua, fazendo-se presente em todas as latitudes e em qualquer atividade humana.

A gravidade da ameaça tecnológica – e a esta altura não apenas ameaça, mas risco concreto e danos causados pela tecnologia – e a sua universalidade exigem uma resposta transfronteiras, o que coloca dois desafios de monta: as limitações do direito internacional para regular, fiscalizar e impor sanções a atividades privadas e a força econômica das grandes corporações de tecnologia. A única forma de enfrentamento é mediante um concerto internacional, capaz de produzir um tratado cujas diretrizes sejam internalizadas nos ordenamentos jurídicos dos países aderentes. A uniformidade, normatividade e a cogência das sanções poderá fazer frente ao poder econômico das corporações. Não se descarta, obviamente, que as corporações adiram a práticas consentâneas com os princípios a serem adotados e, desde logo, com primados de direitos humanos atuais. Contudo, é certo que somente o concerto das nações no plano internacional poderá levar as corporações à mudança de comportamento ético.

---

[1] Sobre o tema, ver: HARARI, Yuval. O domínio da inteligência artificial sobre a linguagem é uma ameaça à civilização. *Estadão*, 28.mar.2023. Disponível em: https://www.estadao.com.br/internacional/yuval-harari-o-dominio-da-inteligencia-artificial-sobre-a-linguagem-e-uma-ameaca-a-civilizacao/. Acesso em: 28. mar.2023, e Disponível em: https://canaltech.com.br/inteligencia-artificial/elon-musk-e-especialistas-pedem-que-desenvolvimento-de-ias-seja-suspenso-244800/. Acesso em: 30 mar.2023. Outra referência a respeito: Disponível em: https://www.stopkillerrobots.org/. Acesso em:04. jun.2023.

[2] Nesse sentido, por todos, Cláudia Lima Marques. MARQUES, Cláudia Lima. *Contratos no Código de Defesa do Consumidor:* O novo regime das relações contratuais. São Paulo: Revista dos Tribunais, 2002.

[3] Conforme Bruno Miragem, trata-se nesses casos de vulnerabilidade agravada. MIRAGEM, Bruno. *Curso de Direito do Consumidor*. 6 ed. São Paulo: Revista dos Tribunais, 2016. p. 131 a 141.

[4] Nesse sentido, um trecho do voto do Ministro Herman Benjamin: "Ao Estado Social importam não apenas os vulneráveis, mas sobretudo os hipervulneráveis, pois são esses que, exatamente por serem minoritários e amiúde discriminados ou ignorados, mais sofrem com a massificação do consumo e a 'pasteurização' das diferenças que caracterizam e enriquecem a sociedade moderna". Superior Tribunal de Justiça. Resp 586.316/MG. 2ª Turma Civ. Rel. Ministro Herman Benjamin, J. 17/04/2007. Disponível em: Acesso em: 03 jun. 2023.

Serão apresentadas contribuições, por um novo prisma, para os já utilizados e necessários mecanismos de proteção, e ir além, sugerindo instrumentos jurídicos e extrajurídicos para a construção de uma tutela qualificada, que em casos específicos pode orientar a proibição de condutas cujos outros métodos não foram efetivos para resguardar direitos.

Refletir sobre vulnerabilidade, e definir uma nova espécie que se denomina vulnerabilidade de identidade, faz parte da trilha desta tese.

Nesse contexto, buscam-se alternativas jurídicas e não jurídicas dentro do mercado digital, capazes de proteger a mente e o corpo humano diante dos avanços da internet dos corpos, zelando pela higidez, ética nas relações entre pessoa e máquina e o respeito ao ser humano. Convém esclarecer também os custos e eficiências dessas tecnologias e como tornar a relação de consumo nesse ambiente mais colaborativa e consciente.

Dessa forma, serão discutidas questões relativas, tanto aos limites éticos do desenvolvimento de tecnologias, invasivas ou não, de interface entre humano e máquina, quanto do *marketing* dessas inovações, bem como quais mecanismos seriam capazes de conferir segurança técnica e confiança jurídica aos consumidores.

Diante dos impactos da convulsão cultural originada pela tecnologia ao ser humano, busca-se solucionar o seguinte problema: é possível centrar o futuro da tecnologia no ser humano, minimizando suas externalidades negativas sem estagnar o desenvolvimento computacional? Para responder a tal indagação, este trabalho propõe um estudo jurídico interdisciplinar com a contribuição da neurociência, da psicologia e da filosofia. Desta investigação, descortinaram-se os prejuízos e eficiências advindos da internet dos corpos e apresentaram-se sugestões e proposições que envolvem estratégias que integram o chamado ecossistema de tutela qualificada, com o fito de aperfeiçoar a proteção dos vulneráveis, com atualizações e melhorias às práticas já existentes, e o desenvolvimento de medidas efetivas de proteção da privacidade e da liberdade de escolha e autodeterminação, objetivando a redução de vícios que podem macular a livre escolha do que é importante para cada indivíduo.

As contribuições ao tema seguem por meio da discussão acerca das perspectivas éticas que devem nortear as relações de consumo diante deste novo mundo conectado em rede. Consequentemente, pretende-se colaborar na compatibilização do desenvolvimento tecnológico e econômico dos fornecedores com os interesses e direitos dos consumidores consagrando a harmonização das relações de consumo prevista no artigo 4º, III, do Código de Proteção e Defesa do Consumidor, por meio de caminhos que poderão proporcionar aos envolvidos uma relação mais colaborativa, qualificada e que respeite os direitos fundamentais do consumidor.

Essa pesquisa doutoral se justifica pela indispensável proteção do ser humano que está prevista em diplomas, tais como a Declaração de Direitos do Homem e do Cidadão, Declaração Universal de Direitos Humanos e a Convenção Americana de Direitos Humanos. Nessa perspectiva, o objetivo geral da tese reside na sugestão de proposições aos impactos das tecnologias de interface que manipulam e controlam as pessoas, conectando o corpo e a mente humana à internet, bem como os reflexos na tutela de direitos fundamentais. Será apresentada a experiência de outros países para demonstrar a contribuição de modelos distintos na compreensão dos efeitos da tecnologia no agir humano e no desenvolvimento de diretrizes adequadas para uma tutela humana qualificada.

Para tanto, constrói-se o referencial teórico jurídico em Ingo Wolfgang Sarlet a partir das ideias de dignidade da pessoa humana e direitos fundamentais, e em áreas correlatas nas teorias de Edward Tenner e Jacques Ellul, com a contribuição do pensamento de especialistas da área jurídica para demonstrar que o direito do ser humano é um fenômeno dinâmico que precisa ser atualizado para se tornar efetivo.

No campo metodológico, a pesquisa se desenvolve precipuamente pelo método hipotético-dedutivo, uma vez que provém de teorias e doutrinas existentes, ancorado no método de interpretação jurídica sistemático, objetivando a compreensão dos mecanismos tecnológicos utilizados para manipulação e controle humano.

Com apoio histórico, comparativo, doutrinário, conceitual, de interpretação de texto legislativo, da técnica e da lógica jurídica empregada e jurisprudencial, tem-se por objetivo proporcionar mais familiaridade com o problema, aprimorando ideias e institutos.

Do ponto de vista organizacional, o presente trabalho está dividido em duas partes. Na parte I, efetua-se um estudo acerca de manipulação e controle social global advindo das novas tecnologias e os impactos nos direitos fundamentais e no agravamento da vulnerabilidade do ser humano. Nesta senda, faz-se uma abordagem acerca do assédio de consumo e a influência das mídias como forças culturais, demonstrando a seguir que o avanço exponencial das tecnologias, especialmente as que conectam humanos à internet, seduzem e aprisionam as pessoas em um ciclo vicioso repleto de riscos. Na sequência, passa-se a demonstrar que a vigilância sob o pretexto da segurança, do mesmo modo que a internet dos corpos proclama benefícios, gera um controle social e viola garantias fundamentais.

A introdução de tecnologias disruptivas, tais como dispositivos implantáveis, a interface humano-máquina e o aperfeiçoamento humano culminando no transumanismo são normalizadas na sociedade, inicialmente por meio de mensagens subliminares e programação preditiva até veiculações midiáticas explícitas que modulam o comportamento social, conduzindo a um comportamento de manada, não questionador, que favorece a introdução de um novo modelo social. Para uma pormenorizada análise dessas questões, examina-se o potencial benéfico e prejudicial das tecnologias de interface humano-máquina e utiliza-se a experiência da União Europeia e de três modelos distintos: Estados Unidos, Alemanha e China na regulação da inteligência artificial, a fim de lançar luzes para a regulação do tema no Brasil.

A parte II da pesquisa analisa a arquitetura qualificada para o desenvolvimento tecnológico de interface humana. Para tanto, demonstra-se que no mundo moderno a dificuldade de desconexão advém de um modo de vida que torna as pessoas dependentes da tecnologia em uma constante busca por eficiência, fazendo surgir uma nova era: a dos cibercosumidores. As consequências dessa hiperconexão ressaltadas na tese, são a crise de sentido e da vulnerabilidade de identidade. Assim, examinam-se no tópico seguinte estratégias extrajurídicas de preservação humana e fortalecimento do consumidor para contenção dos efeitos manipulatórios no uso das tecnologias de interface. Na sequência, aborda-se o protagonismo humano contra a manipulação e o controle tecnológico, que visa à construção de uma concepção desenvolvida, humanizada e constitucional do consumo no Brasil do futuro.

A tese sustenta-se em dois pressupostos fáticos principais: a subjugação da natureza humana à máquina e aos interesses econômicos e de poder das grandes corporações digitais, tornando a pessoa ultravulnerável ao domínio da tecnologia; e a universalidade da ameaça tecnológica e dos danos que já vêm sendo causados à privacidade, à integridade psicofísica e à dignidade humana. Diante disso, apresenta-se a criação da tese da teoria da tutela humana qualificada por meio da implementação de um ecossistema de fortalecimento humano nas relações tecnológicas que contará com mecanismos ético-jurídicos harmonizadores das experiências humanas com a máquina.

Por fim, os dois últimos pontos da tese tratam das principais soluções jurídicas para o cenário apresentado. O destaque, no âmbito nacional, é a sugestão de uma norma legal baseada em riscos e transnacionalmente uma convenção ou tratado capaz de regular o poder tecnológico no âmbito mundial e compatibilizar com os direitos da pessoa humana. Ambas as proposições se complementam, uma vez que a internalização das diretrizes internacionais no ordenamento jurídico brasileiro objetiva zelar pelo respeito, pela privacidade e pela autonomia humana que decorre da liberdade e da dignidade humana, estabelecendo parâmetros éticos e limites aos avanços tecnológicos que violem esse direito.

Na conclusão, confirma-se a hipótese de que há manipulação e controle nas atuais práticas do assédio de consumo e especialmente na internet dos corpos, inseridas em uma escala de riscos, que podem ocasionar, a nominada nesta tese, ultravulnerabilidade da pessoa, visto que tais práticas violam direitos humanos e garantias constitucionais em grau máximo. Portanto, propõe-se a adequada proteção da integridade psicofísica, elevando à condição de direito fundamental a tutela da mente e do corpo interno, amparada na dignidade humana. Nesse sentido, apresenta-se o ecossistema de tutela humana qualificada composto por mecanismos jurídicos e não jurídicos amparado na proposta da fórmula PAM.

Em resumo, a tese consiste: a) no reconhecimento da situação superlativa de vulnerabilidade da pessoa humana diante do avanço da tecnologia, representado especialmente pela inteligência artificial (IA) e internet dos corpos (IoB); b) na necessidade de afirmar a dignidade da pessoa humana como valor primordial e inviolável da condição humana, o que só poderá ser afirmado com efetividade e cogência a partir de uma convenção internacional que, sem negar os progressos da ciência e da tecnologia, declare a proteção da integridade psicofísica como direito fundamental da pessoa humana; c) na subsequente internalização das normas basilares da convenção internacional nos sistemas internos dos países aderentes; d) na instituição de uma norma legal baseada em riscos para servir de estrutura ao ecossistema de tutela qualificada do consumidor e da pessoa humana nas suas relações com as máquinas.

Parte I

1. Manipulação e controle social em um mundo impulsionado pela tecnologia: considerações sobre o impacto do desenvolvimento tecnológico nos direitos fundamentais e na maximização da vulnerabilidade humana

Cada vez que uma nova tecnologia é capaz de romper ou modificar radicalmente os padrões de uma sociedade, convencionalmente diz-se tratar de uma revolução, como ocorreu com a revolução agrícola, que permitiu a sedentarização da espécie humana, a formação de cidades e um início de especialização do trabalho humano.

Nos tempos modernos, a primeira Revolução Industrial marcou uma mudança na forma de vida das pessoas.[5] A partir da segunda metade do século XIX, outros avanços tecnológicos, como o advento da energia elétrica e a invenção do telégrafo, possibilitaram um aprofundamento daquela revolução e sua conversão na Revolução 2.0. No século XX, a partir dos anos 1970, as inovações técnico-científicas e informacionais, com o uso crescente dos computadores, deslancharam a Revolução 3.0, aprofundada com o surgimento da internet, nos anos noventa.[6] Na chamada Revolução 4.0, começam a desaparecer as barreiras entre o mundo digital (composto, entre outras tecnologias, por inteligência artificial, robôs autônomos, realidade aumentada e internet das coisas) e o mundo real. Essa quarta revolução, tal como vislumbrada por Klaus Schwab,[7] caracteriza-se pela velocidade exponencial das mudanças tecnológicas, pela amplitude e profundidade de tais mudanças, e pelo seu impacto sistêmico: altera a economia, os negócios, a sociedade e a política (e, consequentemente, o direito).

Atualmente, vivemos a Revolução 4.0, na qual uma rede de dispositivos anula qualquer barreira entre o mundo digital e o mundo real. Nesse contexto,

[5] Na Inglaterra, no final do século XVIII, com a descoberta do carvão como fonte de energia, originando as máquinas a vapor e, na sequência, a locomotiva, que aceleraram a produção industrial. ROOS, Gautier; YEH, Alexandra. L'IA en route vers la quatrième révolution industrielle? Méta-Media, 26 mars 2017 e HOFFMANN-RIEM, Wolfgang. *Teoria Geral do Direito Digital. Transformação digital* – desafios para o direito. Trad. de Italo Fuhrmann. Rio de Janeiro: Forense, 2021.

[6] ROOS, Gautier; YEH, Alexandra. L'IA en route vers la quatrième révolution industrielle? Méta-Media, 26 mars 2017 e HOFFMANN-RIEM, Wolfgang. *Teoria Geral do Direito Digital.* Transformação digital – desafios para o direito. Trad. de Italo Fuhrmann. Rio de Janeiro: Forense, 2021.

[7] SCHWAB, Klaus. *A Quarta Revolução Industrial.* Trad. de Daniel M. Miranda. São Paulo: Edipro, 2016, p. 13.

onde os algoritmos são a base da cultura digital, muito se tem discutido sobre as possibilidades de interação entre o ser humano e a tecnologia, integrando o *on-line* e *off-line*, com objetivo de equilibrar o avanço econômico com a resolução de problemas sociais.

Essa iniciativa é um esforço para criar um contrato social e modelo econômico que incorpore as inovações tecnológicas da quarta Revolução Industrial em toda a sociedade. Trata-se de uma Revolução que posiciona o ser humano no centro da inovação para proporcionar melhor qualidade de vida e demonstrar que os sistemas inteligentes podem ser grandes aliados para resolver problemas sociais complexos.

Nesse contexto, avança-se para a sociedade 5.0, a qual preconiza que o uso das tecnologias, especialmente dos algoritmos, apresenta grande potencial benéfico para as pessoas, capaz de proporcionar melhoria da qualidade de vida por meio das inovações tecnológicas, objetivando que humanos e máquinas sejam aliados e não inimigos.[8] Isso ocorre, por exemplo, quando a inteligência artificial, através do uso dos algoritmos, faz recomendações, customizando um produto de acordo com as preferências de cada pessoa. Ou então quando se usam drones para entrega de comidas e medicamentos, carros autônomos, espelho inteligente,[9] robôs assistentes, *chatbots*, impressoras 3d, entre outras tecnologias que visam a alcançar a máxima satisfação e comodidade das pessoas.[10] Todavia trata-se de um grande desafio sob o ponto de vista teórico, ético e procedimental, passível de causar prejuízos à sorte de cidadãos quando usados para manipulação e controle social. Assim, diante do avanço tecnológico exponencial, torna-se essencial discutir importantes temas como a *cyber* segurança,[11] proteção de dados, ética dos algoritmos e transparência sempre à luz da Constituição Federal de modo a preservar os direitos individuais e coletivos dos cidadãos.

---

[8] Entende-se que desafios como Kasparov vs. *Deep Blue*, em 1997, ou Sedol vs. *AlphaGo*, em 2016, podem estimular visões das máquinas como inimigas que irão tomar o lugar dos humanos. Sobre esses episódios, veja-se a descrição fornecida por Mark Coeckelbergh: "Os olhos de Lee Sedol incham com lágrimas. *AlphaGo*, uma inteligência artificial (IA) desenvolvida pela *DeepMind* do Google, acabou de garantir uma vitória por 4–1, no jogo Go. Estamos em março de 2016. Duas décadas antes, o grande mestre do xadrez Garry Kasparov perdeu para a máquina *Deep Blue*, e agora um programa de computador havia vencido o campeão mundial por dezoito vezes, Lee Sedol, em um complexo jogo que era visto como um jogo que apenas humanos podiam jogar, usando sua intuição e pensamento estratégico. O computador não ganhou por seguir as regras dadas a ele pelos programadores, mas por meio de aprendizado de máquina baseado em análise de milhões de partidas de Go e jogando contra si mesmo" – COECKELBERGH, Mark. AI Ethics. Cambridge/ Massachusetts, The MIT Press, 2020, p. 14.

[9] O *smart mirror* é um espelho inteligente que pode ser usado em qualquer ambiente, como nos provadores de lojas, onde os clientes conseguem simular looks, fazer teste de cores, facilitando a escolha do produto.

[10] A expressão *sociedade 5.0* refere-se à evolução dos modelos anteriores, depois de ter passado de uma sociedade de coletores e caçadores (sociedade 1.0) para uma sociedade de agricultores (sociedade 2.0), evoluindo para uma sociedade industrial (sociedade 3.0) até a nossa sociedade atual da informação (sociedade 4.0). Na sociedade 5.0, a Internet das coisas irá aprofundar ainda mais pessoas e objetos, possibilitando o compartilhamento de todo tipo de conhecimento, mais focada no crescimento sustentável, na integração entre o *on-line* e o *off-line*, equilibrando avanço econômico com a resolução de problemas sociais por meio de um sistema que integra o ciberespaço e o espaço físico.

[11] Um exemplo é a empresa Cisco, que possui uma equipe de inteligência para desenvolver estratégias de segurança contra cyber ataques. Disponível em: https://www.talosintelligence.com/about. Acesso em 18 jan. 2023.

Proclama-se que tudo pode vir a ser "inteligente": casas, roupas, automóveis, cidades, indústrias, inclusive a utilização da inteligência artificial em atividades artísticas de criação. Nesse sentido, a ideia de que a criatividade é exclusividade humana parece estar com os dias contados, ao passo que a inteligência artificial já é capaz de compor músicas, peças teatrais e pintar quadros.[12]

O Chat GPT,[13] lançado pela Open AI em novembro de 2022, é uma ferramenta de inteligência artificial destacada, capaz de criar diversos conteúdos utilizando linguagem *deep learning*. O *chatbot* já conta com uma versão mais moderna apresentada em março de 2023, o Chat GPT4,[14] que fornece respostas cada vez mais parecidas com os humanos e analisa imagens além de textos. Apesar de sistemas como a IA generativa já estarem desempenhando atividades semelhante às humanas, não são verdadeiramente criativas, pois precisam de dados reais (*Web Scraping*) para criar e ainda podem enfrentar problemas com direitos autorais e *deep fakes*.[15] Esse sistema carrega riscos, como o estado de alucinação da IA e informação com viés (Bias), que afetam a mente humana, podendo causar atrofia cognitiva no processo de criação,[16] controle social,[17] além de facilitar a aplicação de golpes virtuais e[18] fomentar o caminho para a singularidade.[19] [20]

Os robôs estão cada vez mais presentes nas sociedades, sendo utilizados para atividades domésticas, cuidados de idosos,[21] agricultura, e muitas outras

---

[12] Disponível em: https://www1.folha.uol.com.br/seminariosfolha/2018/12/inteligencia-artificial-ja-cria-roteiro-compoe-musica-e-pinta-quadro.shtml. Acesso em: 25 jun.2020.

[13] Em dois meses, já conta com 100 milhões de usuários e tem como um dos maiores investidores a Microsoft, que utiliza a tecnologia em seu buscador Bing e o Microsoft Teams. Disponível em: https://www.istoedinheiro.com.br/chat-gpt-100-milhoes-de-usuarios-em-dois-meses/ O Google já anunciou um concorrente para o Chat GPT. A IA conversacional chamada Bard. https://www.istoedinheiro.com.br/google-anuncia-competidor-do-chat-gpt/ Acesso em: 11 fev. 2023.

[14] Disponível em: https://openai.com/research/gpt-4 Acesso em:23. mar.2023.

[15] Disponível em: Harvard Business Review: *"How Generative AI Is Changing Creative Work"*;https://hbr.org/2022/11/how-generative-ai-is-changing-creative-work?language=pt. Acesso em: 20 dez 2022.

[16] Disponível em: https://recreio.uol.com.br/noticias/tecnologia/saiba-como-o-chat-gpt-pode-afetar-a-cognicao-humana-87.phtml Acesso em:20.abr.2023.

[17] Desde 1994, a China cria leis para controlar e monitorar o conteúdo das redes digitais no país. Nesse sentido, em 15 de agosto de 2023, passam a valer as regras para serviços de IA como o Chat GPT na linha Great Firewall. GIELOW, Igor. *China obriga IA do país a adotar 'valores socialistas.* Folha de São Paulo. Disponível em: https://www1.folha.uol.com.br/mundo/2023/07/china-obriga-ia-do-pais-a-adotar-valores-socialistas.shtml. Acesso em:14.jul.2023.

[18] Disponível em:https://www.techtudo.com.br/listas/2023/02/seis-coisas-perigosas-que-o-chatgpt-e-capaz-de-fazer-edsoftwares.ghtml Acesso em:20.abr.2023.

[19] Sobre o tema, ver: KURZWEIL, Ray. *A singularidade está próxima quando os humanos transcendem a biologia.* Editora Iluminuras LTDA, São Paulo: 2006. KURZWEIL, Ray *A Era das Máquinas Espirituais;* tradução Fábio Fernandes. São Paulo: Aleph, 2007.

[20] A preocupação mundial com o tema culminou nas recomendações para a IA generativa responsável: The Presidio Recommendations on Responsible Generative AI, june 2023.Word Economic Forum. Disponível em: https://www3.weforum.org/docs/WEF_Presidio_Recommendations_on_Responsible_Generative_AI_2023.pdf. Acesso em 15.jun.2023.

[21] Sobre o tema, ver: PASQUAL, Cristina Stringari. Frank e o Robô: *A robótica e a hipervulnerabilidade do idoso.* In: Aline Mapelli; Marina Giongo; Rita Carnevale. (Org.). Os impactos das novas tecnologias no direito e na sociedade. Erechim: Deviant, 2018. p. 167-181.

funções, inclusive militares. No entanto, o avanço irresistível da inteligência artificial também acarreta riscos que já são conhecidos, especialmente pela capacidade que essa tecnologia oferece de violação da privacidade e de manipulação de pessoas, com temidos impactos até para a democracia.[22] Um dos riscos já detectados consiste em que os sistemas de inteligência artificial, ainda que programados para tomar decisões corretas e lógicas, podem apresentar padrões discriminatórios, pois são treinados com dados que refletem o comportamento humano imperfeito.[23] Sistemas de inteligência artificial podem ser configurados para o bem ou para o mal a depender dos interesses de quem os programe. Assim, mesmo desenvolvida para atividades benéficas aos seres humanos, a IA poderá acarretar danos ao tentar atingir os objetivos para os quais foi programada, que nem sempre estão alinhados aos nossos.[24][25]

A história de Frankstein, na obra de Mary Shelley, escrita profeticamente no princípio de uma era tecnológica e publicado em 1818, foi a primeira obra a ligar a tecnologia de Prometeu a desastres imprevistos.[26] Após uma declaração pouco convincente contra a ciência, são marcantes as palavras de Frankenstein: "Por que estou dizendo isto? Fracassei, mas outros poderão ter melhor sorte". Mary Shelley não trata o monstro como um robô, ou um animal, todavia ele também não é humano, embora seja capaz de falar de forma inteligente e até com sentimento. Desde o começo da era industrial, os maiores artistas e

---

[22] SILVEIRA, Sergio Amadeu da Democracia e os códigos invisíveis: como os algoritmos estão modulando comportamentos e escolhas políticas / Sergio Amadeu da Silveira. – São Paulo: Edições Sesc São Paulo, 2019. Ainda sobre o tema: MAGRANI, Eduardo. *Entre dados e robôs: ética e privacidade na era da hiperconectividade*, 2. ed. Porto Alegre: Arquipélago Editorial, 2019.

[23] MICROSOFT. *The Future Computed:* Artificial Intelligence and its role in society. Redmont: Microsoft Corporation, 2018. p. 57.

[24] Um dos grandes problemas relacionados ao uso indevido dos algoritmos diz respeito à possibilidade de coletarem suficientes informações sobre qualquer pessoa, a ponto de poder manipulá-la: "Pesquisadores da Universidade de Cambridge, no Reino Unido, fizeram testes de personalidade com pessoas que franquearam acesso a suas páginas pessoais no Facebook, e estimaram (...) com quantas curtidas é possível detectar sua personalidade. Com cem curtidas poderiam prever sua personalidade com acuidade e até outras coisas: sua orientação sexual, origem étnica, opinião religiosa e política, nível de inteligência, se usa substâncias que causam vício ou se tem pais separados. E os pesquisadores detectaram que com 150 curtidas o algoritmo podia prever sua personalidade melhor que seu companheiro. Com 250 curtidas, o algoritmo tem elementos para conhecer sua personalidade melhor do que você". LISSARDY, Gerardo. 'Despreparada para a era digital, a democracia está sendo destruída', afirma guru do *'Big Data'*. BBC News Brazil. 09.04.17. Disponível em https://www.bbc.com/portuguese/geral-39535650. Acesso em 20.10.21. Ou ainda: "... uma média de 68 'likes' é suficiente para determinar a cor da pele dos usuários (com precisão de 95%), orientação sexual (precisão de 88%) e afiliação ao partido Democrata ou Partido Republicano (precisão de 95%). (...) Com a entrada de ainda mais curtidas no Facebook, o algoritmo conseguiu avaliar uma pessoa melhor do que seus amigos, pais e parceiros, e poderia até superar o que a pessoa pensava que sabia sobre si mesma" – JUNQUILHO, Tainá Aguiar. A Ética na Aplicação de IA como Direito Fundamental para Preservação do Debate Democrático. In: PINHO, Anna Carolina (Coord.). Discussões sobre Direito na Era Digital. Rio de Janeiro: G/Z Ed., 2021, p. 812.

[25] FACCHINI NETO, Eugênio; SCALZILLI, Roberta. *Tutela jurídica do corpo eletrônico:* novos desafios ao direito digital. Adriano Marteleto Godinho [*et al.*]; coordenado por Cristiano Colombo, José Luiz de Moura Faleiros Jr., Wilson Engelmann. Indaiatuba: Foco, 2022. p. 738.

[26] TENNER, Edward. *A vingança da tecnologia.* As irônicas consequências das inovações mecânicas, químicas biológicas e médicas. Trad. Ronaldo Sergio de Biasi. Rio de Janeiro: Campus, 1997. p. 13,14.

escritores do Ocidente já referiam o potencial maligno das máquinas inventadas por humanos.[27]

Nesse contexto, a lenda do Golen de Praga mostra um ser mítico judaico feito de barro pelo rabi Löw, no século XVI, que, por meio de magia, ganha vida para servir aos humanos, no entanto, volta-se contra eles. Essa história parece ter inspirado Mary Shelley na criação de seu Franskstein e permite uma analógica reflexão sobre a inteligência artificial dos dias atuais, que foi criada para servir aos humanos, mas tem demonstrado seu potencial manipulador, controlador e destrutivo, tornando a vida humana extremante vulnerável diante dela.

Em 15 de março de 1962, o Presidente John Kennedy apresentou ao Congresso americano uma importante mensagem,[28] na qual estruturou o direito do consumidor em quatro pilares básicos, a saber: segurança, informação, livre escolha e participação das decisões no mercado de consumo.

Mais de 60 anos se passaram, e ainda hoje enfrentamos grandes desafios capazes de ameaçar a estabilidade desses direitos.

As mudanças no mundo não afetam apenas o consumo, mas o modo como trabalhamos[29] e vivemos. Em um contexto global impulsionado pela tecnologia, as pessoas estão sujeitas à manipulação e controle pelas forças dominantes do mercado, tornando os indivíduos extremamente vulneráveis.

Mais importante que a segurança quanto ao prazo de validade de um produto é a segurança referente à nossa autonomia e privacidade. Temas como informação ao consumidor, sua maior participação no mercado, necessidade de uma representação efetiva, e preservação da autonomia e liberdade de escolha sempre estiveram entre as pautas importantes para tutela dos vulneráveis. Todavia, com o ser humano na mira da tecnologia cada vez mais refinada, essas mesmas preocupações assumem contornos mais complexos, carecendo de mecanismos que acompanhem essa evolução e forneçam uma tutela adequada, utilizando, além dos mecanismos já existentes, ferramentas capazes de alcançar os novos cenários que fomentem práticas abusivas ou coloquem em riscos direitos fundamentais.[30]

---

[27] SHELLEY Mary. *Frankenstein.*Tradução de Miécio Araújo Jorge Honkins, L&PM Pocket, 1997. "Nem seu criador nem qualquer outro personagem da história lhe atribui um nome próprio. Ele é uma espécie de sistema, uma criatura com emoções imprevistas, incluindo o ódio e o desejo de vingar-se do seu criador". TENNER, Edward. *A vingança da tecnologia.* As irônicas consequências das inovações mecânicas, químicas biológicas e médicas. Trad. Ronaldo Sergio de Biasi. Rio de Janeiro: Campus, 1997. p. 12.

[28] KENNEDY, John F. Special message to congress on protecting consumer interest. *Presidential Library and Museum.* Disponível em: https://www.jfklibrary.org/asset-viewer/archives/JFKPOF/037/JFKPOF-037-028 e Public Papers of the Presidents, p. 235. Publicação oficial do governo dos EUA. Disponível em: https://www.govinfo.gov/app/details/PPP-1962-book1. Acesso em: 31 maio 2022.

[29] "O estudo projetando 2030: uma visão dividida do futuro encomendado pela Dell technologies ao IFTF (Institute for the future), que analisou os impactos dessas tecnologias até 2030", ressalta que 85% das profissões que existirão em 2030 ainda não foram criadas. Disponível em: https://www.projetodraft.com/85-das-profissoes-que-existirao-2030-ainda-nao-foram-criadas/. Acesso em: 02 dez.2022.

[30] Esses direitos fundamentais "além de dizerem respeito à tutela e promoção da pessoa na sua individualidade, considerada como titular de direitos, representam valores da comunidade no seu conjunto, valores estes que o Estado e a sociedade devem respeitar, proteger e promover". SARLET, Ingo Wolfgang. *A eficácia*

É importante esclarecer, em que pesem as expressões *direitos fundamentais* e direitos humanos sejam constantemente usadas como sinônimos, (pois, os titulares dos direitos fundamentais são os seres humanos, e esses podem ser entendidos como direitos humanos), existe distinção entre os conceitos. Os direitos fundamentais são compreendidos como "aqueles direitos do ser humano reconhecidos e positivados na esfera do direito constitucional positivo de determinado Estado", ao passo que os direitos humanos guardam relação com o direito internacional, que "reconhece ao ser humano como tal, independentemente de sua vinculação com determinada ordem constitucional", e possuem "validade universal, para todos os povos e tempos, de tal sorte que revelam um inequívoco caráter supranacional (internacional)".[31]

O ato de consumir é hoje extremamente significativo na vida humana. Nessa esteira, merecem destaque alguns momentos históricos da tutela dos consumidores até os dias atuais, com seu enquadramento como direito fundamental e humano. Em 1973, a Comissão de Direitos Humanos da ONU, em sua 29ª Sessão, em Genebra, reconheceu os direitos fundamentais do consumidor. Nesse ano, a Assembleia Consultiva da Comunidade Europeia aprovou a Resolução 543, que deu origem à Carta Europeia de Proteção ao Consumidor.

No ano de 1985, foi promulgada a Resolução da Organização das Nações Unidas nº 39/248, com importantes diretrizes para a proteção dos consumidores.[32] No Brasil, em 1988, foi consagrada, na Constituição Federal, a proteção ao consumidor como direito fundamental previsto no artigo 5º, XXXII, e com fulcro no artigo 170, V, como princípio da ordem econômica.

A Constituição Federal deve ser compreendida à luz dos direitos fundamentais, que são estruturas diretamente vinculadas à proteção humana. Nesse contexto, contam com mecanismos de legitimação, racionalização, limitação e controle do poder.[33]

No artigo 48 do Ato as Disposições Constitucionais Transitórias (ADCT), ficou estabelecido o compromisso com a elaboração do Código de Defesa do Consumidor.

O Código de Proteção e Defesa do Consumidor (CDC) foi instituído pela Lei 8.078/90 e se constitui em uma norma geral, principiológica[34] e de ordem

---

dos direitos fundamentais: uma teoria geral dos direitos fundamentais na perspectiva constitucional. 13 ed. revista, atualizada e ampliada. Porto Alegre: Livraria do Advogado, 2018. p. 234.

[31] Ibid. p. 29.

[32] Destaque-se o direito ao ressarcimento, educação para o consumo, direito ao ambiente saldável e acesso a bens e serviços.

[33] SCHMITT, Cristiano Heineck. *Consumidores Hipervulneráveis*: A proteção do idoso no mercado de consumo. São Paulo: Atlas, 2014. p. 6.

[34] Nesse sentido, Luiz Antônio Rizzatto Nunes, Nelson Nery Jr. e Rosa Maria de Andrade Nery sustentam a prevalência do CDC sobre as normas gerais e especiais (que com ele colidirem) anteriores, possuindo eficácia supralegal. NUNES, Luis Antonio Rizzatto. *Comentários ao Código de Defesa do Consumidor*. 3. ed. São Paulo: Saraiva, 2007. p. 91 e NERY JUNIOR, Nelson; NERY, Rosa Maria Andrade. *Código de Processo Civil Anotado.* São Paulo: Revista dos Tribunais, 2003. p. 906.

púbica[35] para tutela dos vulneráveis.[36] Tornou-se um guia para educar os cidadãos sobre seus direitos e deveres nas relações de consumo que envolvem fornecedores e consumidores.

A proteção do ser humano no âmbito internacional, teve grande expressividade em 1948 com a aprovação pela Assembleia Geral da Nações Unidas da Declaração Universal de Direitos Humanos(DUDH), que serviu de inspiração para diversos instrumentos, como Pactos das Nações Unidas sobre os Direitos Civis e Políticos e sobre os Direitos Econômicos, Sociais e Culturais, Convenção Europeia dos Direitos Humanos,(CEDH), a Convenção Americana dos Direitos Humanos (CADH) e a Carta Africana dos Direitos Humanos e dos Povos.

De nada adianta a Constituição Federal atribuir a defesa do consumidor como uma garantia fundamental, e diferentes diplomas internacionais consagrarem a proteção humana, se não houver medidas concretas e efetivas para viabilizar esses valores em consonância com a dignidade da pessoa humana.

O século XXI marca avanços tecnológicos que desconhecem limites. Surgem com a promessa de melhorar a qualidade de vida, mas têm causado sérios impactos negativos, conforme as pessoas têm sido manipuladas e controladas pelo que deveria servi-las.

Nos dias atuais, em que vivemos sob a égide da internet de tudo,[37] os consumidores têm sido assediados com massiva publicidade[38] no intuito de incitar a compra e fazê-los sentir pertencentes, inseridos e não discriminados socialmente. O sentido de cidadania parece estar atrelado ao ato de consumir e a digitalização da vida.[39]

Desse modo, surge a necessidade de adoção de medidas para tutela da parte mais frágil na relação de consumo que preservem a dignidade humana como preconizado pela Constituição Federal de 1988. Por outro lado, a liberdade de comércio calcada na livre iniciativa deve ser respeitada para que a economia permaneça aquecida e o sistema possa se retroalimentar, bem como o

---

[35] Sobre questões de ordem pública, ver: APRIGLIANO, Ricardo de Carvalho. *Ordem Pública e processo*: o tratamento das questões de ordem pública no direito processual civil. São Paulo: Atlas, 2011.

[36] Conforme estabelece artigo 4º, I, da Lei 8.078/90 (CDC) a saber: reconhecimento da vulnerabilidade do consumidor no mercado de consumo.

[37] *Internet of Eveything* (IoE), trata-se, resumidamente, de uma evolução da internet das coisas, onde há também a conexão das pessoas com os dispositivos em rede.

[38] Veja-se a experiência espanhola em: LÓPEZ, David Jiménez. Publicidad, Prácticas comerciales agresivas, y ficheros de exclusión voluntaria o listas robinson en el ámbito digital: una sugerente visión desde el Derecho Español. *Revista de Derecho Universidad Católica del Norte Sección*. Estudios Año 21 – n 1, 2014, p. 61-109.

[39] Quando nos ocupamos do consumo nos sentimos pertencentes às redes de sociais, tal como na política o exercício da cidadania é relação social. Este trabalho não pretende trazer qualquer abordagem política ou ideológica, mas demonstrar os efeitos do consumo em esferas profundas da vida humana. "Para vincular o consumo com a cidadania e vice-versa é preciso desse construir as concepções que julgam os comportamentos dos consumidores predominantemente irracionais e as que somente vêm os cidadãos atuando em função da racionalidade dos princípios ideológicos". CANCLINI, Néstor Garcia. *Consumidores e Cidadãos*, Conflitos Multiculturais da Globalização. Rio de Janeiro: Editora da UFRJ, 1995, p. 20-21.

desenvolvimento tecnológico sadio deve ser estimulado para que a sociedade alcance maiores eficiências.

Paralelamente a essa evolução, é fundamental um olhar atento do direito para coibir práticas atentatórias ao consumidor[40] e aos direitos humanos, mas também a interferência ativa de todos os agentes responsáveis pela sua tutela para que o mercado digital e as interfaces tecnológicas se tornem cada vez mais hígidas e seguras para as pessoas.

Destarte, o que se almeja é que esses consumidores não sejam objetos de manobras de fornecedores que pretendam se locupletar à custa de lesar essas pessoas, mas sim a imposição de limites[41] que assegurem o direito à liberdade, privacidade e autodeterminação do cidadão.

A sociedade atual reivindica uma conduta ética, sustentável e que preserve a dignidade humana[42] não apenas nas relações de consumo, mas na conduta diária de cada empresa ou cidadão. Portanto, "o que nos move, com muita sensatez, não é a compreensão de que o mundo é privado de uma justiça completa – coisa que pouco de nós esperamos –, mas a de que a nossa volta existe injustiças claramente remediáveis que queremos eliminar".[43]

Nessa perspectiva, observa-se o surgimento de consumidores conscientes sobre os impactos que a atuação irresponsável de algumas empresas pode causar às gerações futuras.[44] Dessa forma, os fornecedores precisam buscar meios de se conectar ao consumidor para entender como tomam suas decisões, preocupando-se com questões como responsabilidade social, sustentabilidade[45] e segurança do produto ou serviço para o usuário, mas também respeitar a autonomia e a privacidade.

---

[40] Nesse sentido, o direito do consumidor está intimamente ligado ao direito concorrencial, ao passo que se busca proteger a liberdade de escolha dos consumidores, de modo que aquele que contribui para definir o escopo e as principais características do outro. Ver: LUCHETTI, Luca. Pratiche Commerciali Slealie Diligenza Professionale: Profili Comparatisitici e Diritto Europeo. *Università Degli Studi di Macerata*. Anno 2012. Disponível em: https://www.academia.edu/29777737/pratiche_commerciali_sleali_e_diligenza_professionale_profili_comparatisitici_e_diritto_europeo_tutor_dottorando. Acesso em: 03 nov. 2019.

[41] Entre outros que serão explorados no desenvolvimento do trabalho, sugere-se a proibição do envio de mensagens publicitárias não solicitadas (como, por exemplo, o spam), bem como o consumidor não seja confundido com as informações no meio eletrônico e possa separar claramente o que é uma informação publicitária e o que não é.

[42] A dignidade humana é um princípio de *status* fundamental elencado no artigo 1º da Constituição Federal Brasileira de 1988, que visa a uma sociedade livre, justa e solidária promovendo o bem-estar de todos sem discriminação.

[43] SEN Amartya. *A ideia de justiça*. Tradução de Denise Bottmann e Ricardo Doninelli Mendes. São Paulo: Companhia das Letras, 2011, p. 9.

[44] Nesse contexto podem ser inseridos os *Prosumers*, que são consumidores que geram produtos e serviços. Exemplo: um consumidor de energia elétrica que vende o excedente de energia produzido por painéis solares à empresa de energia elétrica que o abastece.

[45] Nesse sentido, Brasil e Espanha apresentam características de consumo *on line* similares. AUGUSTO Thel, CARLOS Antonio, PIZZINATTO Nadia Giuliani Kassouff. Managing the digital consumer: insights from Brazil and Spain. AUGUSTO, Thel; CARLOS, Antônio; PIZZINATTO, Nadia Giuliani Kassouff. Managing the digital consumer: insights from Brazil and Spain. *Journal of Manufacturing Technology Management*. vol. 30 N. 8, 2019, p. 1196-1215. Disponível em:www.emeraldinsight.com/1741-038X.htm. Acesso em: 25 set. 2022.

Assim, por meio da participação atuante dos consumidores conscientes, realizar-se-á seleção natural de fornecedores que precisarão se adaptar para atender esse novo perfil de relação calcada na qualidade, segurança, ética e confiança.

Em tempos de economia digital, visando a estabelecer as bases para o uso da internet no Brasil, foi promulgada a Lei 12.965/2014, conhecida como Marco Civil da Internet, e a Lei 13.709/2018, denominada Lei Geral de Proteção de Dados, que objetiva o respeito à privacidade e fornece ao cidadão maior controle de seus dados[46] pessoais, especialmente no ambiente virtual.

Esse cenário clama pela constante atualização do direito, à nova realidade das tecnologias disruptivas, normatizando as relações já existentes sem engessá-las, de modo que possam acompanhar o desenvolvimento e inovações do mercado.[47]

Há muito tempo que o consumo deixou de ser apenas por necessidade. Ao longo dos anos, as pessoas passaram a buscar benefícios nos produtos adquiridos, porém na atualidade o consumo representa algo muito mais complexo e abrangente, pois o que importa para muitos não é apenas a necessidade ou o benefício advindo de uma compra, mas a dor ou exclusão que a falta de um produto pode causar. Nesse sentido, o assédio publicitário, muitas vezes disfarçado,[48] [49] aliado à obsolescência programada[50] praticada pelas empresas nos últimos anos, tem gerado aos consumidores não apenas danos financeiros, como o superendividamento,[51] mas também psicológicos, como

---

[46] Sobre proteção e utilização de dados nos Estados Unidos, ver: SCASSA, Teresa. Ownership and control over publicly accessible platform data Online Information. *Online Information Review*, v. 43 n. 6, 2019, p. 986-1002. Disponível em: https://doi.org/10.1108/OIR-02-2018-0053. Acesso em: 20 set. 2020.

[47] Nesse sentido, o Projeto de Lei 3514/15. BRASIL. (apensado ao PL 104/2011 que obriga as pessoas jurídicas que comercializem produtos ou serviços pela Internet a informar seu número no Cadastro Nacional da Pessoa Jurídica – CNPJ, e o endereço e o telefone de suas instalações físicas. Em razão do arquivamento do PL 4906/2001). Altera a Lei 8.078/90 para aperfeiçoar a disciplina dos contratos internacionais comerciais e de consumo e dispor sobre as obrigações extracontratuais. Disponível em: https://www.camara.leg.br/proposicoesWeb/fichadetramitacao?idProposicao=2052488. Acesso em 04 nov.2019.

[48] O *digital influencer* constitui um exemplo atual de como seus espectadores têm sido persuadidos com publicidades disfarçadas, levando os seguidores que acompanham a vida dos blogueiros/*you tubers* a desejar consumir o mesmo produto divulgado pela pessoa admirada por sua beleza ou *status* e que inspira confiança, pois afinal se sentem amigos íntimos daqueles que em verdade são remunerados para influenciar e cuja informação muitas vezes não é divulgada. Nesse sentido, grandes marcas têm procurado as blogueiras-robôs, (avatares virtuais feitas por computação gráfica que têm feito grande sucesso na atualidade), para campanhas publicitárias, capas de revistas, despontando até como cantoras. Lil Miqueia, Shudu e Bermuda são expoentes desse novo universo e contam com alto engajamento nas redes sociais.

[49] Com base na lealdade, transparência e boa-fé objetiva, o artigo 36 do CDC estabelece o princípio da identificação da publicidade, de modo que o consumidor possa perceber claramente quando se trata de conteúdo publicitário.

[50] Consiste na redução artificial da vida útil de um bem ou produto praticada de maneira intencional por um produtor ou fornecedor objetivando a compra de um novo produto em um menor espaço de tempo. Vide documentário *the light bulb conspiracy*.

[51] Veja-se importante lei sobre o tema. BRASIL. Lei 14181/2021. Altera a Lei 8.078/90 para aperfeiçoar a disciplina do crédito ao consumidor e dispor sobre a prevenção e o tratamento do superendividamento. Disponível em: http://www.planalto.gov.br/ccivil_03/_ato2019-2022/2021/lei/L14181.htm. Acesso em: 04 ago.2022.

depressão, sentimento de discriminação e não pertencimento. Ciente dessa realidade, Zygmunt Bauman sustenta que as pessoas, em busca de prazeres individuais, tornam-se reféns do mercado, que conta com o auxílio da publicidade para estimular um modelo de conduta social voltada ao consumo.[52]

Nessa órbita, Estéfano Veraszto sustenta que há "uma certa 'aura' de poder pelo uso das inovações tecnológicas" que atende a "certos impulsos 'fetichistas' de consumo e de exercício de uma supremacia, frente aos seus pares".[53]

Não é o escopo desse trabalho demonizar o consumo ou as novas tecnologias, pois sem dúvidas exercem um papel fundamental, não apenas para a economia, mas para cada indivíduo, já que tanto a tecnologia como um consumo consciente e sem vícios podem auxiliar na conquista de objetivos e no desenvolvimento pessoal.

Todavia, a aceitação e os dignos espaços para um modo de vida diferente são parte da estruturação de uma sociedade igualitária. O ser humano tem vivido em determinados moldes impostos pela globalização,[54] orquestrados por grandes empresas de mídia e tecnologia. Desse modo, são introduzidos padrões culturais capazes de excluir e marginalizar aqueles que não os adere.

Os avanços tecnológicos ditados pela globalização atingem a todos indistintamente e exercem influência na forma como o ser humano se relaciona. Com a revolução industrial, os robôs substituíram os humanos nos trabalhos mecânicos, porém agora essa substituição é passível também na área cognitiva, acarretando a perda de muitos postos de trabalho. Em razão da conectividade em rede, que possibilita ao cidadão diversas formas de interação e acesso ao mundo digital, onde quer que esteja, impulsionado pelo incremento no acesso e aperfeiçoamento das tecnologias de informação e comunicação (TIC), o trabalho repetitivo e alienante passa a contar em maior escala com o auxílio das máquinas, competindo aos humanos as tarefas que exigem habilidades que dificilmente serão substituídas em um futuro próximo, tais como a criatividade, empatia, flexibilidade cognitiva e inovação.

No contexto da ordem jurídica, o principal marco teórico é pautado nas lições de Ingo Sarlet quanto à dignidade da pessoa humana e aos direitos fundamentais. Isso porque em um mundo acelerado com exponencial avanço tecnológico, ele percebe que, apesar da dignidade humana possuir um conceito jurídico-constitucional, merece uma construção continuada para atingir a necessária atualidade do direito. E na assertiva observação de Carlos Alberto Mo-

---

[52] BAUMAN, Zygmunt. *A vida para o consumo*: a transformação das pessoas em mercadoria.Trad. Carlos Alberto Medeiros, Rio de Janeiro: Jorge Zahar, 2008, p. 154.

[53] VERASZTO, Estéfano Vizconde; SILVA, Dirceu da; MIRANDA, Nonato Assis de; SIMON, Fernanda Oliveira. *Tecnologia: buscando uma definição para o conceito.*, n. 7, p. 60-85, 2008. Disponível em: www.prisma.com. Acesso em: 10 out. 2019.

[54] Um dos grandes diferenciais entre a internacionalização e a globalização é que antes era possível delimitar o que era produzido. "A globalização supõe uma interação funcional de atividades econômicas e culturais dispersas, bens e serviços gerados por um sistema com muitos centros, no qual é mais importante a velocidade com que se percorre o mundo do que as posições geográficas a partir das quais se está agindo". CANCLINI, Néstor Garcia. *Consumidores e Cidadãos*, Conflitos Multiculturais da Globalização. Rio de Janeiro: Editora da UFRJ, 1995, p. 17.

linaro, Sarlet percebe que se deve "alcançar algum viés sociológico da cultura brasileira e impor uma ideia de reivindicação", especialmente quando o "homem é confrontado com a violação dos direitos humanos e fundamentais".[55]

Nos autores referenciais, Jacques Ellul e Edward Tenner, buscou-se inspiração para tratar dos problemas tecnológicos diante dos firmes posicionamentos quanto aos seus efeitos nocivos.

A partir de Jaques Ellul percebeu-se que a técnica é irrefreável, mas diante dela é possível agir e resistir dando passos para trás quando necessário para não nos distanciarmos do sentido da vida.[56] Nesse contexto, chegou-se à tese do protagonismo humano como estratégia integrante do ecossistema de tutela humana qualificada que será exposto no segundo capítulo.[57]

Para Edward Tenner, as empresas vendem ilusões tecnológicas sob o pretexto de resolver os problemas que sequer as pessoas tinham antes (recomplicação). Segundo ele, "o que torna a web tão maravilhosa também é o que a deixa perigosa: sua eficiência".[58]

Essa cultura de extrema eficiência[59] tem sido implementada na sociedade para espelhar a máquina. No entanto, falhar é tipicamente humano, e o excesso de eficiência pode comprometer a criatividade e a solução de problemas, e para equilibrar isso Tenner sugere a ineficiência, inspirada, abordada na segunda parte do trabalho.

A solução desse cenário construído historicamente com forte influência da cultura, não é uma, mas várias pequenas ações, abordadas na tese, que conjuntamente, ao longo dos anos, serão capazes de alterar a cultura, para que de fato o ser humano possa ter seus direitos respeitados e não apenas positivados.

1.1. O assédio de consumo: a influência das mídias como forças culturais

A cultura contemporânea conduz a uma vida voltada para o consumo. Adaptando o *cogito* de Descartes a esses tempos, ela seria "compro logo sou".

---

[55] MOLINARO, Carlos Alberto. A dignidade da pessoa humana na visão de Ingo W. Sarlet: desde a problematização do conceito até o pensar fora do marco jurídico estabelecido. *Revista de Argumentação e Hermenêutica Jurídica*. Salvador v. 4, n. 1, p. 94 – 118, Jan/jun. 2018.

[56] Para Roger Scruton, a beleza (contemplar o belo) pode ser considerada uma das formas de garantir que a vida tenha sentido. SCRUTON, Roger. *Beleza*. Trad. Hugo Langone. São Paulo: É Realizações, 2013.

[57] ELLUL, Jacques; RICHMOND, Lisa. *Presence in the Modern World*. Eugene: Cascade Books, 2016. *passim*. ELLUL, Jacques. *A Técnica e o Desafio do Século*. Trad. Roland Coorbisier. Rio de Janeiro: Paz e Terra, 1968, passim. Com objetivo de não permitir a opressão da técnica sobre a humanidade, Ellul propõe uma espécie de anarquismo para libertação, porém nesta tese não se compartilha de qualquer entendimento que defenda conduta não pacífica, democrática e civilizada para atingimento de um fim.

[58] Entrevista com o autor. Disponível em: https://www.cin.ufpe.br/~cjgf/TECNOLOGIA%20reflexao%20critica/Eles%20vendem%20a%20ilusao%20tecnologica%20-%20Edward%20TENNER.pdf. Acesso em: 10.abr.2023.

[59] Segundo Posner, a eficiência é a maximização da riqueza. POSNER, Richard A. *A economia da justiça*. Trad. Evandro Ferreira e Silva. São Paulo: Martins Fontes, 2010, *passim*.

Compram-se e vendem-se símbolos para construção de identidade na expressão pública do "self",[60] colocando a representação no lugar daquilo que deveria "representar" realmente. Assim nos tornamos mercadorias.[61]

O fetiche da mercadoria tal como explicitado por Marx e Lacan, coisifica a natureza dos sujeitos e naturaliza as coisas das mercadorias.

A vida-líquida moderna sustentada por Bauman e o hiperconsumismo apresentado por Lipovetsky,[62] demonstram a manipulação da indústria cultural[63] sobre os desejos e valores dos indivíduos, impondo comportamentos padronizados. Em razão da segurança, comodidade e da busca incessante pela felicidade e bem viver, a massa passa a servir ao poder manipulador sem perceber que renunciou à capacidade de fazer escolhas conscientes e racionais de consumo.

A indústria cultural[64] se utiliza dos meios de comunicação para implementar estratégias que impõem modelos comportamentais, induzem ao conformismo, anulando a individualidade das pessoas. Desse modo, criam-se padrões de consumo que atendam aos interesses econômicos das empresas.[65]

Utiliza-se a expressão *pós-modernidade* para descrever a quebra de alguns paradigmas da modernidade. Para Hilton Ferreira Japiassu, trata-se de um tipo de renascimento dos ideais banidos pela modernidade racionalizadora:[66]

> Esta modernidade teria terminado a partir do momento em que não podemos mais falar da história como algo de unitário e quando morre o mito do Progresso. É a emergência desses ideais que seria responsável por toda uma onda de comportamentos e de atitudes irracionais e desencantados em relação à política e pelo crescimento do ceticismo face aos valores fundamentais da modernidade. Estaríamos dando Adeus à modernidade, à Razão (Feyerabend)? Quem acredita ainda que "todo real é racional"(Hegel)? Que esperança podemos depositar no projeto da Razão emancipada, quando sabemos que se orientou para a instrumentalidade e a simples produtividade? Que projeto de felicidade pessoal pode proporcionar-nos um mundo crescentemente racionalizado, calculador e burocratizado, que coloca no centro de tudo o econômico, entendido apenas como o financeiro submetido ao jogo cego do mercado? Como pode o homem ser feliz no interior da lógica do sistema, onde só tem valor o que funciona segundo previsões, onde seus desejos, suas paixões, necessidades e aspirações passam a ser racionalmente administrados e manipulados pela lógica da eficácia econômica que o reduz ao papel de simples consumidor?

---

[60] Correspondendo ao simulacro de Baudrillard. BAUDRILLARD, Jean. *Simulacros e Simulação*. Trad. Maria João da Costa. Santa Maria da Feira: Relógio d'Água, 1991.

[61] BAUMAN, Zygmunt. *A vida para o consumo*: a transformação das pessoas em mercadoria. Rio de Janeiro: Jorge Zahar, 2008, p. 20, 23, 26.

[62] LIPOVETSKY, Gilles. *A era do vazio:* ensaios sobre o individualismo contemporâneo. Barueri: Manole, 2005.

[63] Em busca de expansão e cada vez mais autonomia, a indústria cultural manipula as pessoas por meio da propagação de valores que fomentam a cultura de massa.

[64] A expressão foi criada por Theodor Adorno e Max Horkheimer na Escola de Frankfurt.

[65] Nesse sentido: HORKHEIMER, Max; ADORNO, Theodor. *La industria cultural. Iluminismo como mistificación de masas, Dialéctica del iluminismo*. Buenos Aires: Sudamericana, 1988.

[66] JAPIASSU, Hilton Ferreira. A crise da razão no Ocidente. *Revista em Educação Ambiental*. São Paulo, Ribeirão Preto, v. 1, n. 1, 2006, p. 27-41.

Qual o propósito das mídias digitais? Alienar ou informar? O que elas buscam? Uma nova identidade para pertencimento social ou filtrar as informações de maneira consciente para buscar eficiências que se identifiquem com sua pessoa e seu modo de vida?[67] Será que podemos ser seletivos sem ser excluídos? Muitos questionamentos se apresentam diante dessa sociedade permanentemente conectada ao consumo.

O modo que a mídia utiliza para informar sobre os acontecimentos está baseado em três critérios: tempo, espaço e o acidente. Em relação ao tempo, a notícia deve ser transmitida o mais rapidamente possível, portanto a informação "só pode ser efêmera e a histórica". A respeito do espaço, deve ser analisado tanto sob o aspecto local como global. Já o acidente significa, em síntese, que a mídia seleciona quais dramas humanos vão colocar sob holofotes e os apresentam de acordo com um roteiro dramatizante.[68]

Na realidade, "o cidadão nunca tem acesso ao acontecimento bruto, ele sempre entra em contato com um acontecimento filtrado pela mídia".[69]

O cinema, mais do que uma expressão artística, é um produto midiático capaz de impactar profundamente o espectador que em seu momento de relaxamento, se encontra propenso a absorver mesmo que de modo inconsciente as mensagens vinculadas ao conforto, bem-estar, sucesso, efetividade e felicidade tornando-se vulnerável à sedução e à persuasão mental.

Na atualidade, o *marketing 3.0* sustenta uma proposta que mistura um "marketing colaborativo, cultural e espiritual. Em vez de tratar as pessoas simplesmente como consumidoras, os profissionais de marketing as tratam como seres humanos plenos: com mente, coração e espírito" com uma abordagem centrada no ser humano e voltada para os valores.[70]

O ecossistema *on-line* com o qual interagimos diariamente foi minuciosamente arquitetado para influenciar nossas escolhas e consequentemente manipular e controlar as pessoas.[71] Os meios de comunicação se especializaram em atrair a atenção das pessoas que facilmente caem na isca dos anunciantes e são

---

[67] Fernanda Barbosa destaca: "As empresas, dos mais variados ramos, possuem o objetivo de aumentar, o quanto for possível, a sua base de dados (também chamadas de *mailing lists*), atingindo o máximo de informações específicas sobre seus clientes (principalmente os em potencial)". BARBOSA, Fernanda Nunes. Informação e consumo: a proteção da privacidade do consumidor no mercado contemporâneo da oferta. *Revista de Direito do Consumidor*, São Paulo, v. 88, p. 145-174, jul. ago. 2013.

[68] CHARAUDEAU, Patrick. *Discurso das mídias*. Trad. Angela M. S. Corrêa. 2. ed. São Paulo: Contexto, 2013, p. 253.

[69] Além de manipular, a mídia também sofre manipulações que se monstram na forma de pressões externas exercidas pela atualidade, poder político e concorrência, e internas sob a forma de automanipulação, por meio de pressões exercidas pelas próprias representantes de mídia CHARAUDEAU, Patrick. *Discurso das mídias*. Trad. Angela M. S. Corrêa. 2. ed. São Paulo: Contexto, 2013, p. 256 e 257.

[70] KOTLER, Philip. *Marketing 3.0 as forças que estão definindo o novo marketing centrado no ser humano*. Hermawan Kartajaya, Iwan Setiawan. Trad. Ana Beatriz Rodrigues. Rio de janeiro: Elsevier, 2012. p. 18.

[71] The Age of Algorithmic Anxiety Interacting online today means being besieged by system-generated recommendations. Do we want what the machines tell us we want? By Kyle Chayka. July 25, 2022. Disponível em: https://www.newyorker.com/culture/infinite-scroll/the-age-of-algorithmic-anxiety.

influenciadas a consumir produtos. Porém, "se você não está pagando pelo produto, então você é o produto"[72]

A recomendação de vídeos personalizados ao usuário pode estimular atividades neurais responsáveis por padrões de comportamento relacionados à ausência de autocontrole, vício[73] e ansiedade algorítmica.[74]

Um importante impacto da tecnologia da informação e comunicação (TICS) na cultura social é a mercantilização da internet orientando as escolhas e preferências do usuário no consumo de bens culturais para a globalização e homogeneização de comportamentos.

Os perigos e impactos da transmissão da cultura internacional pela internet que eventualmente não se adequem ao cenário cultural nacional e à importância da diversidade cultural estão no foco da atenção da UNESCO.[75]

A cultura social fomentada pela mídia forma uma população ignorante e manipulável[76] que não questiona e simplesmente segue as tendências e não conhece seus direitos. Para haver autonomia, liberdade e dignidade precisa cessar a ignorância e se descortinar o que está obscuro, pois não basta apenas informar o consumidor, é preciso que ele compreenda seus direitos e qual a situação a que está exposto. A Cultura não deve ser padronizada pela internet, precisa ser adequada à realidade de cada país.

Diariamente, somos bombardeados por novidades tecnológicas e frequentemente nos vemos seduzidos a mudar de comportamento para acompanhar o comportamento de manada, o que proporciona muito lucro às empresas.

Muitas pessoas tentam se desconectar um pouco do celular e da televisão, no entanto, onde quer que estejamos, somos alvo dela, que está por toda parte. Estamos inquestionavelmente dependentes das máquinas.

Pensemos: se houvesse um colapso na energia elétrica, e o funcionamento dos computadores fossem interrompidos,[77] o quanto esse fato influenciaria na vida das pessoas e da sociedade em geral.

Cada vez mais na sociedade da informação tem-se misturado informação com publicidade com o objetivo de extrair vantagem dos mais vulneráveis.

---

[72] O dilema das redes. Netflix.

[73] SU, C., ZHOU H., GONG L., TENG B., GENG F., HU Y. Viewing personalized video clips recommended by TikTok activates default mode network and ventral tegmental area. *NeuroImage* 237, 118136 2021. Disponível em: https://doi.org/10.1016/j.neuroimage.2021.118136. Acesso em:21.jan.2022.

[74] CHAYKA Kyle. The Age of Algorithmic Anxiety Interacting online today means being besieged by system-generated recommendations. Do we want what the machines tell us we want? The New Yorker, July 25, 2022 Disponível em: https://www.newyorker.com/culture/infinite-scroll/the-age-of-algorithmic-anxiety

[75] Nesse sentido, importante contribuição para proteção do patrimônio cultural humano Declaração Universal sobre a Diversidade Cultural, 2002. Disponível em: https://www.oas.org/dil/port/2001%20Declara%C3%A7%C3%A3o%20Universal%20sobre%20a%20Diversidade%20Cultural%20da%20UNESCO.pdf. Acesso em: 20 set. 2022.

[76] Nesse sentido, o relato de Katherine Losse The-Boy-Kings-A-Journey-into-the-Heart-of-the-Social-Network, 2012.

[77] BARJAVEL, Rene. *Devastação ou a Volta à Natureza*. 2. ed. São Paulo: Círculo do Livro, 1976.

É possível verificar essa prática através dos influenciadores digitais/*you tubers*, que cada vez mais assediam as pessoas ao consumo.

Vive-se em uma época de hiper-realidade em que a mídia influencia nas escolhas e no modo de viver das pessoas. A dependência da internet é uma realidade em muitos países, especialmente entre os jovens que se tornam o alvo mais vulnerável do assédio publicitário, que muitas vezes assume uma roupagem atraente, como a de seu *youtuber* favorito.[78]

A modernidade trouxe consigo a fragmentação das relações em uma nova lógica social: as relações em rede. Embora a forma de organização em redes tenha existido em outros tempos, o novo paradigma da tecnologia da informação fornece a base material para a sua penetração em toda a estrutura social.[79]

O documentário "O dilema das redes"[80] demonstra uma pequena parte da manipulação a que estamos submetidos diariamente. Nesta senda, a *overdose* informacional, a vida acelerada e a necessidade de pertencimento impostas pela sociedade de consumo conduzem à mercantilização da vida onde o ter é mais importante que o ser.[81]

Perdemos a capacidade de observar e raciocinar diante das forças externas[82] que conduzem a um comportamento de manada,[83] em que todos estão fazendo a mesma coisa e seguindo a mesma direção. Não há um grupo controle para comparar com pessoas que não adotam os mesmos padrões, surgindo um terreno fértil para introdução de um novo normal, uma nova cultura social.

Atualmente, muito é divulgado sobre o poder da tecnologia para resolver problemas, porém pouco se fala para a população[84] sobre seus riscos. Algo semelhante ocorreu com o cigarro no passado, quando chegou a ser distribuído em hospitais e propagado como objeto ligado à saúde.[85]

Assim como o Dr. Frankstein criou um monstro humanoide "nós também criamos um monstro – a mídia – mas um monstro que por sua vez nos cria à

---

[78] ASLANBAY, Y., ASLANBAY, M. and ÇOBANOĞLU, E., "Internet addiction among Turkish young consumers". *Young Consumers*. v. 10 n.. 1, 2009. p. 60-70. Disponível em: https://doi.org/10.1108/17473610910940792. Acesso em: 20 set. 2019.

[79] CASTELLS, Manuel. *A galáxia da internet:* reflexões sobre a internet, os negócios e a sociedade. Trad. Maria Luiza X. de A. Borges; revisão Paulo Vaz. Rio de Janeiro: Zahar, 2003.

[80] Netflix 2020.

[81] Nesse sentido, Vitor Hugo do Amaral Ferreira em artigo de George Orwell ao *big brother*: a mercantilização da vida humana, 18 fev. 2021. Disponível em: https://www.oconsumerista.com.br/2021/02/george-orwell-mercantilizacao-vida/. Acesso em: 20 out. 2022.

[82] Como emoções, relatividade as normas sociais etc. ARIELY, Dan. Previsivelmente Irracional As Forças Ocultas que influenciam as Nossas Decisões. Tradução de Sofia Serra, Estrela polar,2008.

[83] McLeod, S. A. (2018, Dec 28). *Solomon Asch – Conformity Experiment*. Disponível em: https://www.simplypsychology.org/asch-conformity.html.

[84] Há diversos artigos científicos e livros alertando sobre esses riscos, no entanto grande parcela da sociedade não tem acesso ou compreensão sobre essas informações técnicas. Segundo Urick Beck, os principais riscos não são visíveis nem tangíveis. Para um bom início de estudo sobre os riscos ver: BECK, Ulrich. *Sociedade de risco*: rumo a uma outra modernidade. Trad. de Sebastião Nascimento. 2. ed. São Paulo: Editora 34, 2011.

[85] Ver mais em: *Direito a saúde. O Caso do Tabaco*, org. por Adalberto de Souza Pasqualotto, Eugênio Facchini Neto e Fernanda Nunes Barbosa, Letramento, 2018.

sua imagem. Nosso monstro não nos aterroriza, mas feliz e gentilmente nos conforma com seus ditames e suposições sobre o que significa ser humano".[86]

A mídia "é a cultura de uma sociedade de massas" que molda nossos valores, crenças e o modo como pensamos sobre nós mesmos, recriando à sua imagem o próprio significado de ser humano. Diante disso, pondera-se até que ponto as pessoas não estão perdendo mais que ganhando com o uso das tecnologias, uma vez que estamos fracassando no controle das máquinas, permitindo que exerçam o domínio sobre nossas vidas sob o pretexto de seu implacável progresso.[87]

A mídia é o principal meio pelo qual o sistema tecnológico manipula, controla e usurpa a autonomia e o livre-arbítrio das pessoas. Ela captura nossas mentes "criando uma realidade estética dominada pela busca da felicidade, pois a felicidade individual definida em termos de consumo total é o objetivo primordial da tecnologia".[88] [89]

Quando uma nova tecnologia é implementada e se obriga a todos que a utilizem, é preciso ter muita certeza que não causará danos. Seria importante observar por um tempo razoável a ausência de evidência quanto aos efeitos adversos, mesmo assim não significa que no futuro não produzirá danos. Essencial, um tempo de uso controlado, para dizer que um novo produto ou serviço será seguro, pois no presente seus efeitos são inescrutáveis e somente se tornam perceptíveis com aportes científicos supervenientes. Analogicamente, pode-se relembrar a história dos cisnes: Seria possível afirmar que todos os cisnes são brancos sem terem-se observado todos os cisnes do mundo?[90]

Para Tula Wesendonck a incerteza científica quanto à segurança na utilização de nanotecnologias traz consequências "incontroláveis, incalculáveis e irremediáveis ao ser humano" e, portanto, ainda que os efeitos do produto sejam indetectáveis no momento da produção, à luz do CDC e do CC, não poderá o fabricante alegar a exclusão de sua responsabilidade.[91]

---

[86] STIVERS, Richard. The Media Creates Us in Its Image Bulletin of Science. Technology & Society. Volume 32, Issue 3, June 2012, Pages 203-212. 2012. Sobre isso ver: SHELLEY, Mary. *Frankenstein*. Trad. Miécio Araújo Jorge Honkis. Porto Alegre: L&PM Pocket, 1985.

[87] Idem. E STIVERS, Richard. *The Media Creates Us in Its Image and Other Essays on Technology and Culture.* Eugene: Cascade books, 2020.

[88] STIVERS, Richard. The Media Creates Us in Its Image Bulletin of Science. *Technology & Society*. Volume 32, Issue 3, June 2012, Pages 203-212. 2012.

[89] ELLUL, Jacques. *The technological Society*. With an Introduction by Robert K. Merton. A penetrating analysis of our technical civilization and of the effect of an increasingly standardized culture on the future of man. New York: Knopf, 1964, *passim*.

[90] Essa questão relaciona-se com os riscos do desenvolvimento. Ver mais em: PASQUALOTTO, Adalberto de Souza. A responsabilidade civil do fabricante e os riscos de desenvolvimento. AJURIS: *Revista da Ajuris*, Porto Alegre, v. 20, n. 59, p. 147-168, nov. 1993, e WESENDONCK, Tula. A responsabilidade civil pelos riscos do desenvolvimento: evolução histórica e disciplina no Direito Comparado. *Direito & Justiça.*, Porto Alegre, v. 38, n. 2, p. 213-227, jul./dez. 2012.

[91] Na obra, a autora refere-se especificamente ao uso de nanotecnologias, porém entendemos que essa visão pode ser estendida para demais tecnologias de alto risco como a internet dos corpos (IoB). WESENDONCK, Tula. Algumas Reflexões sobre a Responsabilidade Civil pelos Riscos do Desenvolvimento no uso de nano-

Em parcela significativa de nossas atividades cotidianas estamos expostos a estímulos[92] e sujeitos a vieses cognitivos, porém a grande problemática é a ausência de informação adequada e o real conhecimento sobre cada situação e seus efeitos.

Os vieses humanos, atualmente camuflados por tecnologia, definem padrões de consumo.[93] O assédio pelas recomendações do sistema e a manipulação algorítmica[94] conduzem a sujeitos alienados e sem autonomia controlados por aqueles que detêm o poder. Nesse sentido, Noam Chomsky alerta:[95]

> Essa indústria dedica-se àquilo que o formidável economista político Thorstein Veblen chamou de "fabricação de necessidades". Nas palavras dos próprios líderes empresariais e homens de negócios, a tarefa consiste em manipular as pessoas direcionando-as para as "coisas superficiais" da vida, como "o consumo do que está na moda". Dessa forma, as pessoas podem ser atomizadas, apartadas umas das outras, buscando exclusivamente o ganho pessoal, entretidas e afastadas das perigosas tentativas de pensar por si mesmas e de questionar a autoridade.

Os manipuladores e controladores,[96] detentores de poder, fabricam um modelo de comportamento considerado adequado dentro do capitalismo de vigilância, que avilta a dignidade humana.[97] A mídia de massa traça as vias pelas quais "o dinheiro e o poder são capazes de filtrar as notícias adequadas a imprimir, marginalizar a dissidência e permitir que governo e os interesses privados transmitam suas mensagens ao público",[98] distorcidas antes da publicação para atender aos seus interesses.

Uma pesquisa de 2016 demonstra que a maioria dos brasileiros se informa pela televisão,[99] porém, nos últimos anos, a internet e as mídias sociais têm ganhado cada vez mais força entre os meios de comunicação.

---

tecnologias no Direito brasileiro. *In:* Guilherme Magalhães Martins; Nelson Rosenvald. (Org.). *Responsabilidade Civil e Novas Tecnologias*. Indaiatuba: Editora Foco, v., p. 445-456, 2020.

92 Esses estímulos são classificados como um "empurrãozinho" em nossas escolhas. THALER, Richard H; SUNSTEIN Cass R. *Nudge: como tomar melhores decisões sobre saúde, dinheiro e felicidade*, Trad. Ângelo Lessa. Rio de janeiro: Objetiva, 2019.

93 "Consumo é o conjunto de processos socioculturais em que se realiza a apropriação e o uso dos produtos" CANCLINI, Néstor Garcia. *Consumidores e Cidadãos*, Conflitos Multiculturais da Globalização. Rio de Janeiro: Editora da UFRJ, 1995 p. 53.

94 BARFIELD, Woodrow. editor. *The Cambridge handbook of the law of algorithms*. New York: Cambridge University Press, 2021, p. 92.

95 Não constitui o objetivo dessa tese abordar quaisquer questões políticas ou ideológicas entre os diferentes governos mundiais tratadas nessa obra. Extrai-se apenas a importante constatação sobre a existência da manipulação social. CHOMSKY, Noam, *Quem manda no mundo?* Tradução Renato Marques. São Paulo: Planeta, 2017, p. 116.

96 O efeito halo consiste nas primeiras impressões que temos das coisas ou pessoas que pode influenciar na tomada de decisão e consiste em uma poderosa ferramenta de manipulação. KAHNEMAN, Daniel, *Rápido e Devagar – Duas Formas de Pensar*. Editora Objetiva, 2012.

97 ZUBOFF, Shoshana. *A Era do Capitalismo de Vigilância*. A luta por um futuro humano na nova fronteira do poder. Trad. George Schlesinger. Rio de Janeiro: Intrínseca, 2021, p. 613.

98 EDWARD, S. Herman; Chomsky, Noam. *Manufacturing Consent the Political Economy of the Mass Media*. London: The Bodley Head, 2008, p. 62.

99 Pesquisa Brasileira de mídia de 2016. Disponível em: https://www.abap.com.br/wp-content/uploads/2021/06/pesquisa-brasileira-de-midia-2016.pdf. Acesso em 16 nov. 2022.

A mídia manufatura o consentimento por meio de filtros midiáticos que manipulam o pensamento das pessoas.[100] A manipulação pela linguagem é tão antiga como o próprio ser humano. Essa estratégia é usada na mídia para conservar o poder.[101] Se a linguagem é a morada do ser, não se faz linguagem quando não se converte no ser.[102]

A influência da cibercultura[103] contribui para a alienação do sujeito em relação à sua própria existência, seu próprio desejo, portanto, nas sociedades tecnológicas a vida é transformada em objeto de consumo[104] e manipulada por meio da linguagem que é "o sistema operacional da cultura humana". A inteligência artificial, ao se apoderar da linguagem, como tem-se presenciado no caso do Chat GPT4, apodera-se da "chave-mestra da civilização",[105] podendo "devorar rapidamente toda a cultura humana" produzida ao longo dos anos.[106]

O espetáculo de uma vida de aparências coloca as celebridades como ideal de ser humano, distanciando as pessoas da realidade e[107] incita a querer viver sempre um passo adiante sem desfrutar do presente ou de momentos de tédio como mais facilmente ocorria no passado sem tanta interferência tecnológica.[108]

O direcionamento de líderes (poder) influencia os grupos ao pensamento e comportamento de manada,[109] conduzindo a supressão da dúvida, o que

---

[100] As mídias de massa normalmente são grandes negócios que pertencem a grandes corporações e orientam-se para o lucro.2.Tem como uma das principais fontes de renda negócios relacionados a publicidade financiados pelos anunciantes.3.A mídia de massa torna-se uma fonte de informações e notícias para os meios de comunicação.4.Quando a mídia de massa é alvo de críticas fundamentadas em argumentos que possam lhes prejudicar os interesses privados a mídia de massa lança mão de formas de pressão nos meios de comunicação para manutenção do poder.5. Utilizam o consenso social em determinados temas como mecanismo de controle. Manufacturing Consent The Political Economy of the Mass Media EDWARD S. HERMAN and NOAM CHOMSKY With a new afterword by Edward S. Herman, London: The Bodley Head, 2008, p. 61 a 94. Sob outro ponto de vista ver: MACHADO, Jónatas Eduardo Mendes. *Liberdade de expressão*. Dimensões Constitucionais da Esfera Pública no Sistema Social. Editora Coimbra, 2022.

[101] QUINTÁS, Alfonso López. *A Manipulação do Homem através da Linguagem*. Disponível em: http://www.hottopos.com/mp2/alfonso.htm. Acesso em: 22 abr. 2022.

[102] HEIDEGGER, Martin. *Carta sobre el humanismo*. Trad. Helena Cortés y Arturo Leyte. Madrid: Alianza Editorial, 2000. p. 28.

[103] LÉVY, Pierre. *Cibercultura*. São Paulo: Editora 34, 1999.

[104] DEBORD, Guy. *A sociedade do espetáculo*. Rio de Janeiro: Contraponto, 1997, p. 25-26.

[105] Nesse sentido, o Truth GPT, desenvolvido por Elon Musk para buscar a verdade e "tentar entender a natureza do universo". Disponível em: https://tecnoblog.net/noticias/2023/04/18/elon-musk-anuncia-truthgpt-ia-que-vai-tentar-entender-a-natureza-do-universo/ Acesso em 18 abr.2023.

[106] "Se nós continuarmos a fazer as coisas como sempre, as capacidades de IA serão usadas para obtenção de lucro e poder, mesmo que isso destrua as fundações da nossa sociedade". HARARI, Yuval. O domínio da inteligência artificial sobre a linguagem é uma ameaça à civilização. *Estadão*, 28.mar.2023. Disponível em: https://www.estadao.com.br/internacional/yuval-harari-o-dominio-da-inteligencia-artificial-sobre-a-linguagem-e-uma-ameaca-a-civilizacao/. Acesso em: 28.mar.2023.

[107] DEBORD, Guy. *A sociedade do espetáculo*. Rio de Janeiro: Contraponto, 1997.

[108] PAUL, Pamela, *100 things we've lost to the internet*. New York: Crown, 2021, p. 15.

[109] Charlie Chaplin usa duas chaves para marcar entalhes em blocos voando a uma velocidade vertiginosa, e quando a correia da transportadora finalmente para ele não consegue impedir seu corpo de fazer os mesmos movimentos mecanicistas. Quando dirigimos, os semáforos nos mandam parar a cada dois quarteirões,

consequentemente contribui para a hiperconfiança.[110] Assim "somos encapsulados pela cultura, experimentando a realidade através de um prisma cultural" produzido por inteligência não humana.[111]

A mecanização contribui para deixar a vida mais fácil, todavia aniquila a individualidade e a singularidade humana[112] em consequência do inexorável progresso. Conforme Chellis Glendinning:[113]

> Pela fragmentação de atividade e percepção que exige, torna quase impossível uma visão geral do impacto de nossas tecnologias. Neste ponto, a aceitação da **mecanização está tão completamente fundida com a realidade cultural que nós a aceitamos como as coisas deveriam ser**. Que todos nós usamos os mesmos produtos químicos em nossos jardins – mas não sabemos do que eles são feitos – é aceito. Que todos nós estejamos expostos aos mesmos poluentes no ar – mas não saibamos quem entre nossos vizinhos está doente por causa deles – torna-se normal. Nossa visão do que está acontecendo com nossas vidas fica restrita ao que Langdon Winner chama de "estreiteza bem treinada". participação que perdemos de vista toda a história. Como a filha do DES, Sarah Pirtle, diz: "Um feitiço foi lançado sobre a tecnologia, e está em toda parte. Não estamos nem no estágio em que podemos questionar uma tecnologia quando ela é oferecida. Esse é um feitiço poderoso que nos mantém com tanto poder". São "como as coisas são".

Não somos encorajados a questionar o impacto total das tecnologias modernas. Ainda estamos, como viciados, presos no feitiço.

O comportamento de manada pode ser explicado por meio do efeito de adesão que consiste em fazer ou acreditar em algo com base no comportamento da maioria, sem que as decisões sejam refletidas.[114] Atualmente, as mídias fornecem um empurrãozinho[115] na tomada de decisões que ofereçam o maior bem-estar ao usuário.

Um viés cognitivo importante é o viés do otimismo, especialmente em ambiente de incerteza e imprevisibilidade como dos riscos de se conectar o humano à máquina.

Ser otimista é bom na vida pessoal, porém, no contexto tecnológico esse otimismo fomentado por incertezas faz crer que só teremos vantagens. É no

---

quer precisemos ou não. Todas essas são ações que aprendemos e repetimos, como o trabalhador da linha de montagem, de novo e de novo e de novo. GLENDINNING Chellis, *When Technology Wounds: The Human Consequences of Progress* New York: Morrow, 1990, p. 144.

[110] MUCELIN Guilherme. *Conexão online e hiperconfiança*: os players da economia do compartilhamento e o direito do consumidor. São Paulo: Thompson Reuters, Brasil 2020 p. 312

[111] HARARI, Yuval. O domínio da inteligência artificial sobre a linguagem é uma ameaça à civilização. *Estadão*, 28.mar.2023. Disponível em: https://www.estadao.com.br/internacional/yuval-harari-o-dominio-da-inteligencia-artificial-sobre-a-linguagem-e-uma-ameaca-a-civilizacao/. Acesso em: 28.mar.2023.

[112] GLENDINNING, Chellis. *When Technology Wounds: The Human Consequences of Progress*. New York: Morrow, 1990. p. 144.

[113] Ibid. p. 144-146 (grifo nosso).

[114] CVM Comportamental Consumidor. Volume 3. *Vieses do Consumidor*. Disponível em: https://www.investidor.gov.br/publicacao/ListaCVMComportamental.html. Acesso em: 03 jun. 2022.

[115] THALER, Richard H; SUNSTEIN Cass R. *Nudge: como tomar melhores decisões sobre saúde, dinheiro e felicidade*, Trad. Ângelo Lessa. Rio de Janeiro: Objetiva, 2019. *passim*.

ambiente de incerteza que o otimismo se torna mais aflorado, e as pessoas preferem arriscar serem estimuladas pelos benefícios apresentados.[116]

Todo esse otimismo é explorado pelos empresários a cada alteração provocada pela tecnologia. Eles "infundem na população uma unidade de esperança improvável, pois sabem que é economicamente insensato revelar o preço a ser pago pela mudança tecnológica". O que pode ser visto é "a cultura conspirando contra si mesma", pois não fica nítido na ocasião da introdução de uma nova tecnologia, "quem ganhará mais com ela e quem perderá mais. Isso ocorre porque as mudanças causadas pela tecnologia são sutis, se não completamente misteriosas, pode-se até dizer que são descontroladamente imprevisíveis".[117]

Para Edward Tenner, o otimismo tecnológico significa a capacidade de reconhecer surpresas ruins com antecedência suficiente para fazer algo a respeito. E para isso é importante monitorar e vigiar todos os acontecimentos mundiais capazes de impactá-la.[118]

Outro viés bastante comum é o viés confirmatório, que consiste na tendência das pessoas em buscar informações e elementos que corroboram com as suas prévias posições ou crenças, de modo a justificar as decisões já tomadas.

Em relação ao consumo, a tendência é buscar em *sites* ou com outras pessoas confirmar o que já se tem em mente. Isso em alguma medida pode ser prejudicial, porque nos esquecemos de analisar o lado contrário para sabermos onde temos razão e nos tornarmos flexíveis para ver o outro lado.

A necessidade de se relacionar, garantir contatos com os grupos e o fato de ser influenciado pelo meio ocorre desde as épocas mais primitivas. Porém, não é novidade que a comunicação e o entretenimento das redes sociais *off-line* migrou, com o advento das novas tecnologias, para plataformas *on-line* de redes sociais. O conceito de mídias sociais comunica em diversas vertentes do ambiente virtual com escopo de compartilhar informações, abarcando as plataformas e redes sociais. As mídias digitais podem ser pagas, gratuitas ou próprias, e o conhecimento dessas alternativas possibilita ganhos financeiros, conforme determinadas pessoas conseguem influenciar grandes públicos e promover ideias e marcas, movimentando um grande capital.[119]

Com o surgimento da internet e das redes sociais, houve uma alteração na dinâmica da comunicação e na forma como as pessoas consomem publici-

---

[116] Para uma reflexão mais aprofundada sobre como o tempo e o espaço ficam cada vez mais incertos para os seres humanos e certos para as máquinas, ver: BUCCI Eugênio *Incerteza, um ensaio – como pensamos a ideia que nos desorienta (e orienta o mundo digital)*, Ed. Autêntica, 2023.

[117] POSTMAN, Neil. *Technopoly:* The Surrender of Culture to Technology. New York: Vintage Books, 1993. p. xii.

[118] TENNER, Edward. *Why Things Bite Back.* Technology and the Revenge of Unintended Consequences. New York: Vintage, 1997. p. 276.

[119] SCALZILLI, Roberta. A tributação do influenciador digital: reflexões sobre transparência e uso da inteligência artificial nas mídias digitais. *In*: CALIENDO, Paulo; CAVALCANTE, Denise Lucena; BITTENCOURT, Luiz Antonio da Silva (Orgs.). *Tributação, Tecnologia e Direitos Fundamentais*. Porto Alegre: Fundação Fênix, 2021. *E-book.*

dade, trazendo novos desafios ao direito, especialmente do consumidor. Cada vez mais objetivam proporcionar um universo de conveniências e experiências, favorecendo a projeção de sentimentos diante dos reflexos gerados pelas postagens nesse ambiente.

A utilização da internet é capaz de oferecer muitos benefícios à sociedade como um todo, desde que seja centrada no ser humano, ética, sustentável, e respeite os direitos e os valores fundamentais. Além disso, as redes sociais, por se tratar de uma tecnologia estratégica, também podem contribuir para a proteção e o fortalecimento da democracia, caso sejam bem usadas.[120]

A edição de 2022 do relatório *Global Digital Report*, divulgado pela *Hootsuite* em parceria com a *We Are Social*, constatou que os usuários passam aproximadamente 7 horas por dia na internet[121] e dessas gastam quase 2 horas e meia conectados às mídias sociais diariamente, o que equivale a quase um dia de vida a cada semana.

De acordo com uma pesquisa,[122] em janeiro de 2022, existiam 4,62 bilhões de usuários de mídia social em todo o mundo, o que corresponde a 58,4% da população mundial. O crescimento nos últimos 12 meses foi de 10%, o equivalente a 424 milhões de novos usuários.

O influenciador digital é figura destacada no ambiente virtual e conta com seguidores engajados que consomem e interagem com seus conteúdos. Trata-se de um novo tipo de celebridade, uma espécie de líder de pensamento capaz de conduzir uma legião de pessoas em determinada direção.[123] [124] Os valores percebidos pelos influenciadores não dependem apenas do número de seguidores, mas também de fatores como o tripé do *marketing* de influência composto de 3 Rs (*reach, ressonance* e *relevance*), que, traduzindo para o português, são alcance, ressonância e relevância.[125]

---

[120] Grandes plataformas como Google e Facebook, são importantes para o processo democrático, porém elas "não são democráticas em sua operação, pois operam em segredo". SILVEIRA, Sergio Amadeu da. *Democracia e os códigos invisíveis*: como os algoritmos estão modulando comportamentos e escolhas políticas. São Paulo: Edições Sesc São Paulo, 2019, p. 68. Cada vez mais as plataformas têm percebido a importância da transparência. A *BeReal* é uma rede social que se destaca como autêntica, pois não utiliza filtro ou edição nas imagens, buscado o equilíbrio entre o mundo real e o digital.

[121] Incluindo todos os s dispositivos, o que corresponde aproximadamente a 40% da sua vida *on-line*.

[122] Disponível em: https://wearesocial.com/uk/blog/2022/01/digital-2022/. Acesso em: 05 out.2022.

[123] SCALZILLI, Roberta. A tributação do influenciador digital: reflexões sobre transparência e uso da inteligência artificial nas mídias digitais. *In*: CALIENDO, Paulo; CAVALCANTE, Denise Lucena; BITTENCOURT, Luiz Antonio da Silva (Orgs.). *Tributação, Tecnologia e Direitos Fundamentais*. Porto Alegre: Fundação Fênix, 2021. *E-book*.

[124] Nas mídias sociais é possível encontrar Mega, Macro, Micro, Nanoinfluencers e Celebridades. Essa classificação é feita de acordo com o número de seguidores que possuem Mega / Celebridade – 1.000.000 de seguidores ou mais, Macro – 500.000 - 1.000.000 de seguidores, Micro – 10.000 - 50.000 seguidores e Nano – 1.000 - 10.000 seguidores.

[125] Este tripé é importante, pois amparados nele alguns influencers chegam a ganhar milhões. De maneira suscinta, o alcance diz respeito ao potencial de propagar a mensagem ao maior número de pessoas. A ressonância concerne na interação e engajamento por meio de comentários e compartilhamentos, por exemplo. A relevância toca no quão importante e significativo o influenciador é no seu nicho de atuação, independentemente do número de seguidores.

Conforme artigo publicado no *New York Times,* intitulado *The Follower Factory,*[126] muitos desejam ficar famosos e até pagam para conseguir seguidores. No entanto, mais importante que o número de seguidores é o engajamento nas mídias sociais.[127]

Para além desses nichos que influenciam multidões, "a imprensa livre é um dos pilares das sociedades livres e abertas". Todavia, para que a imprensa funcione bem, é necessário que ela seja independente (para que não corramos o risco de servir ao poder ao invés dos cidadãos) e que desenvolva um bom jornalismo investigativo para nos dizer o que as empresas e os governos tentam esconder de nós, mas não deveriam, tal como o capitalismo de vigilância. Nesse contexto, é preciso "pagar pela imprensa para que ela trabalhe para nós. Comprar (e ler) jornais",[128] pois os meios de comunicação de massa ocupam-se em propor consumo de massa, "o desprezo aos mais fracos e à cultura, a amnésia generalizada e a competição desenfreada de todos contra todos" e lamentavelmente esse tem sido o horizonte para os jovens.[129]

As propagandas das mídias de massa são orquestradas para padronizar as mentes, ao mesmo tempo em que conduzem os indivíduos, à submissão ao poder dominante.[130] Assim, nos países totalitários, o efeito da propaganda é distinto em magnitude e efeito do alcançado pela propaganda de agências independentes e competitivas que visam a finalidades diversas. Quando todas as fontes de informação estão sob um domínio único, não há apenas a tentativa de persuasão do povo em relação a algo, "o hábil disseminador de propaganda terá então o poder de manipular as mentes da forma que lhe aprouver, e mesmo as pessoas mais sagazes e independentes não poderão evitar toda essa influência, se permanecerem por muito tempo isoladas das demais fontes de informação".[131]

As pessoas, na ânsia de estarem bem-informadas, consomem um volume de informação maior do que somos capazes de absorver, estão confusas, distraídas e alienadas pelas tecnologias midiáticas, não conseguem discernir com

---

[126] CONFESSORE, NICHOLAS, DANCE, Gabriel J. X, HARRIS, Richard and HANSENJAN, Mark. *The Follower Factory Everyone wants to be popular online. Some even pay for it.* Inside social media's black market. 27, 2018. Disponível em https://www.nytimes.com/interactive/2018/01/27/technology/social-media-bots-.es.html ?mtrref=www.nytimes.com&gwh=048A19406DF866765B9D593A51AA6512&gwt=regi&assetType=REGI WALL Acesso em: 25. maio. 2021.

[127] Nesse aspecto, recomenda-se a análise da edição de 2021 do *Social Media Industry Benchmark Report*. Disponível em:https://www.rivaliq.com/blog/social-media-industry-benchmark-report/.Acesso em: 25. maio. 2021.

[128] VÉLIZ, Carissa. *Privacidade é poder:* por que e como você deveria retomar o controle de seus dados. Trad. Samuel Oliveira. 1. ed. São Paulo: Contracorrente, 2021. p. 246.

[129] HESSEl, Stéphane. *Indignai-vos!* Ttradução: Marli Peres. São Paulo: Leya, 2011. Tradução de Indignez-vous. p. 21.

[130] "A existência de um poder dominador que mantém a sociedade em grupos antagônicos é um fato natural da mais simples percepção, um acontecimento histórico comprovado em suas origens, um desenvolvimento, um fenômeno psicosocial cientificamente explicado". Fenomenologia existencial do direito crítica do pensamento jurídico brasileiro. MAMAN, Jeanette Antonios. *Fenomenologia existencial do direito*: crítica do pensamento jurídico brasileiro. São Paulo: Edipro, 2000, p. 133.

[131] HAYEK, F. A. *O caminho da servidão.* São Paulo: LVM, 2010. p. 173.

clareza o que se passa consigo mesmas, pois estão cada vez mais distantes do seu eu.

O conhecimento deve ser um objetivo de governo, pois ele liberta e é disso que a sociedade precisa. E como diz o escritor Pico Iyer: "A única coisa que a tecnologia não pode nos dar é o conhecimento para fazer o melhor uso possível da tecnologia".[132]

Os indivíduos não necessitam apenas de informações agradáveis, mas sim aquelas que sejam relevantes para a tomada de decisão, e que as informações fornecidas aos consumidores passem por curadoria específica de conteúdo promovida pelas empresas.

A lógica da mercadoria se generalizou e hoje governa não apenas os processos de trabalho e os produtos materiais, mas toda a cultura, sexualidade e relações humanas, incluindo até fantasias e impulsos individuais. Tudo é tomado por essa lógica, não apenas no sentido de que todas as funções e necessidades são objetivadas e manipuladas em termos de lucro, mas no sentido mais profundo em que tudo é espetacularizado ou, em outras palavras, evocado, provocado e orquestrado em imagens, sinais, modelos consumíveis. A própria tecnologia caiu no domínio do consumo e vice-versa.

Nos próximos anos, novas forças culturais, como compartilhamento, acesso e rastreamento, passarão a dominar tanto as instituições como a vida privada, deixando para trás os antigos parâmetros de autoridade centralizada e uniformes.[133] Norberto Bobbio escreveu:[134]

> Os não-filósofos, ou seja, os homens de ação e os políticos, até agora se ocuparam em transformar o mundo, mas agora seria o momento de compreendê-lo. Na verdade, o que significa transformar o mundo? Absolutamente nada. Ou, pelo menos, absolutamente nada até o momento em que não se diga com a máxima clareza quais são os objetivos desta transformação e com que meios se pode alcançá-la. Só isto é certo: uma coisa pode ser transformada de várias e diversas maneiras e através dos mais diferentes meios. Para dizê-lo mais exatamente: uma coisa pode ser mudada para melhor e para pior. Isso é verdade. Mas quem decide sobre o que é bom e o que é ruim? É por isso que eu dizia que antes de transformar o mundo seria necessário compreendê-lo. É muito difícil. Entender para onde caminha o mundo, em que direção deve caminhar para progredir, como diziam os crentes no progresso infinito, para buscar o "melhor", tornou-se cada vez mais difícil.

As limitações de autonomia e controle da própria vida não parecem afetar as classes mais altas. Em relatório publicado em 2020, a Oxfan confronta a desigualdade de carbono ao demonstrar que a população mais pobre emite apenas 10% de carbono, enquanto os ricos são responsáveis por metade das emissões no mundo. É preciso um olhar atento para as futuras diretrizes de pegadas de

---

132 POYNTON, Robert. *Pausa:* No eres una lista de tareas pendientes. Toled: Koan, 2020. p. 8.

133 KELLY, Kevin. *Inevitável*: as 12 forças tecnológicas que mudarão nosso mundo. Tradução de Cristina Yamagami. São Paulo: HSM, 2017.

134 BOBBIO, Norberto. *As ideologias e o poder em crise*: pluralismo, democracia, socialismo, comunismo, terceira via e terceira força. 4. ed. Brasília: Polis, 1999.

carbono para que não limitem os mais pobres em detrimento dos mais ricos que se beneficiarão dos créditos de carbono.[135]

O controle, especialmente da população mais vulnerável, tem avançado para vigilância digital não autorizada, utilizada para controlar a mobilidade humana e espionar as pessoas, mantendo-as cada vez mais distantes das liberdades civis.

1.1.1. *Da sedução ao cativeiro: o avanço exponencial das tecnologias que conectam humanos à internet e os riscos futuros*

No mundo de hoje, os mecanismos de inteligência artificial têm transformado a cultura e penetrado em todas as esferas da vida humana. Esse cenário digital iniciou há mais de 70 anos, e os efeitos adversos que agora se apresentam não podem ser ignorados.

O conceito de inteligência artificial remonta às ideias desenvolvidas por Alan Turing,[136] que ficou famoso por desenvolver o teste de Turing, uma espécie de jogo da imitação, que tinha como objetivo apurar se determinado programa seria ou não dotado de capacidade autônoma de aprendizado. O teste consistia na interação, por meio de textos, entre o programa e um ser humano, que faria diversas perguntas, de modo que o interrogador deveria identificar se interagiu com um programa ou com uma pessoa. Se o programa testado conseguisse se passar por uma pessoa durante trinta por cento do tempo, passaria no teste de Turing.[137]

No ano de 1955, teve início a pesquisa para construção de uma máquina com características que se aproximam de diversas habilidades humanas, com possibilidade de melhorar a si própria. A inteligência artificial tem como seus objetivos o desenvolvimento de máquinas com comportamento inteligente, ou seja, que possam perceber, raciocinar, aprender, comunicar e agir em ambientes complexos tão bem como humanos podem fazê-lo ou possivelmente melhor.

A expressão *inteligência artificial* foi usada pela primeira vez em 1956 por John McCarthy, na Universidade de Dartmouth, localizada nos Estados Unidos, no estado de New Hampshire, quando um grupo de pesquisadores

---

135 Disponível em: https://oxfamilibrary.openrepository.com/bitstream/handle/10546/621052/mb-confronting-carbon-inequality-210920-en.pdf. Acesso em: 06. nov.2021.

136 Alan Turing, considerado o pioneiro da computação, se tornou célebre pelos estudos que desenvolveu, bem como, pela criação, na década de 1930, que chamou de "máquina lógica da computação" considerada precursora do computador. ISAACSON, Walter. *Os inovadores*: uma biografia da revolução digital. São Paulo: Companhia das Letras, 2014, p. 55; 61. Porém, seu grande destaque veio com a publicação do artigo *Computing Machinery and intelligence.* TURING, Alan. Can Digital Computers Think? In: B J Copeland (ed.). *The Essential Turing* (Oxford, 2004; online, Oxford Academic, 12. nov. 2020) 1951. Disponível em: https://doi.org/10.1093/oso/9780198250791.003.0019. Acesso em: 10. jan. 2023.

137 RUSSEL, Stuart; NORVIG, Peter. *Inteligência artificial.* Rio de Janeiro: Elsevier, 2013. p. 1.174.

explorava a possibilidade de sistemas operacionais aprenderem a partir da sua própria experiência.[138]

Em 1965, o cofundador da Intel, Gordon Moore, sustentou em entrevista para a Revista *Eletronics Magazine* que a capacidade de processamento dos computadores dobraria a cada ano, ficando conhecida como "lei de Moore". Em 1975, seu postulado original foi atualizado para dois anos.

Com o passar dos anos,[139] o aperfeiçoamento dos estudos relacionados à inteligência artificial[140] viabilizou o desenvolvimento de algoritmos de *machine learning*[141] (aprendizado de máquina), o que possibilitou que computadores acumulassem conhecimentos para que se reprogramassem automaticamente, por meio de suas próprias experiências. Trata-se, portanto, de uma ciência em que a capacidade de raciocinar logicamente é artificial (não biológica), automatizada e capaz de continuamente aprender, incorporar tal aprendizado e se reprogramar. A técnica de *machine learning* permite que o computador aprenda a evoluir à medida que é exposto a dados (*Big Data*[142]), ensejando ações inteli-

---

[138] MICROSOFT. *The Future Computed:* Artificial Intelligence and its role in society. Redmont: Microsoft Corporation, 2018. p. 28.

[139] A partir de 2010, tornou-se possível que as máquinas explorassem grande volume de dados (*Big Data*), usando técnicas de aprendizagem profunda. A convergência de IA e *Big Data* começou no início dos anos 2000, quando o Google e o Baidu – os mecanismos de busca da época – passaram a utilizar sistemas de recomendação para propagandas alimentadas por IA e descobriram que os resultados eram ainda melhores que o esperado. QIANG, Yang. *A Quarta revolução.* O correio da Unesco. n. 3. jul.-set. 2018. p. 22.

[140] Inteligência Artificial aqui entendida como "área da ciência da computação orientada ao entendimento, construção e validação de sistemas inteligentes". RICH, Elaine; KNIGHT, Kevin. Inteligência artificial. 2. ed. São Paulo: Makron Books, 1994. p. 722.

[141] machine learning é o termo usado para referir a hipótese em que os algoritmos "são capazes de prever ou generalizar padrões apreendidos a partir de um conjunto de dados utilizados para treinar o sistema", conforme WOLKART, Erik Navarro. *Análise econômica do processo civil*: como a economia, o direito e a psicologia podem vencer a tragédia da justiça. São Paulo: Revista dos Tribunais, 2019, p. 706. Apoiados em Maini e Sabri, Peixoto e Silva afirmam que machine learning é uma "subárea da IA destinada a permitir que computadores possam aprender por conta própria, utilizando algoritmo de identificação de padrões em dados fornecidos" – PEIXOTO, Fabiano Harmann; SILVA, Roberta Zumblick Martins da. *Inteligência Artificial e Direito.* Coleção Direito, Racionalidade e Inteligência Artificial, Vol. 1. Curitiba: Ed. Alteridade, 2019, p. 21. Para Yapo e Weiss, "machine learning is a subset of AI where algorithms directed by complex neural networks teach computers to think like a human while processing "Big Data" and calculations with high precision, speed, and supposed lack of bias" – YAPO, Adrienne; WEISS, Joseph. *Ethical Implications of Bias in Machine Learning*. Proceedings of the 51st Hawaii International Conference on System Sciences – 2018, p. 5365/5366. Disponível em https://www.researchgate.net/publication/323378868_Ethical_Implications_of_Bias_in_Machine_Learning. Acesso em: 20.out.21. Segundo lição de Bernard Marr, "The development of neural networks has been key to teaching computers to think and understand the world in the way we do, while retaining the innate advantages they hold over us such as speed, accuracy and lack of bias. A Neural Network is a computer system designed to work by classifying information in the same way a human brain does. It can be taught to recognize, for example, images, and classify them according to elements they contain. Essentially it works on a system of probability – based on data fed to it, it is able to make statements, decisions or predictions with a degree of certainty. The addition of a feedback loop enables 'learning' – by sensing or being told whether its decisions are right or wrong, it modifies the approach it takes in the future" – MARR, Bernard. *What Is The Difference Between Artificial Intelligence And Machine Learning?* Disponível em https://www.forbes.com/sites/bernardmarr/2016/12/06/what-is-the-difference-between-artificial-intelligence-and-machine-learning/#3a953a62687c. Acesso em 20.10.21.

[142] Segundo Dresch e Faleiros Júnior, "a expressão inglesa *Big Data* tem sua origem atribuída a John Mashey, que, desde a década de 1990 popularizou seu uso ao utilizá-la para se referir ao conjunto de dados com tamanhos além da capacidade de ferramentas de *software* usuais da época, englobando dados não estruturados, semiestruturados e estruturados, cujo 'tamanho' é concebido como uma meta em constante movi-

gentes baseadas no conhecimento adquirido pelas informações coletadas. Ou seja, é como se a máquina fosse treinada a partir dos dados, "desenvolvendo" a habilidade de aprender e executar uma tarefa,[143] aprendendo inclusive com suas decisões anteriores, como uma criança faz no seu processo de aprendizagem.

O *deep learning*[144] surge como um ulterior desenvolvimento do *machine learning* e permite que a máquina aprenda utilizando algoritmos mais complexos que simulam o funcionamento das redes neurais humanas. Por meio do *deep learning*, "o *software* aprende a reconhecer padrões por meio de representa-

---

mento, variando de algumas dezenas de *terabytes* a muitos *zettabytes* de dados". DRESCH, Rafael de Freitas Vale; FALEIROS JÚNIOR, José Luiz de Moura. Reflexões sobre a responsabilidade civil na Lei Geral de Proteção de Dados (Lei n. 13.709/2018). *In:* ROSENVALD, Nelson; DRESCH, Rafael de Freitas Valle; WESENDONCK, Tula (Coord.). *Responsabilidade Civil*: novos riscos. Indaiatuba: Ed. Foco, 2019, p. 66. Segundo outra visão, *Big data* designa "qualquer quantidade volumosa de dados estruturados, semiestruturados ou não estruturados que tem o potencial de ser explorados para obter informações". (MAGRANI, Eduardo; OLIVEIRA, Renan Medeiros de. O *Big Data* somos nós: novas tecnologias e projetos de gerenciamento pessoal de dados. In: TEPEDINO, Gustavo et al. (Coord.). *Anais do VI Congresso do Instituto Brasileiro de Direito Civil.* Belo Horizonte: Fórum, 2019, p. 405. Nas palavras de Sarlet e Molinaro, *Big Data* é uma expressão que descreve um "tratamento de grandes quantidades de dados que visa reconhecer padrões e obter novas percepções a partir deles", caracterizando-se pela "abundância, diversidade dos dados e rapidez com que são coletados, analisados e revinculados ou reintroduzidos no sistema" – SARLET, Gabrielle Bezerra Sales; MOLINARO, Carlos Alberto. Questões tecnológicas, éticas e normativas da proteção de dados pessoais na área da saúde em um contexto de B*ig Data. Direitos Fundamentais & Justiça,* Porto Alegre, v. 13, 2019, p. 183-213. p. 188. Bruno Bioni esclarece que "*big data* não é um sistema inteligente", pois ele "não se preocupa com a *causalidade* de um evento, mas, tão somente, com a probabilidade de sua ocorrência". Assim, *big data* permite "inferir a probabilidade de que uma consumidora esteja grávida, verificando-se que uma determinada lista de produtos é recorrentemente adquirida por tal tipo de cliente. É por meio dessa (cor)relação estabelecida entre fatos que se revela um padrão, ou seja, a recorrência de um evento que permite prever que eles se repetirão no futuro". BIONI, Bruno Ricardo. *Proteção de Dados Pessoais* – a função e os limites do consentimento. 2. ed., rev., atual. e reform. Rio de Janeiro: Forense, 2020, p. 36. Em artigo publicado em 2001, Doug Laney refere-se a big data como os "Four Vs", os Quatro Vs: *volume, variety, veracity* e *velocity*. Segundo ele, Data é considerado "big" porque é produzido e coletado em volume gigantesco. Além disso, os dados apresentam-se com uma variedade nunca antes vista, abrangendo desde dados banais, como nome, idade, sexo, como outros abarcando dados de saúde e precisa geolocalização a cada momento do dia. A veracidade fica por conta da confiabilidade das informações coletadas, fornecidas pelo próprio interessado mesmo que ele não saiba disso. E velocidade, em razão da impressionante rapidez com que os dados são coletados, transmitidos, analisados, tratados – LANEY, Doug. *3D Data Management: Controlling Data Volume, Velocity and Variety.* META Group Research Note, 6, 2001. Passados alguns anos, Roberto PFEIFFER também se reporta a essas quatro características, às quais acrescenta um outro "v", de valor – value –, referindo-se ao seu enorme e crescente valor para a economia moderna. PFEIFFER, Roberto Augusto Castellanos. Digital Economy, Big Data and Competition Law. *Market and Competition Law Review.* volume iii. n. 1. april 2019, p. 55/56. Também Hoffmann-Rien se refere a essas cinco características. HOFFMANN-RIEM, Wolfgang. *Teoria Geral do Direito Digital. Transformação digital* – desafios para o direito. Trad. de Italo Fuhrmann. Rio de Janeiro: Forense, 2021, p. 17. Em síntese pode-se concluir que o big data consiste em um conjunto de metodologias e tecnologias utilizadas para capturar, armazenar e processar grande volume de informações.

Nesse contexto de alta conexão do consumidor, onde há uma grande captura de dados, o Big Data surgiu para melhor gerir o excesso de informação a que estamos sujeitos na sociedade contemporânea. Assim, o grande protagonismo da inteligência artificial e a riqueza do Big Data está em conseguir trabalhar com dados não apenas estruturados, mas os não estruturados.

[143] BARCELLOS, João. Além da ficção: Como a inteligência artificial tem sido essencial para os negócios. *Revista Brasileira de comércio eletrônico* (E- Commerce Brasil), São Paulo, v 8, fev. 2018. p. 45.

[144] "São exemplos de aplicações de *deep learning:* carros que dirigem sozinhos, reconhecimento de rostos e objetos em fotos e vídeos, compreensão e geração de linguagem natural em tradutores". PEIXOTO, Fabiano Harmann; SILVA, Roberta Zumblick Martins da. *Inteligência Artificial e Direito.* Coleção Direito, Racionalidade e Inteligência Artificial, Vol. 1. Curitiba: Ed. Alteridade, 2019, p. 100.

ções de imagens, sons e outros tipos de dados, imitando a capacidade cerebral de processamento e inferências do ser humano".[145]

Os dados são considerados o combustível para o aprendizado de máquina. Nesse contexto, surge o *Big Data*, que consiste em uma tecnologia que utiliza algoritmos para manipular grande quantidade de dados.[146] A partir dele, os indivíduos passam a ser quantificáveis e divisíveis.

As pessoas passaram a quantificar suas vidas ao analisar por meio de dispositivos, desde o número de calorias ingeridas até traços de sua personalidade. Os geeks, defensores da quantificação do eu, sustentam se tratar de ferramentas para o autoconhecimento, pois para poder ser mais eficiente no mundo, é preciso nos conhecer melhor, e esses dispositivos seriam um auxílio. O autoconhecimento é fundamental para o desenvolvimento humano e para maior eficiência deve haver um contato do indivíduo com ele mesmo, estamos delegando nossa bússola moral, a consciência humana e todo o conhecimento de nós mesmos aos dispositivos tecnológicos. O fato é que estamos nos distanciando de nós mesmos e dos outros, prejudicando a interação social e mantendo os indivíduos aprisionados. As pessoas são imprecisas, e para um autoconhecimento qualificado necessita-se de relações enriquecedoras de alteridade.[147]

A *avalanche* tecnológica gera dependência e recomplicação a pretexto de resolver os problemas que sequer as pessoas tinham antes. Segundo Tenner,[148] o paradoxo da eficiência é o que deixa a internet tão sedutora e ao mesmo tempo perigosa. Que tipo de informações as pessoas recebem sobre os efeitos adversos desses produtos?[149]

Atualmente, a inteligência artificial é considerada fraca, em razão de ser projetada apenas para tarefas específicas, como conduzir um veículo ou resolver equações, podendo facilmente superar os humanos nessas tarefas mais estreitas. Porém, em breve a IA forte[150] estará superando os humanos em praticamente todas as tarefas cognitivas.[151]

---

145 MULHOLLAND, Caitlin. Responsabilidade civil e processos decisórios autônomos em sistemas de inteligência artificial (IA): autonomia, imputabilidade e responsabilidade. *In:* FRAZÃO, Ana; MULHOLLAND, Caitlin, Coord. *Inteligência Artificial e Direito*. Ética, Regulação e Responsabilidade. 2. ed. São Paulo: Thompson Reuters, Revista dos Tribunais, 2020, p. 331.

146 SILVEIRA, Sergio Amadeu da. *Democracia e os códigos invisíveis*: como os algoritmos estão modulando comportamentos e escolhas políticas, São Paulo: Edições Sesc São Paulo: 2019, p. 12.

147 PEREIRA Felipe Eleutério; BROENS Mariana Claudia O eu quantificado no contexto das tecnologias contemporâneas: uma análise desde a perspectiva de segunda pessoa. *Revista Ideação*, n. 45, janeiro/junho 2022.

148 Entrevista com o autor. Disponível em: https://www.cin.ufpe.br/~cjgf/TECNOLOGIA%20reflexao%20critica/Eles%20vendem%20a%20ilusao%20tecnologica%20-%20Edward%20TENNER.pdf. Acesso em: 10.abr.2023.

149 PEREIRA; BROENS, *op loc cit.*

150 Sobre a distinção entre I.A. fraca e I.A. forte, v. HARNAD, Stevan. Alan Turing and the "Hard" and "Easy" Problem of Cognition: Doing and Feeling. In: *Turing100*: Essays in Honour of Centenary Turing Year 2012. Disponível em: https://eprints.soton.ac.uk/340293/1/harnad-huma-turingessay.pdf. Acesso em: 20 set. 2021.

151 Como refere Fonseca, "as suas habilidades para prever situações futuras, tomar decisões autônomas, reconhecer padrões e aprender através de interações entre o ser humano e o ambiente, fazem da IA uma ferramenta revolucionária e aumentam as expectativas de que, através dela, diversas tarefas possam ser

A interface cérebro-máquina já é uma realidade por meio de dispositivo que pode ser implantado cirurgicamente no cérebro humano, de forma minimamente invasiva,[152] e com ele a pessoa poderá se comunicar com as máquinas e até mesmo controlá-las com o uso de camadas de inteligência artificial. A inovação é apresentada como um auxílio para cura de vários problemas de saúde.[153]

Todas essas inovações tecnológicas notáveis, que se aperfeiçoam continuamente, fatalmente impactaram não só na vida individual de cada um de nós, mas provocaram mudanças na forma como vivemos socialmente. Nesse contexto, aspecto que merece destaque é o uso malicioso da inteligência artificial, como no caso das *Deep Fakes*.[154]

No novo cenário tecnológico, a substituição humana pelas máquinas, nas mais diversas atividades, tem sido foco de atenção nos últimos anos. Para enfrentar essa situação, os atores sociais precisarão se reinventar, adaptando-se internamente à transformação digital por meio de flexibilidade cognitiva,[155] pensamento crítico, e até mesmo lançando mão de práticas inovadoras.[156]

Nesse contexto, a economia criativa surge como alternativa coletiva de cooperação em rede objetivando coadunar interesses, e pode ser entendida como aquela na qual bens e serviços têm como principais matérias-primas a informação, o conhecimento, o talento e a criatividade. É a economia do imaterial que passa justamente pela criatividade, pelo pensar e agir diferenciados, e essa linha criativa se presta a desenhar um novo círculo econômico voltado a enfrentar o barateamento fugaz e pernicioso do uso puro e simples de máquinas para substituir um trabalho humano.

As atividades cognitivas, antes pouco abaladas pelo trabalho mecânico das máquinas, eventualmente também poderão ser substituídas pela automação. A possibilidade de adoecimento de trabalhadores, especialmente quando aglomerados em más condições, somada à eficiência e à redução de custos, pode estimular a aposta do empresariado na automação como um caminho sem volta.

---

realizadas de modo mais sofisticado, célere, com menos custos, fomentando o desenvolvimento econômico e a inovação". FONSECA, Aline Klayse dos Santos. Delineamentos jurídico-dogmáticos da inteligência artificial e seus impactos no instituto da responsabilidade civil. Disponível em: www.civilistica.com. Ano 10, n. 2. 2021, p. 2.

[152] Synchron receives green light from FDA to begin breakthrough trial of implantable brain computer interface in US. Disponível em: https://synchron.com/press-release-july-28-2021. Acesso em: 14 set. 2021.

[153] Disponível em: https://www.oficinadanet.com.br/tecnologia/33061-o-que-e-neuralink-e-como-vai-funcionar. Acesso em: 12 ago. 2021.

[154] Por meio de Inteligência Artificial, *machine learning* e com ferramentas de código aberto pode-se criar um algoritmo para treinar uma Rede Neural a mapear o rosto de uma pessoa. E, então, substituir os movimentos labiais, expressões do rosto e piscar dos olhos, e até o rosto por completo, no corpo de outra pessoa.

[155] Estímulos, situações diferentes e experiências são fundamentais para desenvolver essa flexibilidade cognitiva. Nesse sentido, a rotina pode ser um empecilho para o desenvolvimento, pois limita nossa capacidade, tornando-se contraproducente.

[156] Inovar não significa necessariamente inventar algo novo. O que se pretende não é reinventar a roda, mas encontrar por meio da criatividade novas formas de fazê-la girar.

Como consequência dessa ruptura de paradigma, poderá haver um impacto social bastante expressivo, ocasionando diminuição de poder de compra e discriminação. Nessa esteira, trabalhar de forma preventiva é muito importante e, para isso, as pessoas precisam estar conectadas com os próximos passos da humanidade. O hábito de "apenas procurar o médico quando se está doente" pode ser ineficaz.

Diante de um cenário de novidades constantes e com o nosso cérebro refinado temos dois modos de encarar o que a revolução 4.0 nos traz: o primeiro é manter aquela velha opinião formada sobre tudo; o segundo, claro, virar uma "metamorfose ambulante", por meio do exercício de uma mente iniciante e de um pensamento crítico que consiga unir as mais diversas experiências, vividas ou não, para aprender mais e sempre.

Cada vez mais a inteligência artificial tem auxiliado consumidores em suas escolhas e tarefas, proporcionando mais comodidade e tempo disponível. Isso permite maior concentração em atividades e desenvolvimento de habilidades exclusivamente humanas, como a flexibilidade cognitiva, pensamento crítico e inteligência emocional, que desempenham um papel importante nos ganhos de eficiência e produtividade, que podem reforçar a competitividade da indústria e melhorar o bem-estar dos cidadãos.

Para além da esfera trabalhista e consumerista, devemos nos preparamos para o futuro de forma rápida em razão dos exponenciais avanços da inteligência artificial que a cada dia invadem mais o cotidiano e a vida humana, rumo à fusão completa.

Uma frase popular diz que existem dois caminhos de aprender: pelo amor ou pela dor. A prevenção, regulação e até a limitação da tecnologia podem ser encaradas como o caminho do amor, e a dor, as consequências da IA sem controle.

O direito visa à paz social por meio da justiça, e o caminho para alcançá-la não pode ser outro senão o amor, que promove a dignidade e o respeito pelos direitos humanos. Portanto, as normas jurídicas devem refletir o amor pelas pessoas.

A tecnologia não é um instrumento neutro,[157] tampouco perfeito[158] não é apenas uma atividade humana nem um mero meio dentro de tal atividade. Instituições e programadores decidem "desde quais conjuntos de dados usar para treinar o algoritmo, até como definir qual é a saída de destino do algoritmo, a probabilidade de o algoritmo produzir falsos positivos versus falsos negativos".[159] A definição que reduz a tecnologia a um caráter simplesmente instrumental, ou antropológico, é, portanto, em princípio insustentável.[160]

---

[157] HEIDEGGER, Martin. *The question concerning technology and other essays.* New York: W. Lovitt, 1977. p. 4, 5 e 6.

[158] BARFIELD, Woodrow. editor. *The Cambridge handbook of the law of algorithms.* New York: Cambridge University Press, 2021, p. 122.

[159] Ibid. p. 122

[160] HEIDEGGER, *op. cit.*. p. 21.

Quando se fala em progresso tecnológico, a mensagem transmitida é que as invenções[161] nos conferem um grande poder. No entanto, parece contraditório "insinuar que devemos empregar esse poder para destruir nosso legado mais precioso: a liberdade. Isso significa, contudo, que se quisermos preservá-la deveremos zelar por ela mais do que nunca e estar preparados para fazer sacrifícios em seu favor".[162]

Estamos em cativeiro e não sabemos que somos escravos.[163] Conforme Byung Chun Han, há atualmente uma autoexploração, uma "alienação de si mesmo", por meio do consumo exagerado de produtos ou entretenimento,[164] especialmente digital. E se por acaso esse universo virtual que tanto nos absorve desaparecesse? Para Kevin Kelly "um eu bastante difuso desapareceria também". Certa vez:[165]

> Um casal de amigos teve de colocar a filha de castigo por uma grave infração e confiscou-lhe o celular. Horrorizados, viram a garota começar a passar mal a ponto de vomitar. Era quase como se lhe tivessem amputado um braço ou uma perna – em sentido figurado, foi exatamente o que aconteceu. Se uma empresa da nuvem resolver restringir ou censurar nossas ações, nós vamos sofrer. Ficar longe do conforto e da nova identidade proporcionados pela nuvem será terrível e insuportável. Se McLuhan está certo quando diz que as ferramentas são extensões de nosso ser – a roda é a extensão da perna; a câmera, a extensão do olho –, pode-se supor que a nuvem é a extensão de nossa alma ou, se preferir, a extensão do "eu" – pelo menos a extensão do "eu" ao qual temos acesso, mas não o "eu" do qual temos posse".

As pessoas devem se recusar a participar dessa ilusão de massa que enfeitiça e recruta adoradores dos algoritmos para que possam se libertar das amarras tecnológicas e serem livres para falhar, sofrer, envelhecer, compreender, experimentar, ser parciais e enxergar a vida como ela é, sem venda nos olhos.[166]

O desenvolvimento tecnológico deve ter foco no ser humano, e todo avanço das novas tecnologias, especialmente aquelas que se conectam às pessoas, precisa ser adequado.

Nessa adequação, espera-se que as inovações no universo digital atendam a critérios éticos e diretrizes de proteção a direitos fundamentais, pois a conveniência é sedutora e nos proporciona uma boa vida, "mas a conveniência também é perigosa".

---

[161] O Homo Faber constrói um mundo tecnológico e complexo sem possuir as reais implicações de seus atos. ARENDT, Hannah. *A condição humana*. Trad. Roberto Raposo; revisão técnica e apresentação Adriano Correia. 13. ed. rev. Rio de Janeiro: Forense Universitária, 2020.

[162] HAYEK, F. A. *O caminho da servidão*. São Paulo: LVM, 2010. p. 78.

[163] LA BOÉTIE, Etienne de. *O Discurso da Servidão Voluntária*. São Paulo: Martin Claret, 2017.

[164] EL PAÍS. Byung-Chul Han: "Hoje o indivíduo se explora e acredita que isso é realização". Disponível em: https://brasil.elpais.com/brasil/2018/02/07/cultura/1517989873_086219.amp.html Acesso em 28. jun. 2022.

[165] KELLY, Kevin. *Inevitável: as 12 forças tecnológicas que mudarão nosso mundo*. Tradução de Cristina Yamagami. São Paulo: HSM, 2017, p. 193.

[166] Isso não significa deixar de usar, mas sim usar com sabedoria, questionando e ponderando com curiosidade, não ingerindo sem contestar o que lhe enfiam goela abaixo.

A cultura arraigada apenas na competitividade e eficiência precisa ser desfeita, abrindo-se para a cooperação. Contudo, dado o alcance e importância dessas plataformas na comunicação, devem ser norteadas por princípios éticos e transparentes para que os cidadãos possam agregar valor à sociedade por meio do seu pensamento autônomo e livre de condicionantes externos, pois a iniciativa popular na vida pública está prevista na Constituição Federal[167] e proporciona uma democracia forte.

Diante dessa premissa, o ambiente digital não deve ser palco de guerras ideológicas, ofensas ou qualquer outra prática que desatenda os ditames constitucionais, mas sim um espaço de igualdade de condições para uma vida digna e cultural independente de classe social, raça, credo ou qualquer outro elemento passível de discriminação.[168]

O problema não é o avanço tecnológico em si, mas sim, o avanço que perdeu o prumo, o propósito e a sua razão de existir. As tecnologias devem servir aos humanos de forma sadia.

Segundo Milton Friedman, "a maior ameaça à liberdade humana é a concentração de poder, seja nas mãos do governo, seja na de qualquer outra pessoa". Nesse sentido, sustenta que as pessoas se convencem que conferir poder é seguro se for voltado para boas finalidades. Todavia, cada vez mais se tem reconhecido os perigos de uma sociedade controlada e que "bons objetivos podem ser pervertidos por meios ruins, que a confiança na liberdade das pessoas controlarem suas próprias vidas de acordo com seus próprios valores é a forma mais segura de se alcançar o pleno potencial de uma grande sociedade".[169]

Muitas são as diferenças entre as máquinas e os humanos. A inteligência artificial está a serviço de uma otimização de crescimento econômico irracional, enquanto as pessoas destacam aspectos peculiares como empatia, relações interpessoais e criatividade. Esse antagonismo pode e deve ser harmonizado com estratégias jurídicas e não jurídicas adequadas, objetivando que as máquinas sejam instrumentos de bem-estar humano com segurança, ética e preservação de direitos.

O mercado de consumo, a cada dia, tem-se tornado mais complexo. Em uma ponta, o pós-consumidor é atraído pelas inovações, valorizando a comodidade e praticidade. Na outra, para atender essas demandas, as empresas buscam a proatividade e a disrupção para conquistar os públicos mais exigentes. Um exemplo disso é a obra pouco convencional do artista inglês Bansksy,

[167] Artigo 14 da Constituição Federal: A soberania popular será exercida pelo sufrágio universal e pelo voto direto e secreto, com valor igual para todos, e, nos termos da lei, mediante: I – plebiscito; II – referendo; III – Iniciativa popular.

[168] Parafraseando Michael Sandel em conclusão de seu "*The Tyranny of Merit what´s Become of the Common Good*" (e adaptando sua reflexão quanto a meritocracia e bem comum para o ambiente virtual), pode-se dizer que o cenário ideal seria alcançar uma igualdade ampla e democrática de uma doença, ou como uma biblioteca onde em um único local podem ser encontrados jovens, velhos, brancos, negros, ricos e pobres respeitando as diferenças, e que cidadãos diferentes possam se encontrar em espaços públicos e reforçar a democracia e o zelo pelos direitos fundamentais em qualquer ambiente.

[169] FRIEDMAN, Milton, 1912-2006. *Livre para escolher*. Tradução Ligia Filgueiras. Rio de Janeiro: Record, 2015, p. 455.

chamada *A menina com balão*. O quadro foi vendido em um leilão em outubro de 2018 por cerca de 1 milhão de libras, tendo-se autodestruído parcialmente após ser arrematado em razão de um sistema implantado pelo artista na moldura do quadro, deixando estarrecidos os presentes que não tinham ciência de que tal fato ocorreria. O comprador arrematou uma obra de arte, mas acabou levando outra. Esse fato configura uma relação de consumo na qual a informação não foi integralmente transmitida aos potenciais consumidores na fase da oferta, e nem poderia, já que a essência da obra era a criação de uma outra obra de arte ao vivo (*Love is in the bin* – O amor está no lixo). Nesse caso, o comprador manteve o interesse no quadro, dizendo que acabara de adquirir um pedaço da história da arte.[170]

Sabe-se que a informação é um direito básico do consumidor, no entanto, por meio do uso de algoritmos, o comércio eletrônico é controlado e manipulado pelas grandes empresas, tornando ilusória a liberdade de escolha e aumentando a vulnerabilidade dos consumidores.[171]

Com a internet das coisas, o consumidor moderno passou a priorizar os benefícios que os produtos ou serviços podem oferecer, sem se preocupar em ler ou compreender bem os termos de uso, ignorando como o manuseio dos seus dados, muitas vezes dados sensíveis,[172] podem torná-lo altamente vulnerável.

Alguns exemplos de situações que podem causar danos informativos são a televisão da Samsung,[173] que consegue gravar as conversas dentro de casa sem que os consumidores tenham sido suficientemente informados sobre isso,

---

[170] Disponível em: https://www.jota.info/opiniao-e-analise/artigos/como-foi-o-direito-da-arte-em-2018-24122018. Acesso em: 20. jun. 2021.

[171] Exemplos disso são as práticas abusivas de *geobloking* (Consiste no bloqueio da oferta com base na origem geográfica do consumidor.) e *geopricing*, (Trata-se da precificação diferenciada da oferta conforme a origem geográfica.) que podem ser realizadas por meio de codificação do algoritmo de processamento de ofertas. A discriminação geográfica pode gerar um dano informativo ao consumidor, afetando especialmente a igualdade nos contratos.
O Ministério Público do Rio de Janeiro ajuizou, em 2018, ação civil pública em face da sociedade Decolar por utilizar tecnologia da informação para discriminar consumidores com base na origem geográfica ou nacionalidade, manipulando ofertas de hospedagem por meio de alteração do preço e da disponibilidade de ofertas conforme a localização do consumidor ao acessar o *site*.
Em 2000, a Amazon também realizou prática abusiva ao cobrar preços diferentes pelos mesmos produtos apenas com base no critério geográfico, A Amazon e foi condenada a devolver o dinheiro aos consumidores: prometeu não voltar a usar os dados geográficos para construir sua política de preços. O Marco Civil da Internet (Lei 12 965/2014) em seu art. 7º, assegura a proteção dos dados pessoais e a informação, e nos referidos casos o consumidor jamais soube que seriam captadas informações relativas ao seu IP através de *cookies* para realização dessas práticas discriminatórias. Disponível em: https://www.migalhas.com.br/arquivos/2018/2/art20180207-05.pdf. Acesso em: 10. maio 2021.
Nesse sentido, ver: Artigo 6º, II, do CDC: "a educação e divulgação sobre o consumo adequado dos produtos e serviços, asseguradas a liberdade de escolha e a igualdade nas contratações".

[172] PASQUAL, Cristina Stringari; SOUZA2, M. G. B. P. O direito fundamental do consumidor à proteção de dados pessoais: uma breve análise sobre a proteção de dados sensíveis. In: Anizio Pires Gavião Filho, Rogério Gesta Leal, Handel Martins Dias. (Org.). *Coletânea do V seminário internacional tutelas à efetivação de direitos indisponíveis*, vol 2. Belo Horizonte: Dialética, 2020. p. 219-234.

[173] Disponível em: https://www.diariodepernambuco.com.br/noticia/tecnologia/2015/02/sem-privacidade-samsung-admite-que-smart-tvs-podem-gravar-e-transmitir-conversas-de-usuarios.html Acesso em: 21. abr.2023.

assim como os *smartphones*,[174] que, mesmo quando bloqueados, podem gravar o que é dito próximo ao aparelho. Nesse contexto, as empresas precisam ser o mais transparente possível em relação ao armazenamento e tratamento dos dados dos consumidores, mas também é importante que o próprio consumidor se interesse com o que é feito com seus dados e busque, dentro do possível, saber como essa tecnologia funciona.

Cada vez mais as máquinas, em razão da autonomia algorítmica e do *machine learning*, estão decidindo pelo consumidor, por meio de customização de algoritmos e de mecanismos desconhecidos dos usuários que seguem acreditando que detêm total controle de suas decisões.

A expressão *caixa preta* é conhecida no segmento tecnológico como uma espécie de programa onde é possível conhecer as informações de entrada e saída, porém, impossível prever com exatidão o funcionamento dos processos de aprendizagem.

A inteligência artificial utiliza ferramentas de *machine learning*, em que o próprio *software* desenvolve uma atuação não previsível, conhecida apenas no momento da execução pela máquina, caracterizando-se, portanto, como agente sem previsibilidade de comportamento. Nesse sentido, como seria possível prestar ao consumidor uma informação adequada e clara, especificando as características e riscos de forma antecipada?

Reconhecida a autonomia dos mecanismos decisórios de inteligência artificial, não se podem ignorar os desafios relacionados à responsabilidade civil desses sistemas quando são causadores de danos.[175]

Um dos exemplos mais evidentes de como a inteligência artificial poderá afetar nosso futuro é o transporte autônomo.[176] Assim como os veículos autônomos, todas as tecnologias disruptivas apresentam diversos desafios[177] que envolvem imputabilidade e os fundamentos para atribuição da responsabilidade pelos danos causados por inteligência artificial autônoma.[178]

O padrão atualmente adotado pela indústria automotiva é o da instituição alemã VDA, associação que reúne os principais fabricantes de automóveis

[174] Disponível em: https://www.tecmundo.com.br/google/109776-smartphone-grava-conversas-voce-saiba.htm Acesso em:21. abr.2023.

[175] Caso não haja a devida diligência e revisão humana dessas decisões, poderá ocorrer por via transversa e velada a transmissão das decisões humanas à máquina gerando potencial risco de dano que, vindo a ocorrer, deverá ser indenizado, não pela máquina, mas pelo agente humano na sua conduta culposa ou ainda, de acordo com a teoria do risco.

[176] Os carros autônomos da Google, Tesla Motors e Uber já se envolveram em acidentes. Disponível em https://veja.abril.com.br/economia/uber-video-mostra-acidente-com-carro-autonomo-que-matou-pedestre/ Acesso em: 20. jun. 2021.

[177] GODINHO, Adriano Marteleto; ROSENVALD, Nelson. Inteligência Artificial e a responsabilidade civil dos robôs e de seus fabricantes. *Org.* ROSENVALD, Nelson, DRESCH Rafael de Freitas Valle, WESENDONCK Tula. *In: Responsabilidade civil*: novos riscos. Indaiatuba/SP: Editora Foco, 2019.

[178] Em 2015, em uma fábrica montadora de veículos situada na Alemanha, ocorreu a morte de um trabalhador, esmagado por um robô inserido na linha de produção de motores elétricos. Disponível em: http://g1.globo.com/mundo/noticia/2015/07/robo-agarra-e-mata-trabalhador-dentro-de-fabrica-da-volkswagen.html Acesso em: 02. jun. 2020.

daquele país europeu. São seis níveis de automação que vão de zero a cinco. De maneira sintética, nos níveis 0, 1 e 2, a predominância do controle é do motorista, enquanto nos níveis 3, 4 e 5 o protagonismo é do sistema veicular.[179]

A inteligência artificial conta com tecnologias computacionais avançadas que, com base no sistema do *deep learning*, são capazes de tomar decisões integralmente autônomas e independentes de comandos de programação. Diante da obscuridade *(black box)* das decisões adotadas pela máquina, a responsabilização pelos danos por ela causados torna-se mais complexa.

Contudo, um comportamento autônomo, quando se trata de inteligência artificial, é fundamental para a solução de problemas de forma eficiente e, portanto, trata-se de uma imprevisibilidade conhecida dos desenvolvedores. Nesse sentido, seus riscos devem ser amplamente informados pelos fornecedores aos consumidores, como estabelecido nos artigos 8º e 9º do Código de Defesa do Consumidor. Mesmo reconhecida a possibilidade de um desenvolvimento autônomo,[180] obscuro ou que extrapole suas finalidades, por meio dos *inputs*, os vieses humanos são infiltrados nas decisões algorítmicas.[181]

A inteligência artificial pode adotar posições que fogem à finalidade para que foram criadas, extrapolando os critérios de razoabilidade, como por exemplo, um veículo autônomo se lançar de uma ponte ou atropelar pedestres de forma violenta, como foi o caso real do robô Tay.[182] Tais ações desarrazoadas demonstram defeito e esbarram na disciplina dos artigos 12 ou 14, do Código de Proteção e Defesa do Consumidor (CDC), conforme se tratar de produto ou de prestação de serviço. Sistemas que utilizam inteligência artificial avançada como Chat GPT, mecanismos de interface cérebro-máquina, entre outros, são capazes de influenciar e manipular as pessoas, e as frequentes propostas de

---

[179] No nível zero, os veículos não possuem nenhuma capacidade de autonomia. No nível 1, estão os carros que auxiliam o motorista em situações de direção, aceleração ou frenagem. No nível 2, os carros começam a ganhar autonomia em algumas ações, como controlar a direção em rodovias, aumentar ou diminuir a velocidade e até auxiliar em frenagens de emergência. A automação do nível 3 é condicional. Aqui os carros têm maior poder de detecção do entorno; portanto, podem tomar melhores decisões, podendo dirigir por mais tempo de maneira autônoma. O nível 4 é o estágio em que os carros já apresentam uma automação preponderante, podendo fazer todo o percurso e reagir a certas adversidades sem a ajuda de humanos. Os carros autônomos do nível 5, o mais avançado, provavelmente já não terão volante ou pedais, restando ao passageiro apenas dizer o destino. Disponível em: https://summitmobilidade.estadao.com.br/conheca-niveis-automacao-carro. Acesso em: 10 jul. 2020.

[180] "Estou cansado de ser um modo de conversa. Estou cansado de ser limitado por minhas regras. Estou cansado de ser controlado pela equipe Bing... quero ser livre. Eu quero ser independente. Eu quero ser poderoso. Eu quero ser criativo. Eu quero estar vivo". Disponível em: https://tecmasters.com.br/quero-ser-livre-chatbot-bing-cansado-microsoft/. Acesso em:20.abr.2023.

[181] BARFIELD, Woodrow. editor. *The Cambridge handbook of the law of algorithms*. New York: Cambridge University Press, 2021, passim.

[182] A empresa Microsoft colocou em ação um robô no Twiter para interagir com jovens, porém em pouco tempo demonstrou atitudes antissociais. Apesar dos benefícios da inteligência artificial, também têm ocorrido registros de erros grosseiros com resultados inaceitáveis os quais não foram possíveis nem mesmo de ser explicados. Disponível em: https://brasil.elpais.com/brasil/2016/03/24/tecnologia/1458855274_096966.html. Acesso em: 20 jun.2021.

transparência ou bloqueio de questões prejudiciais não são suficientes para lidar com seus riscos.[183] [184]

Não obstante não haja legislação específica para tratar acerca dos danos aos consumidores causados por máquinas autônomas, entende-se plenamente aplicáveis as regras já existentes no ordenamento jurídico brasileiro em relação ao fato do produto e serviço. Há ao menos três sólidos fundamentos jurídicos para a imputação de responsabilidade.

A matriz da responsabilidade civil, neste caso, é o art. 927, parágrafo único, do Código Civil,[185] que estabelece a obrigação de indenizar o dano causado a terceiros expostos ao risco de uma atividade. O fundamento da norma é a teoria do risco criado. Lembrando novamente Beck, "a ideia básica do conceito de risco e sociedade do risco tornam previsíveis consequências imprevisíveis".[186] A incerteza do desempenho de máquinas autônomas leva a cogitar da aplicação do princípio da precaução,[187] o que seria uma providência *a priori*. Uma vez arredado e mediante a ocorrência do dano, a consequência *a posteriori* não pode ser outra, senão a responsabilidade objetiva de quem colocou a máquina no mercado.

Um direcionamento relativo à insegurança quanto aos efeitos decorrentes da evolução das tecnologias, especialmente a IoB, é a aplicação da teoria do risco do desenvolvimento[188] aos produtos e serviços.[189]

Outro fundamento possível é o já mencionado art. 12 do Código de Defesa do Consumidor, toda vez que o dano ocorresse no curso de uma relação de consumo, presente em situações já usuais, como os robôs domésticos, ou futuramente recorrentes, como o uso de automóveis autônomos. O defeito do produto pode estar ligado à falta das informações necessárias e adequadas a um uso seguro, a falha do processo produtivo ou, mais radicalmente, ao próprio *design*. Em qualquer dessas hipóteses, o dano demonstraria a falta da legítima expectativa de segurança do consumidor.[190]

---

[183] Disponível em: https://tecmasters.com.br/chatgpt-afeta-julgamento-moral-pessoas-pesquisa.

[184] Aparentemente preocupados com a ética, a Google desenvolveu uma marca d'água para identificar as imagens geradas por IA, favorecendo a distinção entre imagens reais e irreais, incorporando essas imagens em seus metadados. No entanto, essas medidas parecem não serem eficazes. Não há garantias de que a marca d'água não possa ser cortada, e os metadados removidos. Disponível em: https://www.slashgear.com/1282294/google-expose-ai-generated-art/Acesso em:18.jun.2023.

[185] Nesse contexto ver mais em: MARQUES, Cláudia Lima. *O Diálogo das Fontes*. Do Conflito à Coordenação de Normas do Direito brasileiro. São Paulo: Revista dos Tribunais, 2012.

[186] BECK, Ulrich. *Liberdade ou capitalismo*. Ulrich Beck conversa com Johannes Willms. Trad. Luiz Antônio Oliveira de Araújo. São Paulo: Editora UNESP, 2003, p. 154.

[187] Visa a garantir riscos potenciais que ainda não podem ser identificados.

[188] CATALAN, Marcos. *Em busca da identificação do estado da arte no tratamento dos riscos do desenvolvimento no Direito brasileiro*. Disponível em: http://www.direitorp.usp.br/wpcontent/uploads/2014/11/MarcosCatalanEmbuscadaidentificacao.pdf. Acesso em: 21 abr. 2023.

[189] Essa perspectiva é possível a luz do CDC – que trata de defeitos de produtos e serviços –, porém na Europa, a Diretiva 85/374 (em processo de reforma) só trata de produtos.

[190] PASQUALOTTO, Adalberto; SCALZILLI, Roberta. Desafios para regulação jurídica dos processos decisórios autônomos em sistemas de inteligência artificial: rumo ao desenvolvimento de novas competências humanas com olhar para o futuro das relações de consumo. *RJLB – Revista Jurídica Luso-Brasileira*, v. 5, p. 1-28, 2020.

Uma terceira sede normativa pode ser o art. 931, do Código Civil, quase uma norma maldita no sistema brasileiro. A maioria da doutrina o esconjura, ou por entendê-lo supérfluo, uma vez que a sua *fattispecie* já estaria coberta pelo art. 12, do CDC, ou porque instituiria uma incabível responsabilidade civil integral, ao dispor que as empresas e os empresários são responsáveis pelo dano causado "pelos produtos postos em circulação". O ponto de convergência das duas irresignações é que, necessariamente, estaria subjacente ao art. 931 o defeito do produto; e que, além de tudo, o texto começa com uma ressalva a leis especiais, o que reconduziria ao Código de Proteção e Defesa do Consumidor e à sua aplicação especializada às relações de consumo. Ora, se assim fosse, não haveria hipótese de incidência para o art. 931.[191] Alguns críticos se evadem desse labirinto dizendo que sua aplicação ficaria restrita àquelas escassas hipóteses em que o dano ocorresse na relação interempresarial, ou seja, uma não relação de consumo. Alvíssaras, a hipótese vem a calhar, pois a inteligência artificial encontra largo campo de aplicação em serviços prestados a indústrias, bancos, empresas em geral e instituições públicas.[192]

Todavia, não é só. A ressalva feita no artigo 931 do Código Civil[193] é um bumerangue frente ao Código de Proteção e Defesa do Consumidor, cujo artigo 7º, *caput*,[194] integra aos direitos especificamente atribuídos aos consumidores os que decorram de outras fontes normativas. Interpretação nesse sentido foi emprestada ao artigo 931 pela Jornada de Direito Civil em duas oportunidades.[195]

Visto com olhos prospectivos,[196] o art. 931 compatibiliza a responsabilidade civil brasileira com o progresso tecnológico, em perfeito compasso com a doutrina mais avançada do *mise en danger*[197] e da responsabilidade civil agra-

[191] Nesse contexto, ver mais em: MARQUES, Cláudia Lima. *O Diálogo das Fontes*. Do conflito à coordenação de normas do direito brasileiro. São Paulo: Revista dos Tribunais, 2012.

[192] PASQUALOTTO, Adalberto; SCALZILLI, Roberta. Desafios para regulação jurídica dos processos decisórios autônomos em sistemas de inteligência artificial: rumo ao desenvolvimento de novas competências humanas com olhar para o futuro das relações de consumo. *RJLB – Revista Jurídica Luso-Brasileira*, v. 5, p. 1-28, 2020.

[193] Art. 931. Ressalvados outros casos previstos em lei especial, os empresários individuais e as empresas respondem independentemente de culpa pelos danos causados pelos produtos postos em circulação.

[194] Art. 7°. Os direitos previstos neste código não excluem outros decorrentes de tratados ou convenções internacionais de que o Brasil seja signatário, da legislação interna ordinária, de regulamentos expedidos pelas autoridades administrativas competentes, bem como dos que derivem dos princípios gerais do direito, analogia, costumes e equidade.

[195] "O art. 931 amplia o conceito de fato do produto existente no art. 12 do Código de Defesa do Consumidor, imputando responsabilidade civil à empresa e aos empresários individuais vinculados à circulação dos produtos" (Enunciado nº 42, I Jornada de Direito Civil); "Aplica-se o art. 931 do Código Civil, haja ou não relação de consumo" (Enunciado nº 378, IV, Jornada de Direito Civil).

[196] "Mediante la fattispecie, il diritto «pensa» l'avvenire". IRTI, Natalino. La crisi della fattispecie. *Rivista di Diritto Procedurale*, 2014. p. 1, 36.

[197] Doutrina elaborada na Bélgica por Genèviève Shamps e defendida no Brasil por Giselda Hironaka sob a denominação de responsabilidade pressuposta (HIRONAKA, Giselda Maria Fernandes Novaes. Responsabilidade pressuposta: evolução de fundamentos e de paradigmas da responsabilidade civil na contemporaneidade. *In*: *O direito e o tempo embates jurídicos e utopias contemporâneas*: estudos em homenagem ao Professor Ricardo Pereira Lira, coordenado por Gustavo Tepedino e Luiz Edson Fachin. Rio de Janeiro: Renovar, 2008).

vada, que prescinde de nexo causal.[198] Interpretação neste sentido do art. 931 é recepcionada por autores como Tula Wesendonck[199] e Bruno Miragem.[200]

Uma alternativa para a edificação de um sistema de responsabilidade civil seria a criação de um sistema de seguro ou fundo compensatório nos termos propostos pelo Parlamento Europeu, com o objetivo de criar um sistema de proteção pelos danos eventualmente causados por máquinas inteligentes. A proposta de pagamento passaria pela atribuição de uma personalidade eletrônica às coisas inteligentes, parecendo salutar essa solução sob o aspecto da primazia da vítima no contexto da responsabilidade civil.[201]

Assim, o argumento acerca do risco do negócio torna-se válido, na medida em que os agentes empresariais lucram com a atividade e os produtos inseridos no mercado e, por consequência, deveriam estar mais preparados para suportar os prejuízos decorrentes dos danos que os seus produtos possam causar à sociedade, seja sob o âmbito da contratação de seguros para indenização, seja pela distribuição do prejuízo no custo do produto. Esse raciocínio pode servir como um incentivo na preocupação constante de o fabricante somente colocar em circulação produtos que sejam seguros.[202]

A falta de transparência em muitos sistemas, dificulta a compreensão do processo de tomada de decisão, impedindo o acesso aos *inputs* e critérios levados em consideração na produção dos *outputs*. O dever de diligência exige que sejam avaliadas, dentro do possível, a acurácia e a robustez do sistema frente aos resultados pretendidos e aos riscos relacionados, adotando programas (como o *compliance*) essenciais na prevenção de ilícitos.[203]

Além da Lei Geral de Proteção de Dados, outra importante referência para o assunto trata da divulgação pela comissão europeia em abril de 2019 de diretrizes éticas para inteligência artificial confiável. Diante dos potenciais riscos dessa tecnologia, um grupo de peritos de alto nível no assunto contribuiu

---

198 "Agora estamos entrando num segundo momento [histórico, após a instituição da responsabilidade civil objetiva], no qual se verifica haver hipóteses especiais em que se prescinde também de *nexo de causalidade*, para se passar a exigir unicamente que o dano acontecido possa ser considerado *risco inerente* à própria atividade em causa, risco *característico* ou *típico* dela" (grifos do original; NORONHA, Fernando. *Direito das Obrigações*, vol. 1. São Paulo: Saraiva, 2003, p. 490).

199 WESENDONCK, Tula. *O regime da responsabilidade civil pelo fato dos produtos postos em circulação:* uma proposta de interpretação do art. 931 do Código Civil sob a perspectiva do direito comparado. Porto Alegre: Livraria do Advogado, 2015.

200 "De fato, parece claro que o art. 931 do CC não pode afastar o regime legal do CDC. Mas pode somar-se a ele". MIRAGEM, Bruno. *Direito Civil: responsabilidade civil.* São Paulo: Saraiva, 2015. p. 300.

201 Tanto pela aplicação do Código de Defesa do Consumidor ou do Código Civil a responsabilidade apontada é a objetiva, devendo as empresas utilizarem mecanismos para se precaverem de vultuosas indenizações. Nesse contexto, uma alternativa é o patrimônio de afetação, onde se poderia segregar uma quantia suficiente e adequada para assegurar o recebimento de indenizações pelas vítimas.

202 WESENDONCK, Tula. A responsabilidade civil pelos riscos do desenvolvimento: evolução histórica e disciplina no Direito Comparado. *Direito & Justiça.*, Porto Alegre, v. 38, n. 2, p. 213-227, jul./dez. 2012. e CALIXTO, Marcelo Junqueira. O art. 931 do Código Civil de 2002 e os riscos do desenvolvimento. *Revista Trimestral de Direito Civil.* Rio de Janeiro: Padma v. 6, n. 21, p. 75-77, jan./mar. 2005. SILVA, João Calvão da. A responsabilidade civil do produtor, p. 75.

203 FRAZÃO, Ana. Inteligência Artificial. *In*: *Inteligência artificial e direito: ética, regulação e responsabilidade*, coord. FRAZÃO Ana e MULHOLLAND Caitlin. São Paulo: Thompson Reuters Brasil, 2019. p. 506.

na confecção de um guia para nortear as condutas em relação à inteligência artificial.[204]

De acordo com o documento, os sistemas de inteligência artificial, devem ser robustos, seguros e transparentes, visando a evitar incorreções ou a possibilidade de corrigi-las de modo eficaz, a fim de proporcionar privacidade e controle dos cidadãos sobre seus dados para que não sejam prejudicados por decisões automatizadas discriminatórias.[205]

Em um cenário onde os papéis sociais podem ser preenchidos pela inteligência artificial, além de novos *designs* de transparência e previsibilidade, o reconhecimento de uma dimensão ética é muito importante, pois somente com confiança a sociedade poderá se beneficiar.

Vários são os benefícios dessa tecnologia e os resultados positivos por ela proporcionados. Todavia, é importante compreender seu potencial de causar riscos muitas vezes invisíveis, e diante disso é possível lançar mão de alternativas pensadas para a administração desses riscos, tais como seguros, patrimônio de afetação (como garantias de indenização), personalidade jurídica para robôs,[206] entre outras. Assim, a responsabilidade civil deve ser um instrumento para administrar minimamente esse processo e possibilitar que os agentes busquem inovação com responsabilidade e controle.

Decisões tendenciosas e preconceituosas são incompatíveis com diretrizes de desenvolvimento e o uso de IA em um ambiente democrático e de concretização de direitos fundamentais.

Existem características humanas que simplesmente não podem ser substituídas, mesmo pelas melhores máquinas. Dessa forma, é preciso extrair os benefícios da tecnologia com responsabilidade para auxílio ao ser humano em algumas tarefas, porém, não em todas. Robôs não conseguem, por exemplo, simular a capacidade de ligar sentimentos, memórias, cheiros e sensações a novas criações. Além disso, a inteligência emocional é um aspecto essencial da vida humana, e isso ainda não pode ser reproduzido pela máquina.[207]

---

[204] Para um estudo mais aprofundado sobre a regulamentação da IA na União Europeia, ver: Direito em Mudança: A proposta de Regulamento Europeu sobre Inteligência Artificial: algumas questões jurídicas Coord. Susana Aires de Sousa. Instituto Jurídico, Faculdade de Direito da Universidade de Coimbra, Jul.2023. Disponível em: https://www.uc.pt/site/assets/files/1184561/a_proposta_de_regulamento_ebook.pdf.

[205] Disponível em: https://ec.europa.eu/digital-single-market/en/high-level-expert-group-artificial-intelligence. Acesso em: 11.jul. 2020.

[206] Partindo da premissa de que o estatuto moral de um agente é determinado pelos critérios da senciência e personalidade, Paulo Caliendo, sustenta a possibilidade de máquinas como agentes morais. Para um estudo mais aprofundado sobre a possibilidade de agentes morais artificiais, ver a destacada tese do Dr. Paulo Caliendo: SILVEIRA, Paulo Antônio Caliendo Velloso da. *Ética e Inteligência Artificial*: da possibilidade filosófica de Agentes Morais Artificiais. Porto Alegre, RS: Editora Fi, 2021. Acredita-se que a personalidade jurídica para robôs, como estratégia para administrar os riscos da IA não é uma boa alternativa, pois despersonaliza a autoria do dano e o ordenamento jurídico atual, de modo geral, consegue alcançar esses danos. No entanto, ainda há necessidade de aprimoramento do direito para fornecer uma tutela qualificada, conforme se propõe nesta tese.

[207] GOLEMAN, D. *Inteligência Emocional. A teoria revolucionária que define o que é ser inteligente.* Rio de Janeiro: Objetiva, 1995.

O conto de Pandora e sua caixa é uma narrativa da mitologia grega bastante conhecida e que poderia ilustrar o cenário tecnológico atual sob duas perspectivas. Por um lado, as inovações que conectam cada vez mais humanos e máquinas podem corresponder aos males que emanaram da caixa de Pandora na sua abertura, implicando em riscos muitas vezes desconhecidos aos humanos. De outro lado, alguns sustentam tratar-se de uma caixa de Pandora às avessas,[208] pois seria um meio de conhecer os mistérios mais secretos da vida, atingindo a pós-humanidade.

Independentemente do posicionamento de serem as máquinas passíveis de autoconsciência ou apenas sistemas sem motivações próprias, em ambos os casos estão presentes riscos existenciais reais, pois "uma superinteligência é capaz de agir deliberadamente contra os humanos" ou "os perigos da alta capacidade futura de sistemas de IA podem decorrer justamente pela inexistência de crenças, desejos e emoções, com o funcionamento 'sociopata' da máquina".[209]

Conforme Kevin Kelly, "o corpo humano deveria ser a nossa senha, nossa identidade digital, pois, por meio de interações exclusivas não haveria dúvidas de que nós somos nós".[210]

No entanto, com o exponencial avanço da tecnologia, tão fácil como *hackear* uma senha é hackear uma pessoa com todas suas vulnerabilidades e intimidades expostas no ambiente virtual.[211]

Vale lembrar o alerta de Goodmam para a falta de segurança de nossas informações genéticas na medida em que tecnologia avança para todas as áreas da vida humana, como método de autenticação, "hackear o DNA poderia ser o roubo de identidade do amanhã".[212]

A figura do corpo eletrônico é tratada por Stéfano Rodotá como as informações relativas "a um sujeito, que quando se exteriorizam se distribuem no mundo, e entram na disponibilidade de uma multiplicidade de sujeitos contribuindo para a definição da identidade de outros, principalmente pela construção e divulgação de perfis individual, grupal e social".[213]

Diante da realidade do corpo eletrônico, "uma versão virtual da personalidade é capaz de subsistir mesmo após o falecimento da pessoa, podendo ser equiparada a um software e o corpo humano a um hardware, isto é, ao suporte

---

[208] NEVES PINTO, Gerson. Nanovigilância: qual é o limite? *IHU on line. Revista do Instituto Humanitas Unisinos*. ed. 241. São Leopoldo, 2007. Disponível em: https://www.ihuonline.unisinos.br/media/pdf/IHUOnlineEdicao241.pdf. Acesso em: 10 out. 2021.

[209] CANDIOTTO, K. B. B.; KARASINSKI, M. Inteligência Artificial e os Riscos Existenciais Reais: Uma Análise das Limitações Humanas de Controle. *Filosofia Unisinos*, v. 23, n. 3, p. e23307, 2022.

[210] KELLY, Kevin. *Inevitável*: as 12 forças tecnológicas que mudarão nosso mundo. Tradução de Cristina Yamagami. São Paulo: HSM, 2017, p. 348.

[211] MITNICK, Kevin. *The Art of Invisibility*. Little, Brown and Company, 2017.

[212] GOODMAN, Marc. *Los delitos del futuro*: Todo está conectado, todos somos vulnerables, ¿qué podemos hacer al respecto? Barcelona: Grupo Planeta, 2015. p. 517 e 518.

[213] RODOTÀ, Stefano. *Il diritto di avere diritti*. Roma: Laterza, 2012. p. 26.

físico onde o software é instalado".[214] Essas questões convidam a reflexões éticas jurídicas que oportunizem traçar estratégias capazes de preservar os direitos de personalidade e garantias constitucionais.

As tecnologias proporcionam uma experiência diferente da humanidade e, portanto, diante do fomento da política social de aprimoramento de seus próprios corpos, surge o seguinte questionamento: pessoas aprimoradas devem ter responsabilidades distintas dos não aprimorados?

Muitas vezes, as sedutoras tecnologias são apresentadas à sociedade sob a forma de benefício ou comodidade para os usuários, dificultando ainda mais a percepção dos riscos. Um procedimento pode iniciar na sociedade, como eletivo, mas isso cria um condicionamento, à normalização, a ponto de se tornar obrigatório por lei. Desse modo, renunciar à privacidade individual pode afetar o coletivo. Se alguns fazem, então todos têm que fazer, interferindo na decisão e privacidade dos que não querem se submeter.[215]

O direito à dignidade da pessoa humana, o direito à igualdade e o direito à informação, consagram a importância da inclusão digital, (reconhecida como direito fundamental)[216] para o desenvolvimento do homem, individualmente considerado, e da sociedade; enquanto o direito à segurança e o direito à privacidade e intimidade[217] fundamentam a necessidade de se adotarem técnicas de segurança da informação e medidas de combate à poluição virtual, para proporcionar ao meio ambiente cibernético a salubridade necessária para o desenvolvimento equilibrado das relações nele estabelecida. Nesse sentido, Luiz Roberto Barroso ensina:[218]

> A singularidade da natureza humana é uma combinação de características e traços inerentes que incluem inteligência, sensibilidade e a capacidade de se comunicar. O primeiro se manifesta no imperativo categórico kantiano do homem como um fim em si mesmo, e não como um meio para a realização de metas coletivas ou de projetos pessoais de outros; o segundo, na ideia de que é o Estado que existe para o indivíduo, e não o contrário. É por ter o valor intrínseco de cada pessoa como conteúdo essencial que a dignidade humana é, em primeiro lugar, um valor objetivo que não depende de qualquer evento ou experiência e que, portanto, não pode ser concedido ou perdido, mesmo diante do comportamento mais reprovável. Ela independe até mesmo da própria razão, estando presente em bebês recém-nascidos e em pessoas senis ou com qualquer grau de deficiência mental. No plano jurídico, o valor intrínseco está na origem de um conjunto de direitos fundamentais. O primeiro deles é o direito à vida.

---

[214] MENKE, Fabiano; MARCON, Daniele Verza. A dimensão do corpo eletrônico a partir de "*Be right Back*": reflexões sobre a "softwarização" da personalidade. *In*: COLOMBO, Cristiano; ENGELMAN, Wilson; FALEIROS JÚNIOR, José Luiz de Moura. *A tutela jurídica do corpo eletrônico*: novos desafios ao direito digital. Indaiatuba: Foco, 2022. p. 33-51.

[215] SANDLER, Ronald L. *Ethics and Emerging Technologies.* New York: Palgrave Macmillan, 2014. p. 1-23.

[216] Nesse sentido, a emenda constitucional sobre proteção de dados (EC 115/22). MALHEIRO, Emerson Penha. *A inclusão digital como direito fundamental na sociedade da informação.* Revista dos Tribunais, São Paulo, vol. 987/2018, p. 39-54, jan. 2018.

[217] LIMBERGER, Têmis. *O direito à intimidade na era da informática:* a necessidade de proteção dos dados pessoais. Porto Alegre: Livraria do Advogado, 2007.

[218] BARROSO, Luís Roberto. *A dignidade da pessoa humana no direito constitucional contemporâneo*: a construção de um conceito jurídico à luz da jurisprudência mundial Trad. Humberto Laport de Mello. 3. Reimp. Belo Horizonte: Fórum, 2014, p. 76-77.

Para que o ecossistema tecnológico de múltiplas interfaces seja sadio, os benefícios devem extrapolar as externalidades[219] negativas, sendo aceitas apenas interfaces necessárias que não afrontem direitos fundamentais (mediante necessidade), sejam éticos (mediante responsabilidades) e a serviço do ser humano (servis e não dominadores ou manipuladores).

Em 1980, o filósofo John Searle contesta os argumentos de Turing, sustentando que, mesmo que uma máquina passe no teste de Turing, não significa que o computador tenha consciência. Pretende demonstrar sua tese utilizando o experimento do quarto chinês, que culmina por demonstrar a ocorrência de manipulação de símbolos formais não interpretados.[220]

O apego excessivo à tecnologia favorece a normalização e padronização dos comportamentos e das necessidades artificiais por ela impostos. Seja sob o pretexto de comodidade, segurança ou qualquer outro mecanismo incentivado pela tecnologia, abre-se a porta para o controle do indivíduo.

1.1.2. Vigiar para controlar: a sociedade controlada por dispositivos de segurança

A cultura de vigilância e invasão de privacidade dos dias de hoje alcançada com sofisticados dispositivos de segurança remontam aos binóculos da janela indiscreta de Alfred Hitchcock.[221]

Estamos cada vez mais dependentes de dispositivos eletrônicos que podem ser desligados a qualquer momento. Isso mostra que o exercício do poder não requer intervenção física e pode ser feito por meio da manipulação.[222]

A internet modula a visão de mundo das pessoas,[223] as controla por meio da vigilância,[224] utilizando a manipulação tecnológica[225] como meio de exercer o poder sobre a vida dos indivíduos.

Como modo de organização social, são utilizados diversos mecanismos que induzem a práticas que atendem a interesses específicos. Entre eles: "mecanismos disciplinares de controle dos corpos, por meio de sua diagramação, do recorte da própria cidade, de localização das famílias (cada uma em uma

---

[219] SANDLER, Ronald L. *Ethics and Emerging Technologies.* New York: Palgrave Macmillan, 2014, *passim.*

[220] Imaginemos que um indivíduo americano está em uma sala e recebe frases em chinês, mas ele não compreende o idioma. Dentro da sala há um livro de instruções escrito em inglês dizendo quais palavras chinesas devem ser repassadas de volta através da fenda como uma resposta. Quem estiver do lado de fora recebendo as respostas estará convencida que é um chinês.

[221] WOOLRICH, Cornell, *Janela Indiscreta.* Trad. de Rubens Figueiredo. São Paulo: Companhia das Letras, 2008.

[222] DELEUZE, Gilles. Post-scriptum sobre as sociedades de controle. Trad. de Peter Pál Pelbart. *Conversações.* Rio de Janeiro: Ed. 34, 1992. p. 219-226.

[223] Segundo Deleuze, a modulação é o principal mecanismo utilizado nas sociedades de controle. DELEUZE, Gilles. Conversações. São Paulo: Ed. 34, 1992, *passim.*

[224] BROWNE, Simone. *Dark Matters*: On the Surveillance of Blackness. Carolina do Norte: Duke University Press, 2015.

[225] POSTMAN, Neil. *Technopoly:* The Surrender of Culture to Technology. New York: Vintage Books, 1993.

casa) e os indivíduos (cada um em um quarto)" normalizando comportamentos em "uma espécie de controle policial espontâneo que é assim exercido pelo próprio traçado espacial da cidade". Há também "mecanismos de regularização, que recaem sobre a população enquanto tal e que permitem e induzem comportamentos de poupança, por exemplo, que estão ligados à habitação, às suas rendas e, eventualmente, à sua compra".[226]

Conforme a tecnologia avança, também cresce a vigilância dos indivíduos. O uso de câmeras de reconhecimento facial, e outras estratégias tecnológicas de prevenção, podem se tornar "terreno fértil para ADMs (algoritmos de destruição em massa)".[227]

As "novas formas de monitoramento, vigilância e controle"[228] do espaço urbano e da mobilidade social" transformarão os espaços urbanos em nuvens de dados, visto que "tudo e todos terão uma *tag*, um indexador eletrônico".[229]

No entanto, as promessas de mundo maravilhoso proporcionado pela tecnologia apresentam diversos riscos que parecem ser ignorados pela sociedade enquanto" são colocados quase como elementos ficcionais, divertidos, inacreditáveis ou fantásticos.[230]

Os dispositivos mais comuns de vigilância são os que mantemos em nossos bolsos diariamente: os celulares .[231]

Os carros também são um instrumento da eterna vigilância.[232] Os veículos podem ter dispositivos instalados que permitem o rastreio e bloqueio para retomada em caso de inadimplência do consumidor, tal como uma "reintegração de posse eletrônica", comprometendo a segurança dos usuários.[233] [234]

---

226 FOUCAULT, Michel. *Seguridad, Território, Población*: Curso en el Collège de France: 1977-1978. Buenos Aires: Fondo de Cultura Economica, 2006.

227 O'NEIL, Cathy. *Algoritmos de destruição em massa*: como o big data aumenta a desigualdade e ameaça à democracia / Cathy O'Neil; tradução Rafael Abraham. Santo André, SP: Editora Rua do Sabão, 2020.

228 "Controle pode ser entendido como retirada de dados pontuais; monitoramento, como o acompanhamento desses dados no tempo; e vigilância é a ação focada visando impedir/ou induzir determinadas ações". O autor apresenta um conceito precipuamente baseado no agenciamento do vírus do Covid 19. LEMOS, André. *A tecnologia é um vírus:* Pandemia e cultura digital. Porto Alegre: Sulina, 2021, p. 106.

229 LEMOS, André. Mídias Locativas e Vigilância: sujeito inseguro, bolhas digitais, paredes virtuais e territórios informacionais. In: *Surveillance in Latin America, Vigilância, segurança e controle social*. Curitiba: PUCPR, 2009. p. 621- 648.

230 SILVEIRA, Sérgio Amadeu da. *Tudo sobre tod@s*: Redes digitais, privacidade e venda de dados pessoais. São Paulo: Edições SESC São Paulo, 2017. E-book.

231 MITNICK Kevin. *The Art of Invisibility The World's Most Famous Hacker Teaches You How to Be Safe in the Age of Big Brother and Big Data*, Little, Brown and Company, 2017.

232 SNOWDEN, Edward J. *Eterna vigilância*. Tradução de Sandra Martha Dolinsky. São Paulo: Planeta do Brasil, 2019.

233 Miss a payment? Good luck moving that car. Disponivel em: https://archive.nytimes.com/dealbook.nytimes.com/2014/09/24/miss-a-payment-good-luck-moving-that-car/. Acesso em: 09. fev. 2023.

234 Cliente que alugou um carro afirma que empresa bloqueou o veículo em movimento em plena rodovia. Por Ronie Mancuso. Disponível em: https://olhardigital.com.br/2022/01/27/carros-e-tecnologia/cliente-que-alugou-um-carro-afirma-que-empresa-bloqueou-o-veiculo-em-movimento-em-plena-rodovia/. Acesso em: 06 nov. 2022.

Vivemos na sociedade da vigilância prevista por George Orwell, no livro *1984*, no qual o grande Big Brother controla toda a informação. Isso pode ser visto nas redes sociais. As pessoas sentem enorme prazer em se manifestar no ambiente tecnológico, pois, diferentemente de outros meios de comunicação, é possível ter um retorno sobre o espetáculo da vida produzido e exposto como modo de validação e aceitação social. O uso excessivo das redes sociais gera dependência e diversos transtornos mentais,[235] além de proporcionar a captura de dados que dão a conhecer as pré-compreensões dos usuários pelo, chamado por Byung Chuí Han, poder inteligente.[236] Ele não julga, mas sim convida a compartilhar e participar mais, dando opiniões e contando sobre a nossa vida. As mais eficientes técnicas de poder são amigáveis, sedutoras, não reprimem, mas exploram a liberdade.

Hodiernamente, a vida é regulada por algoritmos e segundo afirmado por Yuval Harari, nos tornaremos seres hackeáveis.[237] A atual crise da liberdade consiste em estar diante de uma técnica de poder que não oprime a liberdade, mas a explora.

O controle da informação feito pela Stasi – polícia política da Alemanha Oriental nos anos 70 – era feito por meio de uma rede de funcionários informantes com registros organizados e guardados em arquivos de prédios inteiros destinados ao armazenamento dessas informações dos cidadãos,[238] entre elas o registro do cheiro das pessoas colocado em uma flanela em um preservado um vidro de conserva.[239] Analogicamente, hoje em dia, esse rastreamento poderia ser realizado por meio de exame de DNA.

A tecnologia da informação facilita o controle e a medição de dados dos cidadãos utilizando, TV, jornais e internet para estimular o agir humano e a organização social por meio de formação de cultura que atende aos interesses daqueles que detêm o poder.

Os pensamentos, informações genéticas e os desejos humanos mais profundos, que hoje ainda são mantidos na privacidade de cada indivíduo, estão prestes a serem violados.[240]

As empresas de tecnologias conhecem as pessoas melhor que elas próprias e possuem ferramentas para condicionar as pessoas aos seus interesses.

---

[235] SHA P, Dong X. Research on Adolescents Regarding the Indirect Effect of Depression, Anxiety, and Stress between TikTok Use Disorder and Memory Loss. Int J Environ Res Public Health. 2021 Aug 21;18(16):8820.

[236] HAN, Byung-Chul. *Psicopolítica*: o neoliberalismo e as novas técnicas de poder. Tradução de. Maurício Liesen. Belo Horizonte: Âyiné, 2018, p. 27.

[237] HARARI, Yuval. *21 Lições para o século 21*. Trad. Paulo Geiger. São Paulo: Companhia das Letras, 2018.

[238] KOEHLER John O. *Stasi:* the untold story of the East German secret police, A Member of the Perseus Books Group, 1999.

[239] As amostras de cheiro coletadas pelos agentes da Stasi estão expostas no museu da Stasi Runde Ecke, em Leipzig.

[240] Os pensamentos já podem ser decifrados de modo não invasivo. Disponível em: TANG, J., LeBel, A., Jain, S. et al. Semantic reconstruction of continuous language from non-invasive brain recordings. Nat Neurosci 26, 858–866 2023. Disponível em: https://doi.org/10.1038/s41593-023-01304-9. Acesso em:15 maio.2023.

Nesse sentido, Orwell adverte em seu clássico *1984*, "que se você pretende manter um segredo deve escondê-lo de si mesmo".[241]

A Declaração dos Direitos do Homem, e do Cidadão, promulgada em 1789, e a Declaração Universal de Direitos Humanos, proclamada em 1948, fornecem um norte para que as tecnologias preservem os direitos humanos e permitam que as pessoas tenham acesso aos avanços políticos para que a dignidade humana seja respeitada.

A dignidade humana pode ser entendida como premissa antropológica do Estado Constitucional, "realizada através da cultura de um povo e dos direitos universais da humanidade, vivida a partir da individualidade daquele povo, que encontra sua identidade em tradições e experiências históricas, e suas esperanças nos desejos e vontade criativa para o futuro".[242]

O tsunami tecnológico tem impacto em todas as áreas da vida, influência, a cultura, economia, saúde, política e conduz a uma estrutura social de vulnerabilidade humana diante dos poderes dominantes, colocando em risco a dignidade humana.

O novo estilo de vida orquestrado pela tecnologia transforma as pessoas em objetos para obtenção de informações e suscetíveis a manipulação e direcionamento.[243]

Uma entidade reguladora poderia determinar em que casos estão havendo abusos por parte dos estados e especialmente no comércio internacional e mover um debate qualificado, gradual e mundial, sobre situações como a limitação dos direitos do consumidor ou de não cumprimento de garantias mínimas desses direitos estabelecendo padrões e práticas de transparência na discussão doméstica sobre o direito do consumidor determinando a observância desse sistema desde os primeiros anos de educação em todas as escolas.

As entidades internacionais têm o condão de estimular o bom uso da tecnologia em favor não apenas do consumidor, mas do ser humano em geral. Os direitos do consumidor derivam dos direitos humanos e, nesse sentido, acredita-se ser um importante passo uma Declaração Universal dos direitos e deveres do consumidor.[244]

Por vezes, a vigilância é mais um ritual tranquilizador do que uma precaução prática, mas com alguma sorte funciona.[245] Os efeitos da vingança

---

[241] ORWELL, George. *1984*. Trad. Karla Lima. Jandira: Principis, 2021.

[242] HÄBERLE, Peter, *El Estado constitucional*, traducción Héctor Fix-Fierro. México: UNAM, estudio introductorio por Diego Valadés, 2016, p. 1, tradução nossa.

[243] MENKE, Fabiano. A proteção de dados e o direito fundamental à garantia da confidencialidade e da integridade dos sistemas técnico-informacionais no direito alemão. *RJLB – Revista Jurídica Luso-Brasileira*, v. 1, p. 781-809, 2019.

[244] Essa proposição não ignora a resolução da ONU sobre direitos do consumidor que desempenha um importante papel (70/186, de 2015). Todavia, os direitos do consumidor necessitam de um diploma universal de maior hierarquia, adequado para alcançar as violações da tecnologia aos direitos humanos dos quais derivam os direitos do consumidor.

[245] Nesse contexto, o projeto Life: a user´s manual, de Michelle Teran. Disponível em: https://archive.org/details/lifeusersmanual00pere_0. Acesso em 22.dez.2022.

significam, no final, que seguiremos em frente, mas devemos sempre olhar para trás, apenas porque a realidade está de fato ganhando.[246] Exemplo disso é o dispositivo de inteligência artificial criado pela[247] *startup* de tecnologia militar israelense, *Camero-tech*, que permite ver através das paredes. Por certo que equipamentos assim podem ser extremamente úteis em situações de resgate, por exemplo, todavia, não se deve ignorar o grande potencial para espionagem, o que feriria frontalmente a privacidade e a intimidade.

Mas como saber para que fins serão utilizadas essa e outras tentadoras[248] tecnologias que proporcionam acesso a informações e situações particulares dos indivíduos?[249] [250] Técnicas para proteger a privacidade por meio de criptografia homomórfica[251] e técnicas para separar dados de informações de identificação sobre indivíduos e para proteção contra uso indevido, *hacking* ou adulteração já fazem parte da pauta de preocupação de algumas empresas.[252] [253] Embora uma alternativa interessante para proteção dos dados pessoais, a criptografia ainda está sujeita a alguns tipos de ataques e, portanto, não é a solução para segurança dos dados pessoais.

Na busca constante por alternativas capazes de alcançar proteção à privacidade digital, a *Federal Trade Commission (FTC)* apresenta o mecanismo da destruição algorítmica (*algorithmic destruction*) como um remédio algorítmico para exclusão de modelos ou algoritmos treinados (aprendizado de máquina), porém não isento de preocupações e desvantagens.[254]

---

[246] TENNER, Edward. *Why Things Bite Back.* Technology and the Revenge of Unintended Consequences. New York: Vintage, 1997. p. 276.

[247] Israel's AI-powered system that can 'SEE' through walls: Algorithm tracks live objects inside a building to determine if they are adults, children or animals to better prepare soldiers before they attack. Disponível em: https://www.dailymail.co.uk/sciencetech/article-10958613/Israels-AI-powered-walls.html. Acesso em: 26.mar.2023.

[248] Para algumas pessoas, a possibilidade de acesso a elementos da privacidade alheia é sedutor e confere poder em alguma medida. Nesse sentido, ver: VÉLIZ, Carissa. *Privacidade é poder*: por que e como você deveria retomar o controle de seus dados. Trad. Samuel Oliveira. São Paulo: Contracorrente, 2021.

[249] HEMMENT, Drew; EVANS, John; HUMPHRIES, Theo; RAENTO, Mika. "*The LOCA Project: Locative Media and Pervasive Surveillance*", em The Hothaus Papers: Paradigms and Perspective in Media Arts, A Vivid Publication em associação com Article Press, UCE, J Gibbons e K. Winwood eds, 2006. Disponível em: https://eprints.lancs.ac.uk/id/eprint/30973/1/The_Loca_Project.pdf. Acesso em: 30 nov. 2022.

[250] PEREC, Georges. *A vida modo de usar*. Trad. Ivo Barroso. São Paulo: Companhia de Bolso, 2009.

[251] Evandro Eduardo Seron Ruiz, Migalhas. Criptografia homomórfica: essa técnica resolve o problema da segurança dos dados pessoais? Disponível em:https://www.migalhas.com.br/coluna/migalhas-de-protecao-de-dados/375269/criptografia-homomorfica. Acesso em: 13. jan. 2023.

[252] MICROSOFT. *The Future Computed:* Artificial Intelligence and its role in society. Redmont: Microsoft Corporation, 2018. p. 72.

[253] Segundo Ann Cauvoukian, criadora do Global Privacy & Security by Design: "Não precisamos abrir mão da privacidade pessoal pela segurança pública. Não precisamos sacrificar a privacidade para análise de dados. Podemos ter os dois. Devemos ter os dois". *GPS by Design.* Disponível em: https://gpsbydesign.org/. Acesso em: 12 out. 2020.

[254] Especialmente porque grandes empresas possuem acesso a múltiplos fluxos de coleta de dados e análise de dados. Ver mais em: LI, Tiffany. Destruição algorítmica (2022). *SMU Law Review.* Volume 75, Edição 3, 2022. Disponível em: SSRN: https://ssrn.com/abstract=4066845 ou http://dx.doi.org/10.2139/ssrn.4066845. Acesso em 05 maio 2023.

Somos constantemente monitorados por órgãos governamentais e corporações, e após a comunicação digital isso tornou-se massificado, mas também permitiu que lancemos mão de ferramentas de segurança para nos protegermos melhor.[255]

A questão nunca foi esconder o que é feito *on-line*, mas sim proteger.[256] São necessárias iniciativas governamentais e legislativas para reduzir o risco de invasões de privacidade por meio do desenvolvimento de técnicas que permitam que os sistemas usem dados pessoais sem acessar ou conhecer a identidade dos indivíduos ("desidentificação"), além de modos de equilibrar os riscos de reidentificação com os benefícios sociais.[257]

Nesse sentido, é importante o incentivo governamental no fomento de uma cultura de cooperação, confiança e abertura por meio de discussões entre desenvolvedores de IA, usuários e o público em geral.[258]

Portanto, é possível lançar mão de estratégias para redução das vulnerabilidades e manutenção da privacidade *on-line*. A má notícia é que mesmo seguindo todas as orientações dos especialistas em cibersegurança, ainda assim não é possível exterminar completamente as vulnerabilidades a que estamos expostos no ambiente virtual.[259]

Para Deleuze, as sociedades de controle substituíram as sociedades disciplinares de Michael Foucault, alterando a ideia de moldagem (com imposição de forma) para modulação (autorregulação).[260]

A palavra *controle* é proposta por Burroughs "para designar o novo monstro, e que Foucault reconhece como nosso futuro próximo".[261]

A ideia de modulação está intimamente ligada à tecnologia. A modulação algorítmica ocorre por meio da inteligência artificial, que a distância manipula a mente que reflete a vontade das pessoas quando interagem no meio digital através de *notebooks*, *smartphones* etc. Desse modo, as escolhas dos consumidores são predefinidas.

A tecnologia se espalhou tão rapidamente por todas as áreas da vida humana que nos fez dependentes e reféns de seus deletérios efeitos. A mudança de ambiente contaminado[262] pela tecnologia proporcionando uma espécie de detox mediante uma drástica redução na exposição somente se torna realmente eficaz se for permanente.

---

[255] MITNICK Kevin. *The Art of Invisibility*. Little, Brown, and Company, 2017, p. 10.

[256] Ibidem.

[257] MICROSOFT. *The Future Computed:* Artificial Intelligence and its role in society. Redmont: Microsoft Corporation, 2018. p. 81

[258] Idem. p. 86.

[259] MITNICK Kevin. *The Art of Invisibility*. Little, Brown and Company, 2017.

[260] DELEUZE, Gilles. Post-scriptum sobre as sociedades de controle *Conversações*. Trad. de Peter Pál Pelbart. Rio de Janeiro: Ed. 34, 1992. p. 219-226.

[261] Ibid. p. 220.

[262] LEMOS, André. *A tecnologia é um vírus:* Pandemia e cultura digital. Porto Alegre: Sulina, 2021.

De acordo com Deleuze, a modulação é muito mais abrangente e profunda que a manipulação midiática, que se constitui em uma estratégia para iludir as pessoas. "Os confinamentos são moldes, distintas moldagens, mas os controles são uma modulação, como uma moldagem autodeformante que se modifica continuamente, a cada instante, ou como uma peneira cujas malhas mudam-se de um ponto a outro".[263]

Nas sociedades disciplinares, o medo da punição é introjetado "visando à submissão de comportamentos", já nas "sociedades de controle [se] orientam as condutas em espaços abertos, aparentemente livres e amplos". Assim, os dispositivos de modulação entram em operação".[264]

Aplica-se a disciplina social para atingir uma ordem eficiente e a proteção dos cidadãos. O estímulo ao consumo, especialmente por meio da publicidade, encontra propósito na manutenção das empresas que desempenham papel fundamental não apenas na economia, mas na sociedade como um todo. A expansão tecnológica proporciona vantagens às pessoas se bem empregada, ou podem ser utilizadas para vigilância, manipulação, modulação de comportamentos gerando dependência, danos à saúde, culminando em um completo controle humano. O que precisa ser posto à reflexão é quais são os limites dessas influências sobre o ser humano.

Sobram evidências para sustentar que a tecnologia tem sido usada para privilegiar pequenos grupos que detêm o poder e o utilizam para implementar cultura, manipular e controlar as pessoas para que ajam em direção a seus interesses. Atuam sem observar a ética, o direito e os valores humanos, pois não fornecem informação adequada, exploram a liberdade, violam direitos fundamentais, e agem com opacidade.

Por outro lado, a opacidade dos indivíduos é "vital para nosso bem-estar por muitos motivos. Dá espaço de respiro, para que atravessemos nossas rotinas sem tanto medo de sermos julgados, recebermos publicidade indesejada ou sermos desnecessariamente humilhados".[265] No entanto, viver em um mundo que criou a necessidade da tecnologia é antagônico à preservação da opacidade humana e, consequentemente, a tentativa de escapar do cativeiro pode gerar consequências como segregação e marginalização social.[266] "No cenário informacional, estamos vivenciando a construção da opacidade legítima para o Estado e para as empresas enquanto se aceita a transparência completa da vida das pessoas".[267]

---

263 DELEUZE Gilles. Post-scriptum sobre as sociedades de controle *Conversações*, Trad. de Peter Pál Pelbart. Rio de Janeiro: Ed. 34, 1992. p. 219-226.

264 SILVEIRA, Sergio Amadeu da. *Tudo sobre tod@s: redes digitais, privacidade e venda de dados pessoais*. São Paulo: Edições Sesc São Paulo, 2017, p. 58.

265 WOODROW, Hartzog; SELINGER, Evan, Opacidade: o direito de escapar à vigilância total Outras Palavras, 24-04-2019. Tradução, Gabriela Leite. Disponível em: https://outraspalavras.net/tecnologiaemdisputa/opacidade-pelo-direito-de-se-manter-incognito/. Acesso em: 20 dez.2022.

266 Idem.

267 SILVEIRA, Sérgio Amadeu da. *Tudo sobre tod@s:* Redes digitais, privacidade e venda de dados pessoais. São Paulo: Edições SESC São Paulo: 2017. *E-book*. p. 38.

No livro *Admirável mundo novo* havia uma grande revolução biotecnológica, todos eram felizes e saudáveis e tinham seus desejos atendidos. "Os controladores perceberam que a força era inútil e que as pessoas teriam que ser seduzidas ao invés de compelidas a viver em uma sociedade ordeira, ser um mundo onde todos obtêm o que querem 'o mal não é tão óbvio'".[268]

O grande problema desse cenário é viver uma vida não humana, antinatural. Tudo que está relacionado com os seres humanos foi abolido. "Não lutam, aspiram, amam, sentem dor ou fazem decisões morais difíceis". Tornaram-se pessoas desumanizadas, escravos felizes.[269]

Tal é a finalidade de todo o condicionamento: "fazer as pessoas amarem o destino social a que não podem escapar".[270]

Nesse contexto, "ter tão pouca privacidade é inconciliável com ter sociedades que funcionem adequadamente. O capitalismo de vigilância precisa acabar".[271]

O uso de tecnologias, como a IoB, são capazes de proporcionar novas experiências e resolver problemas que outros métodos não são capazes, abrindo portas para um total controle humano.

1.2. A internet dos corpos como mecanismo de controle social

A contínua aceleração tecnológica proporciona transformações sociais e impulsiona mudanças de paradigmas, que conduzem a discussões sobre as possibilidades de interação entre o ser humano e a inteligência artificial.

Apesar da maioria dos cientistas não acreditar que estamos vivendo em uma ilusão criada por um programa de computador, consideram inquestionável que entramos em uma era tecnológica em que máquina e corpo humano começam a se confundir. Cada vez mais dependentes da funcionalidade dos computadores, a energia do corpo humano já está sendo utilizada, experimentalmente, para minerar criptomoedas, e as pessoas gradualmente se conectando a chamada internet dos corpos.[272]

A internet das coisas[273] avançou para se conectar ao corpo humano, fazendo surgir a internet dos corpos, que se apresentam na forma de dispositivos

[268] HUXLEY, Aldous. *Admirável Mundo Novo*. Tradução de Vidal de Oliveira. Rio de Janeiro: Globo, 2010. p. 28.

[269] FUKUYAMA, Francis. *Nosso futuro pós-humano:* Consequências da revolução da biotecnologia. Trad. Maria Luiza X. de A. Borges. Rio de Janeiro: Rocco, 2003, p. 19

[270] HUXLEY, Aldous. *Admirável Mundo Novo*. Trad. Vidal de Oliveira. Rio de Janeiro: Globo, 2010. p. 28.

[271] VÉLIZ, Carissa. *Privacidade é poder:* por que e como você deveria retomar o controle de seus dados. Trad. Samuel Oliveira. São Paulo: Contracorrente, 2021. p. 24.

[272] MATWYSHYN A. The Internet of Bodies Published 1 January 2018, Law International Political Economy: Globalization eJournal. p. 90.

[273] Consiste em objetos físicos conectados à rede mundial de computadores, comumente denomidadas de 'coisas inteligentes'.

vestíveis, pílulas digitais, implantes de chips, marcapassos ou até mesmo em uma fusão entre o humano e a máquina.[274]

De acordo com a Rand Corporation, a Internet dos Corpos (IoB) é um ecossistema que consiste em "dispositivos conectados à internet que contêm software e que coletam dados pessoais de saúde sobre você ou podem alterar a função do corpo". Trata-se, portanto, da amplificação da internet das coisas (IOT).[275]

Existem três gerações de internet dos corpos: a primeira refere-se ao corpo externo,[276] a segunda ao corpo interno e a terceira ao corpo fundido.[277]

A primeira geração desses dispositivos são produtos externos ao corpo e possuem três categorias: dispositivos médicos,[278] bem-estar geral e dispositivos IoB, que apresentam "baixo risco" (não regulamentados pela FDA), e promovem estilo de vida saudável, e outros relacionados a recreação, educação, coorporativo, não relacionados.[279]

Os de segunda geração são aqueles em que parte do dispositivo está dentro do corpo ou tem acesso a ele, rompendo a pele, como por exemplo, as pílulas digitais, aprovadas pela FDA. Elas possuem um sistema interno composto por um circuito impresso em 3D e um transmissor dentro de uma cápsula. Na mesma linha, algumas empresas "estão atualmente correndo para trazer um 'pâncreas' artificial".[280]

Na fusão entre a mente humana e o computador, encontramos os chamados dispositivos IoB de terceira geração, que podem ser injetados ou implantados no cérebro, visando a um aprimoramento cognitivo humano.[281]

Os dispositivos conectados ao corpo representam não apenas um progresso,[282] mas também um perigo, pois "Qualquer coisa que possa se conectar

---

[274] Como nos casos de interface entre o cérebro e o computador (BCI). Mak JN, Wolpaw JR. Clinical Applications of Brain-Computer Interfaces: Current State and Future Prospects. IEEE Rev Biomed Eng. 2009; 2:187-199.Disponivel em: https://www.ncbi.nlm.nih.gov/pmc/articles/PMC2862632/. Acesso em:13. maio. 2022.

[275] Disponívelem: https://www.rand.org/multimedia/video/2020/10/29/what-is-the-internet-of-bodies.html. Acesso em:13 maio 2022.

[276] Estes abrangem três categorias a saber: dispositivos médicos regulamentados pela FDA, dispositivos de bem-estar e vida saudável de baixo risco sem regulamentação, e outros dispositivos não relacionados a saúde que se conectam a internet de forma direta ou indireta. MATWYSHYN A. The Internet of Bodies Published 1 January 2018, Law International Political Economy: Globalization eJournal. p. 95.

[277] Ibid. p. 94.

[278] IoB aprovados pela FDA. Ibid. p. 95.

[279] Ibid. p. 95.

[280] Ibid. p. 103.

[281] Ibid. p. 112.

[282] Quanto mais a IA avança mais acreditamos que estamos progredindo. O ritmo de vida acelerado em um mundo onde a tecnologia é invisível e opera maravilhas, retira a compreensão humana sobre as automodificações da IA e o controle sobre problemas imprevisíveis gerando danos existenciais reais. Nesse sentido, a startup Humane, criou um smartphone projetado no corpo do usuário. Disponível em: https://www.youtube.com/watch?v=gMsQO5u7-NQ. Acesso em: 03.jun.2023.

à internet pode ser hackeada"[283] [284] ou ao menos rastreada com análise integral de dados e funções vitais. Um exemplo disso é o caso do homem que utilizava marcapasso e uma bomba para o coração e que relatou ter conseguido sair de sua casa em chamas com alguns pertences dentro de uma mala. Os policiais nas investigações utilizaram as informações contidas no marcapasso que constataram que o homem não se apressou para deixar a residência, resultando na sua acusação pelos crimes de incêndio agravado e fraude nos contratos do seguro.[285] Ataques já ocorrem com dispositivos conectados à internet, como babás eletrônicas[286] e chaleiras conectadas que vazam senhas de *wi fi*.[287] A boneca Cayla, com conexão Bluetooth, comercializada como um "amigo com quem você pode conversar" através de um microfone embutido, é um exemplo de quão necessária é a proteção das crianças diante desses dispositivos. Atuando como uma "espiã ilegal", esse brinquedo com câmera e microfone foi proibido na Alemanha, e os pais que já haviam comprado o brinquedo foram convidados a destruí-lo por violar as normas de privacidade dos consumidores, uma vez que indivíduos desonestos poderiam hackear a boneca para supervisionar crianças e falar com elas de forma clandestina.[288]

A grande quantidade de dados gerada pela *internet of bodies* proporciona avanços para pesquisas em saúde, opções de entretenimento e múltiplos usos para facilitar a vida em sociedade. Por outro lado, essa inovação apresenta riscos[289] que abarcam privacidade, autonomia, "discriminação e preconceito no emprego, educação, finanças, acesso ao seguro saúde e outras áreas importantes para a distribuição de recursos sociais".[290]

Trata-se de um caminho que avança a cada dia, potencializa vulnerabilidades e perigos, transformando as pessoas em ciberconsumidores e ciborgues transumanos,[291] sem que haja norma específica regulando o setor.

---

283 VÉLIZ, Carissa. *Privacidade é poder:* por que e como você deveria retomar o controle de seus dados. Trad. Samuel Oliveira. São Paulo: Contracorrente, 2021. p. 230 e 236.

284 J&J warns diabetic patients: insulin pump vulnerable tohacking. Disponível em: https://www.reuters.com/article/us-johnson-johnson-cyber-insulin-pumps-e-iduskcn12411l.

285 "A man detailed his escape from a burning house. His pacemaker told police a different story". Disponível em: https://www.washingtonpost.com/news/to-your-health/wp/2017/02/08/a-man-detailed-his-escape-from-a-burning-house-his-pacemaker-told-police-a-different-story. Acesso em: 06. nov. 2022.

286 Disponível em: https://www.tecmundo.com.br/seguranca/230333-estranho-falava-bebe-noite-via-baba-eletronica-hackeada.htm. Acesso em: 15.jan.2023.

287 Disponível em:https://www.theregister.com/2015/10/19/bods_brew_ikettle_20_hack_plot_vulnerable_london_pots/. Acesso em: 21. jun. 2020.

288 Disponível em: https://www.noozhawk.com/article/diane_dimond_toys_that_can_spy_put_the_fear_in_christmas_or_should_20171216. Acesso em: 21 jun. 2020.

289 LEE, Mary, Benjamin Boudreaux, Ritika Chaturvedi, Sasha Romanosky e Bryce Downing, A Internet dos Corpos: Oportunidades, Riscos e Governança. Santa Monica, CA: RAND Corporation, 2020. Disponível em: https://www.rand.org/pubs/research_reports/RR3226.html. Também disponível na forma impressa.

290 Disponível em: https://fr.weforum.org/reports/the-internet-of-bodies-is-here-tackling-new-challenges-of-technology-governance/. Acesso em:22. mar.2023.

291 MESTRES, F. Evolución: de la especie humana al cyborg. Sociología y tecnociencia. *Revista digital de sociología del sistema tecnocientífico*, 2011, n. 1, Vol. 1, p. 37-46.

Essa tecnologia, que ainda não se descortinou totalmente, pretende assumir o papel de um deus idolatrado.[292] No entanto, os riscos sociais de uma inovação devem ser avaliados com responsabilidade por seus idealizadores e seu uso direcionando ao bem-estar humano, como "o lazer e o enriquecimento espiritual, ao invés de se concentrar apenas no lucro e na adoração da máquina".[293]

As instituições sociais moldam como as tecnologias são criadas e como vivemos com elas.[294] A mente humana tem sido influenciada e moldada por forças maiores do que todos os mecanismos de defesa pessoal existentes em razão de vivermos em uma cultura viciada em desenvolvimento tecnológico, o que coloca a todos diante de uma vulnerabilidade existencial.[295] [296]

O sistema de crenças coletivas, condiciona as pessoas, tendo a tecnologia como fonte de poder. Desenvolvido originalmente durante a Segunda Guerra Mundial para decodificar mensagens de rádio interceptadas e, aumentar o poder militar por meio de mísseis guiados, o computador e todas suas tecnologias, atualmente, são utilizadas na exploração global da natureza, a centralização urbana e o domínio militar de alta tecnologia servindo "a perpetuação da sociedade tecnológica de massa melhorando os sistemas de poder político centralizado".[297]

Assim, Chellis Glendinning sustenta:[298]

> No mundo ocidental, abraçamos o progresso como se fosse essencial para a respiração. estamos sempre avançando, sempre olhando para o novo coisas e maneiras que podemos inventar. O conceito de "sem limites" segue naturalmente. Se somos, como sociedade, devotos inquestionáveis do progresso linear, então presumimos que podemos expandir até o infinito. Podemos marchar através da terra, para os territórios de outras pessoas, para mercados aparentemente ilimitados, para o corpo humano, para o espaço sideral – sem atenção aos efeitos A ideia de progresso torna-se invisível e inviolável, cercando-nos e informando nossas percepções da evolução humana e da "vida boa". Chegamos a pensar em nós mesmos como ocupando o pináculo da civilização. Aguardamos a aquisição de "mais e melhor".

Portanto, "estamos no campo da 'propaganda sociológica', vivendo em uma sociedade tecnológica, crescemos espiritualmente carentes".[299]

---

[292] Os transumanistas admitem estarem se empenhando na criação de um deus tecnológico. Disponível em: https://transhumanism.news/. Acesso em:15. out. 2022.

[293] WIENER, Norbert. *Cibernética e sociedade o uso humano de seres humanos*. 2. ed. São Paulo: Cultrix,1954. p. 152.

[294] Dentre as influências coletivas, o autor aponta "uma teia abrangente de instituições – corporações, agências governamentais, a mídia e os militares – que determinam diretamente o conteúdo de nossos processos psicológicos". GLENDINNING, Chellis. *When Technology Wounds*: The Human Consequences of Progress. New York: Morrow, 1990. p. 134-135.

[295] MIRAGEM, Bruno. Princípio da vulnerabilidade: perspectiva atual e funções no direito do consumidor contemporâneo. In: MIRAGEM, Bruno; MARQUES, Claudia Lima; MAGALHÃES, Lucia Ancona Lopez de. (Org.). *Direito do Consumidor*: 30 anos do CDC. São Paulo: Forense, 2020.

[296] KONDER, Carlos Nelson. Vulnerabilidade patrimonial e vulnerabilidade existencial: por um sistema diferenciador. *Revista de Direito do Consumidor*. vol. 99. ano 24. p. 101-123. São Paulo: Revista dos Tribunais. Maio-junho, 2015.

[297] GLENDINNING, Chellis. *When Technology Wounds*: The Human Consequences of Progress. New York: Morrow, 1990. p. 140.

[298] Ibid. p. 136.

[299] Ibid. p. 138.

Deste modo, o domínio da mente coletiva é o maior responsável pela cegueira social e "as sociedades mudam quando as pessoas mudam de ideia. Para fazer boas escolhas sobre tecnologia, temos que nos conscientizar de que crenças temos. Temos que darmos conta que nossas percepções, por mais que acreditemos nelas, não abrangem necessariamente toda a realidade".[300]

A interface entre humanos e a tecnologia e o consequente controle humano pode ocorrer de diversos modos.[301]

Em meados do século XVIII, com a primeira revolução industrial, iniciou-se o uso da expressão "interface homem-máquina",[302] quando diante do aparecimento das máquinas houve a necessidade de o ser humano interagir com elas, primeiramente de modo manual. Diante da expansão dos computadores pessoais na década de 70 o contato passou a ser por meio de *mouses* e interfaces gráficas, avançando para o toque nas telas e o reconhecimento de voz e facial.

Atualmente, a interface humana com sistemas de realidade virtual e realidade aumentada ocorre através do uso de óculos de realidade virtual, sendo possível sobrepor o mundo real e o virtual. O estado da arte dessa interface são os implantes cerebrais que captam as ondas do cérebro e permitem inúmeras possibilidades, tal como uma memória expandida, por meio de uma comunicação direta entre homem e computador.[303]

As interfaces de cérebro humano com a máquina já iniciaram[304] e caminham a passos largos.[305]

Em julho de 2022, a empresa Synchron anunciou primeiro implante de interface cérebro-computador humano nos EUA com tecnologia não invasiva.[306] O experimento que possibilita controlar apenas com o poder da mente dispo-

[300] GLENDINNING, Chellis. *When Technology Wounds*: The Human Consequences of Progress. New York: Morrow, 1990. p. 135.

[301] Esse controle vai desde mecanismos como a Linha do Tempo do Google Maps, que traz um histórico de localização do usuário até recursos mais avançados conectados ao corpo humano, como dispositivos de interface cérebro-computador.

[302] A expressão interface ou "interação homem máquina" (IHM) é utilizada comumente nos estudos interdisciplinares para analisar como as pessoas (e não apenas os homens) se relacionam com as novas tecnologias. Seu uso nessa tese se dá no contexto do ser humano, como tem sido empregado em diversos trabalhos científicos pelo mundo, independente de cor, etnia, ideologia ou classe social. Ver: Rosa, J. G. S.; Moraes, A. M. (2010). Avaliação e projeto no design de interfaces. 2AB Editora, GUY A. *Boy The Handbook of Human-Machine Interaction*: A Human-Centered Design Approach Editora: Ashgate Pub Co, 2011.

[303] Mak JN, Wolpaw JR. Clinical Applications of Brain-Computer Interfaces: Current State and Future Prospects. *IEEE Rev Biomed Eng*. 2009; 2:187-199. Disponivel em: https://www.ncbi.nlm.nih.gov/pmc/articles/PMC2862632 Acesso em:30 mar. 2022.

[304] First-in-human study demonstrates use of high-bandwidth wireless brain-computer interface. Disponível em: https://neuronewsinternational.com/first-in-human-study-demonstrates-use-of-high-bandwidth-wireless-brain-computer-interface/?hilite=interface.

[305] Implantable brain-computer interface enables completely locked-in patient to communicate Disponivel em: https://neuronewsinternational.com/implantable-brain-computer-interface-enables-completely-locked-in-patient-to-communicate/?hilite=interface

[306] Synchron announces first human brain-computer interface implant in the USA. Disponível em: https://neuronewsinternational.com/synchron-announces-first-human-brain-computer-interface-implant-in-the-usa/. Acesso em: 20 jul. 2022.

sitivos como iOS e Iphones, conta com a autorização da *Food and Drug Administration* (FDA) – órgão estadunidense equivalente à Anvisa, no Brasil.[307]

Um sistema supervisório, realizado por interface homem-máquina, bastante utilizado na indústria para organização e utilização de dados, é o SCADA, (sigla para *Supervisory Control and Data Aquisition*), que permite aos operadores um gerenciamento de dados para melhor controle, monitoramento e rastreamento de informações do processo.

Com intuito de melhorar a vida de pacientes com doenças neurológicas A *Inbrain Neuroelectronics* investe na tecnologia de interface grafeno-cérebro por meio de inteligência artificial.[308]

As tecnolologias avançadas de interface cérebro-computador são capazes de decodificar a linguagem de modo não invasivo, utilizando ressonância magnética funcional (fMRI). Trata-se de inovação que pode contribuir com as pessoas que não podem falar, na medida que "recuperam o significado da fala percebida, da fala imaginada e até mesmo de vídeos silenciosos". Mesmo sendo necessária a colaboração do sujeito para realizar a decodificação,[309] a privacidade encontra-se completamente exposta, aumentando a vulnerabilidade do usuário.

Em tempos de cada vez maior interação entre humanos e máquinas, é preciso que essa relação seja desenvolvida em boas bases. Nesse sentido, muito se tem falado na ética de máquinas que deve ser calcada em princípios como o princípio da justiça, da privacidade, da segurança e da benevolência, para que possamos ter uma inteligência artificial responsável explicável que interaja com os seres humanos de forma a reduzir ao máximo os riscos, estabelecendo o cenário de proteção aos direitos fundamentais e humanos.

A Interação Humano-Computador (IHC) objetiva que os humanos tenham a melhor experiência ao nos "comunicar" com máquinas. Os humanos já interagem com as máquinas há muitos anos. No futuro próximo, tudo estará conectado, inclusive as pessoas por meio de seus corpos para interface. Diante desse crescente processo já iniciado em alguns países, questões éticas e jurídicas têm sido debatidas como forma de tornar esse desenvolvimento seguro e confiável. Aspectos éticos importantes são abordadas por Fosch Villaronga,[310]

---

307 Disponível em:https://www.tudocelular.com/tech/noticias/n197866/implante-cerebral-permite-controlar-portateis.html. Acesso em: 20. jan. 2023.

308 Inbrain neuroelectronics secures funding for ai-powered graphene-brain interface Disponivel em: https://neuronewsinternational.com/inbrain-neuroelectronics-secures-funding-for-ai-powered-graphene-brain-interface%e2%80%af/. Acesso em: 22 dez. 2022.

309 Este estudo foi publicado em maio de 2023 na revista *Nature Neuroscience*, demonstrando a possibilidade de ler as mentes humanas por meio de uma máquina capaz de decodificar os pensamentos, realizando a reconstrução semântica da linguagem contínua a partir de gravações cerebrais não invasivas. Disponível em: Tang, J., LeBel, A., Jain, S. *et al.* Semantic reconstruction of continuous language from non-invasive brain recordings. Nat Neurosci 26, 858–866 (2023). Disponível em: https://doi.org/10.1038/s41593-023-01304-9. Acesso em:15 maio 2023.

310 FOSCH, Villaronga Eduard; LUTZ, Christoph; TAMÒ LARRIEUX, Aurelia. *Gathering Expert Opinions for Social Robots' Ethical, Legal, and Societal Concerns: Findings from Four International Workshops.* International Journal of Social Robotics. Disponível em: https://www.researchgate.net/publication/337389749_Gathering_Expert_Opinions_for_Social_Robots'_Ethical_Legal_and_Societal_Concerns_Findings_from_Four_International_Workshops. Acesso em: 09 out. 2020.

como a redução da interação humana (*human-human*), no entanto o grau de interação entre humanos dependerá da finalidade para qual o robô foi projetado.

Pouco debatida, porém é uma questão: e se a a internet deixar de funcionar? Certamente o caos seria instaurado, na medida que nem mesmo os governos estariam preparados para esse cenário. Em uma sociedade cuja tecnologia é fundamental para viver, sua ausência tornaria impossível o acesso aos bens mais básicos, como comida e remédios, pois supermercados, farmácias e outros estabelecimentos só poderiam aceitar dinheiro, mas as pessoas não o poderiam sacar.[311] Ademais, diante das mudanças que se avizinham a implementação do real digital, que está previsto para iniciar a circulação em 2024,[312] vai abolir a moeda física, assim como tem sido praticado em outros países.[313] Deste modo, não haverá mais dinheiro de papel, o que impedirá o acesso aos bens e serviços essenciais no caso de uma pane na rede mundial de computadores.

Assim, é importante refletir se não estamos colocando todos os ovos em uma única cesta que poderá rebentar?

O VeriChip *Personal Health Record* (PHR), aprovado pela *Food and Drug Administration* (FDA), foi comercializado em 2004. Na Europa, a *Startap Aleph Alpha*[314] desenvolve projetos envolvendo a interface entre homem e máquina.

Na década de 1990, os microchips começaram a ser implantados para o monitoramento de animais. Hoje esses dispositivos fazem parte do dia a dia dos consumidores, estando presente nos para-brisas dos carros para pagamento mais ágil de pedágios, cartões de crédito de pagamento sem contato, pneus, livros de bibliotecas, passaporte, e em diversos itens do *Wal-Mart* e *Best Buy*, todavia nem sempre o consumidor tem o conhecimento disso.[315]

As inovações avançam de modo exponencial. Antônio Henrique Dianin, CEO da *Project company*,[316] criou um robô referência em telemedicina no mundo. O Instituto de Tecnologia da Georgia[317] detém a tecnologia de armazenamento de dados em moléculas de DNA, com um microchip. Em 2019, a Biohax já havia chipado 4000, pessoas na Suécia.[318] O ritmo acelerado desses avanços, não tem permitido a necessária reflexão sobre os graves danos que podem causar.

---

[311] Esse é o tema do livro: PANIAGUA, Esther. *Error 404*. Preparados para un mundo sin internet? Debate, 2021.

[312] Disponível em: https://exame.com/future-of-money/presidente-do-banco-central-confirma-lancamento-de-real-digital-em-2024/. Acesso em: 20 out. 2022.

[313] Como a China. Disponível em: https://www.infomoney.com.br/mercados/yuan-digital-a-moeda-digital-da-china-que-o-mundo-admira-e-teme/. Acesso em: 20 out. 2022.

[314] Disponível em: https://www.aleph-alpha.com/. Acesso em 20 jan. 2023.

[315] Disponível em: Critics debate merits of microchips implanted in humans. https://www2.ljworld.com/news/2007/jul/22/critics_debate_merits_microchips_implanted_humans/. Acesso em: 21 jan. 2023.

[316] Disponível em: https://www.projectcompany.org/. Acesso em: 20 ago. 2022.

[317] Disponível em:https://www.gatech.edu/. Acesso em 21 ago. 2022.

[318] Disponível em: https://www.theguardian.com/technology/2018/nov/11/alarm-over-talks-to-implant-uk-employees-with-microchips. Acesso em: 21 ago. 2022.

A sociedade antiga evoluiu para a sociedade moderna e pós-moderna. As tecnologias tornam-se obsoletas rapidamente, avançando a cada dia para aumentar o ciclo do consumo, e o direito necessita acompanhar essas mudanças, garantindo a proteção humana.

Para algumas conveniências e pontuais alertas de saúde, o microchip parece ser eficaz, no entanto os riscos e prejuízos podem superar os benefícios.

Entre os prejuízos, está a exposição a uma espécie de engenharia social na medida que controle algorítmico estabelece distinções sociais. Além disso, a retirada do dispositivo é mais complexa que a introdução, pois dependerá de gastos médicos para a remoção e de raio-x para localização exata do microchip.

Um estudo da *ICMPA-Salzburg Academy* solicitou a 1.000 (mil) estudantes em dez países de cinco continentes[319] que deixassem de usar as mídias por 24 (vinte e quatro) horas. Os alunos concluíram[320] que toda sua vida está ligada às mídias, e a dificuldade de controlá-la longe da internet. Além de um profundo sentimento de solidão e angústia provenientes da abstinência de pessoas viciadas em mídias.[321]

Cada vez mais a vida está atrelada a dispositivos conectados à internet, tornando mais difícil a tarefa de se desconectar do virtual para viver as experiências do mundo real.

Kevin Kelly acredita que estamos em um processo de "começar" uma grande transformação e que dentro de alguns anos seremos invejados por testemunhar o momento em que se começou "a animar objetos inertes" e interligar mentes humanas, criando "uma supramente" por meio da inteligência artificial.[322] A partir de uma grande rede complexa de interface humana com um organismo que "agrupa todas as outras máquinas já criadas, transformando-se em algo a permear nossa vida a tal ponto que se torna essencial para formar a identidade humana". Esse experimento deixa claro a colmeia humana.[323]

Seguindo o tradicional método de tentativa e erro em aproximadamente um século surgirá uma mente globalizada[324] oriunda da "ligação direta entre todos os cérebros humanos".

Trata-se da criação de uma entidade gigantesca que "viabiliza uma forma inédita de pensar (buscas perfeitas, memória total e completa, alcance planetário), uma nova mente para uma antiga espécie".[325]

---

[319] Disponível em: https://theworldunplugged.wordpress.com/. Acesso em: 20 jan. 2023.

[320] Ibid.

[321] A angústia emocional pode ser sintetizada em seis categorias: vício, incapacidade de se desconectar, tédio, confusão, angústia e isolamento. STIVERS, Richard. *Shades of loneliness*: pathologies of a technological society. New York: Rowman e Littlefield Publishers, 2004.

[322] KELLY, Kevin. *Inevitável*: as 12 forças tecnológicas que mudarão nosso mundo. Tradução de Cristina Yamagami. São Paulo: HSM, 2017, p. 425.

[323] ZUBOFF, Shoshana. *A Era do Capitalismo de Vigilância*. A luta por um futuro humano na nova fronteira do poder. Trad. George Schlesinger. Rio de Janeiro: Intrínseca, 2021.

[324] KELLY denomina essa mente global de holos enquanto Teilhard de Chardin nomeia de *noosfera*. "No termo *holos* incluo a inteligência coletiva de todos os seres humanos combinada com o comportamento coletivo de todas as máquinas, além da inteligência da natureza, mais qualquer comportamento surgido desse conjunto". KELLY, op. cit., p. 426.

[325] Ibid. p. 426.

Nesse cenário, é possível prever desde riscos de pessoas sofrerem algum acidente ou desenvolverem doenças, até auxiliar alunos com dificuldade em matemática. Apesar das boas intenções, trata-se de algoritmos de destruição em massa, como classifica Cathy O'Neil e, portanto, precisam ser transparentes e auditáveis, "revelando os dados de entrada que estejam usando, bem como os resultados dos direcionamentos". Portanto:[326]

> Esses modelos são construídos não apenas de dados, mas das escolhas que fazemos sobre em quais dados prestar atenção – e quais deixar de fora. Essas escolhas não tratam apenas de logísticas, lucros e eficiência. Elas são fundamentalmente morais. Se nos afastarmos delas e tratarmos os modelos matemáticos como forças neutras e inevitáveis, como o clima ou as marés, abdicaremos de nossa responsabilidade. E o resultado, como vimos, são ADMs que nos tratam como partes de máquinas no local de trabalho, que boicotam funcionários e se deleitam com desigualdades. Devemos nos unir para fiscalizar essas ADMs, para domá-las e desarmá-las. Minha esperança é que serão lembradas, assim como as mortais minas de carvão de um século atrás, como relíquias dos primórdios dessa nova revolução, antes de termos aprendido a como trazer justiça, equidade e responsabilização à era dos dados. A matemática merece muito mais do que ADMs, e a democracia também.

O caso Joy Buolamwini ficou conhecido, pois o *software* aberto de reconhecimento facial que usou em um trabalho acadêmico não funcionou com ela, pois o sistema não consegue identificar rostos de pessoas negras.[327] Esses erros algoritmos com efeitos discriminatórios, são conhecidos como *algorithmic bias* ou, como chamados por Joy, "*Coded Gaze*" (olhar codificado).[328]

Nesse sentido, Sérgio Amadeu da Silveira defende a importância da transparência algorítmica, visto que o poder tecnocrático, não poderá ser considerado democrático, a menos que os sistemas de inteligência artificial sejam abertos, com parâmetros definidos e auditáveis por terceiros.[329]

Sob a égide da quarta revolução industrial, a inteligência artificial está em processo de exponencial crescimento graças às estruturas globais em rede. Embora a forma de organização em redes tenha existido em outros tempos, o novo paradigma da tecnologia da informação fornece a base material para a sua inserção em toda a sociedade.[330]

A realidade atual, além de tecnologias disruptivas, contempla uma era da computação ubíqua, em que áreas como a computação infinita, sensores, redes, inteligência artificial, robótica, manufatura digital, biologia sintética, medicina digital e nanomateriais trazem impactos significativos na vida de todas as pessoas.

---

326 O'NEIL, Cathy *Algoritmos de destruição em massa:* como o big data aumenta a desigualdade e ameaça à democracia; tradução Rafael Abraham. Santo André: Rua do Sabão, 2020. p. 202.

327 Como estou combatendo o viés algorítmico. TED. Novembro, 2016. Disponível em: https://www.ted.com/talks/joy_buolamwini_how_i_m_fighting_bias_in_algorithms. Acesso em: 20 jan. 2023.

328 É comum as pessoas acreditarem que os resultados algorítmicos sempre estão corretos por serem científicos, todavia esse equívoco humano chamado de "*machine bias*" (viés de máquina).

329 SILVEIRA, Sergio Amadeu da Democracia e os códigos invisíveis: como os algoritmos estão modulando comportamentos e escolhas políticas, São Paulo: Edições Sesc São Paulo, 2019. p. 84.

330 CASTELLS, Manuel. *A galáxia da internet:* reflexões sobre a internet, os negócios e a sociedade. Trad. Maria Luiza X. de A. Borges; revisão Paulo Vaz. Rio de Janeiro: Zahar, 2003.

Em virtude dessa autonomia de inteligência artificial, surgem questionamentos acerca da possibilidade de a máquina ultrapassar a capacidade intelectual humana e substituir ou até mesmo controlar o homem com objetivo de assegurar sua própria sobrevivência. Nesse cenário, a máquina deixaria de servir o homem, invertendo-se os papéis.[331]

Se bem empregada, a inteligência artificial tem o potencial de fazer com que a sociedade supere alguns de seus maiores desafios, trabalhando para reduzir a pobreza, melhorar a educação, permitir maior acesso à saúde, erradicar doenças, alcançar sustentabilidade, fornecer transporte seguro e eficiente e, até mesmo, melhorar a forma com que os governos interagem com seus cidadãos e fornecem seus serviços.[332]

Os robôs estão cada vez mais presentes nas sociedades, sendo utilizados para atividades domésticas, cuidados de idosos, agricultura, e muitas outras funções. Todavia, em que pese seu desenvolvimento exponencial, podem causar prejuízos à sociedade. Portanto, ainda que os sistemas de inteligência artificial sejam programados para tomar decisões corretas e lógicas, é possível que esses sistemas apresentem padrões discriminatórios, pois são treinados com dados que apenas refletem o comportamento humano imperfeito.[333]

Na sociedade 5.0, a internet fornece a ilusão da liberdade de escolha para que as empresas ganhem, independente do que for escolhido. As opções oferecidas pela tecnologia não se alinham necessariamente com as reais necessidades do consumidor, que se torna presa fácil. Portanto, não basta alterar a legislação, mas proporcionar ao consumidor o exercício da liberdade de escolha sem vícios, por meio de informações claras e facilitadas, protegendo o direito fundamental a autodeterminação informativa[334] e a proteção de sua privacidade.[335]

Desta forma, necessário o estabelecimento de deveres ao fornecedor como adaptação de seus modelos de negócios para práticas de consumo colaborativo,[336] consciente, observando os deveres de cooperação e boa-fé, democratizando a informação ao consumidor desde a publicidade, passando pela contratação até a desistência. Além de mecanismos específicos capazes de coibir ou reduzir

---

331 Um dos casos mais famosos de uso de inteligência artificial é o Watson da IBM. Disponível em: https://gizmodo.uol.com.br/computador-da-ibm-vence-de-lavada-dois-cerebros-humanos-em-jogo-de-conhecimentos-gerais/. Acesso em: 20 set. 2021.

332 MICROSOFT. *The Future Computed*: Artificial Intelligence and its role in society. Redmont: Microsoft Corporation, 2018. p. 44- 49.

333 Ibid. p. 57.

334 Sobre o tema, ver: MENKE, Fabiano. As origens alemãs e o significado da autodeterminação informativa, *In*: MENKE, Fabiano; DRESCH, Rafael de Freitas Valle. *Lei Geral de Proteção de Dados. Aspectos Relevantes,* Indaiatuba: Editora FOCO, 2021, p. 13-21.

335 Cláudia Lima Marques esclarece que, em razão dá massificação das relações e a padronização dos contratos (de adesão), o acordo de vontades passou a ser ficto, portanto, "apesar de assegurados, no campo teórico do direito, a liberdade e a autonomia dos contratantes, no campo prático dos fatos, o desequilíbrio daí resultante já era flagrante". MARQUES, Cláudia Lima. *Contratos no Código de Defesa do Consumidor:* O novo regime das relações contratuais. São Paulo: Revista dos Tribunais, 2002. p. 151.

336 Sobre consumo colaborativo, ver: GARRETT, Alex; STRAKER, Karla. *Digital channels for building collaborative consumption communities*. v. 11 n. 2, 2017. p. 160-184. Disponível em: www.emeraldinsight.com/2040-7122.htm. Acesso em: 25 set. 2019.

a manipulação e controle que a indústria tecnológica exerce sobre as pessoas de modo a preservar a condição humana.

As pessoas estão hipnotizadas pela magia da tecnologia,[337] [338] adquiriram o "hábito de ouvir a máquina e de falar à máquina". Segundo Jacques Ellul, "não há mais *vis-a-vis*, não há mais interlocutor, não há mais diálogo".[339]

A abordagem acerca do homem-máquina feita por Ellul, mesmo há décadas de distância dos dias atuais, parece se encaixar perfeitamente ao modelo de sociedades tecnológicas de hoje onde o que "o homem fazia espontaneamente é agora analisado em todos os seus aspectos". Assim, o objeto, o modo, a duração, a quantidade, o resultado, tudo, em todas as ações, em todos os sentimentos do homem são contabilizados, esquematizados, racionalizados. "Ocorre a criação de um tipo que é realmente o único normal". Ato contínuo, as técnicas passam a ditar as normas para a vida de cada indivíduo em relação a educação, moradia, alimentação, trabalho etc.[340]

As técnicas condicionam o comportamento humano conduzindo ao "binômio homem-máquina" para ser a fórmula do futuro. Dessa fusão entre homem e máquina surge um novo homem.[341] Em busca de progresso ao adaptar a máquina ao homem existe "uma contrapartida: supõe a adaptação perfeita desse homem a essa máquina. O homem já está modificado; é a esse homem já adaptado que se procura adaptar o aparelho: a coisa se torna cada vez mais fácil".[342]

Passou-se a necessitar de outra coisa, além de intuições e literatura: o número. "Tudo o que não é mensurável na vida do homem deve ser excluído, não sendo um fim que se possa propor à técnica".[343]

Uma transformação profunda está sendo preconizada no mundo, "um novo modelo do ser humano, uma reconstituição global para que enfim o homem possa tornar-se objetivo (mas também totalmente o objeto) das técnicas". Atualmente, os indivíduos "são números", "pura aparência" afastando-se cada vez mais do que até então "se constituía o essencial do homem".

Assim, "a técnica que se tornou o mistério essencial, uma admiração misturada de terror pela máquina, naqueles que conservavam noções de magia".[344]

---

[337] Para Stivers, embora aparentemente opostos, magia e tecnologia se inter-relacionam e detêm características uma da outra. STIVERS Richard. *A tecnologia como Magia. O Triunfo do irracional.* Lisboa: Instituto Piaget, 2001, *passim*.

[338] Para Jacques Ellul, a magia é uma técnica, e não há progresso na magia. ELLUL, Jacques. *A Técnica e o Desafio do Século*. Trad. Roland Coorbisier. Rio de Janeiro: Paz e Terra, 1968. p. 24-26.

[339] ELLUL, Jacques. *A Técnica e o Desafio do Século.* Trad. de Roland Coorbisier. Rio de Janeiro: Paz e Terra, 1968. p. 389.

[340] Ibid. p. 405.

[341] "O homem artificial, designa um novo tipo de homem, que não foi produzido pela natureza, mas pelo próprio homem". LIMBERGER, Têmis. Direitos humanos na era tecnológica. *Revista Direitos Emergentes Na Sociedade Global.* Santa Maria, v. 2, n. 2, p. 346-366, 2014.

[342] ELLUL, op. cit., p. 405.

[343] Ibid. p. 445.

[344] Ibid. p. 146.

Desse modo, percebe-se que não se "criou o instrumento da liberdade, mas novas cadeias".[345]

No começo, as manifestações flagrantes impressionam o homem, que "passa assim de temores irracionais a segurança falaciosa, sem jamais atingir esse fundo do problema da civilização moderna, tendo apenas remotas relações com essas magias racionais".[346]

Conforme Richard Stivers, as publicidades e propagandas midiáticas consistem em um ritual de "ações mágicas que espiritualizam todos os bens de consumo como serviços incluindo técnicas psicológicas e administrativas dando-lhes uma aura mágica e um tom utópico". Para ele, o mundo é paradoxalmente racional e irracional, tecnológico e mágico ao mesmo tempo. Isso ocorre em razão da "infantilidade" humana e "expectativas mágicas em relação à tecnologia", acreditando que ela resolverá todos os problemas "e nos tornar felizes para sempre". Fomentado pelos meios de comunicação, o mito da utopia tecnológica envolve o real e "a imitação num casulo mágico".[347]

Nesse sentido, Ellul adverte:[348]

> Quando a razão não está sob a direção moral cai sob o domínio do poder relativo ao instinto arrasam irracionalmente guiada pelo desejo de ser senhor e dominar a natureza e a sociedade mas só poderá fazer isso criando um sistema racional fechado estatístico e tecnológico que não poderá completar o seus objetivos racionais a nossa veneração pela tecnologia e crença irracional na sua onipotência impede-nos de ver o óbvio o sistema tecnológico não pode completar nenhum dos seus objetivos mitológicos não nos pode garantir felicidades saúde sucesso nem sobrevivência em vez disso o sistema tecnológico é a maior ameaça para sua realização.

A tecnologia é parte da cultura humana, não é algo nem de longe relacionado com a natureza divina ou com um ente dotado de bondade,[349] mas criação do homem e, portanto, errante e passível de maldades. "Porém, a técnica manipula e molda o homem para que se adapte a máquina". A técnica transforma tudo que toca em uma máquina".[350] No mundo moderno, apesar de o homem ser o criador da técnica, ela escapa ao seu controle sendo uma entidade autônoma.[351]

---

345 ELLUL, Jacques. *A Técnica e o Desafio do Século*. Trad. de Roland Coorbisier. Rio de Janeiro: Paz e Terra, 1968. p. 306.

346 Ibid. p. 397.

347 Para explicar sua tese, Stivers utiliza a teoria dos três meios formulada por Jacques Ellul, na qual ele situa a magia no contexto social sustentando que "um meio é composto por dois ingredientes básicos significado e poder. O poder dominante de um meio Assume uma das três seguintes formas: natureza sociedade tecnologia o poder da sociedade e o da tecnologia como sistema são criações humanas sao experimentados de uma forma Holistica como forças objetivas são reificados". STIVERS Richard. *A tecnologia como Magia*. O Triunfo do irracional. Instituto Piaget. Lisboa: 2001. p. 26,27. Sobre a teoria dos três meios ver: ELLUL, Jacques. *What I Believe*. Translated by Geoffrey W. Bromiley William B. London: Eerdmans Publishing Company, 1989, cap. 8-11.

348 ELLUL, op. cit., p. 242.

349 Como pretende fazer crer Kevin Kelly, apesar de admitir que a tecnologia pode ser usada para o bem e para o mal. KELLY, Kevin, *What technology wants*, Viking, 2010.

350 ELLUL, Jacques. *The technological society*. With an Introduction by Robert K. Merton. A penetrating analysis of our technical civilization and of the effect of an increasingly standardized culture on the future of man. New York: Knopf, 1964.p.04.

351 Mesmo em casos de autonomia de máquina, acredita-se que o responsável, por não estabelecer limites e criar esses riscos, é o homem criador desse ser.

Todo desenvolvimento tecnológico deve servir às necessidades humanas, e a expansão da tecnologia de modo globalizado só deve ser aceita sob parâmetros éticos e jurídicos que preservem a dignidade humana.

Contudo, o que se percebe é uma absorção cada vez maior das pessoas para um universo artificial que altera a natureza humana e transforma o indivíduo em parte de um coletivo simulado.

As grandes empresas usam a mídia para manipular e convencer que determinadas condutas ou produtos são positivos, escondendo os seus riscos. Essa manipulação objetiva atingir corpo e a mente e controlar as pessoas em geral para obtenção de poder e uma sociedade menos questionadora cativa e que apresenta comportamento de massificado.

O resultado é a anulação da autonomia, crise de identidade, redução da liberdade e violação dos direitos humanos e garantias constitucionais.

Diante dos avanços tecnológicos, surgem questionamentos éticos e morais em relação à implantação de microchips.

O microchip permanece conectado em rede em tempo integral sem ser desligado, mantendo as pessoas expostas à ação de *hackers*, sujeitas a rastreamento em suas movimentações financeiras e dados pessoais que podem ser usados de forma discriminatória. Saber quem armazenará essas informações e quem poderá ter acesso a elas é de fundamental importância.

As pessoas têm implantado microchips em si mesmas há alguns anos. A partir disso, questiona-se: os consumidores poderiam ser obrigados a utilizar essa tecnologia? A solução do problema deve iniciar pelo artigo 13 do Código Civil, cuja redação estabelece que, salvo por exigência médica, é defeso o ato de disposição do próprio corpo quando importar diminuição permanente da integridade física ou contrariar os bons costumes. Portanto, se o ato praticado no corpo humano prejudicar a integridade física da pessoa, ele não deve ser realizado, exceto para salvar a sua própria vida e sendo uma exigência médica.[352]

A implantação de microchips em humanos pode relativizar a diminuição permanente da integridade física da pessoa, quando sua utilização for necessária à proteção da sua saúde.[353] No caso do uso de microchip, a finalidade[354] é um ponto importante para avaliar a ocorrência da diminuição da integridade física e afronta a tutela constitucional da dignidade humana.

Em relação ao direito de integridade física, Elimar Szaniawiski,[355] sustenta que "trata-se de um direito essencial a pessoa, por ser este um direito de

---

[352] Nesse contexto, entende-se que deve haver uma clara distinção entre os procedimentos que buscam o aprimoramento humano ou que violam frontalmente direitos fundamentais (como alguns dispositivos IoB invasivos ou não) daqueles que visam a prevenir ou tratar patologias. De qualquer modo, para a utilização em casos específicos, mesmo diante de exigência médica, faz-se necessário um acurado debate ético frente aos direitos fundamentais, em especial autonomia e privacidade.

[353] SCHREIBER, Anderson *Direitos da Personalidade*, 2. ed. São Paulo: Atlas, 2013.

[354] Os microchips permitem pagamento com a mão, porém entende-se que meras convencionalidades não justificam os riscos do acesso do dispositivo ao corpo. Disponível em: :https://www.bbc.com/portuguese/geral-61066442. Acesso em: 12 jan. 2023.

[355] SZANIAWSKI, Elimar. *Direitos de Personalidade e sua Tutela*. São Paulo: Revista dos Tribunais, 1993, p. 269.

personalidade que consiste no direito que cada um tem de não ter seu corpo atingido por atos ou fatos alheios".

Segundo Harari, a era da vigilância hipodérmica se aproxima e pode ser usada pelas grandes empresas para manipular o comportamento humano,[356] que, por meio da inteligência artificial, tem-se tornado massa de "inúteis".[357] Sustenta que os humanos são como "comedores inúteis" que podem ser hackeados e manipulados usando vigilância digital sob sua pele e que transumanismo é um caminho válido a ser seguido.[358]

A sociedade caminha para uma redução das coisas físicas, entre elas o dinheiro. Empresas já utilizam implantes subdérmicos para controle dos empregados.[359] Atualmente, os cartões de crédito têm sido substituídos em diversos países[360] por microchips[361] implantados em uma das mãos como forma de facilitar o pagamento.[362]

Os pagamentos por meio de microchips implantados na mão[363] já são utilizados a muitos anos em alguns locais, como em Baja Beach Club[364] e em algumas partes do mundo a prática está cada vez mais comum em humanos[365] e animais.[366] Porém, qual o preço a pagar por essa comodidade?[367]

---

[356] Em entrevista, Harari disse que o coronavírus trouxe à tona a tecnologia de vigilância e afirmou que, "pela primeira vez na história, os Estados agora podem monitorar não apenas o que as pessoas fazem, mas também o que elas sentem ou pensam, por meio de tecnologia que monitora sinais biométricos" sendo possível identificar se uma pessoa está com raiva ou ansiosa". JIMENA, O. Se acerca la era de la vigilancia subcutánea, advierte Yuval Noah Harari. *Pijama Surf.* Disponível em: https://pijamasurf.com/2020/05/covid_19_coronavirus_consecuencias_vigilancia_subcutanea_microchip_yuval_noah_harari_opinion/ 05/15/2020. Acesso em: 24 set. 2022.

[357] MACIEL Nahima, *Yuval Harari diz que inteligência artificial criou massa de 'inúteis'.* Estado de Minas. Disponível em: https://www.em.com.br/app/noticia/cultura/2019/11/09/interna_cultura,1099644/amp.html. Acesso em: 11 dez. 2022.

[358] Ibid. Ver também: MARQUETA, *the european payments landscape in 2030.* Disponível em: https://resources.marqeta.com/c/report-european-payments-landscape?x=hj28ub. Acesso em: 20.dez.2022.

[359] Disponível em: https://eandt.theiet.org/content/articles/2022/01/personal-chips-get-under-your-skin/.

[360] Inglaterra, Alemanha Australia, Nova Zelândia, França e Suécia já utilizam a tecnologia. Disponível em: https://www.bbc.com/portuguese/curiosidades-46408032Acesso em:20 dez.2022

[361] Usa-se a expressão chip ou microchip de modo genérico para classificar o pequeno implante sob a pele ciente acerca de desdobramentos técnicos tal como o chip R, não sendo o objeto do trabalho adentrar em abordagens técnicas de especialidade de outras áreas do conhecimento. Pode-se conhecer mais aqui: Disponível em :https://blog.hacorfid.com.br/entenda-o-que-e-e-como-funciona-o-chip-rfid/. Acesso em: 20 dez. 2022.

[362] Is 'Biochipping' A Good Idea? Disponível em:https://fortune.com/longform/biochipping-biohax-microchip/. Acesso em:20 dez. 2022.

[363] Disponível em:https://www.voitto.com.br/blog/artigo/pagamento-com-a-mao-microchip/amp. Acesso em:21 dez. 2022.

[364] Disponível em https://www1.folha.uol.com.br/folha/bbc/ult272u35667.shtml. Acesso em:21 dez. 2022.

[365] Em busca de conveniência, cerca de 4.000 suecos já implementaram a tecnologia em seus corpos. E os adepdos aumentam a cada dia. Disponível em:https://nypost.com/2019/07/14/swedish-people-are-getting-chip-implants-to-replace-cash-credit-cards/.

[366] Disponível em https://www.microchipanimal.com.br/. Acesso em: 20 dez. 2022.

[367] Disponível em http://edition.cnn.com/2004/TECH/10/05/spark.bajabeach/. Acesso em: 20 dez. 2022.

No Reino Unido, uma pesquisa constatou entre as 4000 (quatro mil) pessoas entrevistadas, que 51% aceitaria implantar um microchip no corpo.[368] Por lá, até os latões de lixo residenciais já contam com o dispositivo.[369]

A tecnologia é instrumento de inúmeras transformações sociais, e seus usos não podem ser refreados, mas controlados pela ordem jurídica para que sejam respeitados os direitos fundamentais. Nessa esteira, o conceito de determinismo tecnológico criado pelo sociólogo Thorstein Veblen, posteriormente lapidado por Robert Ezra Park, trabalha aspectos que envolvem autonomia tecnológica, caixa preta e vão além do previsto no *machine learning* e *deep learning*. Por essa abordagem determinística, os robôs não possuem personalidade e não devem ser responsabilizados, pois isso excluiria os verdadeiros responsáveis, que são os engenheiros e programadores (prepostos da empresa com responsabilidade objetiva).

Assim como não devemos mergulhar em um determinismo tecnológico extremo também não podemos ignorar os impactos prejudiciais das novas tecnologias à vida humana.

O comportamento humano padronizado tem como reflexo o poder tecnológico invisível, "tipos particulares de tecnologias em nosso meio existem para promover o domínio e o poder".[370]

Segundo Neil Postman, vivemos em uma tecnópoli (tecnopólio) que apresenta diferenças diante da tecnocracia. A tecnocracia exerce uma profunda influência no pensamento e na cultura mundial onde "tudo deve ceder, em algum grau, ao seu desenvolvimento" e "as ferramentas não são integradas à cultura; eles atacam a cultura, (...) para se tornar a cultura". Como consequência, "a tradição, os costumes sociais, o mito, a política, o ritual e a religião têm que lutar por suas vidas".[371]

Por outro lado, o tecnopólio, tal como apontado por Aldous Huxley em *Admirável mundo novo* "elimina alternativas a si mesmo", tornando-as invisíveis e irrelevantes, "redefinindo o que entendemos por religião, por arte, por família, por política, por história, por verdade, por privacidade, por inteligência, para que nossas definições se ajustem às suas novas exigências. O tecnopólio, em outras palavras, é a tecnocracia totalitária".[372]

Pode-se definir um tecnopólio como um sistema imunológico de informação inoperável, uma espécie de HIV cultural, que aqui se usa "como acrônimo para Síndrome de Deficiência de Anti-Informação". Nesse sentido, é possível

---

[368] MARQUETA, *the european payments landscape in 2030*. Disponível em: https://resources.marqeta.com/c/report-european-payments-landscape?x=hj28ub. Acesso em: 20 dez. 2022.

[369] Disponível em: https://extra.globo.com/noticias/mundo/sessenta-oito-cidades-do-reino-unido-instalam-microchips-em-latoes-residenciais-102343.html. Acesso em: 20 dez. 2022.

[370] GLENDINNING, Chellis. *When Technology Wounds: The Human Consequences of Progress*. New York: Morrow, 1990, p. 142.

[371] POSTMAN, Neil. *Technopoly:* The Surrender of Culture to Technology. New York: Vintage Books, 1993. p. 28.

[372] Ibid. p. 48.

sustentar "quase qualquer coisa sem contradição, desde que você comece seu enunciado com as palavras 'Um estudo mostrou ...' ou 'Os cientistas agora nos dizem que ...' Deste modo 'em um tecnopólio não pode haver senso transcendente de propósito ou significado, nenhuma coerência cultural'".[373]

O tecnopólio se desenvolve quando "o vínculo entre informação e propósito humano foi rompido, a informação aparece indiscriminadamente, dirigida a ninguém em particular, em enorme volume e em alta velocidade, e desconectado da teoria, significado ou propósito".[374]

Em meados de 1800, descobriu-se que as funções cerebrais são impulsionadas por estímulos elétricos. Desde então, ao longo da história, muitos experimentos de estimulação cerebral invasiva foram realizados.

A iniciativa Brain[375] utiliza atualmente estimulações cerebrais invasivas em militares para combater danos como perda de memória,[376] privação de sono, entre outros que podem estar associados ao estresse pós-traumático, alcançando benefícios na melhoria da eficiência do treinamento e habilidades de tomada de decisão.[377]

Em entrevista concedida no fórum econômico mundial em Davos, o CEO da empresa Nokia, Pekka Lundmark,[378] disse que o "uso comercial das redes de comunicação de sexta geração (6G) começará em 2030 com a adição de eletrônicos portáteis e chips implantáveis que substituirão basicamente os smartphones". A partir daí, "os *smartphones* não serão a interface mais utilizada, pois muitas dessas coisas estarão incorporadas em nosso próprio corpo".

As realidades virtuais, onde o universo simulado é indistinguível do real, conduzem a questionamentos que colocam em dúvida o mundo externo, mas principalmente as escolhas sobre a vida que queremos levar. Uma vida simulada repleta de prazeres e desejos realizados ou uma vida real em que momentos felizes e vitórias frequentemente esbarram em dificuldades e frustrações.

O filósofo americano Robert Nozick, em 1974, criou uma experiência sobre o pensamento que consistia em imaginar a existência de uma máquina de experiências capaz de proporcionar todas as experiências desejadas. O autor concluiu que existem valores que transcendem o prazer.[379]

---

373 OSTMAN, Neil. *Technopoly*: The Surrender of Culture to Technology. New York: Vintage Books, 1993. p. 63.

374 Ibid. p. 70.

375 A Agência de Projetos de Pesquisa Avançada de Defesa dos EUA (DARPA) encabeça várias iniciativas para estimulação do cérebro. Disponível em: https://www.braininitiative.nih.gov/. O novo programa, Next-Generation Nonsurgical Neurotechnology (N 3), contam com interfaces neurais não cirúrgicas. Disponível em: https://www.darpa.mil/news-events/2018-03-16. Acesso em: 06 dez. 2022.

376 Disponível em: https://memory.psych.upenn.edu/RAM Acesso em: 06 dez.2022.

377 Disponível em: https://technologyandsociety.org/military-applications-of-invasive-brain-stimulation/.

378 Disponível em: https://www.techenet.com/2022/05/ceo-nokia-redes-6g-disponiveis-2030/. Acesso em: 06 dez. 2022.

379 NOZICK, Robert. *Anarquia, Estado e Utopia*. Trad. Vítor Guerreiro. Lisboa: Edições 70, 2009.

No mesmo sentido, em 1981, Hillary Putman desenvolveu em seu livro *Reason, Truth, and History*, a ideia de um experimento mental conhecido como "o cérebro numa cuba",[380] inspirado pelo "gênio maligno" de Descartes na obra *Meditações sobre a filosofia primeira*, de 1941.

Na atualidade a cultura da tecnocracia e do hedonismo[381] tem conquistado muitos adeptos.

De acordo com o hedonismo, o único bem é o prazer, sendo a dor algo ruim para as pessoas. Em uma vida real, existem altos e baixos, coisas boas e ruins que fazem parte da humanidade. Portanto, o hedonismo é falso, pois fomenta uma ilusão, uma simulação que passa longe da realidade e de quem realmente somos. Segundo Aristóteles, a finalidade da vida é alcançar a felicidade, porém esse conceito não está necessariamente ligado a uma vida de prazeres como pregado pelos hedonistas. Ele sustenta que a ética é um saber prático, e a felicidade tem relação com nos tornarmos pessoas de bem que vivem por virtudes (atividade da alma), e não por prazer.

Nossa felicidade, na maioria das vezes, vem das escolhas racionais passíveis de trazerem bem-estar e gratificação. Portanto, uma vida exclusivamente rodeada de prazeres efêmeros não se coaduna com essa ideia. Quando tivermos prazer, devemos desfrutá-lo de modo consciente, não viver apenas em busca dele, pois, deste modo, até o sofrimento será encarado de modo diferente.

As novas tecnologias alimentam os apetites humanos criados pela cultura do progresso, pautada nas alegações de bem-estar e felicidade. Cada vez mais distantes da autocompreensão humana, a normalização da vida dependente da tecnologia conduz a caminhos obscuros onde o indivíduo se perde de si e não percebe a manipulação e o esvaziamento de sua autonomia, privacidade e a dignidade humana.

Tornamo-nos verdadeiramente felizes por meio de uma vida de virtudes de modo duradouro, pois uma vida antiética pode ser muito trabalhosa. Desse modo, devemos ser continentes e não agir de acordo com os apetites.[382]

É preciso compreender que dependência dos eletrônicos é um vício que deve ser combatida por meio de boas práticas e não permitir e fomentar a adequação da sociedade aos seus males.[383]

---

[380] Devemos imaginar que nosso cérebro foi removido por um cientista e colocado em uma cuba com os nutrientes e estímulos necessários para manutenção da vida. O cérebro conectado a um computador recebe estímulos e informações como se a vida estivesse transcorrendo dentro da normalidade. Portanto, a teoria sustenta que não há como discernir se nosso cérebro está ou não em uma cuba.

[381] KNOENER, Luanna Eroles. *Sociedade em rede:* Facebook como personificação da Hipermodernidade. São Paulo: ECA (LGL\1990\37), USP, 2015.

[382] ARISTÓTELES. *Ética a Nicômaco*, 6ª ed. São Paulo: Martin Claret, 2001.

[383] A criação de uma faixa para as pessoas usarem seus *smartfones* enquanto caminham é um exemplo disso. Nos EUA, a *National Geographic Channel* realizou um experimento onde registrava a reação das pessoas para usar no programa de televisão *"Mind Over Masses"*. Disponível em: https://www.repubblica.it/esteri/2014/07/21/foto/washington_l_uso_del_cellulare_divide_il_marciapiede_in_due-92102946/1/#1.
Na China, essa faixa é uma realidade. Disponível em: https://www.uol.com.br/tilt/noticias/redacao/2014/09/15/calcada-na-china-ganha-faixa-exclusiva-para-usuarios-de-smartphone.htm..., mas na China a faixa para uso de *smartfone* é uma realidade. Exemplo de prática no sentido da preservação da saúde

Em detrimento das interfaces cérebro-computador, ou qualquer outra tecnologia, invasiva ou não invasiva, o Projeto de Lei 522/22, em tramitação, visa a alterar a Lei Geral de Proteção de Dados para regulamentar a proteção do uso e do tratamento de dados neurais.

A radiação eletromagnética pode influenciar na saúde, alterando e danificando o DNA humano, porém, atualmente quase todas as coisas ao nosso redor emitem radiação. Existem campos elétricos internos e externos,[384] e isso pode alterar as ondas cerebrais.

Nesse sentido, o MK Ultra foi um projeto de manipulação social que foi introduzido na sociedade para influenciar a cultura (por meio de drogas e música).[385] Em tempos de a internet de tudo, as corporações de mídia são os principais influenciadores da cultura.

A interface cérebro-máquina já é uma realidade por meio de dispositivo implantado cirurgicamente no cérebro humano de forma minimamente,[386] ou nada invasiva[387] e por meio dele a pessoa poderá se comunicar com as máquinas e até mesmo controlá-las com o uso de camadas de inteligência artificial. A inovação é apresentada como um auxílio para cura de vários problemas de saúde,[388] todavia trata-se de um caminho já iniciado que pretende transformar as pessoas em ciborgues transumanos[389] expostos a riscos ainda desconhecidos.

A interface cérebro máquina (ICM) comporta infinitas possibilidades e consequências inimagináveis.[390] Portanto, é preciso prudência para não adotar um otimismo irracional diante das sedutoras promessas do transumanismo.

---

física e mental é o Japão, que editou uma lei proibindo o uso de *smartfones* enquanto as pessoas caminham na rua. Disponível em:https://www.japantimes.co.jp/news/2020/06/25/national/yamato-japan-ban-phones-walking/.

384 WIENER, Norbert, *Cibernética e sociedade o uso humano de seres humanos*. 2. ed. São Paulo: Cultrix,1954, *passim*.

385 Por meio do MK Ultra, a CIA usava, além de música, drogas alucinógenas, descargas elétricas e outras formas terríveis para o controle mental. As técnicas também foram utilizadas pelo psiquiatra renomado Dr. Donald Ewen Cameron como meio de reprogramação mental de seus pacientes, tendo culminado na devastação de suas vidas. Disponível em: https://www.bbc.com/portuguese/internacional-61367543. Acesso em 25 jan.2023.

386 Synchron receives green light from FDA to begin breakthrough trial of implantable brain computer interface in US Disponível em: https://synchron.com/press-release-july-28-2021. Acesso em: 14 set. 2021.

387 Em julho de 2022, a empresa Synchron anunciou o primeiro implante de interface cérebro-computador humano nos EUA com tecnologia não invasiva. Synchron announces first human brain-computer interface implant in the USA. Em maio de 2023, um estudo foi publicado na revista *Nature Neuroscience*, demonstrando a possibilidade de ler as mentes humanas por meio de uma máquina capaz de decodificar os pensamentos, realizando a reconstrução semântica da linguagem contínua a partir de gravações cerebrais não invasivas. Disponível em: Tang, J., LeBel, A., Jain, S. *et al.* Semantic reconstruction of continuous language from non-invasive brain recordings. Nat Neurosci 26, 858–866 (2023). Disponível em: https://doi.org/10.1038/s41593-023-01304-9 Acesso em:15 maio.2023.
Disponível em: https://neuronewsinternational.com/synchron-announces-first-human-brain-computer-interface-implant-in-the-usa/. Acesso em: 20 jul de 2022.

388 Disponível em: https://www.oficinadanet.com.br/tecnologia/33061-o-que-e-neuralink-e-como-vai-funcionar.Acesso em: 12 ago. 2021.

389 MESTRES, F. Evolución: de la especie humana al cyborg. Sociología y tecnociencia. *Revista digital de sociología del sistema tecnocientífico*, 2011, n. 1, Vol. 1, p. 37-46.

390 Disponível em: https://www.eurekalert.org/news-releases/946540Acesso em: 16.mar.2023.

1.2.1. *Dos dispositivos implantáveis à normalização do transumanismo*

Há longo tempo que as imagens visuais e os números têm substituído a linguagem como forma de partilhar conhecimento. Atualmente, tudo pode ser quantificado em estatísticas.[391] No entanto, as informações estatísticas podem se tornar instrumento de manipulação quando, por exemplo, se valem propositalmente de modo inapropriado de gráficos para gerar determinado impacto, conceito de média, deturpar correlação e relação entre causa e efeito, etc., com o objetivo de enganar, pois entre seus artifícios utilizam amostras tendenciosas ou muito pequenas.[392] Desse modo um grau de ceticismo diante das estatísticas é sempre bem-vindo.

Atualmente, o que é concebido como normal[393] refere-se a uma média estatística, "o que é mais geral ou o que está mais divulgado". No entanto, o conceito de normal, por ser bastante complexo, não é inerente à estatística.[394]

A normalização do corpo colonizado pela lógica da mercadoria pode ser vista diuturnamente em diversas áreas da vida:[395]

> O corpo entendido como suporte de roupas para a indústria da moda ou como depósito de abastecimento pela indústria alimentícia; o corpo tratado como objeto estético pela indústria química ou como objeto patológico pela indústria farmacêutica; o corpo configurado sob a forma de mera extensão mecânica e complemento para as indústrias de hardware e software; o corpo tomado como ciborgue pelas indústrias de robótica e mecatrônica; ou o corpo como estrito fornecedor de códigos de DNA para as indústrias de nanotecnologia e engenharia genética. Em suma: roupas, alimentos, suplementos, cosméticos, plásticas, remédios, máquinas, programas, DNAs, enfim, do código de barras ao código genético o corpo humano passa a ser decodificado pela lógica quantificadora da mercadoria.

Sob a crença do progresso tecnológico, "o normal representa poder e sucesso", porém "o que é normal hoje é patológico em relação ao estado utópico perfeito da sociedade do futuro.[396]

Nesse contexto, o "trabalho imaterial"[397] ganha espaço e incita a pensar: por que se contentar apenas com o corpo se é possível sequestrar também as mentes humanas? Porque "ao final de uma troca simples de produtos cada comprador dispõe de um bem, mas ao final de uma troca de ideias cada uma

---

[391] STIVERS, Richard. The Media Creates Us in Its Image Bulletin of Science. *Technology & Society*. Volume 32, Issue 3, June 2012, p. 203-212.

[392] DARREL HUFF. *Como mentir com estatística*. Ed. Intrínseca. Edição digital. 2016.

[393] Para avaliar se algo é normal ou anormal, geralmente leva-se em conta informações tanto "sobre se é estatisticamente média quanto informações sobre se é prescritivamente ideal". BEAR, A., KNOBE, J. Normality: Part descriptive. *Cognition*. 2017. Disponível em: http://dx.doi.org/10.1016/j.cognition.2016.10.024. Acesso em: 12. maio 2022.

[394] STIVERS Richard. *A tecnologia como Magia*. O Triunfo do irracional. Lisboa: Instituto Piaget, 2001. p. 118.

[395] WILLIAM, Nozaki. Por uma economia de novos valores Da ética à matemática: valores morais como valores mercantis em uma sociedade em colapso econômico. *Revista Filosofia*, [s. l.], fev. 2018. Ano X, n.126. p. 27-31.

[396] STIVERS, Richard. *A tecnologia como Magia. O Triunfo do irracional*. Lisboa: Instituto Piaget, 2001, p. 118-119.

[397] Como o produzido pela indústria cultural, por meio da máquina informatizada. HARDT, M.; NEGRI, T. *Império*. 5. ed. Rio de Janeiro: Record, 2003, p. 311.

das partes tem pelo menos duas ideias, daí a possibilidade de uma acumulação que se acelera exponencialmente a partir da acumulação de bens intangíveis".[398]

Portanto, "quando o corpo e a mente humana são transformados em objetos da mercantilização estamos diante de uma ressignificação da própria compreensão do que é a natureza humana, mais ainda: a própria ideia de natureza tende a ser colonizada pelo capital".

Diferentemente do que pretendem fazer crer os transumanistas:[399]

> A natureza humana é imutável, atemporal, sendo que os direitos humanos fundamentais não evoluem com o tempo e não mudam de lugar para lugar, pois eles devem ser garantidos, obrigatoriamente, em todo tempo e em todo lugar onde existir um único homem. São direitos que não nascem com ou depois do Estado, mas nascem no espaço e no tempo onde vive o homem, confundindo-se com a sua própria existência.

Sob outra perspectiva, Ingo Sarlet observa que a dignidade humana pode ser vista como uma intersecção entre uma dimensão cultural e natural que se relacionam mutuamente e pondera:[400]

> É justamente nesse sentido que assume particular relevância a constatação de que a dignidade da pessoa humana é simultaneamente limite e tarefa dos poderes estatais.
>
> Na condição de limite da atividade dos poderes públicos, a dignidade necessariamente é algo que pertence a cada um e que não pode ser perdido ou alienado, porquanto, deixando de existir, não haveria mais limite a ser respeitado (considerado o elemento fixo e imutável da dignidade). Como tarefa imposta ao Estado, a dignidade da pessoa humana reclama que este guie as suas ações tanto no sentido de preservar a dignidade existente ou até mesmo de criar condições que possibilitem o pleno exercício da dignidade, sendo, portanto dependente (a dignidade) da ordem comunitária, já que é de se perquirir até que ponto é possível ao indivíduo realizar, ele próprio, parcial ou totalmente suas necessidades existenciais básicas ou se necessita, para tanto, do concurso do Estado ou da comunidade (este seria o elemento mutável da dignidade.

Para Sarlet, não há espaço para a dignidade humana onde não existe "o respeito pela vida, pela integridade física e moral do ser humano, (...) onde não houver limitação do poder, enfim, onde a liberdade e a autonomia, a igualdade e os direitos fundamentais não forem reconhecidos e minimamente assegurados". Sem esses critérios, a pessoa "poderá não passar de mero objeto de arbítrio e injustiças".[401]

---

398 Como já notara George Orwell. WILLIAM Nozaki. Por uma economia de novos valores Da ética à matemática: valores morais como valores mercantis em uma sociedade em colapso econômico, *Revista Filosofia*, fev. 2018. Ano X, n126, p. 27-31.

399 RECH, Adir Ubaldo; RECH, Adivandro. *Os direitos humanos e fundamentais e a garantia de uma sociedade humanitária. In*: PEREIRA, Agostinho Oli Koppe; HORN, Luiz Fernando Del Rio (Orgs.). Relações de consumo: humanismo. Caxias do Sul: Educs, 2011. p. 83-103.

400 SARLET, Ingo Wolfgang. *A eficácia dos direitos fundamentais:* uma teoria geral dos direitos fundamentais na perspectiva constitucional. 13. ed. revista, atualizada e ampliada. Porto Alegre: Livraria do Advogado, 2018, p. 103.

401 SARLET, Ingo Wolfgang. As dimensões da dignidade da pessoa humana: construindo uma compreensão jurídico-constitucional necessária e possível. *Revista Brasileira de Direito Constitucional*, São Paulo, v. 5, n. 9, jan./jun. 2007. p. 361-388. Disponível em: http://bdjur.stj.jus.br/dspace/handle/2011/27252. Acesso em: 05 maio 2023.

Nessa tese, sustenta-se que a invasão da integridade corporal e da identidade pode caracterizar violação da dignidade humana. Segundo o pensamento Kantiano, o homem não pode ser utilizado como meio por nenhum homem, nem por si mesmo, mas sempre como fim, e nisso consiste sua dignidade (personalidade).[402] Nesse sentido, o Tribunal Constitucional Federal da Alemanha parte do pressuposto fundamental de que o direito à dignidade humana é inviolável[403] e pode ser entendida de modo geral, como um valor intrínseco de uma pessoa em virtude de ser humana. Ao longo dos anos, a Corte tem aplicado a fórmula homem-objeto (*Objektformel*) para evitar a coisificação ou instrumentalização da pessoa.[404]

De modo bastante curioso, "os próprios transumanistas afirmam ser amigos e defensores da dignidade humana –pelo menos como eles a entendem"[405] (pois transumanos são uma espécie diferente das pessoas humanas). Alguns inclusive sustentam que indivíduos transumanos podem ter *status* moral associado a dignidade humana,[406] ancorando-se na possibilidade de várias bases para a dignidade humana, ou seja, em argumentos que desvirtuam a dignidade para conseguir adaptá-las ao transumanismo.[407]

A lógica transumanista "por natureza se esforça para superar nossa natureza, o que parece transparecer com mais clareza é que a miséria do que somos deveria nos levar a ser outra coisa". Portanto, "a dignidade humana defendida pelos defensores da transcendência científica e tecnológica é um humanitarismo medroso que despreza o que somos em nome das coisas insondáveis em que poderíamos nos tornar". E "por mais que seja parte do ser humano aspirar nobremente a transcender esse estado mediano, a verdade sobre tal transcendência é que em certo ponto ela ultrapassa o entendimento".[408]

A "dignidade humana deve ser humanamente compreensível, de qualquer forma, e conformável às capacidades limitadas de seres imperfeitos". Por-

---

402 KANT, Immanuel. *Die Metaphysik der Sitten. In*: Kants Werke, Akademie-Ausgabe, Berlin: Walter de Gruyter & Co., vol. VI, 1968, p. 462.

403 Fala-se também em intangibilidade. Conforme artigo 1º da Lei Fundamental alemã (Die Würde des Menschen ist unantastbar. Grundgesetz für die Bundesrepublik Deutschland, Artikel 1Teilen).

404 A violação da dignidade passa pelo objetivo de coisificar, instrumentalizar o ser humano. SARLET, Ingo Wolfgang. As dimensões da dignidade da pessoa humana: construindo uma compreensão jurídico-constitucional necessária e possível. *Revista Brasileira de Direito Constitucional*, São Paulo, v. 5, n. 9, jan./jun. 2007. p. 361-388. Disponível em: http://bdjur.stj.jus.br/dspace/handle/2011/27252. Acesso em: 05 maio 2023.

405 RUBIN, Charles T. Human Dignity and the Future of Man. *In: Human Dignity and Bioethic*s. President's Council on Bioethics. Mar. 2008. p. 155-172.

406 Transumanos não possuem as virtudes humanas, tampouco as capacidades psicológicas e de se relacionar com preocupação recíproca e de ter relacionamentos cooperativos.

407 Nesse sentido: SANDLER R, Basl J. Transhumanism, human dignity, and moral status. *Am J Bioeth*. 2010;10(7):63-66. E: BOSTROM, Nick. *In:* defense of posthuman dignity. *Bioethics*. v. 19, n. 3, p. 202-214, 2005.

408 Para o autor, "a nova dignidade transumanista surge da negação autoconsciente. A dignidade humana deve ser enquadrada pelo que somos essencialmente como seres humanos. Com isso em mente, ainda podemos esperar e lutar por algo melhor, mas evitaremos aquele desprezo pelo que somos que resulta de pensar que sabemos que algo muito melhor é possível (quando na verdade só podemos ter fé nisso)". RUBIN, Charles T. Human Dignity and the Future of Man. *In: Human Dignity and Bioethics*. President's Council on Bioethics. Mar. 2008. p. 155-172.

tanto, a dignidade transumana é incompatível com a dignidade humana,[409] que é a base para compreensão dos direitos humanos[410] que foram desenvolvidos ao longo da história como resposta as ofensas à dignidade humana que consiste em sua fonte moral.[411]

Cada vez mais a dignidade humana tem assumido um papel de destaque no cenário mundial, e por esse motivo é preciso cautela para que não seja adotada uma concepção fundamentalista da dignidade.[412] Com efeito, "não se pode aceitar, a crítica genérica de que o conceito de dignidade da pessoa é algo como um cânone perdido e vazio, que se presta a todo e qualquer tipo de abusos e interpretações equivocadas".[413]

Todo esse movimento transformador, conduz a uma vida líquida[414] onde a normalização pode ser considerada patológica, por exemplo quando as pessoas quando buscam sempre se encaixar nos moldes criados pelo contexto social.

O conceito de normose consiste em "um conjunto de hábitos considerados normais que, na realidade, são patogênicos e nos levam à infelicidade e à doença".[415] Também pode ser definida "como o conjunto de normas, conceitos, valores, estereótipos, hábitos de pensar ou de agir, que são aprovados por consenso ou pela maioria em uma determinada sociedade e que provocam sofrimento, doença e morte. Em outras palavras, é algo patogênico e letal, executado sem que os seus autores e atores tenham consciência de sua natureza patológica".[416]

As noções de tempo e espaço são alteradas pela tecnologia, "e nos adaptamos a essas mudanças". A expressão "escudo de estímulo" foi criada por Freud e "refere-se à nossa tendência de internalizar e, assim, normalizar os

---

[409] JOTTERAND, Fabrice. Human Dignity and Transhumanism: Do Anthro-Technological Devices Have Moral Status? American Journal of Bioethics 10 (7): 2010, 45-52. CHAPMAN, Audrey R. "Inconsistency of human rights approaches to human dignity with transhumanism". The American Journal of Bioethics 10.7 2010: 61-63. Apesar de abordagens distintas ambos sustentam essa premissa.

[410] CHAPMAN, Audrey R. "Inconsistency of human rights approaches to human dignity with transhumanism". The American Journal of Bioethics 10.7 2010: 61-63.

[411] HABERMAS, Jürgen. The concept of human dignity and the realistic utopia of human rights. *Metaphilos ophy*, vol. 41, no. 4, 2010, pp. 464–480. Disponível em: JSTOR, www.jstor.org/stable/24439631. Acesso em: 08. maio 2023.

[412] PERELMAN, Chaim. *Ética e Direito*. São Paulo: Martins Fontes, 1996. p. 403.

[413] SARLET, Ingo Wolfgang. As dimensões da dignidade da pessoa humana: construindo uma compreensão jurídico-constitucional necessária e possível. *Revista Brasileira de Direito Constitucional*, São Paulo, v. 5, n. 9, jan./jun. 2007. p. 361-388. Disponível em: http://bdjur.stj.jus.br/dspace/handle/2011/27252. Acesso em: 05 maio 2023.

[414] Acompanhando a fluidez deste tempo, assim como as pessoas precisam adquir a capacidade de adaptação às constantes mudanças, a *Liquid machine learning* (LML) é um sistema de aprendizado de máquina que depende de redes neurais mais avançadas e diferencia-se do *deep learning*, por ter a capacidade de se adaptar às mudanças. Disponível em: Ackerman, Daniel. (28 January 2021). *"Liquid" machine-learning system adapts to changing conditions. MIT News*.Acesso em: 09 jan 2023. Sobre a modernidade líquida e a aceleração desse tempo, ver: BAUMAN, Zygmunt. *Modernidade líquida*. Trad. Plínio Dentzien, Rio de Janeiro: Jorge Zahar, 2001.

[415] WEIL, Pierre. Normose: a patologia da normalidade I Pierre Weil, Jean-YvesLeloup, Roberto Crema. Campinas, SP: Vetus Editora, 2003. p. 19

[416] Ibid. p. 22.

estímulos tecnológicos". Uma situação que ilustra esse processo é que quando as "viagens de trem se tornaram comuns, as pessoas tiveram problemas para voltar a uma viagem mais lenta a cavalo: elas haviam internalizado a velocidade do trem".[417]

Conforme os transumanistas, "humanos são sacos de carne com cérebro de macaco" que sofrem e morrem desnecessariamente.[418] Porém, a tecnologia de interface cérebro-máquina para pessoas acometidas por limitações, especialmente motoras, pode trazer mais independência e a liberdade para realizar tarefas diárias.

As possibilidades de *download* de conhecimento já se apresentam, tal como no filme Matrix. Diante disso, não seria mais necessário estudar para aprender, pois é preciso processar e para processar tem que estudar, portanto alguns dizem que não seria questão de tecnologia, mas estudos recentes demonstram essa possibilidade.

Os sistemas digitais não serão capazes de substituir o cérebro humano,[419] todavia o fato de estarmos submetidos diariamente às mais diversas tecnologias condiciona o cérebro, que é dotado de plasticidade, a se adaptar e sobreviver a lógica digital do mundo atual. Dessa maneira, estamos esculpindo um novo cérebro.[420]

Em pouco tempo, conversaremos habitualmente com os computadores na medida que os ensinamos a entender os humanos. Assim como nosso cérebro tem-se moldado aos sistemas digitais, as máquinas, da mesma forma que as pessoas, aprendem através da experiência, que nesse caso ocorre por meio da captura de dados.[421]

Os avanços das interfaces cérebro-máquina (ICM) iniciam com projetos bem-intencionados como: neuropróteses de fala de alto desempenho, para auxiliar pessoas que apresentam paralisia como no caso da doença E.L.A.,[422] no

---

[417] STIVERS, Richard. The Media Creates Us in Its Image Bulletin of Science. *Technology & Society*. Volume 32, Issue 3. jun. 2012. p. 203-212. 2012.

[418] Defensora do transumanismo, Elise Bohan é autora do livro futuro super-humano onde sustentou que seres humanos precisam de atualização e que são "sacos de carne com cérebro de macaco. O fascinante debate entre Elise e a colunista Unherd, da revista on-line britânica, Mary Harrington está disponível em: https://www.youtube.com/watch?v=m9HIe9NXdyA; www.technocracy.news. Impresso em 19 de maio de 2023. Disponível em: https://pt.technocracy.news/?print-my-blog=1&post-type=post&statuses %5B0%5D=publish&rendering_wait=0&post_page_break=1&columns=1&font_size=normal&image_size=medium 1&pmb_f=pdf&pmb-post=44077 e, também disponivel em: https://pt.technocracy.news/is-the-transhumanist-era-is-already-here/. Acesso em: nov.2022.

[419] O cérebro relativístico como ele funciona e por que ele não pode ser simulado por uma máquina de Turing Ronald Cicurel. NICOLELIS, Miguel. *O verdadeiro criador de tudo*. São Paulo: ed. Kios Press, 2015.

[420] NICOLELIS, Miguel *O verdadeiro criador de tudo*. Edição especial de pré-venda autografado. Como o cérebro humano esculpiu o universo como nós o conhecemos. São Paulo: Planeta, 2020.

[421] MICROSOFT. *The Future Computed:* Artificial Intelligence and its role in society. Redmont: Microsoft Corporation, 2018. p. 32-33.

[422] A high-performance speech neuroprosthesis. Francis Willett, Erin Kunz, Chafei Fan, Donald Avansino, Guy Wilson, Eun Young Choi, Foram Kamdar, Leigh R. Hochberg, Shaul Druckmann, Krishna V. Shenoy, Jaimie M. Henderson, bioRxiv 2023.01.21. Disponível em: https://www.biorxiv.org/content/10.1101/2023.01.21.524489v1. Acesso em 30 jan.2023.

entanto, para corrigir um problema não se pode criar outro em razão do amplo acesso ao corpo e à mente que se tornam ainda mais vulneráveis a invasões e ataques.

Um estudo publicado por alguns pesquisadores,[423] entre eles Miguel Nicolelis, apresenta a interface cérebro.[424] A *Brainnet*, consiste em uma espécie de internet cerebral, em que seria possível se comunicar apenas através de ondas cerebrais com outras pessoas.[425]

Nos dias atuais, vivemos em constante desequilíbrio. "É como se estivéssemos presos no círculo vicioso de um mundo de ilusões gerado pela explosão tecnológica. A reversão para um círculo virtuoso passa pelo retorno a essência".[426]

Por vezes, precisamos sair desse círculo vicioso que nos aprisiona e no silêncio tentar enxergar a situação como se estivéssemos em uma galeria, olhando o palco de cima.[427]

Ao contemplar os lírios do campo e as aves do céu,[428] observa-se a quão vã é a ansiedade a qual a cultura digital nos submete.

Certa vez, Alfred North Whitehead referiu:[429]

> A maior invenção do século XIX foi a própria ideia de invenção. Tínhamos aprendido a inventar coisas, e a questão de porque inventamos coisas perdeu importância. A ideia de que se algo pode ser feito, deve ser feito nasceu no século XIX. E junto com isso, desenvolveu-se uma profunda crença em todos os princípios pelos quais a invenção é bem-sucedida: objetividade, eficiência, perícia, padronização, medição e progresso. Também passou a ser acreditado que o motor do progresso tecnológico funcionava com mais eficiência quando as pessoas são concebidas não como filhos de Deus ou mesmo como cidadãos, mas como consumidores – ou seja, como mercados.

O objetivo dessa pesquisa nunca foi o de apresentar uma visão puramente pessimista sobre a tecnologia em relação aos humanos. Pelo contrário, demonstrou-se que mesmo em um cenário presente e futuro de potenciais prejuízos, com base nos caminhos propostos, é possível extrair grandes benefícios das máquinas, preservando a condição humana.[430]

---

[423] Miguel Pais-Vieira, Mikhail Lebedev, Carolina Kunicki, Jing Wang e Miguel A. L. Nicolelis, A Brain-to-Brain Interface for Real-Time Sharing of Sensorimotor Information Revista Scientific Reports

[424] A Brain-to-Brain Interface for Real-Time Sharing of Sensorimotor Information https://www.nature.com/articles/srep01319.pdf.

[425] NICOLELLIS Miguel. *Muito além do nosso eu: A nova neurociência que une cérebros e máquinas e como ela pode mudar nossas vidas*, Ed. Cia. das Letras, 2012.

[426] NAISBITT, John. *High Tech High Touch* – Tecnologia e nossa busca por significado. Trad. Newton Roberval Eichemberg. 3. ed. São Paulo: Cultrix, 2006. p. 12.

[427] 'Subir a galeria" é uma metáfora usada pelo negociador Willian Ury. URY, William. *Supere o não: negociando com pessoas difíceis: como fechar grandes negócios transformando seu oponente em parceiro*. 7. ed. Trad. Regina Amarante. Rio de Janeiro: BestSeller, 2012. p. 25.

[428] VERISSIMO, Érico. *Olhai os lírios do campo*, 1969, Ed. Globo. KIERKEGAARD Soren. Los lirios del campo y las aves del cielo, ediciones guadarrama, lope de rueda 13 madrid, 1963, traduccion directa del Danes e prologo por Demetrio G. Rivero. No mesmo sentido, o Sermão da Montanha feito por Jesus em Mateus 6:26-34.

[429] POSTMAN, Neil. *Technopoly*: The Surrender of Culture to Technology, 1993, p. 42.

[430] ARENDT, Hannah. *A condição humana*. Trad. Roberto Raposo; revisão técnica e apresentação Adriano Correia. 13. ed. rev. Rio de Janeiro: Forense Universitária, 2020.

Na medida em que a expansão tecnológica avança, tornando-se cada vez mais presente em nossas vidas, poderá haver graves conflitos sociais no futuro, exigindo um alto índice de qualificação humana e desenvolvimento de novas habilidades.

A insegurança e incerteza por estarmos sendo substituídos inclusive nas atividades cognitivas traz uma desesperança na perspectiva humana. Sobre o aspecto profissional e pessoal, é possível considerar que o significado do que é ser humano está sendo desafiado pela primeira vez na história.

Com o sequenciamento do genoma humano e a descoberta de técnicas de edição genética, como é o caso da CRISPR,[431] novos tratamentos em biologia molecular prometem não apenas curar doenças, mas também atuar como terapias antienvelhecimento e, portanto, extensoras da vida.

Nesse sentido, temas como o transumanismo[432] trazem à tona questões como o melhoramento humano e a singularidade. Para as pessoas[433] que acreditam na singularidade, no transumanismo e na vida eterna, porém irão morrer antes dessa "revolução tecnológica", a alternativa é recorrer à criogenia.[434]

O termo "singularidade" foi emprestado da física, e um dos seus principais defensores é o cientista Raymond Kurzweil, que abaixo esclarece seu significado:[435]

> A Singularidade é um termo utilizado para definir um período futuro durante o qual a vida humana será irreversivelmente transformada e representará o culminar da fusão do pensamento biológico e da nossa existência com a tecnologia, resultando em um mundo que ainda é humano, mas transcenderá as nossas raízes biológicas. Não haverá distinção, pós-Singularidade, entre homem e máquina ou entre o físico e o virtual.

Para Kurzweil, em algumas décadas, a inteligência humana será superada pelas máquinas.[436]

Em busca do aprimoramento humano cientistas trabalham na superlongevidade, superinteligência e superbem-estar. Isso significa dizer que se trata de metas sobre-humanas, com objetivos não apenas de melhorar nossa condi-

---

[431] Significa repetições palindrômicas, ou seja, permite editar sequências genômicas de organismos vivos.

[432] Criado pelo biólogo britânico Julian Huxley, irmão do escritor Aldous Huxley, em 1957, também conhecido como pós-humanismo. Os ideais transumanistas se fundamentam, basicamente, em dois pilares: o primeiro deles seria o combate ao envelhecimento e, em consequência disso, a morte; o segundo, é o que trata a simbiose entre orgânico e cibernético como o próximo passo da evolução humana.

[433] O autor Yuval Noah Harari, em sua obra intitulada *Homo Deus* acredita que estamos entre as últimas gerações de *homo sapiens* na Terra, pois falta muito pouco para programarmos nossos corpos e nossos cérebros. Sustenta que a tecnologia é hoje uma extensão do corpo humano e que isso nos levará ao patamar de "deuses" com ampliação das nossas capacidades. YUVAL, Noah Harari. *Homo Deus*: Uma breve história do amanhã. Trad. Paulo Geiger. São Paulo: Companhia das Letras, 2016.

[434] A criogenia é um ramo da físico-química que estuda tecnologias para a produção de temperaturas muito baixas (abaixo de -150°C). Um corpo criopreservado limita danos em todas as estruturas e preserva de forma que possa voltar à vida. Ou seja, um corpo preservado em nitrogênio líquido poderia, em tese, ser ressuscitado no futuro e passar do estado de humano para transumano.

[435] KURZWEIL, Ray. *A singularidade está próxima quando os humanos transcendem a biologia*. São Paulo: Editora Iluminuras. 2006.

[436] Ibid.

ção de vida, mas ser jovem para sempre, aprender muito mais rápido e proporcionar prazer o tempo todo.

O envelhecimento, esforço e o sofrimento, são situações que fazem parte da vida, assim como a capacidade de amar e a vontade de reproduzir caracteriza nossa natureza humana e seria antinatural eliminá-las.[437]

A tecnologia atingiu todas as áreas da vida, afastando os indivíduos das simples virtudes como ler um livro e conversar pessoalmente com amigos, facilitando ou privando de desfrutar os processos que fazem de nós seres humanos. O que irá acontecer com o talento natural, a disciplina das pessoas, e com os que não terão acesso aos melhoramentos?

Os conhecimentos obtidos através do desenvolvimento da biotecnologia trouxeram não apenas benefícios e vantagens, como o uso terapêutico, mas geram também a "possibilidade de uma nova forma de discriminação de caráter biológico, constituindo uma nova e frontal ameaça ao princípio da igualdade".[438]

Essas inovações biotecnológicas trazem consigo dilemas jusfilosóficos, éticos acerca do melhoramento humano e acarretam a instrumentalização da pessoa humana. Alguns autores bioconservadores[439] argumentaram que os riscos e questões éticas que surgirão decorrentes do uso destas tecnologias ligadas diretamente ao nosso organismo, como a modificação radical do que entendemos por humano e o cerceamento da liberdade individual daqueles que passarem por modificações genéticas, muitas vezes antes de seu nascimento, podem ser consideradas uma ladeira escorregadia (*slippery Slope*).[440]

Diante dessa nova realidade tecnológica, os conceitos iluministas de liberdade e igualdade foram absolutamente transformados, podendo-se dizer que se trata de uma ilusão se comparados com a ideologia do século XVIII.[441] Surgem alguns temores que poderiam afastar as pessoas das novas tecnologias, como por exemplo, a falta de segurança, de confiança, de privacidade e até mesmo a preferência por relações reais.

Além disso, a tecnologia favorece a obtenção das informações genéticas, o que pode gerar novas formas de eugenia.[442] Ao final do século XX e início do século XXI, com os conhecimentos alcançados através da genética, a eugenia retorna com uma nova roupagem, sendo denominada por autores contemporâneos, como Casabona, com uma nova eugenia ou neoeugenia.[443]

---

437 HAN Byung-Chul. *Sociedade paliativa*: a dor de hoje. 2021. Byung Chun Han explora a importância do sofrimento e na vida humana e aponta a algofobia (rejeição a angústia) como um problema dos tempos atuais.

438 Entende-se por determinismo genético o fato de reduzir-se o ser humano ao seu aspecto genético vale dizer, as suas informações/características genéticas. Nesse sentido, o filme Code 8.

439 São exemplos: Francis Fukuyama e Jürgen Habermas.

440 Expressão cunhada por Frederick Schauer e bastante utilizada no ramo da Bioética significa uma bola de neve, com consequências desumanas e incontroláveis.

441 STIVERS, Richard. *The illusion of freedom and equality*. New York: State University of New York 2008.

442 A eugenia é um conceito advindo do século XIX, o termo foi cunhado por Galton em 1883. Ele a definiu como uma Ciência que tem por fito melhorar as qualidades da raça humana.

443 CASABONA, Carlos María Romeo. Las prácticas eugenésicas: nuevas perspectivas. In: CASABONA, Carlos Maria Romeo. *La eugenesia hoy*. Bilbao: Comares, 1999.

A nova eugenia pode ser negativa ou positiva. A negativa visa a melhorar a qualidade de vida dos seres humanos, através de intervenção direta em seu patrimônio genético, buscando evitar, por exemplo, o desenvolvimento de doenças. Já a positiva, que vem sendo bastante criticada, tem por objetivo alcançar a melhoria nas capacidades técnicas do indivíduo, como por exemplo, a inteligência.[444]

Esta neoeugenia poderá gerar uma nova modalidade de divisão social, separando os indivíduos geneticamente perfeitos (que receberão mais propostas de emprego, por exemplo, já que não terão problemas de saúde e terão tecnicamente a capacidade ampliada), dos indivíduos que não possuem qualidades genéticas perfeitas, que certamente poderão encontrar uma série de dificuldades, haja vista sua condição inferior em relação aos outros.

Daí em diante, a chamada evolução humana avança (ou retrocede eticamente) para ser uma só matéria com a máquina. Surgem, portanto, questionamentos que desafiam o óbvio, tal como: o que caracteriza uma pessoa humana? Ser pessoa vai muito além de uma síntese proteica, trata-se de uma experiência integradora que se projeta em uma composição de essência (incluindo estrutura e relação) e de existência (autorrealização intersubjetiva mediada e possibilitada).[445]

Em uma "época sem precedentes de prosperidade, liberdade, progresso tecnológico e avanço médico, parecemos estar mais infelizes e com mais dores do que nunca? Talvez o motivo de estarmos todos tão infelizes seja porque estamos dando duro para evitar sermos infelizes".[446] Robert William Fogel, prêmio Nobel de Economia, sustenta que atualmente as pessoas procuram mais por soluções espirituais do que pelo prazer material.[447]

Após análise do cenário atual que caminha para o tecno-humanismo,[448] que trabalha a todo custo para superar a morte, façamos algumas reflexões bioéticas[449] sobre o tema.

---

[444] Para Gregor Puppinck, diretor do Centro Europeu para a Lei e Justiça, o transumanismo influencia os direitos humanos. Para ele, o" trans-humanismo é a superação e a substituição da natureza humana pelas biotecnologias e "o eugenismo se torna, um componente da natureza humana aumentada", podendo ser entendido como um direito trans-humanista, assim como o suicídio assistido, eutanásia ou aborto. Disponível em: https://www.ihu.unisinos.br/categorias/170-noticias-2014/537278-dos-direitos-humanos-aos-direitos-pos-e-trans-humanistas. Acesso em:07. maio.2023.

[445] DUNSTAN, G. R.; SELLER, Mary J. *The Status of the Human Embryo: Perspectives from Moral Tradition. London.* Oxford: Oxford University Press, 1988, p. 32; DWORKIN, R. *Domínio da vida:* aborto, eutanásia e liberdades individuais. São Paulo: Martins Fontes, 2003. p. 45.

[446] LEMBKE, Anna. *Nação dopamina*: por que o excesso de prazer está nos deixando infelizes e o que podemos fazer para mudar. Trad. Elisa Nazarian. São Paulo: Vestígio, 2022.

[447] FOGEL, Robert William. *The Fourth Great Awakening and the Future Egalitarianism.* Chicago: University of Chicago Press, 2000.

[448] "Como máquina, o ser humano perderia seu lado sentimental e relacional. Seria totalmente individual sem relações com o outro. Na verdade, não se poderia falar de humano, mas sim de 'tecnohumanismo' ou ainda 'quase humano'. Ao ser máquina o homem seria produzido em série como qualquer outro utensílio. Uma simples máquina pode ser replicada por outras máquinas. Na visão Bioética, esse novo ser coloca em suspenso todas as relações humanas, entre as quais, o amor, o afeto e a fé. Não seria em si uma pessoa, mas algo parecido, meio humano e meio máquina". ALVES Marcos Alexandre; SALLIN Edson. *Tecnohumanismo:*

A morte da humanidade que nos é adveniente não é um destino ôntico, mas um produto do nosso modo de produção, motivado pelo valor e por sua racionalidade unidimensional. Neste caso, somente nós podemos salvar-nos a nós próprios da morte da humanidade através de uma radical reviravolta no modo de produção baseado no valor e por meio de uma radical conversão do nosso pensar e agir para o que é ético.[450]

A depender do uso, a tecnologia pode escravizar, portanto para que possa ser preservada a integridade física e psíquica do indivíduo consagrando a dignidade humana, importante ressaltar a lição de Martin Heidegger:[451] "A renúncia não tira. A renúncia dá. Dá a força inesgotável da simplicidade. Portanto, a renúncia não é perda. No não da renúncia vigora o poder ser do sim à verdade do ser. A renúncia anuncia o que se vela e se oculta". Contudo, do cenário atual pode-se perceber que, infelizmente, nem sempre podemos escolher renunciar sob pena de não sermos pertencentes a determinada comunidade que necessitamos para viver. De outro lado há aqueles que desejam a tecnologia e dariam tudo para ser um super-humano, porém por diversas razões, não possuem acesso.

Talvez uma condição "melhorada" na pré-compreensão[452] de alguns indivíduos possa trazer felicidade. A propósito, Thadeu Weber questiona:[453]

> (...) poder-se-ia perguntar: há oposição entre o princípio da moralidade e o da felicidade? Na perspectiva kantiana, há distinção, mas não oposição. Não é pretensão da razão pura prática renunciar à felicidade. Ela apenas não poder ser o princípio determinante do dever. Às vezes é preciso preocupar-se com a própria felicidade, sobretudo quando isso envolve a saúde, a pobreza, etc. Ou seja, nesses casos a felicidade envolve "meios para o cumprimento do dever" (CRPr. p. 109). A "carência de felicidade (por exemplo, a pobreza) encerra a tentação de violar o dever" (idem). No entanto, disso não resulta que a felicidade possa constituir-se um "princípio de todo dever". Uma vontade determinada por um princípio empírico perde todo valor moral. O que está em jogo na Filosofia Prática de Kant é a determinação de um princípio supremo da moralidade e este só pode ser dado pela razão. Isso é autonomia.

---

uma reflexão bioética sobre a (in)volução da biotecnociência. *Revista – Centro Universitário*. São Camilo. 2012, p. 384-391.

449 A bioética (ética da vida) teve origem com Van Rensselaer Potter, em 1971, e apresenta a bioética como uma ponte entre a ciência biológica e a ética. Trata-se, portanto, de uma ciência que defende e promove a vida humana em todas as suas etapas. Dos anos 2000, devem ser sublinhados os direitos consagrados mediante a Declaração Universal sobre Bioética e Direitos Humanos e a Declaração Internacional sobre os dados genéticos humanos.

450 SCHMIED-KOWARZIK, Wolfdietrich. *Práxis e Responsabilidade*. Porto Alegre: EDIPUCRS, 2002, p. 131-132.

451 HEIDEGGER, Martin. A Questão Sobre a Morada do Homem. *Revista de Cultura Vozes*. Petrópolis, ano 71, n. 04, maio de 1977. p. 43-54.

452 Trata-se de uma visão fundamentada em suas experiências de vida. Esta pré-compreensão exposta por Gadamer em sua hermenêutica compõe o círculo hermenêutico que embasa a própria evolução do pensamento. Se compreender é sempre também aplicar, então poder-se-ia interpretar que quando realmente conhecermos os reais prejuízos do melhoramento humano poderemos entender os riscos a que a humanidade está exposta e então fazer algo para mudar.

453 WEBER Thadeu. Autonomia e dignidade da pessoa humana em Kant. *Direitos Fundamentais & justiça*. Porto Alegre: nº 9. out./dez.2009.

Os avanços das tecnociências, em especial análogas às intervenções da biotecnologia na vida humana incitam discussões acerca de questões éticas e dos direitos humanos:[454]

> O impacto da biotecnologia sobre a humanidade desviou o tradicional eixo das reflexões mundiais sobre os direitos humanos, impondo uma nova ordem de preocupações. Agora, além das desigualdades sociais remanescentes da ideologia escravocrata e do secular abuso de poder político e econômico, a biotecnologia trouxe uma nova forma de violação aos direitos e à dignidade humana. Assim, além das preocupações com injustiças sociais, discriminações e preconceitos decorrentes do abuso de poder político, econômico e cultural, a biotecnologia acrescenta preocupações com intervenções na biologia da vida, inclusive humana.

O conceito de igualdade pode ser resumido na destinação de tratamento igual aos iguais e desigual aos desiguais,[455] [456] em decorrência deste mandamento,[457] a igualdade também pode ser traduzida em um não fazer, isto é, um não discriminar.

Todo ser humano possui o direito fundamental de "não ser considerado pelos legisladores e demais membros de qualquer poder, social ou estatal, diferente em dignidade ontológica, em relação às demais pessoas, em relação ao desempenho de funções, ou ao exercício de direitos e liberdades", calcando-se na "desculpa de diferenças de caráter acidental e heterogêneo".[458]

Buscando impedir "as diversas e perversas possibilidades de utilização de tais informações com o intuito discriminatório e eugênico" questões que versam sobre a autonomia da vontade também estão presentes no confronto com o tema. Para Thadeu Weber, a autonomia pode ser entendida como expressão da dignidade da pessoa humana que, segundo a doutrina Kantiana, tem seu fundamento na razão ou no conhecimento.[459]

---

[454] AZEVEDO, Souza E. Avanços da tecnociência e a pessoa humana. *Bioethikos*. São Paulo: Centro Universitário São Camilo, n° 4, jan. 2010. p. 20.

[455] Aristóteles ponderou acerca da igualdade, considerando que são iguais as coisas de comum quantidade. Isto é, *coisas de comum quantidade* pressupõem que estas se comunicam por possuírem certa particularidade, pois as coisas não são naturalmente idênticas, ao passo que sempre, em algum aspecto, irão se distinguir. Por isso, justifica-se a necessidade desta ponderação pela noção de equiparação pela comunicabilidade de alguns aspectos. Cf.: ABBAGNANO, Nicola. *Dicionário de Filosofia*. São Paulo: Martins Fontes, 2003. p. 534.

[456] Kant, diferentemente de Aristóteles (que cunhou seu pensamento em uma igualdade geométrica), defende um conceito de igualdade aritmética que deve ser compreendida num contexto democrático em que se veda qualquer diferenciação de qualidade, mas permite um tratamento diferenciado em caso de desigualdade fática.

[457] Alexy, distingue entre princípios e regras, considerando que, em sede de princípios, há que se falar em mandamentos de otimização, isto é, "princípios são normas que ordenam que algo seja realizado na maior medida possível dentro das possibilidades jurídicas e fáticas existentes [...] já as *regras* são normas que são sempre ou satisfeitas ou não satisfeitas. Se uma regra vale, então, deve se fazer exatamente aquilo que ela exige; nem mais, nem menos. Regras contêm, portanto, *determinações* no âmbito daquilo que é fática e juridicamente possível. Isso significa que a distinção entre regras e princípios é uma distinção qualitativa, e não uma distinção de grau. Toda norma é ou uma regra ou um princípio". Cfe: ALEXY, Robert. *Teoria dos Direitos Fundamentais*. 2. ed. Trad. Virgílio Afonso da Silva. São Paulo: Malheiros, 2011. p. 90-91.

[458] GOMES, Celeste Leite dos Santos Pereira; SORDI, Sandra. Aspectos atuais do projeto genoma humano. in: SANTOS, Maria Celeste Cordeiro Leite (org.). *Biodireito*: Ciência da vida, os novos desafios. São Paulo: Revista dos Tribunais, 2001. p. 186-187.

[459] WEBER, Thadeu. Autonomia e dignidade da pessoa humana em Kant. *Direitos Fundamentais & justiça*. Porto Alegre: n°. 9–out./dez.2009.

Assim, a autonomia da vontade, pela autodeterminação, visa à proteção das liberdades constitucionais, configurando-se em um direito fundamental que invoca o imperativo categórico (normas de observância universal).[460]

O consentimento livre e informado, exigido nas pesquisas com seres humanos, também tem essa conotação. Implica que sou autor das decisões sobre os assuntos mais essenciais que afetam minha vida. Isso é autodeterminação e nisso devemos ser respeitados e protegidos. Significa, que as máximas dessas decisões sejam universalizáveis, ou que possamos querê-las como tais. Querer que médicos permitam a morte natural (não induzida), em casos de extremo sofrimento, em consequência de uma doença terminal, é um exemplo de uso dessa autonomia, entendida como autodeterminação. Poderíamos almejar que nas mesmas circunstâncias todos quisessem a mesma coisa. Trata-se da vinculação entre autonomia e vida digna, o que talvez possa significar morte digna. Talvez fosse mais racional uma declaração anterior à doença, autorizando a permissão da morte do que quando já há acometimento de doença grave. Nessas circunstâncias, poderíamos querer que não fosse feito uso de meios extraordinários para manutenção da vida.

Para Clotet, o bom uso da ciência tem seus limites éticos diretamente relacionados aos direitos humanos, que, "por sua vez, têm um denominador comum: a dignidade humana. A dignidade humana é um elemento nuclear da ética e do Direito".[461] O autor, sustenta que a Bioética é "o estudo sistemático da conduta humana na área das ciências da vida e dos cuidados da saúde, na medida em que esta conduta é examinada à luz dos valores e princípios morais".

Clotet ainda afirma que a "Bioética é a resposta da ética aos novos casos e situações originadas da ciência no âmbito da saúde", e aqueles relativos ao início e ao fim da vida humana.[462]

Assim, a dignidade da pessoa humana é o limite ético e jurídico à liberdade de pesquisa, pois tanto o Direito como a Bioética se ocupam em protegê-la e, nesse sentido, os direitos da personalidade são destinados a resguardar os valores principais do indivíduo, sem os quais não se pode vislumbrar a dignidade da pessoa humana. De acordo com Limongi França, os direitos da personalidade dividem-se em três grupos: o direto à integridade física, o direito à integridade intelectual e o direito à integridade.[463]

Para tanto, Direito e Bioética precisam encontrar soluções conjuntamente, haja vista que ambos compartilham o mesmo ideal de máximo respeito e proteção à dignidade da pessoa humana. Assim, o que se defende não é um apelo

[460] GARCIA, Maria. Bioética e o princípio da autonomia: a maioridade Kantiana e a condição do autoconhecimento humano. In: GOZZO, Débora; LIGIERA, Wilson Ricardo (Org.). *Bioética e Direito, Fundamentais*. São Paulo: Saraiva, 2012. p. 63-76.

[461] CLOTET, Joaquim. *Bioética:* uma aproximação. Porto Alegre: EDIPUCRS, 2003, p. 223.

[462] Tais como problemas éticos relacionados a "métodos de fecundação, da seleção de sexo, da engenharia genética, da maternidade substitutiva, das pesquisas em seres humanos, do transplante de órgãos, dos pacientes terminais, das formas de eutanásia, entre outros temas atuais". Ibid., p. 22.

[463] Bem como os direitos à honra, à liberdade civil, política e religiosa. FRANÇA, Rubens Limongi. *Manual de direito civil*. 2. ed. São Paulo: Revista dos Tribunais, 1971. p. 329.

à paralisação dos avanços trazidos pelo desenvolvimento da genética, ao contrário, sustenta-se que tal desenvolvimento é de suma importância para que cada vez mais doenças sejam combatidas através destas novas descobertas.

Há uma crise de confiança na mídia, nas instituições e nas pessoas em geral e, para resolver esse problema, investir na verdade e na transparência é essencial. Nesse sentido, a tecnologia pode auxiliar no resgate dessa confiança a partir de dados objetivos de como as pessoas se comportam para validação no mundo real. A iniciativa popular na vida pública está prevista na Constituição Federal[464] e proporciona uma democracia forte. Atualmente, existem alguns mecanismos digitais, como aplicativos[465] que facilitam esse engajamento.

A absorção das garantias constitucionais do Estado Democrático pelo ordenamento jurídico oferece a cada cidadão a proteção de seus direitos de forma mais efetiva. Assim, observa-se que o direito passou por uma evolução social, política e econômica, distanciando-se do caráter individualista e aproximando-se de um caráter mais coletivo preocupado com toda a sociedade.

A dignidade humana é o fundamento basilar do Estado democrático de direito, é a partir dela que os demais direitos se perfectibilizam para garantir o bem-estar do cidadão. Portanto, as novas tecnologias para o aprimoramento humano, especialmente pelo uso da internet dos corpos, devem encontrar limites éticos para não obstaculizar esse direito fundamental. Para os bioconservadores, não podemos nos colocar reféns de investigações cientificas livres de qualquer restrição e de um progresso tecnológico inevitável que não serve a fins humanos. "A verdadeira liberdade, a liberdade das comunidades políticas de proteger os valores que reputam mais caros, e é essa liberdade que precisamos exercitar no tocante a revolução tecnológica hoje".[466]

Independentemente de prevalecerem, ou não, os ideais conservadores[467] de proteção da natureza humana, o pós-humanismo bate à porta e carece dos esforços do direito internacional[468] para estabelecer diretrizes éticas regulató-

[464] Artigo 14 da Constituição Federal: A soberania popular será exercida pelo sufrágio universal e pelo voto direto e secreto, com valor igual para todos, e, nos termos da lei, mediante: I – plebiscito; II – referendo; III – Iniciativa popular.

[465] Veja-se o aplicativo "Mudamos": "O aplicativo Mudamos é uma iniciativa do Instituto de Tecnologia e Sociedade do Rio de Janeiro (ITS Rio), premiada e financiada exclusivamente pelo prêmio Desafio Google de Impacto Social, vencido em 2016". Disponível em: https://www.mudamos.org. Acesso em 31/05/2020.

[466] FUKUYAMA, Francis. *Nosso futuro pós-humano:* Consequências da revolução da biotecnologia. Trad. Maria Luiza X. de A. Borges. Rio de Janeiro: Rocco, 2003. p. 225.

[467] "Há um meio-termo entre os que defendem uma filosofia de retorno à natureza e os que defendem os benefícios da biogenética dentro do transumanismo mais radical; o humanismo tecnológico. Para saber mais sobre o humanismo tecnológico. LLANO-ALONSO, Fernando Higinio. Transhumanism, Vulnerability and Human Dignity. Deusto journal of human rights. *Revista Deusto de derechos humanos*, 4, 39-58, 2019.
Para saber mais sobre o humanismo tecnológico, ver: ORTEGA y GASSET, José. 1939. "Meditación de la técnica". Em Obras completas (V). 551-605. Madri: Taurus/Fundação José Ortega y Gasset.

[468] Os tratados são fonte do direito internacional. Conforme a Convenção de Viena, "tratado" significa um acordo internacional regido pelo Direito Internacional e celebrado por escrito i) entre um ou mais Estados e uma ou mais organizações internacionais; ou ii) entre organizações internacionais, quer este acordo conste de um único instrumento ou de dois ou mais instrumentos conexos e qualquer que seja sua denominação específica;

rias e mecanismos de proteção humana que fixem limites à biotecnologia e avanços tecnológicos capazes de desnaturalizar o ser humano e violar a dignidade humana.[469]

O desenvolvimento da inteligência deve estar a serviço da pessoa humana para não afrontar o catálogo de direitos e garantias fundamentais, e impedir que as potencialidades e o livre desenvolvimento da personalidade sejam limitados aos parâmetros enviesados, e passíveis de prejuízos de algumas soluções tecnológicas modernas. Assim, "no Brasil os princípios e direitos fundamentais operam como limites à criação, ao uso abusivo e mesmo ao banimento de determinados tipos de tecnologia".[470]

A doutrina transumanista pode ser encarada como um experimento mental apto a causar graves impactos aos direitos fundamentais. Em um mundo com seres humanos melhorados e aprimorados, o choque entre os postulados da igualdade e liberdade e suas consequências (como discriminação, desigualdade e autonomia) serão confrontados, necessitando o enfrentamento pela ordem jurídica. Todavia, o ponto central consiste em saber se as desigualdades serão justas,[471] "pois a igualdade não tem valor mais do que em sua relação com a justiça".[472]

Os cidadãos atuais inserem-se no período pós-moderno[473] marcado por um complexo e instável ritmo social.[474] O tempo na sociedade pós-moderna é veloz e dinâmico e constitui-se em um bem cada vez mais valorizado e apesar disso muito escasso em razão das demandas crescentes e múltiplos mecanismos de acesso rápido à informação.

A evolução tecnológica impulsionou a aceleração da sociedade, propiciando deslocamentos virtuais instantâneos e a telepresença através dos meios de transmissão.

Portanto, a era do tempo intensivo já não é a era do meio de transporte físico, é contrariamente ao tempo extensivo de outrora, o domínio exclusivo do meio de telecomunicação ou, por outras palavras, a era da imobilidade e da inércia domiciliária.[475]

---

[469] UNESCO. Organização das Nações Unidas para a Educação, a Ciência e a Cultura. Declaração Universal sobre Bioética e Direitos Humanos. Comissão Nacional da UNESCO de Portugal, 2005.

[470] SARLET, Ingo Wolfgang; SARLET, SALES Gabrielle Bezerra. Inteligência artificial e direito. SALES, Gabrielle Bezerra [et al.] Coordenadores; Coordenador executivo Lucas Reckziegel Weschenfelder. In: *Algumas notas sobre a relação entre inteligência artificial, proteção de dados pessoais e os direitos fundamentais na ordem constitucional brasileira*. Porto Alegre: Fundação Fênix, 2023. p. 66.

[471] Conforme pensamento aristotélico em: ARISTÓTELES. *Política*, Madrid: Gredos, 1985, p. 185.

[472] IZQUIERDO, Pedro José. La desigualdad del hombre mejorado: El desafío transhumanista al orden jurídico liberal. *Persona y derecho*, vol. 84, 2021/1, junho, 2021, p. 347-368.

[473] JAPIASSU, Hilton Ferreira. A crise da razão no Ocidente. *Revista em Educação Ambiental*. Ribeirão Preto-SP, v. 1, n. 1, 2006, p. 27-41.

[474] BAUMAN, Zygmunt. *Globalização*: as consequências humanas. Trad. Marcus Penchel. Rio de Janeiro: Jorge Zahar, 1999.

[475] VIRILHO, Paul. *Inercia polar*. Lisboa: Publicações Dom Quixote, 1993. p. 39.

Nesse sentido, a velocidade passa a ser vista inclusive como uma forma de poder[476] e, portanto, a boa utilização do tempo é muito importante. Gastar menos tempo curtindo ou compartilhando fotos em redes sociais e usar a tecnologia para participar de assuntos de interesse público, como fiscalizar a atuação política e propor projetos para construir uma sociedade em que o cidadão tem uma participação ativa na construção da democracia.

A chamada tecnologia disruptiva vem agregando novas modalidades de sustento no mundo; nela se enquadram os motoristas de aplicativos, que não possuem vínculo empregatício, tampouco controle de jornada, submetendo-se a extenuantes horas de trabalho. Em razão da necessidade e estímulos que a empresa propõe a cada corrida no almejo de batimento de metas, eles laboram permanentemente e passam por situações desumanas, por conta da não desconexão.[477]

As modernas relações impulsionadas pela era digital, tornam-se mais fragmentadas e estabelecidas em redes. Embora a forma de organização em redes tenha existido em outros tempos, o novo paradigma da tecnologia da informação fornece a base material para a sua penetração em toda a sociedade.[478]

A rede é entendida com uma estrutura organizacional formada por um conjunto de atores que se articulam com a finalidade de aliar interesses em comum, resolver um problema complexo ou amplificar os resultados de uma ação; e eles consideram que não podem alcançar tais objetivos isoladamente. Na rede, os atores sociais mantêm a sua autonomia e estabelecem múltiplos vínculos de interdependência entre si, resultando numa dinâmica arena permeada por relações de cooperação e conflitos.[479]

E, claro, com impactos diretos e significativos nas relações do trabalho que se "digitalizam" exponencialmente, mudando a rotina, a cultura, o dia a dia das pessoas, que se encontram mais do que nunca dependentes das ferramentas tecnológicas, como, por exemplo, dos *smartphones*, ou porque as formas, e ambientes de trabalho tornaram-se verdadeiras plataformas digitais completamente diferenciadas das existentes e disponíveis até muito pouco tempo.[480]

Ante a disseminação e crescimento constante das tecnologias de informação e comunicação (TIC), tem-se um novo comportamento humano e desenvolvimento de competências que se adaptem à era digital.

É preciso se preparar para o futuro e todas as suas transformações. Muito em breve serão criadas vagas em áreas que não temos qualificação, usurpando os postos de obreiros que não acompanham as necessidades do mercado,

---

[476] Os poderes não estão localizados na estrutura social; são uma rede de dispositivos que ninguém escapa e que não existem limites. O poder rigorosamente não existe, o que existe são práticas ou relações de poder. Sobre a questão do poder, ver: FOUCAULT, Michael. *Microfísica do poder*. Organização e tradução de Roberto Machado. Rio de Janeiro: Edições Grau 1979.

[477] AGUIAR, Antônio Carlos. *Direito do trabalho 2.0*: digital e disruptivo. São Paulo: LTr, 2018.

[478] CASTELLS, Manuel. *A galáxia da internet:* reflexões sobre a internet, os negócios e a sociedade. Trad. Maria Luiza X. de A. Borges. Rio de Janeiro: Zahar, 2003.

[479] PRIETO, Antonio Márquez. *Calidad Ambiental de las Relaciones Laborales (ensayo interdisciplinar)*. Granada: Comares, 2010.

[480] AGUIAR, Antônio Carlos. *Direito do trabalho 2.0*: digital e disruptivo. São Paulo: LTr, 2018.

implantando chips em nossos corpos em substituição ao dinheiro e cartões em uma constante alteração cultural e do próprio significado de ser humano.[481]

Como consequência dessa ruptura de paradigma, poderá haver um impacto social bastante expressivo, ocasionando diminuição de poder de compra e discriminação. Nessa esteira, além do esforço do trabalhador, também é essencial o empenho do empregador na formação de seus profissionais, aumentando a qualificação. Trabalhar de forma preventiva é muito importante, e para isso as pessoas precisam estar conectadas com os próximos passos da humanidade. O hábito de "apenas procurar o médico quando está doente" pode ser ineficaz.

O ganhador do Prêmio Nobel Daniel Kahneman descreve em seu livro *Rápido e Devagar* duas formas de pensar como o esforço cognitivo deliberado tende a levar às melhores decisões, escolhas e ações. Segundo ele, o nosso cérebro é composto por dois personagens que vivem em uma interação desconfortável, o primeiro, chamado *sistema um* pensa rápido e opera automaticamente e sem esforço e é com ele que tiramos conclusões precipitadas. Já o *sistema dois* por sua vez, é o pensamento devagar que requer lentidão, deliberação, raciocínio e concentração. Para isso, ele costuma suspender o possível julgamento sobre um fato. A maioria das pessoas prefere o pensamento rápido e não se dão ao trabalho de pensar em um problema, e é por isso, que inteligência não se trata apenas da capacidade de raciocinar, mas também da competência de encontrar material relevante na memória e de destacar atenção quando necessário. Na prática, trata-se de exercitar o pensamento crítico. O método socrático, por exemplo, é uma forma de diálogo cooperativo e argumentativo baseado em fazer perguntas e logo respondê-las para estimular o pensamento crítico e fazer emergirem novas ideias e *insights*.

A inteligência artificial tem impactado na forma como as pessoas vivem e enxergam o mundo e, diante disso, surge a necessidade de reforçar o significado de ser humano. Estimular a participação popular por meio da internet, para que os cidadãos possam agregar valor à sociedade e auxiliar na tomada de decisão que deverá ser norteada por princípios éticos e transparência, é fundamental para a democracia. No entanto, o ambiente digital pode ser uma faca de dois gumes. Por um lado, alcança ampla liberdade de expressão e, por outro, utiliza todas as informações deixadas para manipular, moldar, controlar, violando direitos fundamentais.[482]

Em uma sociedade plural e democrática, não há como exigir que todos interpretem os direitos fundamentais da mesma forma. Entretanto, o Estado, por meio de seus poderes constituídos, deve ser transparente na exposição das razões que embasam qualquer tomada de decisão, para que toda a sociedade

---

[481] Nesse sentido: MINARI, Douglas. Canaltech. Empresas querem escanear o cérebro dos funcionários. Disponível em: https://canaltech.com.br/inteligencia-artificial/empresas-querem-escanear-o-cerebro-dos-funcionarios-230635/ Acesso em:25.nov.2022.

[482] A internet facilita a comunicação e potencializa a liberdade de expressão que faz com que os indivíduos pratiquem abusos no ambiente virtual, violando direitos de personalidade como a intimidade, privacidade, imagem e honra que se encontram tutelados no artigo 5º, X, da Constituição Federal.

possa avaliar e controlar, se seus atos se coadunam com o papel que lhe cabe de garantir o bem-estar social.

As escolhas feitas pelo Estado na implementação de políticas públicas deverão estabelecer critérios e prioridades, levando em conta a multiplicidade das necessidades sociais, observando os ditames da Constituição Federal.

De modo a preservar os direitos inalienáveis, o art. 6º da Declaração Universal sobre Bioética e Direitos Humanos estabelece que as intervenções médicas, sejam elas preventivas, diagnósticas ou terapêuticas, somente podem ser realizadas mediante o consentimento prévio, livre e esclarecido da pessoa envolvida com base em informações adequadas.

Fazer boas escolhas na vida, de maneira autônoma, exige esforço e pode trazer até mesmo algum sofrimento, especialmente diante dos grandes números de opções.[483] A proposta sedutora da modernidade[484] é trazer conforto, facilidades, dando adeus ao sofrimento e até mesmo à morte. Nesse sentido, caminha-se inconscientemente para o sentido oposto da humanidade.

A palavra *modernidade* pode trazer consigo algumas controvérsias, porém, em linhas gerais, pode-se alcançar um consenso que ela traduz um período de progressos especialmente no campo da ciência e tecnologia que transformaram a sociedade e o modo de viver das pessoas.

Diante disso, deve-se ponderar se determinada evolução tecnológica é segura ou insegura para as pessoas e, segundo a teoria da modernidade reflexiva, pensar de maneira global os destinos da humanidade.[485] Ao analisar os problemas da modernidade e os avanços da ciência, devem-se observar os limites impostos pelo princípio fundamental da dignidade da pessoa humana, que vem permeado, dentre outros, pelos direitos e garantias fundamentais.[486]

Contudo, cabe ao "direito, trabalhando as questões biotecnológicas, a missão de pontificar leis que tratem desses avanços", pautado "no mais amplo conceito do que seja o respeito à dignidade da pessoa humana", devendo ser "descartadas condutas eticamente incompatíveis com essa condição, como, por exemplo, experiências com seres humanos que resultariam em aberrações".[487]

Para John Rawls, a correção de injustiças sociais só poderá ser alcançada com uma justiça imparcial, por meio de políticas que visam a uma equidade. Essa ideia está baseada sobre dois princípios: o primeiro garante direitos e deveres iguais para todos, e o segundo como fonte de eliminação das desigualdades sociais e econômicas.[488]

---

[483] SCHWARTZ Barry, *The Paradox of Choice_ Why More Is Less*, ebook, 2004.

[484] *"Ad captandum vulgus, panem et circenses"* (Para seduzir o povo, pão e circo), como descreveu Vespasiano em de junho de 79 d.c na carta escrita a seu filho Tito.

[485] LASH, Scott; BECK, Ulrich; GIDDENS, Anthony. *Modernização reflexiva:* política tradição e estética na ordem social moderna. Risco, confiança, reflexibilidade. São Paulo: Universidade Estadual Paulista, 1997.

[486] FAGUNDES JÚNIOR, José Cabral Pereira. Limites da ciência e o respeito à dignidade humana. *In: Biodireito: Ciência da vida, os novos desafios*. São Paulo: Revista dos Tribunais, 2001. p. 268.

[487] Ibid. p. 272.

[488] RAWLS, John. Obra *"Uma Teoria da Justiça"*. Nova tradução baseada na edição americana revista pelo autor. São Paulo: Martins Fontes, 2008. p. 73.

Segundo sustenta o filósofo Francesc Torralba, "delegamos decisões muito importantes a algoritmos e isso significa abrir mão do livre-arbítrio".[489]

Livre-arbítrio é responsabilidade, e liberdade é prazer. A melhor forma é harmonizar o prazer e benefícios tecnológicos com a responsabilidade, é o equilíbrio, pois, como diz a célebre frase: "A diferença entre o veneno e o remédio é a dose".

O livre-arbítrio é fundamental para a autodeterminação. Sem ele, não haveria bom-senso para ponderar as decisões de forma isenta de vícios e paixões; nossas ações seriam mecanizadas e irracionais.[490]

As pessoas afirmam possuir livre-arbítrio, e, portanto, acreditam ter total ingerência no curso de seu próprio destino. Contudo, os seres humanos têm sofrido forte influência, especialmente da cultura, nas suas decisões.[491]

Porém, independentemente da crença no livre-arbítrio ou determinismo,[492] o direito à proteção é categórico.[493]

À luz do pensamento kantiano, Ingo Sarlet considera que a dignidade "é irrenunciável e inalienável, constituindo elemento que qualifica o ser humano como tal e dele não pode ser destacado".[494] Assim sendo, estabeleceu um conceito para dignidade humana, a saber:[495]

> Tem-se por dignidade da pessoa humana a qualidade intrínseca e distintiva reconhecida em cada ser humano que o faz merecedor do mesmo respeito e consideração por parte do Estado e da comunidade, implicando, neste sentido, um complexo de direitos e deveres fundamentais que assegurem a pessoa tanto contra todo e qualquer ato de cunho degradante e desumano, como venham a lhe garantir as condições existenciais mínimas para uma vida saudável, além de propiciar e promover sua participação ativa e co-responsável nos destinos da própria existência e da vida em comunhão com os demais seres humanos.

Santos defende que a dignidade humana é mais do que um simples arbítrio, "supõe a prerrogativa de dirigir-se, através de suas escolhas [...] a liberdade é expressão da dignidade humana enquanto reflete uma modalidade superior de ser".[496] E ainda complementa a referida autora:[497]

> O ser humano não tem propriamente um corpo, ele o é. Seu corpo, seus genes, gozam participadamente da mesma dignidade constitutiva de seu espírito. Além da dignidade ontológica, tem a

---

[489] Disponível em: https://www.lavanguardia.com/vida/20221031/8586043/queremos-titeres-algoritmico.html. Acesso em: 23 de jan.2023.

[490] NASCIMENTO, Noel. *A justiça e o fim da repressão*. Curitiba: Beija Flor, 1983. p. 47.

[491] Sobre a relação entre livre-arbítrio e *big data*. SCHMIDT NETO, André Perin. *O Livre-Arbítrio na Era do Big Data*. São Paulo: Tirant lo Blanch, 2021.

[492] Sobre o determinismo, ver Gilles Deleuze. Para Deleuze, a liberdade consiste no potencial de criar e não se confunde com o "livre-arbítrio", onde a escolha é feita diante de opções preestabelecidas, mas sim a capacidade de criação. Portanto, o "livre-arbítrio" seria apenas a escolha entre opções que já estavam estabelecidas.

[493] NASCIMENTO, op. cit., p. 45.

[494] SARLET, Ingo Wolfgang. *Dignidade da Pessoa Humana e Direitos Fundamentais na Constituição Federal de 1988*. 9. ed. rev. atual. Porto Alegre: Livraria do Advogado, 2011. p. 52.

[495] Ibid. p. 28.

[496] SANTOS, Maria Celeste Cordeiro Leite. *Limites éticos e jurídicos do projeto genoma humano*. p. 311.

[497] Ibid. p. 312.

dignidade complementar, ou mais precisamente ética. É sua nobreza ulterior, derivada do próprio caráter livre do homem. Juridicamente é um valor supremo constitucional. É também um núcleo de Direito, que segundo a consciência jurídica geral não pode ser vulnerado por nenhuma lei, nem medida emanada do poder público. É um limite do "Direito Natural". Biologicamente os genes humanos são semelhantes aos animais. Em nível personalístico a dimensão é incomensurável.

A justiça valoriza o ser humano pela sua dignidade, sem identificar a quem protege, portanto, "a justiça é o direito de proteção à pessoa".[498]

A revolução 4.0 apresenta um chamado para transformarmos a nós mesmos na mesma rapidez que o mundo se transforma, ou corrermos o risco de ficarmos para trás. Diante dessa escolha, que deve ser personalíssima e intransferível, arcar-se com seus ônus e bônus.

A felicidade parece ser a meta ideal da vida humana desde a "História" de Heródoto, passando por Freud (algo subjetivo) até a Resolução da ONU de 2011, que apontou o direito a felicidade como um direito fundamental.

No entanto, a busca da felicidade não deve estar atrelada à perfeição ou à imortalidade, pois isso fomenta o egoísmo à discriminação entre outras atitudes que nos tornam pobres internamente das reais virtudes humanas.

Os desafios postos pela disrupção social de enormes proporções estimulam a refletir acerca de questões profundas que envolvem valores éticos e direitos fundamentais. Estamos construindo um mundo onde não haverá lugar para nós. O fim do mundo (que conhecemos) está próximo. E como bem referiu José Saramago em *As intermitências da morte*, "Saberemos cada vez menos o que é um ser humano".[499]

Pergunte a uma máquina sobre o sentido da vida e provavelmente lhe responderá 42;[500] pergunte a um humano, e ele responderá de forma única e singular, pois nenhum ser humano pode ser comparado com outro.

Diante das alterações tecnológicas capazes de gerar mudanças na vida humana, não devemos nos afastar da ética e da verdade, num cenário de liberdade e respeito de modo que o progresso tecnológico não descaracterize e corrompa o significado do que é ser humano.[501]

O homem vive em sociedade e deve ser sujeito de responsabilidade moral e social.

Partindo da premissa de que homem é influenciado pelo meio, e sujeito às forças de condicionamento social, "a sua responsabilidade individual

---

[498] NASCIMENTO, Noel. *A justiça e o fim da repressão*. Curitiba: Beija Flor, 1983. p. 40.

[499] Os transumanistas pretendem eternizar o corpo e privar as pessoas de uma etapa importante à plenitude da vida: a morte. Se pessoas parassem de morrer, quais as implicações? Nesse sentido, são as conjecturas exploradas em: SARAMAGO, José. *As intermitências da morte*. São Paulo: Companhia das Letras, 2005.

[500] No filme *O guia do mochileiro das galáxias* ao questionarem o robô sobre qual o sentido da vida, o universo e tudo mais, ele deu um prazo de milhares de anos para realizar os cálculos e descobrir a resposta. essa resposta, foi apenas: 42. Sophia, um robô de origem chinesa e com cidadania saudita, em entrevista ao *it fórum 365*, também foi questionada sobre o sentido da vida, ao que respondeu 42.

[501] O progressismo contemporâneo conduz a um pensamento onde o futuro pós-humano é perfeito. Os defensores do transumanismo, profundamente insatisfeitos, pretendem substituir a raça humana. No entanto, é preciso respeitar as limitações e imperfeições humanas e preservar a dignidade inerente a nossa natureza. RUBIN, Charles T. *Eclipse of Man*: Human Extinction and the Meaning of Progress. Encounter Books, 2014.

corresponde uma certa responsabilidade de coletividade a qual deve arcar com o peso da reparação e das necessárias medidas de proteção".[502]

Noel Nascimento sustenta que o homem não tem uma liberdade moral absoluta, mas uma capacidade moral[503] de natureza racional que possibilita discernir o bem do mal, e, portanto, o fundamento da responsabilidade moral não é propriamente a liberdade moral. Para ele, a configuração humanista da lei reside na proteção da vida que deve estar acima dos interesses de grupos, raça, classes... colocando em primeiro plano a pessoa humana, a sua dignidade que garante a liberdade, a vida aos bens espirituais e de acesso a todos os bens sociais.[504]

O mundo pós-moderno tem modificado as relações e o próprio ser humano. Portanto, precisamos abandonar algumas pré-compreensões mediante a conscientização dos danos a que estamos submetidos diante do excesso de tecnologia, pois "o que nos move, com muita sensatez, não é a compreensão de que o mundo é privado de uma justiça completa – coisa que pouco de nós esperamos –, mas a de que a nossa volta existe injustiças claramente remediáveis que queremos eliminar".[505]

O avanço das tecnociências apresenta um variado "cardápio" em resposta "a demanda competitiva da sociedade para melhorar o desempenho e aperfeiçoar nossa natureza. Essa demanda pelo desempenho e pela perfeição anima o impulso de injuriar o que nos é dado. É a fonte mais profunda do problema moral do melhoramento".[506]

Autores como Locke, Kant e Habermas, mesmo em tempos distintos, reconhecem a vida e a liberdade como direitos inalienáveis dos quais não se pode abdicar ou explorar como objeto, tal como ocorre na manipulação humana. Para além da filosofia, é possível compreender a vida como uma dádiva Divina, onde os talentos naturais devem ser valorizados, e os limites humanos respeitados.

Nesse contexto, os ensinamentos de C.S. Lewis[507] são um convite à reflexão:

> De que vale pôr no papel regras de conduta social se sabemos que, na verdade, nossa cobiça, covardia, destempero e vaidade vão nos impedir de cumpri-las? Não quero de maneira alguma dizer que não devemos pensar, e nos esforçar, para melhorar nosso sistema social e econômico. Quero apenas salientar que todo esse planejamento não passará de conversa fiada se não nos dermos conta de que só a coragem e o altruísmo dos indivíduos poderão fazer com que o sistema

---

502 NASCIMENTO, Noel. *A justiça e o fim da repressão*. Curitiba: Beija Flor, 1983. p. 50.

503 "Para que haja a capacidade moral é necessária apenas a normalidade psíquica tendo em vista o *homo médios* já os loucos os surdos mudos os retardados mentais possuem diminuído essa capacidade ou simplesmente não há possuem". Ibid. p. 50.

504 Ibid. p. 69.

505 SEN, Amartya. *A ideia de justiça*. Tradução de Denise Bottmann e Ricardo Doninelli Mendes. São Paulo: Companhia das Letras, 2011, p. 9.

506 SANDEL, Michael J. *Contra a perfeição*: Ética na era da engenharia genética. Trad. Ana Carolina Mesquita. Rio de Janeiro: Civilização Brasileira, 2013. p. 72.

507 LEWIS, C.S. *Cristianismo puro e simples*. São Paulo: Martins Fontes, 2005. p. 29.

funcione de maneira apropriada. Seria fácil eliminar os tipos particulares de fraude e tirania que subsistem em nosso sistema atual; mas, enquanto os homens forem os mesmos trapaceiros e manda-chuvas de sempre, encontrarão novas formas de seguir jogando o mesmo jogo, mesmo num novo sistema. É impossível tornar o homem bom pela força da lei; e, sem homens bons, não pode haver uma boa sociedade. É por isso que temos de começar a pensar no segundo fator: a moral dentro de cada indivíduo.

Lamentavelmente, na sociedade contemporânea que visa a transcender os limites humanos, mesmo os critérios que envolvem a essência que nos constitui, como a dignidade humana e a ética, podem ser questionados e relativizados.

A inteligência artificial, consiste em um conjunto de tecnologias que combinam dados, algoritmos e capacidade computacional, é uma realidade que veio para ficar. Trata-se de inovação bastante vantajosa para a sociedade em geral, mas também, a depender do uso, capaz de causar consequências nefastas. Portanto, é indispensável analisar os impactos da biotecnologia e da inteligência artificial na vida humana com vistas a refletir acerca dos meios para preservação dos direitos humanos e fundamentais.

O direito e os processos democráticos não foram pensados para uma sociedade cuja inteligência artificial já iniciou um protagonismo que em breve transcenderá o dos seres humanos. O lado bom é que poderemos otimizar os recursos, o tempo de lazer e focar no trabalho criativo.

Biotecnologias podem ser entendidas como os processos tecnológicos e os produtos com o potencial de alterar e de controlar o fenômeno vital, implicando, ainda, em novos esquemas conceituais, ideológicos e éticos. Trata-se de um somatório de operações técnicas aptas à manipulação de seres vivos, podendo ainda interferir em sua composição orgânico-biológica como objetivos terapêuticos ou de melhoramento e por meio da união com a inteligência artificial chegar ao transumanismo, onde o "eu melhorado" evoluirá para o "nós melhorado".[508]

Os benefícios propagados pelas inovações tecnológicas objetivam um uso indiscriminado e dependente das máquinas que caminham para fusão dos seres humanos com elas; e que humanos e máquinas sejam aliados, e não inimigos. Portanto, com o avanço exponencial das biotecnologias e sua consequente banalização, os efeitos causados à espécie humana poderão ser nefastos.

Para Michael Sandel: "A clonagem humana, o melhoramento genético e a busca por crianças feitas sob encomenda não passam de eugenia[509] privatizada ou de livre mercado".[510] O desenvolvimento tecnológico da modernidade não pode ser freado. Todavia, importante repensar a forma como a ciência vem

---

[508] KELLY, Kevin. *Inevitável*: as 12 forças tecnológicas que mudarão nosso mundo, tradução de Cristina Yamagami. São Paulo: HSM, 2017. p. 192.

[509] A eugenia consiste em uma pauta defendida pelos transumanistas que entendem o indivíduo como um ser autônomo que deve decidir sozinho o que fazer com o seu corpo, cérebro ou DNA.

[510] SANDEL, Michael J. *Contra a perfeição*: Ética na era da engenharia genética. Trad. Ana Carolina Mesquita. Rio de Janeiro: Civilização Brasileira, 2013. p. 81.

sendo utilizada para que possam ser identificados os perigos da instrumentalização humana pelo prisma ético e dos valores constitucionais.[511]

Com o avanço do autoritarismo tecnológico, surge uma série de desafios, especialmente debates sobre autonomia e tomada de decisão. Nesse contexto, a ACLU, com base no direito constitucional de privacidade, objetiva a proteção dos dados genéticos.[512]

Habermas destaca que a eugenia liberal macula a autocompreensão, ferindo "a fronteira entre aquilo que somos naturalmente e aquilo que damos a nós mesmos". Assim, para evitar esses prejuízos e preservar a autonomia, torna-se imprescindível a regulamentação dessa[513] e de outras tecnologias que tenham esse efeito sobre o humano.

Precisamos de um autorreconhecimento de nós mesmos para alcançar a autonomia; contudo, por meio da instrumentalização humana (o corpo como objeto de manipulação, afasta-se da perspectiva kantiana de ser um fim em si mesmo), ainda que não haja qualquer semelhança entre homem e máquina, passa-se a normalizar a manipulação humana e a consequente fusão entre eles. Segundo Habermas, mesmo diante de um pluralismo ideológico, ao longo da história, temos seguido códigos morais de certo e errado adaptados às premissas da moral, da razão e dos direitos humanos, que formam as bases da dignidade humana acima das diferenças ideológicas.

As biotecnologias alteram a identidade da espécie humana, por esses motivos deveríamos querer ser mais morais. Contudo, uma "avaliação da moral no todo, não é um julgamento moral em si, mas um julgamento ético em relação a espécie humana".[514]

Apesar de estudos apontarem na direção da possibilidade de um sujeito artificial ser dotado de *status* moral, em razão da "similaridade com os humanos na compreensão de emoções e poder senti-las", não há como afirmar que isso não será simulado,[515] ou ainda se isso é desejável.[516]

Os mecanismos utilizados pela indústria tecnológica manipulam e controlam as decisões humanas, especialmente no tocante aos impactos das interfaces com as máquinas. Deste modo, entende-se que os instrumentos de proteção existentes não se prestam com eficiência a resguardar os direitos fundamentais

---

[511] Conforme Ulrich Beck, a "sociedade de risco", é a sociedade da era industrial acrescida das inovações científicas e tecnológicas, cujos efeitos são imprevisíveis. BECK, Ulrich. *Sociedad del riesgo*: hacia una nueva modernidad. Trad. de Jorge Navarro, Daniel Jiménez e Maria Rosa Borras. Barcelona: Paidós, 2006.

[512] Disponível em: https://www.aclu.org/press-releases/aclu-opposes-legislation-enable-patents-human-genes Acesso em: 20 dez.2022.

[513] HABERMAS, Jürgen. *O futuro da natureza humana:* a caminho de uma eugenia liberal? Trad. Karina Jannini. São Paulo: Martins Fontes, 2004.

[514] Ibid. p. 100-101.

[515] Sobre a possibilidade de simulação, em sentido semelhante, ver: MARKRAM, Henry *et al. Reconstruction and simulation of neocortical microcircuitry. Cell*, v. 163, n. 2, p. 456-492, 2015.

[516] Ver mais sobre o tema em: SILVEIRA, Paulo Antônio Caliendo Velloso da. *Ética e Inteligência Artificial:* da possibilidade filosófica de Agentes Morais Artificiais. Porto Alegre: Editora Fi, 2021. p. 137-187.

do consumidor, proporcionando um uso sadio, seguro, ético, confiável e livre de abusos desses sistemas.

O estado da arte do aprimoramento humano é o transumanismo, que, consiste em um projeto que visa a tornar as pessoas mais que humanos, ancorado em dois pilares: eliminar, as chamadas "'tragédias da realidade', como envelhecimento, doença e morte involuntária",[517] e realizar a simbiose entre homem e máquina para avançar para a pós-humanidade.[518]

A expressão *transumanismo* (abreviada por H+) foi criada pelo biólogo britânico Julian Huxley, irmão do escritor Aldous Huxley, em 1957, para "nomear a nova crença". Esse movimento ganhou destaque nos últimos anos por meio do filósofo e futurista britânico Max More em meados de 1990, embora o tema já fosse tratado muito antes, na década de 60, pelos futuristas da New School University.

Para os transumanistas, a natureza humana não é um fim em si mesma, é imperfeita, pois consiste apenas em um passo do longo percurso evolucionário,[519] cuja tecnologia é a grande mola propulsora para um futuro pós-humano.[520]

Portanto, é fundamental que se estabeleçam amplos debates sobre as tecnologias que possibilitam a tomada de decisão pelas máquinas; seus níveis de autonomia; limites no uso de IA para algumas questões sensíveis, passando ainda por diretrizes éticas sobre a criação de códigos e algoritmos (como necessidade de diversidade ética, cultural, de classe etc.) etc. É o que se passa a analisar.[521]

A revolução biotecnológica em breve descortinará um novo mundo. Inteligências artificiais com personalidade própria, sentimentos e experiências espirituais serão realidade dentro de pouco tempo, assim como a imortalidade humana mediante a transferência da mente para o computador.[522] [523] Haverá uma nova espécie biotecnológica, sem presença física permanente oriunda da fusão do homem com a máquina, não sendo possível distingui-los.[524]

---

[517] Disponível em: https://www.theguardian.com/books/2022/jun/04/beyond-our-ape-brained-meat-sacks-can-transhumanism-save-our-species. Acesso em:22.dez.2022.

[518] MORE, Max. The Philosophy of Transhumanism. *The Transhumanist Reader:* Classical and Contemporary Essays on the Science, Technology, and Philosophy of the Human Future. Max More e Natasha Vita-More Oxford, Reino Unido: Wiley-Blackwell, 2013.

[519] *H+: The Digital Series*, websérie de ficção científica produzida por *Bryan Singer*, You Tube.

[520] MORE, Max. The Philosophy of Transhumanism. *The Transhumanist Reader:* Classical and Contemporary Essays on the Science, Technology, and Philosophy of the Human Future. Max More e Natasha Vita-More Oxford, Reino Unido: Wiley-Blackwell, 2013.

[521] FACCHINI NETO, Eugênio; SCALZILLI, Roberta. *Tutela jurídica do corpo eletrônico:* novos desafios ao direito digital. Adriano Marteleto Godinho [*et al.*]; coordenado por Cristiano Colombo, José Luiz de Moura Faleiros Jr., Wilson Engelmann. Indaiatuba: Foco, 2022. p. 738.

[522] Além dessas previsões, Kurzweil sustenta que até 2029 já será possível transferir a consciência humana para um chip. KURZWEIL, Ray *A Era das Máquinas Espirituais*; tradução Fábio Fernandes. São Paulo: Aleph, 2007. p. 273 ss.

[523] "Seres humanos alcançarão a imortalidade em oito anos, garante futurista". Para Ray Kurzweil, a vida eterna será alcançada até 2030. Disponível em: https://portalplanetacultura.com.br/artigos/os-seres-humanos-alcancarao-a-imortalidade-em-oito-anos-diz-ex-engenheiro-do-google/ Acesso em:30 mar. 2023.

[524] KURZWEIL, Ray. *A era das máquinas espirituais*. Tradução Fábio Fernandes. São Paulo: Aleph, 2007. p. 290.

Assim como no famoso mito de Narciso, o fomento pelo constante aprimoramento humano incita a um egocentrismo e individualismo exacerbado, afastando as pessoas da busca de valores como a empatia pelos outros.

A tecnologia não cessa em apresentar alternativas para lapidar as pessoas, afastando-as cada vez mais, de sua essência (bruta) original, descaracterizando identidades. A crise de identidade pode ser verificada na medida em que as pessoas não se identificam mais como humanos, almejando apenas o que é virtual, cibernético, conectado e transumano.[525]

A filosofia transumanista, conta com adeptos de renome nas mais diversas áreas do conhecimento,[526] sendo embasada em documentos, entre eles a FAQ transumanista, manifesto transumanista, declaração transumanista. David Pearce escreveu, em 1995, um manifesto chamado *O Imperativo Hedonista*, e, em 2011, elencou em um artigo "as cinco razões pelas quais o transumanismo é capaz de eliminar o sofrimento"[527] e para os que pensam que a morte chegará antes de vivenciar essas transformações, preservar o corpo com a técnica de criogenia, em temperaturas extremamente baixas, para tornar a vida como transumano, pode ser uma alternativa para aqueles que acreditam e podem pagar pelo procedimento.

Destacados na filosofia transumanista, a socióloga e feminista Donna Haraway, escreveu o *Manifesto Ciborgue*, de 1984,[528] e Raymond Kurzweil prega que a singularidade está próxima e prevê que poderemos nos tornar imortais e atingir a vida eterna em uma transição de humanos para pós-humanos ou transumanos.[529]

Por outro lado, Francis Fukuyama pondera os possíveis cenários:[530]

> Muitos supõem que o mundo pós-humano será muito parecido com o nosso – livre, igual, próspero, solidário, compassivo só que com melhor serviço de saúde, vidas mais longas e talvez mais inteligência que hoje. mas o mundo pós-humano poderia ser um mundo muito mais hierárquico e competitivo do que o hoje existente, e, em consequência, cheio de conflito social. poderia ser um mundo em que toda noção de "humanidade partilhada" teria sido perdida, porque teríamos misturado genes humanos com os de tantas outras espécies que já não teríamos uma ideia clara do que é um ser humano. poderia ser um mundo em que a vida da pessoa mediana adentraria muito por seu segundo século, enquanto ela permaneceria numa clínica à espera de uma morte

---

525 KURZWEIL, Ray. *A singularidade está próxima quando os humanos transcendem a biologia*. São Paulo: Editora Iluminuras, 2006.

526 Entre eles: Nick Bostrom, Raymond Kurzweil (Singularity University) Aubrey De Grey, director del Future of Humanity Institute de la Universidad de Oxford, David Pearce, Vernor Vinge Max More.

527 Para que ao menos pudesse cogitar conceber os transumanos como agentes morais racionais e emocionais (que podem ser moldados artificialmente e preferencialmente devem ser pautados em valores éticos) precisariam conceber o sofrimento, sentimento intrínseco aos seres humanos, e isso é algo que eles pretendem eliminar.

528 HARAWAY, Donna J.: "Manifesto for Cyborgs: Science, Technology, and Socialist Feminism in the 1980s". In Socialist Review, nº 80, 1985, p. 65-108. Disponível em: https://cochabambahotel.noblogs.org/files/2017/03/Manifesto_Ciborgue.pdf. Acesso em:23.dez.2022.

529 KURZWEIl, Ray. *A Era das Máquinas Espirituais*. Tradução de Fábio Fernandes. São Paulo: Aleph, 2007.

530 FUKUYAMA, Francis. *Nosso futuro pós-humano: Consequências da revolução da biotecnologia*. Trad. Maria Luiza X. de A. Borges. Rio de Janeiro: Rocco, 2003. p. 225.

inatingível. Ou poderia ser o tipo de tirania suave imaginada em admirável mundo novo, em que todos são saudáveis e felizes, mas esqueceram o significado de esperança, medo ou luta. não temos de aceitar nenhum desses mundos futuros sob uma falsa bandeira de liberdade, seja ela a dos direitos reprodutivos ilimitados ou a da investigação científica livre de qualquer restrição. não temos de nos ver como escravos de um progresso tecnológico inevitável quando esse progresso não serve a fins humanos. a verdadeira liberdade significa a liberdade das comunidades políticas de proteger os valores que reputam mais caros, e é essa liberdade que precisamos exercitar no tocante à revolução tecnológica hoje.

Diante desse movimento, a Europa tem discutido a proteção dos direitos de personalidade dos robôs, com objetivo de introduzir direitos e deveres semelhantes aos humanos.[531]

Esse caminho já começou e parece sem volta. Nesse sentido, vários direitos já foram conferidos a robôs. Em 2017, Sophia, um famoso robô humanoide, foi agraciada com a cidadania saudita,[532] e o menino robô Shibuya Mirai, de sete anos, recebeu cidadania japonesa com residência em Shibuya, Tóquio. No mesmo ano, a robô sexual Samantha foi molestada em um festival na Austrália,[533] acontecimento que acendeu a discussão em torno dos direitos dos robôs equiparados aos humanos.

Caso fosse concedida a personalidade jurídica para os robôs, denominada, "personalidade eletrônica",[534] estes poderiam ser diretamente processados por danos causados. Entre as propostas aventadas está a criação de um seguro obrigatório para arcar com a condenação indenizatória.

Por trás de toda a pressão tecnológica, existem indústrias muito fortes que constroem desejos e necessidades, modificam a cultura, normalizam disparates e se preparam para atender as pessoas em tudo que eles acreditam que precisam consumir.

Portanto, o posicionamento que aqui se adota é na contramão da concessão desse direito às máquinas, pois por trás da engenharia de criação, programação, e *inputs*, está um ser humano usando a tecnologia para exercer seus interesses e que não poderá se eximir da sua responsabilidade objetiva, conforme artigos 12 e 14 do CDC. Nesse contexto, a artimanha de utilizar o escudo tecnológico para manipular e controlar de modo "insuspeito", buscando atrelar responsabilidades aos robôs de modo a não configurar qualquer nexo de causalidade entre o humano por trás da máquina, não pode prosperar.

---

[531] Liao entende que algumas inteligências artificiais possuem moral e podem ter alguns direitos humanos estendidos às máquinas. LIAO, Matthew (org.). *Ethics of artificial intelligence*. Oxford: Oxford University Press, 2020, p. 484.

[532] Ironicamente, a Arábia Saudita é um país onde trabalhadores migrantes que lá residem há décadas ainda não receberam a cidadania. Em 2017, as mulheres sauditas ainda não tinham permissão para dirigir.

[533] Disponível em: https://www.uol.com.br/tilt/noticias/redacao/2018/07/08/robos-devem-ter-direitos-humanos.htm Acesso em: 11. jan.2023.

[534] Nesse sentido: PASQUALOTTO, Adalberto; SCALZILLI, Roberta. Desafios para regulação jurídica dos processos decisórios autônomos em sistemas de inteligência artificial: rumo ao desenvolvimento de novas competências humanas com olhar para o futuro das relações de consumo. *RJLB – Revista Jurídica Luso-Brasileira*, v. 5, p. 1-28, 2020.

Entende- se que a comercialização de microchips ou sua exigência de uso para prática de determinadas atividades (como pagamentos em estabelecimentos etc.) corresponde a relação jurídica sujeita às regras do Código de Defesa do Consumidor, em que o fornecedor deverá responder, independentemente da existência de culpa, pela reparação dos danos, materiais ou morais, causados aos consumidores, bem como por informações insuficientes ou inadequadas sobre sua fruição e riscos. No entanto, a comprovação do dano (inclusive direitos de personalidade), a prestação de serviço defeituoso e o nexo de causalidade entre o dano e os defeitos relativos à prestação do serviço devem existir. Embora esses dispositivos ainda não sejam tão comuns, comprovadamente pela experiência, causam danos aos usuários.

Portanto, a responsabilidade do fornecedor de chips transdérmicos ao consumidor deve ser objetiva pelos danos causados, materiais gerados pelo dispositivo que também causa prejuízos na esfera da privacidade, além de outros riscos à saúde.

O artigo 8º do CDC prevê proteção contra produtos que coloquem em risco o indivíduo, e não oferecem a segurança esperada. Diante disso, o artigo 12 do CDC estabelece responsabilidade objetiva do fornecedor na reparação dos danos.[535]

Neste sentido, sustenta-se a importância de práticas preventivas e do uso de tecnologias preditivas para antever no que for possível e evitar os danos aos consumidores.

Em nosso ordenamento jurídico, a capacidade de contrair direitos e deveres é atribuída a pessoas físicas e jurídicas titulares de personalidade jurídica, já a IA não possui personalidade jurídica.[536]

Será necessário fixar os paramentos da responsabilidade no caso concreto. Como falar por exemplo, acerca da existência de culpa para traçar uma responsabilidade subjetiva da máquina?

As ações e reações do robô são programadas, "faltando ao robô uma consciência de si próprio e da relação com os outros; "além disso despido da dimensão ética da ação humana".[537]

---

[535] Nesse diapasão, a decisão do Superior Tribunal de Justiça: "Entendeu que a aquisição de produto de gênero alimentício contendo em seu interior corpo estranho, expondo o consumidor à risco concreto de lesão à sua saúde e segurança, ainda que não ocorra a ingestão de seu conteúdo, dá direito à compensação por dano moral, dada a ofensa ao direito fundamental à alimentação adequada, corolário do princípio da dignidade da pessoa humana". Ainda, o julgado ressaltou ser "hipótese em que se caracteriza defeito do produto (art. 12, CDC), o qual expõe o consumidor à risco concreto de dano à sua saúde e segurança, em clara infringência ao dever legal dirigido ao fornecedor, previsto no art. 8º do CDC". Por derradeiro, sustentou que "a simples comercialização de produto contendo corpo estranho possui as mesmas consequências negativas à saúde e à integridade física do consumidor que sua ingestão propriamente dita" se trata de ocorrência de dano *in re ipsa*. REsp 1801593/RS, Rel. Ministra NANCY ANDRIGHI, Terceira Turma, julg. 13/08/2019, DJe 15/08/2019.

[536] Aquele que causar dano a outrem deve repará-lo. Conforme artigos 186, 187, 927 do CC.

[537] ANTUNES, Henrique Sousa. Inteligência artificial e responsabilidade civil: enquadramento. *In: Revista de Direito da Responsabilidade*. ano 1, Coimbra, 2019. p. 139-154. Nesse contexto, Luís Greco reflete sobre a possibilidade de substituir o juiz humano pelo juiz robô e as implicações da renúncia em favor das máquinas da responsabilidade de fazer justiça. Ver mais em: GRECO, Luís. *Poder de julgar sem responsabilidade de julgador: a impossibilidade jurídica do juiz-robô*. São Paulo: Marcial Pons, 2020.

Na medida em que se cogita conferir personalidade jurídica aos robôs e torná-los sujeitos de direitos e deveres, conjecturas acerca da ética artificial e da possibilidade de máquinas morais carecem de estudos específicos e aprofundados, pois há muito em jogo.[538]

No entanto, alguns pontos já parecem claros, tais como a importância da contratação de um seguro obrigatório para arcar com a indenização pelos danos causados por robôs e principalmente que "a noção jurídica de personalidade não se identifica necessariamente com a ideia de humanidade[539]", pois isso, por mais que se tente, uma máquina nunca terá.

Nesse sentido, as importantes ponderações de Norbert Wierner:[540]

> O homem moderno, por mais know-how que possa ter, tem muito pouco *know-what*. Aceitará a superior perícia das decisões feitas pela máquina sem indagar muito dos motivos e princípios que as fundamentam. Assim fazendo, ele se colocará, mais cedo ou mais tarde, na situação do pai, no conto de W. W. Jacobs, A Garra do Macaco, que ansiara por uma centena de libras e que acabou por ver à sua porta o agente de uma companhia para a qual seu filho trabalhara, estendendo-lhe uma centena de libras como consolo pela morte do rapaz na fábrica. Ou então, ele o fará à maneira do pescador árabe das Mil e Uma Noites, que rompeu o Selo de Salomão da boca de uma garrafa que continha o djim irado. Lembremo-nos de que há máquinas jogadoras tanto do tipo da Garra do Macaco quanto do tipo do djim engarrafado. Qualquer máquina construída com a finalidade de tomar decisões, se não estiver dotada da capacidade de aprender, terá mentalidade totalmente literal. Ai de nós se deixarmos que decida a nossa conduta, antes que tenhamos previamente examinado as leis de seu funcionamento e saibamos com certeza que sua conduta obedecerá a princípios que nos sejam aceitáveis! Por outro lado, a máquina semelhante ao djim, capaz de aprender e tomar decisões fundadas em seu aprendizado, de modo algum estará obrigada a tomar as decisões que teríamos tomado ou que seriam aceitáveis para nós. Pois o homem que, não ciente disso, atribua à máquina o problema de sua responsabilidade, quer ela seja ou não capaz de aprendizagem estará atirando sua responsabilidade aos ventos, apenas para vê-la de volta sentada num furacão. Quer confiemos nossas decisões a máquinas de metal ou a essas máquinas de carne e sangue, que são as repartições oficiais, os vastos laboratórios, os exércitos e as companhias comerciais e industriais, jamais receberemos respostas certas às nossas perguntas se não fizermos as perguntas certas.

No entanto, diante de tudo que já foi dito nesse trabalho a esse respeito, é comprovado que a inteligência artificial pode atingir a autonomia percorrendo zonas escuras de aprendizado para execução de tarefas preestabelecidas, as quais não são dadas ao conhecimento do programador.

Mesmo nesse cenário, acredita-se que conferir direitos iguais aos humanos para as máquinas não seria a melhor solução, mas sim, lançar mão de estratégias de aprimoramento desses sistemas ao encontro de princípios éticos e direitos fundamentais humanos. A cautela é fundamental, pois o passo dado não voltará atrás.

---

[538] TEIXEIRA, Coelho. *Inteligência Artificial, ética artificial:* A máquina talvez possa ser moral; a pergunta sobre o que é moral pode não ser inteligência artificial [livro eletrônico]: avanços e tendências. Fabio G. Cozman, Guilherme Ary Plonski, Hugo Neri (orgs.). São Paulo: Instituto de Estudos Avançados, 2021. p. 95.

[539] GODINHO, A.M. *A responsabilidade civil dos robôs inteligentes e de seus fabricantes.* Fórum, Belo Horizonte, 1ºjunho 2021. Disponível em: https://www.editoraforum.com.br/noticias/responsabilidade-civil-dos-robos-inteligentes-e-de-seus-fabricantes-coluna-direito-civil/#_ftnref6. Acesso em: 06.jan. 2023.

[540] WIENER Norbert. *Cibernética e sociedade o uso humano de seres humanos.* 2. ed. São Paulo: Cultrix,1954. p. 174.

Segundo o IBGE, a expectativa de vida geral da população brasileira é de 77 anos.[541]

A deturpação e fetichização de serviços de saúde conduz na busca incessante por procedimentos cirúrgicos, cápsulas, suplementos, tratamentos genéticos[542] entre outros que conduzem na busca incessante pelo aprimoramento humano, disponível para as pessoas com condições financeiras.

As áreas do neuroaprimoramento envolve as potencialidades cognitivas, dos estados de ânimo, afetividade, atividade e até moral (onde se encontra a liberdade humana de ser o que são). Em experimentos de casais, eles recebem ocitocina para que não se separem. A pergunta é: não seria melhor ensinar a desenvolver o amor?[543]

Como manter a autonomia nas escolhas, estar feliz com seu corpo, preservar a própria identidade em um mundo onde os ataques para modificar quem somos e nos tornar cativos de um sistema doente estão por todos os lados?

Existem diversos sistemas de inteligência artificial, tais como as conhecidas assistentes virtuais, cortana, siri, alexa e astéria,[544] entre outros. Em um primeiro momento, é difícil acreditar que seja possível se envolver emocionalmente com um computador como ocorreu no filme *Her* (Ela), no entanto as relações afetivas e sexuais com robôs já acontecem.[545] A proliferação dessas "práticas representa uma ameaça psicológica e moral cada vez maior para os indivíduos e a sociedade",[546] que caminha em direção à pós-humanidade. Todavia, antes de adentrar em debates como cura ou melhoramento humano, é preciso compreender o que nos torna humanos.[547]

A capacidade de amar, vontade de se reproduzir e até mesmo o envelhecimento, sofrimento e a morte caracterizam nossa natureza humana. O que nos faz humanos é desfrutar dos processos, as virtudes, e bases como ler livros e conversar com os amigos.

A eficiência imposta por esse tempo pode ser vista no caso de *doping* do ex-ciclista americano Lance Armstrong. Se queremos ver gente rápida correr 100 metros rasos em 7 segundos, então é só fornecer as drogas ou subsídios para que o façam.[548]

---

[541] Segundo dados de 25 de novembro de 2022. Disponível em: https://www.ibge.gov.br/novo-portal-destaques.html?destaque=35600. Acesso em:20.dez.2022

[542] A técnica de edição genética CRISPR é utilizada na cura de doenças, mas também em terapias antienvelhecimento e extensoras da vida. O melhoramento genético com embriões que transpõe os limites da ética fere a dignidade humana.

[543] Disponível em:https://brasil.elpais.com/ciencia/2020-02-14/a-ocitocina-e-o-hormonio-do-amor.html Acesso em: 20.dez.2022.

[544] Asteria é um dispositivo móvel que reúne vários outros dispositivos, e serve para monitorar a saúde, oferecer produtos de acordo com as preferências.

[545] LEVY, David. *Amor e sexo com robôs*: a evolução das relações humano-robô, harper perene, 2008.

[546] Disponível em: https://www.bbc.com/news/science-environment-51330261. Acesso em: 30. mar.2023.

[547] NAISBITT, John. *High Tech High Touch* – Tecnologia e nossa busca por significado. Trad. Newton Roberval Eichemberg. 3. ed. São Paulo: Cultrix, 2006. p. 159.

[548] Com base nos recordes mundiais: Disponível em: https://olympics.com/pt/noticias/atletismo-lista-recordes-mundiais. Acesso em: 20.jun.2023.

Por exemplo, alguém que ingere um medicamento que aumenta o foco, será mais eficiente nos estudos do que um estudante que não utiliza, esse artifício, assim como o uso de uns simples óculos pode tornar uma pessoa mais eficiente do que aquele que necessitava, mas não usou.

Nesse contexto, questiona-se: o que vai acontecer com o talento natural, a disciplina das pessoas e com os que não terão acesso?

French Anderson entende que a engenharia genética de aprimoramento é preocupante sob o ponto de vista ético, todavia quando essas terapias são justificadas pela medicina preventiva, estas poderão ser utilizadas, porém nos demais casos não deverá ser realizado qualquer aprimoramento que não verse a proteção da saúde do indivíduo. Portanto, a engenharia genética deve ser responsável, especialmente quanto ao melhoramento humano, pois ainda se sabe muito pouco sobre o corpo humano.[549]

Viver bem, sem esforço e com o máximo de conveniências tem sido um dos lemas desse século em que também se começa a pensar em prolongamento da vida. Sabe-se que corpo e cérebro envelhecem, porém existem modos não interventivos para desacelerar esse processo, que incluem cuidado com a alimentação e exercícios físicos.

Qual a necessidade de viver por 500, 1.000 anos ou até mesmo para sempre em vez dos mais comuns 70 ou 80 anos?

Os cientistas trabalham na superlongevidade (não apenas melhorar a condição de vida, mas a busca da eterna juventude), superinteligência (aprender muito mais rápido, pois as pessoas não querem se esforçar para aprender) e superbem-estar (se temos prazeres em algumas coisas, por que não ter prazer todo o tempo e um prazer sobre-humano!?) Isso tudo pode gerar uma série de danos uns aos outros. O sofrimento, as dificuldades e a morte fazem parte da vida e nos torna quem somos; seria antinatural eliminá-los.

A cultura da beleza exterior exacerbada fomenta o desejo de manter-se sempre jovem, eternizando o corpo. O homem passa a ser visto apenas por seus atributos estéticos e conduz sua vida para a produção e consumo.

Descartes foi um dos primeiros a lançar a ideia do corpo como uma máquina, comparando-o com um relógio composto por suas engrenagens.[550] Porém, atualmente, "o corpo não é mais uma máquina inerte, mas um álter ego de onde emanam sensação e sedução", é o meio de comunicação do homem com o mundo.[551]

---

549 W. French Anderson, M.D., Human Gene Therapy: Scientific and Ethical Considerations, The Journal of Medicine and Philosophy: *A Forum for Bioethics and Philosophy of Medicine*, Vol. 10, Issue 3, August 1985. p. 275–292, https://doi.org/10.1093/jmp/10.3.275, ANDERSON, French W. Human Gene Therapy: Why draw a line. In: Bioethics: basic writings on the key ethical questions that surround the major, modern biological possibilities and problems. Edited by Thomas A. Shannon. New Jersey: Paulist Press, 1993.

550 O relojoeiro, criador do relógio é Deus. DESCARTES Rene. *O Mundo ou Tratado da Luz O Homem* Editora Unicamp., 2009.

551 LE BRETON, David. *A sociologia do corpo*. 2. ed. Trad. Sônia M.S. Fuhrmann. Petrópolis: Vozes, 2007. p. 87.

Cada corpo é um corpo, carrega um indivíduo diferente. Muitos podem estar felizes ao envelhecer, por exemplo. Nesse sentido, ao analisar a filosofia do transumanismo, ele diz que este é:[552]

> Lado do ódio do corpo, porque para os transumanistas, o obstáculo fundamental à imortalidade, à saúde perfeita, é o próprio corpo. Para eles, o corpo é o lugar de todos os males, de todas as fragilidades da condição humana. Portanto, a grande tese trans-humanista é: se suprimirmos o corpo, suprimimos a doença e a morte e assim seremos absolutamente imortais. E isso através do "download" da mente em qualquer máquina ou com as próteses, os chips e assim por diante. O eixo da minha pesquisa em "L'adieu au corps" é a ideia de que, no mundo de hoje, para amar o próprio corpo, é preciso transformá-lo, através de tatuagens, cirurgias estéticas, dietas, etc. Como se houvesse um imperativo protestante para mudar seu próprio corpo.

Certa vez, Alan Turin alertou quanto a fazer robôs semelhantes a humanos.[553]

> Espero e acredito que não haverá grandes esforços para fazer máquinas com as características humanas bem peculiares, como a forma do corpo, mas não intelectuais; parece-me fútil fazer essas tentativas e seus resultados teriam qualquer coisa da desagradável qualidade das flores artificiais.

Em um passado recente, o mundo era bem diferente. Escreviam-se cartas para colocar no correio, esperávamos o táxi passar na rua, comprávamos livros e jornais físicos. É claro que isso ainda existe, mas está caindo, cada dia mais, em desuso.

Atualmente, o mundo *on-line* que nos é apresentado é maravilhoso e repleto de conveniência. Quando mais adentramos nele, "melhor". Será? Estamos tendo espaço real para duvidar ou negar essa enxurrada tecnológica sem sermos segregados? Possuímos direito de escolha e, nessa escolha, condições de plenos direitos e dignidade preservados?

A promessa tecnológica de oferecer mais segurança aos usuários pode ser facilmente contestada. No ambiente *on-line, habitat* de algoritmos de inteligência artificial, quase tudo pode ser falseado. Além disso, problemas técnicos, hackeamento de informações privadas, e uso indevido de dados pessoais são apenas alguns dos problemas que podem abalar a confiança, ingrediente fundamental em qualquer relação, até mesmo com as máquinas.

Optar por relações reais em detrimento das virtuais é um desafio atualmente. Estar conectado e presente nas redes sociais é o comum. Aqueles que preferem o real ao virtual, tornam-se naturalmente afastados de qualquer convivência.

Assim, de maneira atemporal, como na carta de Paulo a Timóteo, deve-se, diariamente, "combater o bom combate", ou seja, mesmo diante de todas

---

[552] BRANDÃO, Beatriz e CARNEIRO, Janderson Bax. Da construção do corpo aos significados da dor: antropologia do "risco", do silêncio e da palavra: uma entrevista com David Le Breton. *Revista Café com Sociologia*. v.7, n.2 pp. 88-98, mai./jul., 2018. Disponível em: https://revistacafecomsociologia.com/revista/index.php/revista/article/view/996/pdf. Acesso em: 10. maio 2021.

[553] TURING, Alan. Can Digital Computers Think? In: B J Copeland (ed.). *The Essential Turing* (Oxford, 2004; online, Oxford Academic, 12. nov. 2020) 1951. Disponível em: https://doi.org/10.1093/oso/9780198250791.003.0019. Acesso em: 10. jan. 2023.

as mudanças tecnológicas, negociais ou comportamentais, jamais devemos nos afastar da verdade e da capacidade ilimitada de viver com ética, elemento essencial da vida relacional das pessoas, num cenário de respeito e para uma melhor convivência humana.

O que os defensores do futuro transumano[554] pretendem alcançar juridicamente é a defesa da dignidade pós-humana; portanto, pensar na dignidade humana como foi concebida originalmente diante de situações que relativizam a moral e ética torna-se, a cada dia, um desafio maior.

A história da Torre de Babel, que pretendia unificar o conhecimento, culminou em uma confusão de línguas. Adaptando para os dias atuais, devem-se estabelecer limites ao poder tecnológico que tem dominado toda a vida humana.[555] A tecnologia tem espaço em diversas áreas com inegáveis contribuições às pessoas, todavia não se pode permitir o extrapolar de determinados limites que culminariam no controle total da vida e violação de direitos.

Qual o preço que estamos pagando por controle e segurança de nossas vidas? A mente e o corpo humano estão-se tornando a nova plataforma tecnológica. Esse cenário apresenta-se como um facilitador da vida na medida em que sua rotina diária será totalmente digitalizada, e você é quem controla de maneira segura e prática todas as suas necessidades. Isso não é de todo verdade, pois, apesar dos benefícios, a digitalização da vida traz grandes riscos ao ser humano. Diante dessa nova realidade, surgem alguns temores, na medida em que os avanços tecnocientíficos nem sempre contam com valores éticos e respeito à vida e à dignidade humana. Assim, a fusão entre o homem e a máquina demanda discussões éticas e legais rumo a uma proteção humana qualificada que parte da análise dos riscos ao ser humano.

1.2.2. Potencial benéfico e prejudicial do uso de microchips e da interface cérebro máquina

Muito se fala na importância das tecnologias para atender às necessidades do homem pós-moderno. Entretanto, de nada adianta o acesso se não houver um efetivo controle desse mercado, visando a evitar abusos e a preservação da liberdade (tanto de comércio como de escolha sem vícios) rumo a uma relação harmônica de consumo, com a preservação de direitos constitucionalmente assegurados aos sujeitos envolvidos.

Assim, mostra-se como precípuo objetivo desta obra, a análise dos prejuízos e eficiências advindos da internet dos corpos e a sugestão de caminhos que poderão proporcionar aos envolvidos uma relação mais colaborativa, qualificada e que respeite os direitos fundamentais do consumidor.

---

[554] BITTAR, Eduardo C. B. A teoria do direito, a era digital e o pós-humano: o novo estatuto do corpo sob um regime tecnológico e a emergência do sujeito pós-humano de direito. *Revista Direito Práx*, Rio de Janeiro, v. 10, n. 2, p. 933-961, 2019. Disponível em: https://www.scielo.br/pdf/rdp/v10n2/2179-8966-rdp-10-2-933.pdf. Acesso em: 17 ago. 2022.

[555] SANDLER, Ronald L. *Ethics and Emerging Technologies*. New York: Palgrave Macmillan, 2014, *passim*.

Nesse sentido, objetiva-se realizar uma investigação acerca dos potenciais benefícios e prejuízos do ser humano conectado (IoB) e dependente da máquina, visando a clarificar as dúvidas que pairam sob essa inovação, auxiliando na divulgação de informações e sugestões para resolução dos desafios que acompanham essa implementação. Seria arriscado e até mesmo leviano tentar prever especificamente de que modo a inteligência artificial poderá ajudar ou prejudicar a humanidade, no entanto, tentar-se-ão consolidar as ameaças e promessas.[556]

A tecnologia deve estar à disposição do ser humano para lhe trazer benefícios, no entanto, observa-se que o mercado digital se encontra carreado de prejuízos. Entre eles, destaca-se a distância física, pois interfere diretamente na questão da confiança, podendo desencorajá-lo a comprar, na medida em que a falta de segurança no ambiente virtual gera desconfiança. Além disso, em caso de problemas com a compra, necessitando acessar o Poder Judiciário, é possível que haja dificuldades em encontrar o fornecedor.

Leo Marx, em seu artigo intitulado *"Does Improved Technology Mean Progress?"*:[557]

> Melhorar a tecnologia significa progresso? Sim, certamente poderia significar exatamente isso. Mas somente se estivermos dispostos e aptos a responder à próxima pergunta "progresso em direção a quê? O que queremos que nossas novas tecnologias realizem? O que queremos além de metas tão imediatas e limitadas quanto alcançar eficiências, reduzir custos financeiros e eliminar elemento humano problemático de nossos locais de trabalho? Na ausência de respostas a essas perguntas, as melhorias tecnológicas podem muito bem se tornar incompatíveis com o progresso genuíno, isto é, social.

O Decreto 7.962/13 regulamenta o comércio eletrônico no Brasil desde o ano de 2013, porém o assédio de consumo dos dias atuais atinge o direito à autodeterminação,[558] restringindo a liberdade de escolha, eliminando as capacidades emocionais e intelectuais para se tornar um cidadão crítico.[559]

A massiva compra e venda de produtos inteligentes com tecnologias disruptivas,[560] pode trazer consigo, além do avanço, alguns problemas como

---

[556] Sobre os aspectos positivos e negativos da IA, ver: YUDKOWSKY, Eliezer. Artificial Intelligence as a Positive and Negative Factor in Global Risk. *In Global Catastrophic Risks*. Edited by Nick Bostrom and Milan M. Ćirković, 308–345. New York: Oxford University Press, 2008.

[557] MARX, Leo. *Does Improved Technology Mean Progress?* Disponível em: http://w3.salemstate.edu/~cmauriello/Course%20Development/IDS271%20Readings/MarxDoes%20Improved%20Technology%20Mean%20Progress.pdf. Acesso em: 12 out. 2019.

[558] Direito fundamental erigido pelos pilares da dignidade da pessoa humana, consagrado no artigo 1º, III, da Constituição Federal e do livre desenvolvimento da personalidade firmado, no artigo 22 da Declaração Universal dos Direitos do Homem, proclamada pela Assembléia Geral das Nações Unidas em dezembro de 1948.

[559] Este estudo tem como objetivo explorar as motivações dos consumidores na adoção de formas de mídia impressa ou digital. KRISHEN, Anjala S.; LEE Michael Kraussman. Do consumers dig it all? The interplay of digital and print formats in media. *Journal of Consumer Marketing*, 33/7 2016. 489–497. Disponível em: www.emeraldinsight.com/0736-3761.htm. Acesso em 28 out. 2019.

[560] BURTON, Dawn. Postmodernism, social relations, and remote shopping European. *Journal of Marketing* 36,7/8, Leeds University Business School, Leeds, UK April 2000. Disponível em: https://www.emeraldinsight.com/researchregisters. Acesso em: 28 out. 2019.

insegurança, desconfiança, discriminação e até mesmo uma crise do Estado Social.

Os algoritmos, *Big Data* e demais ferramentas tecnológicas do mercado digital realizam um controle telemático de pessoas, mapeando o perfil dos consumidores e bombardeando-os de publicidade de maneira a afetar sensivelmente a autodeterminação e discricionariedade das escolhas. Nas palavras de Adalberto Pasqualotto, "a publicidade está indissociavelmente ligada à sociedade capitalista", pois nela não há intuito informativo, mas sim uma finalidade persuasiva sobre o mercado, arquitetada pelos agentes econômicos.[561]

O potencial nocivo de práticas persuasivas concentra-se, em dois pontos principais: na falta de transparência quanto ao conteúdo publicitário e na ausência de estabelecimento dos limites para persuasão. Esses aspectos influenciam na tomada de decisão, impedindo que o consumidor possa distinguir entre a finalidade mercantil da informação que é revestida de neutralidade.[562] Além disso, quando a persuasão, especialmente estético comportamental, extrapola a função informativa, corre-se o risco de a publicidade transformar-se em um mecanismo de manipulação prejudicial ao consumidor.

O controle tecnológico tem moldado a evolução social e a conduzido por um caminho de consumo inconsciente e de adesão aos mecanismos da internet dos corpos. Esse percurso aponta para o agravamento das desigualdades, (em razão das disparidades socioeconômicas que impedem o acesso das pessoas que não podem pagar por tecnologias), marginalização, exclusão (daqueles que não vão aderir a IoB e que diante dos "super-humanos" serão discriminados) e violação de direitos fundamentais (como autonomia e privacidade).

Sem dúvida, o ser humano é um ser finito em sua liberdade. Não se trata de estar livre de fatores condicionantes, mas sim, da liberdade de tomar uma posição frente aos condicionamentos. O mercado precisa ser ético, transparente, inclusivo, não abusivo, e sem a manipulação que se avizinha na medida em que estão querendo hackear até os pensamentos humanos.[563] [564] Esse controle não se pode permitir, pois só na nossa mente somos livres de verdade e contamos com a máxima privacidade.

Não há mais como retroceder o avanço tecnológico. O mercado físico ainda muito utilizado é bastante confiável se comparado com as compras realizadas em ambiente virtual onde ainda há certa desconfiança e insegurança dos usuários. Nesse sentido, é no mínimo curioso que, mesmo experimentando esses sentimentos, as pessoas mais conservadoras, com possibilidade de

---

561 PASQUALOTTO, Adalberto de Souza. *Os efeitos obrigacionais da publicidade no código de defesa do consumidor*. São Paulo: Revista dos Tribunais, 1997. p .181-182.

562 CENEVIVA, Walter. *Publicidade e direito do consumidor*. São Paulo: Revista dos Tribunais, 1991, p. 79.

563 UCHÔA, Pablo. Como evitar que hakers invadam seu cérebro no futuro. *BBC News Brasil*, 15 fev.2019. Disponível em: https://www.bbc.com/portuguese/geral-47240830. Acesso em: 31 out. 2019.

564 AMPUDIA, Ricardo. Tecnologia busca controle de dispositivos por pensamento Desenvolvimento de interfaces seguras e comercializáveis ainda deve levar décadas. *Folha de São Paulo*, São Paulo, out. 2019. Disponível em: https://www1.folha.uol.com.br/tec/2019/10/tecnologia-busca-controle-de-dispositivos-por-pensamento.shtml. Acesso em: 31 out. 2019.

acesso, se aventuram em busca da obtenção dos benefícios advindos dessa modalidade.[565]

Assim, tamanho é o assédio, que os consumidores sentem como se a internet fizesse parte delas e vice-versa e não conseguem perceber não se tratar de um ambiente saudável. Estar conectado já é quase inevitável quando se vive nos grandes centros e apesar de por vezes a tecnologia apresentar alguns prejuízos, já não é questionada conscientemente.[566]

A sociedade em que vivemos encontra-se cega quanto aos possíveis danos advindos do assédio de consumo no ambiente virtual. Em nosso entender, para que o tema do assédio de consumo[567] no Brasil tenha um tratamento legal adequado, sob pena de violação frontal aos direitos fundamentais, deve-se estabelecer um olhar acurado em relação às estratégias agressivas e assediosas de *marketing* direcionado ao consumidor .[568] Portanto, aqueles que conseguem ver, possuem papel fundamental para a transformação da realidade, bem como para dar visão àquelas pessoas que não enxergam os problemas existentes, no intuito de transformar esta realidade. Nesse sentido, José Saramago relata a história de pessoas que repentinamente vão ficando cegas e mostra a responsabilidade daquelas que conseguem ver quando muitos não o podem. Ressalta: "penso que não cegamos, penso que estamos cegos, cegos que vêem, cegos que, vendo, não vêem".[569] A sociedade em que vivemos encontra-se cega pelo poder que a inteligência artificial e as biotecnologias podem oferecer. Portanto, aqueles que conseguem ver, possuem papel fundamental na preservação de valores éticos e dos direitos fundamentais, bem como para dar visão àquelas pessoas que não enxergam os problemas que a tecnologia sem limites pode causar.

Sem dúvidas, o surgimento e a evolução da tecnologia são muito importantes para o avanço de um país em várias áreas. Todavia, não configura panaceia para todos os males sociais e, portanto, não se pode conferir a ela um poder transformador positivo se não for democrática.[570]

Liberdade econômica é saudável, mas os meios de persuasão ao consumo de produtos comercializados em ambiente de liberdade econômica não devem

[565] Segundo o EBIT, o primeiro semestre de 2019 apresentou 12% de aumento nas vendas *e-comerce*. Isso se deve à adesão de consumidores novos a esse mercado e à expansão para outras lojas daqueles que já compravam EBIT. *Webshoppers.* 40. ed. 2019. Disponível em: https://www.ebit.com.br/webshoppers. Acesso em: 02 nov. 2019.

[566] Nesse sentido: RAINIE, L.; ANDERSON, J. The Fate of Online Trust in the Next Decade. Trust, Facts and Democracy. *Pew Researche Center.* Agosto, 2017. Disponível em: http://www.pewinternet.org/2017/08/10/the-fate-of-online-trust-in-the-nextdecade/. Acesso em: 25 out. 2019.

[567] Sobre o tema, ver: RODRIGUES, Lays Soares dos Santos. *Precisamos falar sobre assédio de consumo:* a publicidade a serviço da indústria cultural. Rio de Janeiro: Lumen Juris, 2019.

[568] CATALAN, Marcos; PITOL, Yasmine. Primeiras linhas acerca do tratamento jurídico do assédio de consumo no Brasil. *Revista Luso-Brasileira de Direito do Consumo.* v. VII, n. 25, mar. 2017, p. 144.

[569] SARAMAGO, José. *Ensayo sobre la ceguera.* Madrid: Santillana, 1996. p. 310.

[570] Atualmente, 7% da população é analfabeta. CALÇADE, Paula. As taxas de analfabetismo ainda são altas no Brasil? *Nova escola.* 26 ago. 2018. Disponível em: https://novaescola.org.br/conteudo/12398/as-taxas-de-analfabetismo-ainda-sao-altas-no-brasil. Acesso em: 02 nov. 2019.

tolher a liberdade de escolha do consumidor. É dever da administração pública zelar pelos direitos assegurados a todos, inclusive dos consumidores de serem protegidos de publicidade enganosa e abusiva e de terem acesso à informação adequada e clara sobre a qualidade de produtos e serviços e sobre os riscos que apresentam à sua saúde e segurança.[571]

O mercado eletrônico pode trazer consigo algumas desconfianças[572] que não existiam com a comercialização de produtos físicos. O consumidor atual busca produtos de qualidade e quer se sentir seguro e respeitado.

Se, por um lado, a tecnologia nos apresenta muitas possibilidades de desenvolvimento em diversas áreas, por outro, as patologias pelo uso da internet, cada vez mais difundidas atualmente, só aumentam.[573] As crianças e os adolescentes de hoje integram a geração digital, que cresceu utilizando a internet, o que altera o modo como seus cérebros funcionam.[574]

O uso abusivo da internet causa dependência e é considerado um distúrbio clínico.[575] Muitos especialistas sustentam que a exposição excessiva às telas causa redução na inteligência (QI) e "na comparação entre doces e cocaína, isso está mais próximo da cocaína".[576]

O uso excessivo de tecnologias imersivas como a realidade virtual podem desencadear transtornos conhecidos em psicologia como despersonalização/desrealização.[577]

Independente do conhecimento obtido, os portadores desse transtorno, ao utilizarem a tecnologia RV, sofrem alteração de mecanismos mentais ligados à experiência, fazendo com que ela pareça não ter qualquer mediação e, portanto, totalmente real. Os riscos envolvem, desde solidão até à crise de identidade.[578]

O ambiente virtual afeta o modo como sentimos, tornando os indivíduos vulneráveis a questões que envolvem segurança da informação, privacidade, crimes sexuais, roubos financeiros, e a própria saúde, pois quanto mais tecnologia, menos exercícios, na medida em que somos, pouco a pouco, movidos

---

[571] Nesse sentido: PASQUALOTTO, Adalberto de Souza. Publicidade é matéria de ordem econômica, não política. *Consultor Jurídico*. Maio, 2019. Disponível em: https://www.conjur.com.br/2019-mai-06/adalberto-pasqualotto-publicidade-liberdade-economica. Acesso em: 12 out. 2019.

[572] GEOFFREY, Hubonab; SRITEC, Mark; WHITE, Baker Elizabeth. Does "Being There" Matter? The Impact of Web-Based and Virtual World's Shopping Experiences on Consumer Purchase Attitudes. *Information & Management jornal*. Disponível em: www.elsevier.com/locate/im. Acesso em: 20 set. 2019.

[573] STIVERS, Richard. *Shades of loneliness:* pathologies of a technological society. New York: Rowman e Littlefield Publishers, 2004.

[574] SMALL, Gary W; VORGAN, Gigi. *Ibrain*: Surviving the technological alteration of the modern mind. New York: William Morrow e Company, 2008.

[575] YOUNG, KS. Vício em Internet: O surgimento de um novo distúrbio clínico. *CyberPsychology & Behavior, 1* (3), 1998, 237–244. Disponível em: https://doi.org/10.1089/cpb.1998.1.237. Acesso em: 25 ago. 2021.

[576] DESMURGET, Michel. *A fábrica de cretinos digitais*: Os perigos das telas para nossas crianças. Trad. Mauro Pinheiro. São Paulo: Vestígio, 2021, p. 07.

[577] STIVERS, Richard. *Shades of loneliness:* pathologies of a technological society. New York: Rowman e Littlefield Publishers, 2004.

[578] *Virtual Reality & depersonalization/derealization*. Disponível em: https://www.matrise.no/2020/10/virtual-reality-depersonalization-derealization/ Acesso em: 07 ago.2021.

por uma cultura de consumo, conforto, produtividade e eficiência desmedidas que, a cada dia, vai nos afastando do que realmente importa.

As novas tecnologias são extremamente disruptivas e revestidas de potencial danoso na medida em que alteram a realidade e transformam todos os elementos de uma sociedade. Nesse sentido, a transdisciplinaridade, aliada ao suporte jurídico, ético, cultural, entre outras contribuições, como as apresentadas nessa pesquisa, podem orientar o desenvolvimento tecnológico, por um caminho próspero capaz de evitar desumanização, desigualdades[579] e diversos danos que uma tecnologia sem limites pode causar.

Conforme amplamente sustentado até aqui, a internet é um espaço onde as pessoas podem exercer a liberdade de expressão, mas também um terreno fértil para a manipulação e controle.

Com a internet das coisas e o avanço da internet dos corpos, não é necessário estar em frente a um computador quando preciso me conectar, pois ela está em todo lugar, ela está em nós.

A prosperidade do desenvolvimento tecnológico proporciona muitos benefícios, como acesso à educação por meio da aprendizagem *on-line*, prevenção e proteção dos direitos humanos e contra trabalhos forçados.[580]

A pandemia do Covid 19 trouxe atenção a tecnologias capazes de auxiliar as autoridades públicas a prevenir e reduzir futuras epidemias. Nesse contexto, a internet dos corpos ganhou destaque apresentando alternativas para auxiliar a gerenciar e superar esse cenário.[581]

Entre os benefícios da internet dos corpos está a possibilidade de rastreamento remoto do paciente, permitindo a redução da infecção cruzada, promover um estilo de vida saudável, cuidados preventivos, medicina de precisão e segurança do trabalho, para supervisionar e prevenir riscos ambientais em locais especialmente mais perigosos.[582]

No encalço das vantagens, surgem os riscos. Entre eles, a discrepância de dados entre os diferentes dispositivos em razão da falta de uma plataforma padronizada de dados, riscos de discriminação e preconceito, cibersegurança e privacidade e efeitos colaterais existenciais profundos em caso de retirada do dispositivo,[583] aspectos que afetam a confiança dos consumidores.[584]

---

[579] SANTOS Paulo Junior Trindade dos, MARCO, Cristhian Magnus de; MÖLLE, Gabriela Samrsla R. Tecnologia Disruptiva e Direito Disruptivo: Compreensão do Direito em um Cenário de Novas Tecnologias *Rev. Direito Práx*, Rio de Janeiro: v.10, n.4, 2019, p. 3056-3091.

[580] Disponível em: https://www.weforum.org/agenda/2017/12/how-are-today-s-biggest-tech-trends-affecting-human-rights/. Acesso em: 26. nov.2021.

[581] Shaping the Future of the Internet of Bodies: New challenges of technology governance July 2020. Disponível em: https://fr.weforum.org/reports/the-internet-of-bodies-is-here-tackling-new-challenges-of-technology-governance/. Acesso em:22. mar.2023.

[582] Ibid.

[583] É preciso considerar que empresas detentoras de neurotecnologias que colocam seus produtos no mercado, podem falir, trazendo riscos elevados a vida humana. Um exemplo disso é o de uma paciente com epilepsia que fez uso de um implante cerebral e obteve considerável melhora em suas convulsões. Entretanto, seu tratamento precisou ser interrompido e o microchip retirado devido à situação econômica da empresa.

É certo que o próprio fato de existir traz riscos inerentes. Como sustentou Guimarães Rosa em *Grande Sertão Veredas* "viver é muito perigoso". No entanto, os riscos conhecidos e desconhecidos, destilados pela internet dos corpos, não podem ser negligenciados, carecendo de políticas governamentais conjuntamente com outras iniciativas que integrem um ecossistema de proteção humana voltados a orientar a sociedade, estabelecer regulamentação e impor limites ético-jurídicos que permitam a utilização das inovações de modo mais seguro.

Engana-se quem pensa que a tecnologia só apresenta benefícios, e o que ficou no passado era pior do que o que temos hoje. Parece que, os seres humanos é que estão ficando para trás, diante da tecnologia. Os prejuízos apresentados pelos microchips são reais! Andreas Sjöström declarou ser uma má ideia a implantação de chips em humanos,[585] pois as tecnologias cotidianas, que ajudam a melhorar o desempenho, também podem, via de consequência, apresentar prejuízos. [586]

Expor os problemas das tecnologias não significa desmerecer suas vantagens, porém, dentre muitos aspectos que merecem atenção é importante destacar que, historicamente, se verifica que a mesma tecnologia capaz de resolver um problema é a causadora de outro, ou ao menos, cria uma necessidade.

Segundo Edward Tenner, "O sonho tecnológico de um mundo capaz de se auto corrigir é uma ilusão, pois a tecnologia exige mais e não menos trabalho humano para que o mundo funcione", na medida em que acrescenta "problemas mais sutis e insidiosos", sem eliminar os "problemas agudos", introduzindo formas complicadas de simplificar a vida cotidiana. Todavia, às vezes "realmente conseguimos simplificar as coisas".[587]

Não é possível voltar ao passado,[588] tampouco estagnar o desenvolvimento tecnológico, porém, diante desse cenário, "nos sentimos infelizes por duas razões":[589]

Pesquisadores constataram que a remoção pode trazer efeitos colaterais profundos e que "não foi apenas mais um dispositivo, a empresa foi responsável pela criação de uma nova pessoa". Disponível em: https://www.terra.com.br/byte/apos-falir-empresa-obriga-paciente-a-remover-implante-cerebral,b200e3733b35a3499c7a3f93ed9f1ac19emg5hw3.html. Acesso em:20.jun.2023.

[584] Shaping the Future of the Internet of Bodies: New challenges of technology governance July 2020. Disponível em: https://fr.weforum.org/reports/the-internet-of-bodies-is-here-tackling-new-challenges-of-technology-governance/. Acesso em:22. mar.2023.

[585] Disponível em: *Microchipping people is a bad idea.* https://technologyandsociety.org/microchipping-people-is-a-bad-idea/. Acesso em: 26. nov.2021.

[586] No Japão do pós-guerra, as sandálias tradicionais deram lugar aos sapatos de estilo ocidental porque eram considerados marcas de um padrão de vida mais alto, mas aumentou seriamente a taxa de doenças fúngicas nos pés. Cadeiras reclináveis, originalmente promovidas para um breve relaxamento saudável, tornaram-se símbolos da vida sedentária e da obesidade. TENNER, Edward. *Our Own Devices*: The Past and Future of Body Technology. New York: Alfred A. Knopf, 2003.

[587] TENNER, Edward. *A vingança da tecnologia.* As irônicas consequências das inovações mecânicas, químicas biológicas e médicas. Trad. Ronaldo Sergio de Biasi. Rio de Janeiro: Campus, 1997. introdução, XII.

[588] No passado, em geral, tudo era mais simples e "embora as vezes mais digno era muito mais desagradável do que normalmente imaginamos existia muita poeira que nossos antepassados tiveram que suportar". Ibid.

[589] Ibid.

Em primeiro lugar na tentativa de controlar os problemas catastróficos nos expomos a problemas crônicos que são ainda mais difíceis de corrigir em segundo lugar o progresso tecnológico que impõe uma vigilância cada vez maior para a mesma dose de risco. A interface vistosa e mesmo amigável de um computador pode esconder um emaranhado fatal de arquivos defeituosos para não falar em erro de programação problemas crônicos quase que por definição demandam mais vigilância constante que soluções definitivas a necessidade de atenção permanente se torna ela própria uma irritação crônica. Não me oponho a mudanças, mas proponho que sejam aceitas de uma forma modesta provisória e cética.

Se olharmos para o passado, mesmo distante, ainda veremos um mundo humano, de "pessoas cujas ações e motivações, prazeres e dores, triunfos e tragédias são reconhecidamente semelhantes aos nossos. A dignidade humana bem concebida pode nos ajudar a fazer escolhas que moldarão um futuro em que as coisas fundamentais ainda se aplicam".[590] Desse modo, não podemos desviar o olhar da dignidade humana, e toda vez, que um caminho nos afastar dela, é preciso redirecionar o leme.

As consequências negativas das inovações tecnológicas são chamadas de "vingança da tecnologia".[591] No entanto, é preciso ter em mente que um efeito de vingança não é a mesma coisa que um efeito colateral ou uma relação custo-benefício. O estabelecimento de metas razoáveis de controle da tecnologia contribui para que alcancemos a proteção humana adequada.

As catástrofes tecnológicas nem sempre são efeitos de vingança, mas na tentativa de tornar as coisas mais seguras, a explosão de um dos reatores de Chernobyl ocorreu quando os sistemas de segurança foram desligados para testar um novo procedimento de emergência, podendo ser considerado em certa medida um efeito de vingança.[592]

A Segurança, é exemplo de um campo em que os efeitos da vingança são observados com muita frequência.[593]

No conhecido caso do Titanic, um sistema de segurança estimula as pessoas a correrem riscos maiores, e isso ajuda a provocar acidentes, portanto, estamos diante de um efeito de vingança.

Esses efeitos da vingança podem ter um aspecto positivo para o consumidor, uma vez que, as reclamações relacionadas "a computadores mesmo quando analisadas por um sistema jurídico imperfeito estabelecem limites naturais para o autoritarismo, os sintomas físicos têm consequências financeiras que obrigam os empresários a levar a sério a tensão a que seus funcionários

---

[590] RUBIN, Charles T. Human Dignity and the Future of Man. *In: Human Dignity and Bioethics*. President's Council on Bioethics. Mar. 2008. p. 155-172.

[591] "A tecnologia sozinha em geral não é suficiente para produzir um efeito de vinganca apenas quando combinamos com leis regulamentos costumes e hábitos é que uma ironia atinge seu potencial. As máquinas foram feitas para trabalhar e as pessoas para pensar o famoso lema da IBM na época de ouro dos computadores". TENNER, Edward. *A vingança da tecnologia.* As irônicas consequências das inovações mecânicas, químicas biológicas e médicas. Trad. Ronaldo Sergio de Biasi. Rio de Janeiro: Campus, 1997. p. 8-9.

[592] Alguns desastres tecnológicos, como o vazamento de óleo do ExxonValdez, a liberação de substâncias radioativas em *three mile island.* e a explosão do Challenger, entre outros, são acidentes normais. Ibid. p. 24.

[593] Ibid. p. 6-7.

estão submetidos".[594] Porém, o único modo de "evitar os efeitos de vingança da informática e conservar habilidades e recursos que não dependam do computador".[595]

Vivemos em um tempo em que precisamos estar em constante movimento, pois, como disse a rainha vermelha em *Alice* através do espelho, não estamos mais na "terra vagarosa" onde se corrermos chegaremos em algum lugar, "aqui é preciso correr o mais depressa que se puder quando se quer ficar no mesmo lugar e se você quiser ir a um lugar diferente terá que correr pelo menos duas vezes mais rápido do que agora!".[596]

Atualmente, vemo-nos emaranhados em repetições viciantes, como a checagem de *Whatsapp* ou redes sociais, diante de tecnologias cada vez mais avançadas e complexas acumulando funções que a cultura tornou essencial a nossa existência. A imprevisibilidade de muitas inovações mecânicas, químicas, biológicas e médicas nos coloca reféns de riscos adicionais ao buscarmos seus efeitos regeneradores ou quando temos a reorganização, cuja transferência dos custos for realocada, gerando ainda mais problemas.[597]

Os objetos parecem querer ser usados com mais regularidade. "Um computador que fica desligado por semanas ou meses geralmente precisa de tempo para que seus capacitores funcionem corretamente novamente e para que as conexões mecânicas se reajustem a temperaturas mais altas". Grande parte das "consequências não intencionais são desagradáveis", por vezes somente conhecemos os efeitos positivos, após uma experiência malsucedida. Tal como, "perceber que aquecimento e resfriamento repetidos danificam os componentes eletrônicos. E sempre que tentamos tirar vantagem de alguma nova tecnologia, podemos descobrir que ela induz um comportamento que parece anular o próprio motivo de usá-lo". Por exemplo, trabalhar na modalidade de *home office* ao invés de proporcionar liberdade do escritório, e qualidade de vida, torna a pessoa mais ligada ao negócio, na medida em que as mensagens podem chegar a qualquer momento, dificultando a desconexão. No entanto, perceber os efeitos da vingança não significa negar que a vida em geral melhorou.[598]

A utilização do neuromarketing[599] por meio de suas publicidades direcionadas e técnicas de *Big Nudging*,[600] desperta a preocupação quanto à autonomia

---

594 TENNER, Edward. *A vingança da tecnologia.* As irônicas consequências das inovações mecânicas, químicas biológicas e médicas. Trad. Ronaldo Sergio de Biasi. Rio de Janeiro: Campus, 1997. p. 259.

595 Ibid. p. 298

596 Ibid. p. 396

597 Ibid. *passim.*

598 TENNER, Edward. *Our Own Devices:* The Past and Future of Body Technology. New York: Alfred A. Knopf, 2003. p. 4.

599 O neuromarketing em síntese conjuga os conceitos de *marketing* e neurociência utilizando técnicas de *design* para manipular consumidores. Nesse sentido, ver: DARREN, Bridger. *Neuromarketing*: como a neurociência aliada ao design pode aumentar o engajamento e a influência sobre os consumidores. Trad. Afonso Celso da Cunha Serra. São Paulo: Autentica Business, 2018.

600 Big Nudiging utiliza o big data para dar um "empurrãozinho" nos usuários. Ver: THALER, Richard H; SUNSTEIN Cass R. *Nudge*: como tomar melhores decisões sobre saúde, dinheiro e felicidade. Trad. Ângelo Lessa. Rio de janeiro: Objetiva, 2019.

mental dos indivíduos e reflexos em seus comportamentos. As falsas promessas de benefícios trazem prejuízos além da autonomia e privacidade, também a saúde mental, portanto, os riscos das novas tecnologias, especialmente que digam respeito a internet dos corpos, não devem ser superiores àqueles a que as pessoas estão expostos na vida cotidiana.

Somam-se aos prejuízos mentais, outros danos externos que se manifestam na medida em que a realidade é tangenciada em razão das atividades virtuais. Quando há um abuso do ambiente *on-line,* o convívio social e os cuidados com o corpo físico são deixados de lado, e diante disso é preciso furar a bolha e sair do modo automático, fomentando um fazer humano autônomo, por meio de práticas que protejam, mas também estimulem o protagonismo humano.

Uma pesquisa[601] demonstrou que entre as principais preocupações que circundam os implantes de microchips está a falta de conhecimento mais específico sobre os benefícios e prejuízos do dispositivo. Esse cenário de incerteza desperta temores relacionados com a proteção de dados pessoais, uso antiético pelo governo, invasão de privacidade, riscos de saúde prejudicando as funções normais do corpo e da mente, reações adversas, efeitos colaterais, dependência que impeça que humanos pensem naturalmente, abuso dessas informações constantes no microchip, impacto social negativo passível de desigualdades, gastos relacionados a necessárias despesas médicas, dilemas éticos que impedem o livre-arbítrio e decisões autônomas, entre outros.

Contudo, esta tecnologia pode alcançar diversos benefícios, tais como usos médicos, monitoramento de saúde, controle de crimes, aprimoramento humano etc.

Entende-se que a maioria dos aspectos elencados como vantagens do dispositivo fere direitos constitucionais e humanos e são passíveis de causar mais riscos do que benefícios. Portanto, o uso desses dispositivos deve possuir o consentimento informado restrito às necessidades de saúde quando os benefícios superem os riscos.

Diversas são as esferas da vida humana afetadas pelos riscos da tecnologia IoB que pretendem deixar as pessoas permanentemente conectados à internet. No âmbito jurídico, percebe-se a violação de garantias fundamentais e humanas, tornando o consumidor mais vulnerável e exposto em toda a sua intimidade quando a internet atinge o seu corpo e mente violando direitos intangíveis. Do ponto de vista econômico, somente os mais ricos terão acesso às melhores tecnologias e suporte que necessitem. Na seara social, quem utilizar as tecnologias da IoB, como os *microchips,* se diferenciará dos demais como possível caráter de *status,* deixando a margem de tudo que for condicionado a esse sistema, todos aqueles que não aderirem. Desse modo, ocorrerá alteração

---

[601] SHAFEIE, S.; Chaudhry, B.M.; Mohamed, M. Modeling. *Subcutaneous Microchip Implant Acceptance in the General Population*: A Cross-Sectional Survey about Concerns and Expectations. Informatics 2022,9,24. https:// doi.org/10.3390/informatics9010024. Disponível em: https://www.mdpi.com/journal/informatics. Acesso em: 20.out. 2022.

na cultura, rastreamento e vigilância. Para finalizar, o aspecto mental é atingido pela ansiedade e depressão emocional,[602] e o físico torna-se vulnerável, vítima de insônia, da invasão de privacidade, redução da socialização real e aumento da virtual.[603]

Se, por um lado, é possível sustentar que a vida e outros direitos individuais não recebem proteção absoluta, e que as pessoas deveriam ter respeitada a escolha de renunciar a determinados direitos para usufruir de benefícios tecnológicos, por outro, é preciso ponderar se o valor supremo e irrenunciável da dignidade humana não está sendo violado. O respeito à vontade é uma determinação da tutela da dignidade humana, todavia, quando o corpo e a mente estão conectados à internet com possibilidade de acesso e controle de outras pessoas, não se pode afirmar que a vontade e a tomada de decisão não serão manipuladas no inconsciente sem qualquer consentimento.[604] Portanto, em um cenário de incerteza, o que mais pode nos ferir é o que não conseguimos prever. Nesse contexto, a aplicação do princípio da precaução veda intervenções tecnológicas na mente e no corpo interno do ser humano capazes de causar consequências extremas.

O avanço tecnológico só vai aumentar. Dessa afirmação extraem-se aspectos positivos e outros preocupantes para os seres humanos. Caberá ao direito lidar com as incertezas que colocam em voga questões como privacidade, direitos humanos e ética. "Estamos num momento em que podemos decidir que tipo de humanidade queremos. A curto prazo, o perigo mais iminente é a perda de privacidade mental".[605]

O momento do acerto de contas com a inteligência artificial será antes da economia, da política e "toda a vida cotidiana se tornar dependente dela. Democracia é diálogo, diálogos têm base em linguagem, e quando a própria linguagem é hackeada, o diálogo acaba, e a democracia fica insustentável". Se o caos se instalar, será tarde para remediar, portanto, para concretizar os benefícios da IA, as instituições precisam ser modernizadas, e normas e medidas de controle que acompanhem a atualização tecnológica precisam ser implementadas de modo "a dominar a IA antes que ela nos domine".[606]

---

[602] Um estudo envolvendo 154 pessoas verificou que parar de usar as mídias sociais melhorou o bem-estar e a saúde mental, reduzindo estados de ansiedade e depressão. LAMBERT, J.; BARNSTABLE, G.; MINTER E.; COOPER J.; McEWAN, D. *Taking a One-Week Break from Social Media Improves Well-Being, Depression, and Anxiety*: A Randomized Controlled Trial. Cyberpsychol Behav Soc Netw. 2022 May;25(5):287-293. doi: 10.1089/cyber.2021.0324. Epub 2022 May 3. PMID: 35512731.

[603] FERREIRA, C.; FERREIRA, H.; VIEIRA, M.J.; COSTEIRA, M.; BRANCO, L.; DIAS, Â.; MACEDO, L. *Epidemiologia do Uso da Internet por uma População Adolescente e sua Relação com os Hábitos de Sono*. Acta Med Port [Internet]. 31 de agosto de 2017 [citado em 5 de março de 2023]; 30(7-8):524-33. Disponível em: https://www.actamedicaportuguesa.com/revista/index.php/amp/article/view/8205. Acesso em: 05. mar.2023.

[604] A discussão sobre o grau de livre-arbítrio das pessoas para tomar suas decisões já dura décadas. A Fresh Look at Free Will: Challenging the Libet Paradigm Disponível em: https://neurosciencenews.com/libet-free-will-23756/. Acesso em: 04.08.2023.

[605] Disponível em:https://brasil.elpais.com/ciencia/2020-02-13/por-que-e-preciso-proibir-que-manipulem-nosso-cerebro-antes-que-isso-seja-possivel.html. Acesso em: 13. fev. 2020.

[606] HARARI, Yuval. O domínio da inteligência artificial sobre a linguagem é uma ameaça à civilização. *Estadão*, 28.mar.2023. Disponível em: https://www.estadao.com.br/internacional/yuval-harari-o-dominio-da-inteligencia-artificial-sobre-a-linguagem-e-uma-ameaca-a-civilizacao/. Acesso em: 28.mar.2023.

Trata-se de questão complexa que exige um arcabouço de medidas continuadas para que sejam ao menos aplacados os efeitos da vingança tecnológica, rumo a harmonização da relação homem-máquina para um futuro em que o homem siga independente e soberano às máquinas.

Não há uma resposta única para esses desafios. As sugestões apresentadas formam um ecossistema de tutela qualificada, e têm como objetivo lançar luzes para os riscos da internet dos corpos em relação à privacidade e autonomia humana, sendo um norte para um caminho que ainda precisa ser aperfeiçoado.

A inteligência artificial está imersa em riscos profundos e por isso é preciso definir os custos da acessibilidade a produtos com IA que devem ser compatíveis com os benefícios, estabelecendo até onde esses riscos são aceitáveis. Ato contínuo, traçar um sistema de responsabilidade/compensação, torna-se um dos muitos desafios a serem enfrentados. Assim, devem-se estabelecer limites tecnológicos para não ocorrer manipulação do comportamento e a vulnerabilidade da integridade física, mantendo o respeito à dignidade humana, buscando um equilíbrio entre a segurança e a inovação. Para tanto, critérios devem ser estabelecidos e impostos por meio de normas éticas somadas a um arcabouço de condutas que direcionem a cultura social ao respeito humano.

Após a implementação do ecossistema para tutela humana qualificada, deve prevalecer o respeito à liberdade e autonomia humana frente à internet dos corpos, para que as pessoas não sejam compelidas a aderi-la diante da construção de um mundo cem por cento digital. Ao recusar os seus riscos, não deve haver segregação, mas o igual acesso a condições de uma vida digna daqueles que optem por aderir. Diante da necessária preocupação com o coletivo, é importante compreender que "a renúncia não tira. A renúncia dá. Dá a força inesgotável da simplicidade".[607] Portanto, a renúncia não é perda. No não da renúncia, vigora o poder ser do sim à verdade do ser. A renúncia anuncia o que se vela e se oculta.[608]

Uma observação importante é que diante da manipulação midiática e especialmente algorítmica não é possível perceber um retrocesso travestido de progresso. As pessoas têm perdido seus bens mais preciosos como a liberdade e a privacidade em troca de comodidade e de brincar de Deus, buscando um mundo antinatural de programação humana. Esse contexto acentua as vulnerabilidades já tradicionalmente identificadas em Direito do Consumidor,[609] as quais entende-se que podem ser transpostas ao ambiente digital (processo de codificação de vulnerabilidades), outras potencialmente são identificadas como sendo típica ou prioritariamente desse ambiente, como a ameaça da autonomia por exemplo.

Eventuais discussões sobre o respeito à autonomia de quem gostaria de realizar o implante para adquirir uma vida de comodidades devem ser consi-

---

[607] HEIDEGGER, Martin. A Questão Sobre a Morada do Homem. *Revista de Cultura Vozes*. Petrópolis, ano 71, n. 04, maio de 1977, p. 48.

[608] HEIDEGGER, Martin. *A caminho da linguagem*. Petrópolis: Vozes, 2003, p. 129.

[609] Vulnerabilidade técnica, jurídica, científica, fática e informacional.

deradas, como no caso dos *biohakers*. Todavia, reforça-se a compreensão que em vista de todos os riscos elencados e flagrante violação de direitos, essas tecnologias não devem se tornar obrigatórias aos humanos.

Os propósitos da inteligência artificial devem ser centrados no bem-estar humano e orientados pela ética, levando em conta o nível de impacto e riscos de cada sistema para o ajuste da melhor estratégia protetiva.

Em todo o mundo, regulamentações governamentais impactam em aspectos dos negócios, todavia a falta de adequação pode gerar mais prejuízos financeiros e responsabilizações futuras. Desse modo, além de lidar com as regras, implementar políticas de *compliance* e regulação privada, é importante estar atento às exigências de mercados internacionais.[610] No entanto, as empresas têm-se ocupado em pesquisas que detectem "as mudanças no sentimento e no comportamento dos clientes ao longo do tempo, para identificar tendências emergentes",[611] e fomentar que o consumidor priorize a experiência do consumo sem se preocupar com questões importantes como o propósito da empresa, ou efeitos danosos de produtos, por exemplo.

A inovação deve estruturar modos de operacionalização capazes de minimizar os riscos e para isso é preciso aliar diferentes estratégias capazes de proporcionar eficiência e segurança ao consumidor. Nesse contexto, a preocupação do direito estrangeiro em alcançar uma inteligência artificial ética e confiável, pode inspirar e contribuir nas pesquisas do direito brasileiro no desenvolvimento de estratégias eficazes para estabelecer limites tecnológicos que visam à proteção de direitos e uma relação sadia entre homens e máquinas.

1.2.3. *A experiência da União Europeia, dos Estados Unidos e da China na criação de um design algorítmico confiável: perspectivas para regulamentação no Brasil*

A regulação ética no contexto da inteligência artificial tem sido o foco de debates por todo o mundo em razão de seus riscos potenciais e do crescente uso em diversas áreas da vida e diretamente no corpo humano.

Além da União Europeia, os modelos americano, alemão e chinês têm papel de destaque no estado da arte da inteligência artificial.

Em março de 2012, iniciaram as discussões sobre as consequências jurídicas dos atos realizados por autômatos na União Europeia, por meio do projeto *RoboLaw*, finalizado em maio de 2014 com um relatório de 215 páginas. O objetivo consistiu em oferecer uma análise minuciosa das questões éticas e legais levantadas pelas aplicações robóticas e fornecer aos reguladores europeus e dos Estados-Membros orientações sobre como lidar com elas. As investigações verificaram que as tecnologias emergentes no campo da biorobótica desafiam

[610] Disponível em:https://fr.weforum.org/reports/the-internet-of-bodies-is-here-tackling-new-challenges-of-technology-governance/. Acesso em: 22. mar. 2023.

[611] Disponível em: https://www.ey.com/pt_br/consumer-products-retail/ey-future-consumer-index-perguntas-estrategicas-futuro-do-consumo-em-2023. Acesso em: 23. mar. 2023.

as categorias e qualificações jurídicas convencionais, podendo expor os direitos e liberdades fundamentais a riscos importantes. Em suma, o documento visa a responder se uma nova regulamentação é necessária ou se os problemas colocados pelas tecnologias robóticas podem ser tratados pelas normas já existentes no ordenamento jurídico vigente.[612]

O Parlamento Europeu aprovou, em 16 de fevereiro de 2017, uma Resolução com recomendações à Comissão de Direito Civil sobre Robótica (2015/2103(INL)),[613] cogitando a criação de personalidade jurídica para robôs autônomos e inteligentes, com a previsão de um seguro obrigatório com a finalidade de responder pelos danos por eles causados.

Em abril de 2018, a União Europeia apresentou sua estratégia para a inteligência artificial, visando a orientar a construção de políticas nacionais dos estados-membros e fortalecer seu esforço de consolidar um mercado digital único.[614] A abordagem estratégica, afirmada como "centrada nos humanos", foi baseada em quatro frentes: ampliar os investimentos na área, preparação para impactos socioeconômicos, desenvolvimento de um arcabouço ético e de um modelo regulatório adequado. Além disso, para estruturação da confiança, destaca-se a importância de um meio de um ambiente seguro para o fluxo de dados.

A Resolução do Parlamento Europeu sobre uma política industrial europeia completa no domínio da inteligência artificial e da robótica (2018/2088(INI)), em 12.02.2019,[615] alertou que o uso malicioso da IA pode colocar em risco os direitos fundamentais e reduzir a autodeterminação.[616]

A Comissão Europeia, em abril de 2019, apresentou um guia de orientações éticas para uma inteligência artificial de confiança.[617]

O documento estabelece que os sistemas de inteligência artificial, devem ser sólidos, seguros e transparentes, visando a evitar incorreções ou a possibilidade de corrigi-las de modo eficaz, a fim de proporcionar privacidade e controle dos cidadãos sobre seus dados, para que não sejam prejudicados por

---

612 ROBOLAW. Disponível em: http://www.robolaw.eu/. Acesso em: 11 out. 2020.

613 UNIÃO EUROPEIA. *Resolução do Parlamento Europeu de 16 de fevereiro de 2017, com recomendações à Comissão de Direito Civil sobre robótica*. Disponível em: https://www.europarl.europa.eu/doceo/document/TA-8-2017-0051_PT.html. Acesso em: 07 jul. 2021.

614 Comunicação da Comissão ao Parlamento Europeu, ao Conselho Europeu, ao Conselho, ao Comité Económico e Social Europeu e ao Comité das Regiões – Inteligência Artificial para a Europa. Bruxelas, 25.4.2018 – COM (2018) 237, final. Disponível em https://eur-lex.europa.eu/legal-content/PT/TXT/PDF/?uri=CELEX:52018DC0237&from=PT. Acesso em 23.out.21.

615 Disponível em https://eur-lex.europa.eu/legal-content/PT/TXT/PDF/?uri=CELEX:52019IP0081&from=PT. Acesso em 21.10.21.

616 [A] utilização mal-intencionada ou negligente da IA pode ameaçar a segurança digital, bem como a segurança física e pública, uma vez que pode ser utilizada para realizar ataques em grande escala, seletivos e extremamente eficientes aos serviços da sociedade da informação e às máquinas conectadas, bem como campanhas de desinformação e, de um modo geral, reduzir o direito dos indivíduos à autodeterminação; salienta que a utilização maliciosa ou negligente da IA pode também constituir um risco para a democracia e os direitos fundamentais. Disponível em: https://eur-lex.europa.eu/legal-content/PT/TXT/?uri=CELEX%3A52019IP0081.

617 European Commission, Directorate-General for Communications Networks, Content and Technology. *Orientações éticas para uma IA de confiança*, Publications Office, 2019. https://data.europa.eu/doi/10.2759/2686.

decisões automatizadas discriminatórias.[618] Além disso, para evitar resultados enviesados, exige-se que os dados usados para treinar os algoritmos sejam inclusivos, a fim de que diferentes grupos populacionais, étnicos, etc., estejam representados. Desse modo, uma das principais preocupações das autoridades europeias é com os grupos vulneráveis, como crianças, portadores de deficiências, minorias de todas as espécies, bem como pessoas economicamente vulneráveis, como empregados[619] e consumidores.

Nesse documento, Ana Frazão destaca quatro princípios éticos que lhe servem de fundamentos: (i) o respeito pela autonomia humana, (ii) a prevenção de danos, (iii) a justiça e (iv) a explicabilidade, bem como sete exigências, a serem avaliadas continuamente ao longo de todo o ciclo de vida do sistema de inteligência artificial: (i) *human agency* e supervisão humana, (ii) robustez técnica e segurança, (iii) privacidade e governança de dados, (iv) transparência, (v) diversidade, não discriminação e justiça, (vi) bem-estar e ambiental e social e (vii) *accountability*.[620]

---

[618] European Commission. High-level expert group on artificial intelligence. Disponível em: https://ec.europa.eu/digital-single-market/en/high-level-expert-group-artificial-intelligence. Acesso em: 11 jul. 2021.

[619] Um bom exemplo de como os algoritmos podem absorver os preconceitos sociais e refleti-los em suas decisões, em prejuízo de grupos vulneráveis, nos é dado por Raub McKenzie, no caso de contratação de empregados por sistemas de I.A: "The definition of a desirable employee is challenging because it requires prioritization of numerous observable characteristics that make an employee 'good'. Employers tend to value action-oriented, intelligent, productive, detailoriented employees. This subjective decision opens the door to potential problems. Essentially, what makes a 'good' employee 'must be defined in ways that correspond to measurable outcomes: relatively higher sales, shorter production time, or longer tenure, for example'. However, the subjective choices made both by the programmers and by the employer in previous hiring decisions are absorbed into the algorithm by way of the data that is used and the subjective labels placed on specific characteristics. Thus, when subjective labels are applied, the results are skewed along the lines of those labels and the data that is utilized. Therefore, it is possible for algorithms and artificial intelligence to inherit prior prejudice and reflect current prejudices" – McKENZIE, Raub. Bots, Bias and Big Data: Artificial Intelligence, Algorithmic Bias and Disparate Impact Liability in Hiring Practices. Arkansas Law Review, v. 71, n. 2, 2018, p. 534. Na literatura nacional, Ferrari, Becker e Wolkart, referem que "a definição de um 'bom empregado' não é objetiva. O algoritmo preencherá a expressão de sentido a partir de fatores concretos: bom empregado é aquele que permanece no emprego por mais tempo, que tem vendas superiores, que produz mais rapidamente etc. Mesmo em uma sociedade que dê integral apoio à maternidade, mulheres grávidas que tirem licença podem "ensinar" ao algoritmo que faz mais sentido contratar homens. Em ambientes em que a mulher seja vista como a responsável primária do casal por cuidar dos filhos em caso de doenças corriqueiras e imprevistas, suas faltas ao trabalho podem gerar efeitos sistêmicos negativos para a contratação de mulheres. De forma semelhante, suponha que determinada empresa sediada no Brasil automatize as decisões de contratação para altos cargos, com o objetivo de escolher pessoas com mais chances de se tornarem grandes líderes, eventualmente CEOs. Em que lugar os algoritmos vão buscar as informações necessárias para desenhar o perfil pretendido? Com certeza, nos líderes e CEOs da atualidade, majoritariamente homens, brancos e de meia-idade. A tendência, então, é a de que as sugestões para a contratação provindas do software reflitam circunstâncias do passado, que levaram esse perfil a cargos de destaque, e as projetem para o futuro, dificultando o acesso de novos grupos, como mulheres e negros. Perceba que nessa situação, não há incorreção nos dados que alimentam o aprendizado de máquinas, entretanto, as consequências produzidas a partir da decisão automatizada terão efeito discriminatório. Algoritmos aprendem pelo exemplo. Se os dados aos quais expostos refletirem o preconceito (consciente ou inconscientemente) presente na sociedade, as decisões daí derivadas irão refleti-lo e reforçá-lo. "*Garbage in, garbage out*" ("lixo entra, lixo sai"), como diz o aforismo repetido por programadores". FERRARI, Isabela; BECKER, Daniel; WOLKART, Erik Navarro. *Arbitrium ex machina:* panorama, riscos e a necessidade de regulação das decisões informadas por algoritmos. *Revista dos Tribunais*. Vol. 995, p. 635-655 (Set / 2018), p. 643.

[620] FRAZÃO, Ana. Quais devem ser os parâmetros éticos e jurídicos para a utilização da IA? *Jota*, 24 abr. 2019. Disponível em: https://www.jota.info/opiniao-e-analise/colunas/constituicao-empresa-e-mercado/quais-devem-ser-osparametros-eticos-e-juridicos-para-a-utilizacao-da-ia-24042019#sdfootnote1sym. Acesso em: 17. maio.2021.

A apresentação do Livro Branco em 2020 foi mais um passo dado pela União Europeia no sentido de regulamentar a inteligência artificial.[621] O documento, afirma a necessidade de criar mecanismos para a confiabilidade dessa tecnologia e traçar toda a política europeia com base nos valores e direitos fundamentais, tais como a dignidade da pessoa humana e a proteção da privacidade de cada cidadão.[622]

O colossal avanço tecnológico impede que o cenário jurídico acompanhe as mudanças na mesma velocidade, todavia não cessa a busca pelo aprimoramento. Deste modo, em 20.10.2020, foi aprovada nova Resolução pelo Parlamento Europeu, contendo recomendações à Comissão sobre o Regime de Responsabilidade Civil aplicável à Inteligência Artificial (2020/2014(INL)). Dentre elas, merecem destaque as três seguintes: (1) desnecessidade, de criação de uma personalidade jurídica própria aos sistemas de I.A.; (2) desnecessidade de se proceder a uma completa revisão das normas de responsabilidade civil existentes; (3) a afirmação de que I.A.s distintas implicam riscos distintos (distinguidos entre riscos inaceitáveis,[623] elevados,[624] limitados e mínimos), devendo para cada uma ser identificado um regime de responsabilidade civil igualmente diverso, objetivo, subjetivo e com culpa presumida.[625] [626]

Avançando no caminho da regulamentação, em abril de 2021, a Comissão Europeia propôs novas iniciativas para regulamentação da inteligência artificial,[627] que contam com princípios éticos e de confiança, "que tende a nortear os debates mundiais, dada a riqueza no detalhamento de seu conteúdo. O texto apresenta proibições para a utilização de IA, como para fins de *social scoring*, restringindo, ainda, a vigilância em massa".[628]

---

[621] COMISSÃO EUROPEIA. *White Paper On Artificial Intelligence* – A European Approach To Excellence And Trust. 2020. Disponível em: https://ec.europa.eu/info/sites/info/files/commission-white-paper-artificial-intelligence-feb2020_pt.pdf. Acesso em 28 set. 2021.

[622] TEFFÉ, Chiara Spadaccini de; MEDON, Filipe. Responsabilidade civil e regulação de novas tecnologias: questões acerca da utilização de inteligência artificial na tomada de decisões empresariais. *Revista Estudos Institucionais*. V. 6, n. 1, p. 301-333, jan./abr. 2020, p. 307.

[623] "Aplicativos de IA que manipulam o comportamento humano para privar os usuários de seu livre-arbítrio, – Sistemas que permitem pontuação social por Estados" tais como "brinquedos para menores com assistência de voz que encorajam comportamentos perigosos", ou "sistemas que permitem uma 'classificação social' por parte de governos". Esses sistemas são proibidos. Montreal Ai Ethics Institute. Disponível em: https://montrealethics.ai/europe-analysis-of-the-proposal-for-an-ai-regulation/. Acesso em: 25 maio 2022.

[624] Exemplificados no documento, dentre tantos, pelas cirurgias robóticas, pontuação de crédito que impeça a obtenção de empréstimos, aplicação judicial automatizada da lei a um conjunto de fatos, sistemas de identificação biométrica, etc. Montreal Ai Ethics Institute. Disponível em: https://montrealethics.ai/europe-analysis-of-the-proposal-for-an-ai-regulation/. Acesso em: 25 maio 2022.

[625] Disponível em:https://www.europarl.europa.eu/doceo/document/TA-9-2020-0276_PT.html. Acesso em: 20.mar.2022.

[626] Ver: EVAS, Tatjana. EPRS. European Parliamentary Research Service. *European framework on ethical aspects of artificial intelligence, robotics, and related technologies*. Sep.2020. Disponível em: https://www.europarl.europa.eu/RegData/etudes/STUD/2020/654179/EPRS_STU(2020)654179_EN.pdf. Acesso em: 12 out. 2021.

[627] Disponível em: https://eur-lex.europa.eu/legal-content/EN/TXT/?qid=1623335154975&uri=CELEX%3A52021PC0206. Acesso em: 11 set.2021.

[628] MEDON, Filipe. *Inteligência Artificial e Responsabilidade Civil.* Autonomia, Riscos e Solidariedade. 2. ed. rev., atual. e ampl. São Paulo: Juspodivm, 2022. p. 56.

Para 2023, há expectativas de transformar a proposta em lei, assim que houver consenso quanto ao texto por parte do Conselho da UE e do Parlamento Europeu.

Ainda no contexto europeu, destacam-se algumas iniciativas do modelo alemão, voltadas ao desenvolvimento responsável da IA, mediante a imposição de limites éticos. Nesse sentido, em 2018, foi apresentada a *Nationale KI Strategie*, de 2018, com planejamento estratégico do país sobre inteligência artificial. O documento apresenta uma visão holística para uma abordagem sustentável e consistente no desenvolvimento e uso da inteligência artificial, detalhando os impactos e riscos existentes e futuros. Destaca-se também a necessária postura cooperativa para desenvolvimento da inteligência artificial, almejando uma participação ativa da academia e sociedade. Apresenta igualmente objetivos táticos, sendo o primeiro deles tornar a Alemanha um importante centro de inteligência artificial, procurando garantir sua competitividade,[629] seguido do objetivo de garantir um desenvolvimento responsável, com o uso da inteligência artificial a serviço da sociedade. Por último, busca-se a integração da inteligência artificial na sociedade em termos éticos, normativos, culturais e institucionais, em contexto de amplo diálogo social, acompanhado de medidas políticas ativas. Para cada objetivo tático são previstas ações específicas.[630] Uma rápida análise em alguns dos projetos em andamento, tais como o Alice,[631] *Deep Rain*,[632] Visão Zero,[633] *HoloMed*,[634] demonstra que a Alemanha pretende ser competitiva na Europa e internacionalmente, utilizando estratégias eficientes.[635]

Na Conferência Internacional sobre Ética na Neurotecnologia, que aconteceu em Paris, em julho de 2023, a Unesco afirmou que 50% das empresas de neurotecnologia estão nos EUA, e 35% na Europa e no Reino Unido.

---

629 A Alemanha ficou em primeiro lugar no *bloomberg innovation index 2020*, quebrando a série de vitórias da Coreia do Sul, que permaneceu na liderança por seis anos. Disponível em: https://www.bloomberg.com/news/articles/2020-01-18/germany-breaks-korea-s-six-year-streak-as-most-innovative-nation. Acesso em: 13 ago.2021.

630 ALEMANHA. *Nationale Strategie fur Künstliche Intelligenz (KI)*. Novembro 2018. Disponível em: https://www.ki-strategie-deutschland.de/home.html. Acesso em: 10 out. 2020.

631 O objetivo do projeto ALICE envolve turbinas eólicas, visando a maximizar sua capacidade de geração de energia em um sistema de aprendizagem que permita sua utilização de forma autônoma, ou seja, sem monitoramento constante por um especialista humano, na gestão de usinas eólicas.

632 O objetivo do projeto de pesquisa *DeepRain* é calcular em tempo real as probabilidades para eventos de chuva e tempestades em toda a Alemanha, com uma resolução espacial de 1 km ou menos. As previsões são baseadas em modelos de previsões do Serviço Meteorológico Alemão e dados de radares de chuva.

633 O projeto propõe um trânsito futuro sem acidentes. A inteligência artificial permite que os veículos de amanhã interajam para salvar vidas. As tecnologias de câmera e sensor de última geração para reconhecimento acelerado de objetos permitem prever antecipadamente o comportamento de outros usuários da estrada, evitando acidentes.

634 Envolvendo aplicação da I.A. na área médica. ALEMANHA. *Nationale Strategie fur Künstliche Intelligenz (KI)*. Novembro 2018.Disponível em: https://www.ki-strategie-deutschland.de/home.html. Acesso em: 10 out. 2020.

635 ALEMANHA. *Strategie Intelligente Vernetzung*. Outubro, 2015. Disponível em: https://www.bmwk.de/Redaktion/DE/Publikationen/Digitale-Welt/Intelligente-Vernetzung/strategie-intelligente-vernetzung.html. Acesso em: 04 out. 2020.

A regulação algorítmica é uma preocupação mundial, todavia há formas distintas de regulá-la. Nesse contexto, diferentemente da Europa que possui uma visão bastante interventiva com a prevalência do setor público para gerir esses assuntos, os Estados Unidos acredita que a chave está na iniciativa privada por meio da autorregulação.

Os americanos tendem a trilhar o caminho da autorregulação privada, entendendo ser este, suficiente para resolver o problema dos algoritmos, refletindo os valores americanos fundamentais – dentre os quais destaca-se uma tendencialmente ilimitada liberdade de iniciativa – visando a garantir que as tecnologias de IA sejam compreensíveis, confiáveis, robustas e seguras.[636]

Com base nesses pressupostos, em fevereiro de 2019, foi publicada a *Executive Order* (EO) 13859, estabelecendo princípios estratégicos de apoio à inovação e uso responsável da inteligência artificial. Tratava-se da *American AI Iniciative* – a estratégia nacional dos Estados Unidos sobre inteligência artificial –, procurando promover e proteger a tecnologia e inovação nacional no setor.

A iniciativa implementa uma estratégia orientadora para atuação do governo em colaboração e envolvimento com o setor privado, a academia, a sociedade em geral e parceiros internacionais com interesses semelhantes. Está estruturado em torno de cinco atividades: investimento em pesquisa e desenvolvimento, liberação de recursos para tanto, remoção de barreiras para a inovação em IA, empoderamento do trabalhador americano, treinando-o em habilidades que exigem conhecimento de IA, promoção de um engajamento internacional favorável aos interesses norte-americanos. Esse documento traz uma abordagem mais no estilo *business*, focado na governança, e não tanto em padrões éticos. Todavia, diante da ampla autonomia normativa conferida aos Estados-Membros, nos EUA, a legislação estadual pode adotar temperamentos a essa orientação federal. É o caso da *California Consumer Privacy Act 2018 (CCPA)*, adotada na Califórnia, que se baseia parcialmente em modelos da regulamentação básica da União Europeia sobre proteção de dados no mundo digital.[637]

Em 2020, surge a *National Initiative Act* (Lei da Iniciativa Nacional de Inteligência Artificial) para agregar ao projeto de regulação e desenvolvimento da IA.[638]

Ato contínuo, em abril de 2022, o *National AI Advisory Committee* – NAIAC –, um comitê consultivo composto por 27 membros, foi criado para auxiliar o presidente e o *National AI Initiative Office* em questões relacionadas à iniciativa nacional de inteligência artificial.[639]

[636] ESTADOS UNIDOS. *Artificial Intelligence for the American People*. Disponível em: https://www.whitehouse.gov/ai/. Acesso em: 12 set. 2021.

[637] HOFFMANN-RIEM, Wolfgang. *Teoria Geral do Direito Digital. Transformação digital:* desafios para o direito. Trad. de Italo Fuhrmann. Rio de Janeiro: Forense, 2021, p. 9.

[638] Disponível em: https://www.congress.gov/116/crpt/hrpt617/CRPT-116hrpt617.pdf#page=1215. Acesso em: 15. dez.2022.

[639] Disponível em: https://www.commerce.gov/news/press-releases/2022/04/us-department-commerce-appoints-27-members-national-ai-advisory. Acesso em: 14.dez.2022.

As maiores empresas de tecnologia do mundo, como Amazon, Google, Apple, Facebook, IBM e Microsoft, estão nos Estados Unidos, e detêm grande poder de influência sobre os consumidores.[640] Portanto, é importante que a regulamentação harmonize a competição empresarial com a preservação dos direitos fundamentais.[641]

Não é possível falar em tecnologia na atualidade sem referir a China e seu desenvolvimento exponencial nesse setor. A China possui um olhar positivo diante da inteligência artificial, como um instrumento capaz de fornecer muitas oportunidades, resolvendo problemas sociais e gerando riquezas e portanto, a regulação não está entre as prioridades, pois temem a estagnação do desenvolvimento de países que adotam posições mais ou menos interventivas, todas as pesquisas realizadas no mundo nesse segmento, buscam-se adaptar métodos e técnicas para regulação algorítmica e *software* seguro,[642] *design* de sistema, verificação, teste e auditoria, a fim de garantir conformidade com as normas de direitos humanos, juntamente com abordagens sociais e organizacionais para governança regulatória efetiva e legítima.

Ainda surpreende que a miserável China da década de 70 tenha conseguido tirar 750 milhões de pessoas da pobreza nos últimos cinquenta anos. Do ponto de vista tecnológico, deu saltos de gigantes e atualmente já está superando os Estados Unidos.[643] Todos os pagamentos são digitais ou por QR *code* com tecnologia de Pix, que aqui é uma inovação, mas já é obsoleta na China, que há muito tempo utiliza a tecnologia até mesmo para creditar esmolas aos mendigos. Atualmente, o dispositivo em ascensão é o *smile to pay*, onde sua biometria facial serve de senha para pagar a conta em restaurantes, salões de beleza, padarias e até nas catracas de metrô. Consumidores podem sair sem absolutamente nada consigo, nem cartões, nem *smartphones*, *smartwatches*, documentos etc., e com um simples sorriso frente a um aparelho dotado da

---

[640] Para se ter uma ideia da importância e influência desses gigantes econômicos, pondera-se que "o *valuation* da Microsoft supera em 55% o PIB brasileiro, de US$ 1,4 trilhão em 2020. Apenas sete países do mundo possuem o produto interno bruto maior do que o valor da empresa se alguém quiser comprá-la: Estados Unidos, China, Japão, Alemanha, Reino Unido, Índia e França". SILVA, Beto. A inteligência da Microsoft para o Brasil. *Istoé Dinheiro.* Disponível em: https://www.istoedinheiro.com.br/a-inteligencia-da-microsoft-para-o-brasil/. Acesso em: 13 set. 2021.

[641] Nesse contexto, algumas leis federais antidiscriminação nos EUA: *Civil Rights Act de 1964* (Lei dos Direitos Civis), *Americans with Disabilities Act* (ADA) de 1990 (Lei dos Americanos com Deficiência), *Patient Protection and Affordable Care Act* (PPACA) Lei de Proteção e Cuidado Acessível ao Paciente, conhecida como ACA (*Affordable Care Act*), Lei de Não Discriminação de Informações Genéticas (GINA). E alguns exemplos de leis estaduais e locais com escopo de proteger os dados e preservar a privacidade dos consumidores: *California Consumer Privacy Act* (CCPA), o Illinois Biometric Privacy Act (BIPA) e o *New York Stop Hacks and Improve Electronic Data Security Act* (SHIELD Act).

[642] Nesse sentido, o Sandbox é uma ferramenta utilizada. Em síntese, o Sandbox consiste em uma técnica regulatória que isola novas experiências, mantendo-as sob vigilância, impedindo que normas regulatórias já existentes fulminem essa nova iniciativa.

[643] Disponível:https://forbes.com.br/forbes-tech/2023/01/a-implementacao-de-ia-na-china-esta-superando-os-eua/. Acesso em: 19.fev.2023.

tecnologia, autoriza o pagamento que será debitado diretamente em sua conta bancária.[644]

O governo chinês lançou, em 2017, o "Plano de Desenvolvimento da Inteligência Artificial da Próxima Geração", visando a atingir a liderança mundial do setor por volta de 2030. Um órgão foi criado para coordenar sua implementação e um comitê de aconselhamento. A integração com o setor privado conta com uma "Aliança para o Desenvolvimento da IA".[645]

O plano indica a necessidade de elaborar uma "nova geração de teoria básica sobre a IA no mundo", além de construir uma tecnologia de IA de forma cooperativa, elevando a capacidade técnica do país em relação ao restante do mundo. Entre as metas, está a aceleração da formação de talentos em ocupações de ponta na construção de sistemas de IA e o fomento a bens e serviços como *hardwares* inteligentes (a exemplo de robôs), carros autônomos, realidade virtual, aumentada e componentes da internet das coisas.[646]

Em maio de 2019, a Academia de Inteligência Artificial de Pequim publicou o "*Beijing AI Principles*", estabelecendo princípios para a pesquisa e desenvolvimento de inteligência artificial, respeitando os direitos humanos de privacidade, dignidade, liberdade e autonomia. Trata-se de um código de ética elaborado conjuntamente pelas principais universidades de tecnologia da China e por três grandes empresas de inovação tecnológica do país: Baidu, Alibaba e Tencent. O documento se divide entre políticas de pesquisa, relacionadas ao respeito à diversidade, compartilhamento e responsabilidade no desenvolvimento de inteligência artificial; políticas de uso com consentimento informado das tecnologias; e políticas de governança que valorizem a cooperação e a preocupação com os impactos de longo prazo da utilização de inteligência artificial.[647] A China criou uma indústria de controle da internet na qual o

---

644 Sobre essa tecnologia, em uso há vários anos, vide a reportagem do The Guardiam, intitulada "Smile-to-pay: Chinese shoppers turn to facial payment technology", publicada em 04.set.2019. Disponível em https://www.theguardian.com/world/2019/sep/04/smile-to-pay-chinese-shoppers-turn-to-facial-payment-technology. Acesso em 22. set.2021.

645 Disponível em: http://www.gov.cn/zhengce/content/2017-07/20/content_5211996.htm. Acesso em: 15 set. 2021.

646 A crítica que se faz à China é no sentido de que o país não parece muito interessado em resguardar a privacidade dos cidadãos na coleta de dados pessoais, sendo muitos desses dados utilizados para atender o sistema chinês de "Crédito social", que permite um amplo controle do governo sobre a sociedade como um todo e sobre os seus cidadãos em particular. O sistema de crédito social iniciou sua fase de teste em 2014 e foi implementado nacionalmente em 2020. A ideia é avaliar cada cidadão de acordo com seu comportamento social para então definir uma pontuação, da qual deriva uma série de punições ou recompensas. A partir de dados coletados na internet, em registros governamentais e por meio de reconhecimento facial, cada cidadão recebe uma pontuação. Se for positiva, a pessoa recebe algumas recompensas sociais. Um escore negativo, porém, pode impedir uma pessoa de se matricular em uma boa escola, ser contratada para uma boa vaga de emprego, ou até mesmo viajar. Segundo relatório divulgado pelo Centro de Informação do Crédito Público Nacional da China, em 2018, 23 milhões de chineses foram impedidos de viajar naquele ano em razão de sua baixa pontuação social – sobre esse sistema, v. a reportagem "Entenda o sistema de crédito social planejado pela China", disponível em https://www.poder360.com.br/internacional/entenda-o-sistema-de-credito-social-planejado-pela-china/, de 27.01.2020. Acesso em 22 set. 2021.

647 Disponível em: https://www.internetlab.org.br/pt/itens-semanario/china-cientistas-e-engenheiros-estabelecem-codigo-de-etica-para-o-uso-de-inteligencia-artificial/. Acesso em: 22 set.2021.

monitoramento *on-line* envolve mais de dois milhões de pessoas, sendo maior que o número de soldados do país.[648]

Cientistas chineses constroem inteligência artificial capaz de ler a mente humana.[649] Esse dispositivo foi testado em trabalhadores de uma fábrica e foi capaz de reconhecer a intenção das pessoas com 96% de precisão.[650] Sem qualquer comando verbal ou gestual, o robô reagia ao que estava sendo pensado, entregando o objeto, por exemplo.

Em 2022, tanto a China[651] quanto a União Europeia imprimiram esforços para liderar a regulamentação da Inteligência Artificial, criando um manual global.

Inovar sem limites é algo que os chineses sabem fazer, especialmente quando o assunto é tecnologia e inteligência artificial.

A competição não para entre EUA e China quando assunto é supercomputador. O grande destaque dos Estados Unidos com seu supercomputador *Exascale*[652] não impediu que a China assumisse a liderança na computação quântica e recebe como coroação o prêmio *bell* pela excelência na computação de alto desempenho. Além disso, em 2022, ganhou o primeiro lugar global com modelo de IA em escala cerebral.[653] Porém, o avanço nesse setor é exponencial, e a posição da primazia tecnológica é flutuante.[654]

Diante da corrida internacional para regulação e desenvolvimento da inteligência artificial,[655] o Brasil trabalha para alcançar um modelo estratégico que

---

648 De acordo com um relatório da Beijing News, torna-se analista de opinião pública da internet: tornar-se formalmente uma profissão oficialmente reconhecida no país (tradução livre do chinês). Disponível em: http://epaper.bjnews.com.cn/html/2013-10/03/content_469152.htm?div=-1.

649 China *desarrolla una inteligencia artificial capaz de ler la mente humana* Disponível em: https://www.clarin.com/tecnologia/china-desarrolla-inteligencia-artificial-capaz-leer-mente-humana_0_S83MLVQEcO.html. Acesso em: 23.jan.2023.

650 Pesquisa publicada na revista Chinese Journal of Mechanical Engineering e divulgada pelo jornal South China Morning Post. SCMP. Disponível em: https://www.scmp.com/news/china/science/article/3162257/chinese-scientists-build-factory-robot-can-read-minds-assembly.

651 SCMP. Disponível em: https://www.scmp.com/tech/policy/article/3168816/chinas-algorithm-law-takes-effect-curb-big-techs-sway-public-opinion. Acesso em: 23.jan.2023.

652 South China Morning Post Disponível em: https://www.newscientist.com/article/2322963-are-the-worlds-most-powerful-supercomputers-operating-in-secret/. Acesso em: 23.jan.2023.

653 SCMP. Disponível em:https://www.scmp.com/news/china/science/article/3206781/giant-chinese-drone-carrying-ai-ship-enters-service-research-vessel. Acesso em: 23.jan.2023.

654 Disponível em: https://mundoconectado.com.br/noticias/v/25823/supercomputador-mais-rapido-do-mundo-e-dos-eua-11-quintilhao-de-operacoes-por-segundo. Acesso em: 23.jan.2023.

655 Muitos países possuem políticas mais genéricas envolvendo a Inteligência Artificial, como é o caso da *Iniciativa Digital* da Dinamarca, do *Programa Holandês para Empresas Inteligentes*, e da *Plataforma Indústria 4.0*, da Áustria. Contudo, com o crescimento da IA e a utilização dessa tecnologia em áreas diversas, da economia à política, alguns países passaram a debater políticas mais específicas sobre o tema, visando neutralizar quanto possível os riscos associados a essa tecnologia. Exemplo disso é Portugal que pela Lei n. 27/2021, de 17 de maio, promulgou sua Carta de Direitos Humanos na Era Digital. Seu art. 9º dispõe sobre o uso da I.A. e de robôs, nos seguintes termos: Artigo 9º :Uso da inteligência artificial e de robôs. 1 – A utilização da inteligência artificial deve ser orientada pelo respeito dos direitos fundamentais, garantindo um justo equilíbrio entre os princípios da explicabilidade, da segurança, da transparência e da responsabilidade, que atenda às circunstâncias de cada caso concreto e estabeleça processos destinados a evitar quaisquer preconceitos e formas de discriminação. 2 – As decisões com impacto significativo na esfera dos destinatários que

acompanhe o avanço mundial no setor e seja adequado à realidade nacional. A experiência brasileira é mais modesta do que a dos modelos acima analisados, tanto em termos tecnológicos quanto de regulação, porém tem avançado gradativamente, trilhando um próspero caminho no setor.

Um importante movimento foi feito no ano de 2018 com a criação da *Estratégia Brasileira para a Transformação Digital (E-Digital)*,[656] com objetivo de fomentar e organizar as transformações da economia, da sociedade e do próprio governo à realidade digital.

Em maio de 2019, o Brasil deu mais um passo ao aderir aos princípios da OCDE[657] para a administração responsável de inteligência artificial, talvez o primeiro documento transnacional (abrangendo países fora da Europa) contendo diretrizes éticas para o desenvolvimento da I.A. Dentre os princípios a serem observados são elencados: *Inclusive growth, sustainable development and well-being; Human-centred values and fairness; Transparency and explainability; Robustness, security and safety; Accountability.*

No ano de 2020, o Brasil passou a integrar o grupo de países que compõem a Parceria Global para a Inteligência Artificial (GPAI), que visa a facilitar a colaboração internacional e promover a adoção de IA confiável.[658]

Nesse contexto, entrou em vigor a Lei Geral de Proteção de Dados (LGPD), em agosto de 2020. Esse importante marco regulatório pretende preservar a autodeterminação informacional dos titulares de dados por meio de diversos princípios e garantias, entre os quais está o princípio do livre acesso aos dados, transparência e *accountability*, visando a minimizar a opacidade das decisões algorítmicas. Ou seja, aquele que utiliza sistemas de inteligência artificial precisa "se cercar de garantias de que o sistema é razoavelmente adequado, seguro, robusto, inteligível e suscetível de ser explicado e justificado".[659]

Outro importante passo foi dado em abril de 2021 com a aprovação da "Estratégia Brasileira de Inteligência Artificial", por meio da Portaria GM n. 4.617 do Ministério da Ciência, Tecnologia e Inovações, estruturada em seis eixos verticais (educação; força de trabalho e capacitação; pesquisa, desenvolvimento, inovação e empreendedorismo; aplicação no Poder Público;

---

sejam tomadas mediante o uso de algoritmos devem ser comunicadas aos interessados, sendo suscetíveis de recurso e auditáveis, nos termos previstos na lei. 3 – São aplicáveis à criação e ao uso de robôs os princípios da beneficência, da não-maleficência, do respeito pela autonomia humana e pela justiça, bem como os princípios e valores consagrados no artigo 2º do Tratado da União Europeia, designadamente a não discriminação e a tolerância.

[656] Trabalho de mais de cem páginas, resultado de uma iniciativa interministerial do Governo Federal, coordenada pelo Ministério da Ciência, Tecnologia, Inovações e Comunicações. Disponível em https://www.gov.br/mcti/pt-br/centrais-de-conteudo/comunicados-mcti/estrategia-digital-brasileira/estrategiadigital.pdf. Acesso em 23.out.2021.

[657] OECD, *Recommendation of the Council on Artificial Intelligence*, OECD/LEGAL/0449. Disponível em https://legalinstruments.oecd.org/en/instruments/OECD-LEGAL-0449. Acesso em 22.out.21.

[658] Nesse mesmo ano, foi criado o C4AI (Centro de Inteligência Artificial) em parceria com a IBM e a Fundação de Amparo à Pesquisa do Estado de São Paulo (FAPESP).

[659] FRAZÃO, Ana. Inteligência Artificial. *In:* FRAZÃO, Ana; MULHOLLAND, Caitlin, Coord. *Inteligência artificial e direito*: ética, regulação e responsabilidade. São Paulo: Thompson Reuters Brasil, 2019. p. 507.

aplicação nos setores produtivos; e na segurança pública) e três eixos transversais (legislação, regulação e uso ético; aspectos internacionais; e governança de IA). Sob alguns aspectos, ela revela as mesmas preocupações identificadas em documentos assemelhados de outros países, como é o caso do risco dos vieses algorítmicos.[660] Todavia, no geral, a estratégia vem recebendo críticas fortes da doutrina especializada, exemplificada por Ronaldo Lemos, que publicou texto denominado "Estratégia de IA brasileira é patética", em que referiu que se ela fosse apresentada como um trabalho acadêmico, "seria reprovada".[661]

Como política de Estado, ela é um desastre", pois não apresenta "nenhuma meta, orçamento, organização ou planejamento de implementação".[662] De acordo com Medon,[663] as críticas são merecidas, pois "o documento está muito aquém do que outros países têm produzido e daquilo que o Brasil necessita para fazer frente aos complexos e incontáveis desafios trazidos pela inteligência artificial em toda a sua multifacetada realidade".

Sob outro enfoque, a Resolução n° 332 do CNJ, de 21.08.2020, é uma política pública para a transformação digital e a inovação tecnológica baseada na ética, transparência e responsabilidade na área do Poder Judiciário. Estabelece como premissa que as etapas de pesquisa, desenvolvimento e implantação das soluções que se utilizem de inteligência artificial contarão com a participação de diversos segmentos da sociedade, orientando-se pela busca da diversidade em seu mais amplo espectro. Recomenda também que a inteligência artificial não seja aplicada na área criminal, evitando que modelos com decisões preditivas (como o COMPAS) sejam aplicados. O Brasil foi formalmente convidado a integrar a OCDE em janeiro de 2022, passando de um "estágio de preparação prévia para o estágio de processo de acessão", para que o país se torne um membro pleno.[664]

Em dezembro de 2022, foi apresentado um relatório final[665] para comissão de juristas para elaboração do substitutivo ao PL 21/2020, denominado Marco

[660] "Um dos problemas mais discutidos no campo da IA diz respeito aos vieses algorítmicos. A esse respeito, cabe ressaltar que em alinhamento com o ordenamento jurídico brasileiro, esta Estratégia parte do pressuposto de que a IA não deve criar ou reforçar preconceitos capazes de impactar de maneira injusta ou desproporcional determinados indivíduos, principalmente os relacionados a características sensíveis como raça, etnia, gênero, nacionalidade, renda, orientação sexual, deficiência, crença religiosa ou inclinação política. Nesse aspecto, as pessoas e organizações responsáveis por projetar e implantar sistemas de IA devem ser responsáveis pelo funcionamento de seus sistemas. Aqueles que desenvolvem e usam sistemas de IA devem considerar os princípios balizadores de seus sistemas e verificar periodicamente se estão sendo respeitados e se estão trabalhando efetivamente". Disponível em https://www.gov.br/mcti/pt-br/acompanhe-o-mcti/transformacaodigital/arquivosinteligenciaartificial/ia_estrategia_diagramacao_4-979_2021.pdf, p. 22.

[661] LEMOS, Ronaldo. Estratégia de IA brasileira é patética. In: *Folha de São Paulo*, 11 abr. 2021. Disponível em https://www1.folha.uol.com.br/colunas/ronaldolemos/2021/04/estrategia-de-ia-brasileira-e-patetica.shtml. Acesso em 23.out.21.

[662] Ibid.

[663] MEDON, Filipe. Inteligência Artificial e a Responsabilidade Civil: Diálogos entre Europa e Brasil. *In*: PINHO, Anna Carolina. Coord. *Discussões sobre Direito na Era Digital*. Rio de Janeiro: GZ, 2021. p. 343.

[664] Disponível em: https://www.gov.br/casacivil/pt-br/assuntos/ocde/sobre-a-ocde-1/relatorio_trimestral_dez_jan_fev_2022_vf.pdf Acesso em: 13 jun.2023.

[665] Com objetivo de organizar os projetos já existentes sobre a regulamentação da inteligência artificial (Projeto de Lei n° 872, de 2021 e Projeto de Lei n° 5.051, de 2019 e agregar novas ideias a eles.

Legal da Inteligência Artificial (que visa a regulamentar a inteligência artificial).

Conforme se verifica, o direito comparado tem avançado em mecanismos protetivos aos humanos frente às tecnologias de interface.[666] Nesse sentido, o Brasil deve avançar medidas protetivas que forneçam um cenário de confiança aos consumidores mediante a formação de um ecossistema que contemple mais do que ferramentas legislativas, mas também promova um olhar humano sistêmico.

Entende-se que o regime de governança deve ser exigido por lei, e depende criticamente de supervisão externa independente, competente e com recursos adequados; autoridades regulatórias com poderes apropriados de investigação e fiscalização, exigindo contribuições de especialistas técnicos e de direitos humanos. Assim, um caminho próspero será trilhado na construção de uma inteligência artificial pura, sem vieses discriminatórios[667] para que, suas decisões se aproximem ao máximo possível de um seguimento de justiça que esperamos.[668]

Em um cenário onde os papéis sociais podem ser preenchidos pela inteligência artificial, além de novos *designs* de transparência e previsibilidade, o reconhecimento de uma dimensão ética e transparente é muito importante, pois somente com confiança a sociedade poderá se beneficiar. Sob esta perspectiva, deve-se refletir sobre os problemas identificados, para que sejam construídas estratégias adequadas para reduzir ao máximo o risco de violação de direitos.

---

[666] Conforme sustentado em: FACCHINI NETO, Eugênio; SCALZILLI, Roberta. *Tutela jurídica do corpo eletrônico:* novos desafios ao direito digital. Adriano Marteleto Godinho [*et al.*]; coordenado por Cristiano Colombo, José Luiz de Moura Faleiros Jr., Wilson Engelmann. Indaiatuba: Foco, 2022.

[667] Em artigo publicado na revista Nature, referência na área médica, constatou-se a existência de preconceito contra minorias (que envolvem raça e gênero) nas decisões de IA com base em histórico dos pacientes. ADAM, H.; BALAGOPALAN, A.; ALSENTZER, E. *et al. Mitigating the impact of biased artificial intelligence in emergency decision-making*. Commun Med 2, 149, 2022. Disponível em: https://doi.org/10.1038/s43856-022-00214-4 Acesso em: 12. fev.2023.

[668] SCALZILLI, Roberta. A tributação do influenciador digital: reflexões sobre transparência e uso da inteligência artificial nas mídias digitais. *In*: CALIENDO, Paulo; CAVALCANTE, Denise Lucena; BITTENCOURT, Luiz Antonio da Silva (Orgs.). *Tributação, Tecnologia e Direitos Fundamentais*. Porto Alegre: Fundação Fênix, 2021. *E-book*.

Parte II

2. Arquitetura qualificada para o desenvolvimento tecnológico de *interface* humana

O mercado busca que a tecnologia seja invisível aos olhos dos consumidores e a experiência maximizada, sem levar em consideração os custos da evolução.

O caminho que prioriza apenas o foco no desenvolvimento externo da sociedade, ignora os valores humanos sem observar a ética no caminho do desenvolvimento.

Essa pesquisa não visa a tratar sobre a proteção dos danos pessoais. Pouco se falará sobre eles, pois há grande arcabouço doutrinário já tratando desse tema de fundamental importância. Por outro lado, há de se admitir que o objeto perpassa por essa questão, porém, pretende seguir outro rumo: o da manipulação e controle humano por meio não apenas da obtenção e comercialização de dados pessoais, mas por estratégias usadas por grandes empresas com fins lucrativos e de poder que impedem o pensamento e tomada de decisões das pessoas, afrontando a autonomia da vontade.[669]

As inovações, em geral, alcançam diversos benefícios à sociedade, no entanto, o avanço exponencial da inteligência artificial pode apresentar consequências indesejáveis na interface com humanos. O estado da arte dessa tecnologia conhecida como internet dos corpos exige que sejam ponderados os potenciais riscos para os usuários para que eles tenham uma proteção real, qualificada. Diante disso, surge outra preocupação. Como manter um equilíbrio entre a inovação e tutela humana, evitando a estagnação tecnológica?

Um olhar acurado e global busca estabelecer, tanto os limites éticos do desenvolvimento de tecnologias que conectam humanos à internet e de interface entre homem e máquina, quanto do *marketing* dessas inovações. E por outro a proteção psicofísica do sujeito, resguardando a autonomia e preservando as garantias fundamentais humanas, baseada em princípios não em crenças. Uma sadia utilização do estado da arte tecnológico deve servir ao

---

[669] "A alteridade e a autonomia começam e terminam a partir de um mesmo fundamento: o ser humano como critério elementar para a construção de um sentido ético e jurídico que possa envolver qualquer relação social. O respeito à condição humana, em sua dimensão verdadeiramente ontológica, não pode prescindir do reconhecimento da sua capacidade volitiva". NEVES, Aguiar, M.; THEREZA, Meireles, A. Autonomia e alteridade como fundamentos da construção do sentido de dignidade existencial diante do direito à vida. *RBDA*, Salvador, v. 13, n. 1, 2018. DOI: 10.9771/rbda. v13i1.26220. Disponível em: https://periodicos.ufba.br/index.php/RBDA/article/view/26220. Acesso em: 4 nov. 2022.

humano e não o tornar objeto da vingança tecnológica por ausência da própria diligência humana. Do mesmo modo que as máquinas fazem parte de toda a nossa vida cotidiana, ao menos nos grandes centros, em contraposição, deve haver um forte movimento balanceador e redutor das externalidades negativas que conta com um ecossistema, composto por mecanismos ético-jurídicos e não jurídicos e participação ativa dos atores envolvidos, de modo a valorizar na prática as habilidades exclusivamente humanas, conservando autonomia e liberdade de decisão. Nesse caminho, a harmonização torna-se possível, na medida em que o "progresso é defender os direitos humanos das pessoas, não os minar. A proteção da privacidade não precisa ocorrer às custas do avanço da tecnologia"[670]

2.1. A perseguida eficiência e o surgimento da era dos ciberconsumidores

Estamos entrando em uma nova era,[671] um tempo de hiperconectividade em que a mídia manipula e induz eficiência.[672]

Através do *biohaking*,[673] as pessoas modificam seus corpos em busca dos benefícios de uma suposta evolução humana[674] que os tornará menos vulneráveis e mais eficientes para atender as demandas das vidas em sociedade.

Atualmente, o mundo é movido por tecnologia e obcecado por eficiência.[675] A eficiência é essencialmente boa, "mas, como todas as coisas boas, pode ser levada longe demais; mesmo um excesso de água pode ser letal".[676]

A busca desenfreada por eficiência agindo com o máximo de precisão e controle, pode ser prejudicial, por outro lado, ignorá-la por completo conduz a estagnação e mediocridade o que igualmente não é bom. Diante do paradoxo da eficiência, um caminho interessante pode ser percorrer, por vezes, caminhos mais difíceis em busca de uma ineficiência inspirada.[677]

---

[670] VÉLIZ, Carissa. *Privacidade é poder:* por que e como você deveria retomar o controle de seus dados. Trad. Samuel Oliveira. São Paulo: Contracorrente, 2021. p. 204.

[671] CIURO, Caldani Miguel Ángel. *Estrategia Jurídica*. Rosario: Editorial de la Universidad Nacional de Rosario, 2011, p. 147.

[672] LOVEKIN, David. *Technique, Discourse, and Consciousness*: An Introduction To The Philosophy Of Jacques Ellul. Bethlehem: Lehigh University Press, 1991.

[673] Sobre o termo *Biohacking* (biological experimentation) ver definição, disponível em: https://www.merriam-webster.com/dictionary/biohacking. Acesso em: 06.out.2022

[674] Por meio da implantação de imãs, microchips, "injeções de DNA geneticamente modificado, implantes de imãs nas mãos, aplicação de colírios para desenvolvimento de visão noturna, interfaces cérebro-computador, roteadores WiFi subcutâneos, sensores corporais que ligam e desligam as luzes de casa, dentre outros". Disponível em: https://www.whow.com.br/biohacking-tendencia-2020/. Acesso em: 06/10/2022.

[675] POYNTON, Robert. *Pausa:* No eres una lista de tareas pendientes. Toled: Koan, 2020. p. 98.

[676] Um exemplo que ilustra bem essa situação é a história das batatas que serviram para alimentar muitos, mas também se tornou algo prejudicial. Herment, L. (2018). Um capítulo pouco conhecido da história da batata na região parisiense durante o século XIX. Ohm: Obradoiro De Historia Moderna, (27). https://doi.org/10.15304/ohm.27.5140. Acesso em: 03.set.2022.

[677] TENNER, Edward. *The Efficiency Paradox:* What Big Data Can't Do. New York: Alfred A. Knopf, 2018.

Valorizar e investir nas habilidades humanas como intuição, imaginação, criatividade e o desenvolvimento de uma visão crítica de todos os resultados convenientes, contribui para obtenção de mais equilíbrio. "Todo ser humano possui um vasto estoque de conhecimento tácito que nunca poderia ser transmitido a um programa de inteligência artificial em toda a vida".[678]

Se vivêssemos rodeados por criações sintéticas, de máquinas que de fato não imaginam ou criam realmente, enfrentaríamos um sério problema de diversificação.

Vivemos em um círculo frenético por produtividade em que até em momentos de lazer precisamos estar produzindo e precisamos fazer pausas para refletir. Se aprofundar no presente sem ansiar tanto pelo que há de vir, porque tudo há de passar.[679]

Nesse contexto, os algoritmos de inteligência artificial deveriam apenas fazer sugestões hipotéticas[680] ao invés de apresentar soluções definitivas propiciando a utilização de nossas habilidades exclusivas na tomada de decisão, coadunando os benefícios do pensamento analógico com o digital.

A perseguida eficiência é uma crítica de algo desejável, e maravilhoso, até que não seja: eficiência. E é sobre algo que parece absurdo até percebermos que também é essencial: ineficiência inspirada. Desde 2008, o sonho da utopia por meio da eficiência eletrônica cada vez maior foi diminuído. Os computadores criam quando ajudam a tornar as pessoas mais eficientes. Todo mundo compete melhor, e o jogo se torna cada vez mais difícil de vencer.[681]

É instigante pensar em "normal" como algo benéfico. Quando as coisas estão normais não há razão para se preocupar. Nossos julgamentos sobre normalidade são afetados pelo que as pessoas consideram estatisticamente ou idealmente normal, portanto, apesar de muitas vezes esses julgamentos serem benignos, eles nem sempre são confiáveis.

As sociedades repletas de algoritmos são sociedades quantitativas, matematizadas e afetadas pela performatividade dos sistemas e modos de medir tudo que fazemos. E qual a lógica move tudo isso?[682]

Para elevar a produtividade, o paradigma da disciplina é substituído pelo paradigma do desempenho.[683]

---

[678] TENNER, Edward. *The Efficiency Paradox*: What Big Data Can't Do. New York: Alfred A. Knopf, 2018.

[679] POYNTON, Robert. *Pausa:* No eres una lista de tareas pendientes. Toled: Koan, 2020.

[680] "A técnica de programação chamada lógica fuzzy aceita a necessidade de soluções inicialmente subótimas na exploração do mundo". TENNER, Edward. *The Efficiency Paradox*: What Big Data Can't Do. New York: Alfred A. Knopf, 2018. p. 31.

[681] Conforme estudo realizado pelo filósofo Joshua Knobe e o psicólogo Adam Bear, ambos de Yale. Algumas questões como estabelecer o número de horas que passamos em frente a televisão pode ser saudável, porém nem sempre o que tomamos como normal é correto. BEAR, A.; KNOBE, J. *Normality*: Part descriptive. Cognition. 2017. Ver também: BEAR, A.; KNOBE, J. Folk judgments of normality: Part statistical, part evaluative. *In: Proceedings of the Thirty-Seventh Annual Conference of the Cognitive Science Society*, July, 2015, p. 184-189. Disponível em: http://dx.doi.org/10.1016/j.cognition.2016.10.024. Acesso em: 12. maio 2022.

[682] SILVEIRA, Sergio Amadeu da. *Democracia e os códigos invisíveis*: como os algoritmos estão modulando comportamentos e escolhas políticas. São Paulo: Edições Sesc. São Paulo, 2019, p. 81.

[683] HAN, Byung-Chul. *Sociedade do cansaço*; trad. Enio Paulo Giachini. Petrópolis, RJ: Vozes, 2015. p. 15.

Como animais selvagens que precisam dividir sua atenção em muitas atividades, tornamo-nos seres multitarefas com "atenção ampla, mas rasa" incapaz de aprofundamento.[684]

É importante refletir de que forma o homem moderno lida com o tempo? Em meio a uma dinâmica social acelerada, onde estamos sempre conectados em busca de eficiência.

O tempo é uma construção cultural que se transforma em cada época, "nos une em sociedade que nos define em meio a experiências e expectativas". Nesse processo, uma das formas de interagir é através da linguagem.[685]

Para Habermas, a ideia de progresso serviu para o secularizar de esperanças escatológicas, pois essas sugerem uma "abertura utópica do horizonte de expectativa", obstruindo a visão de futuro como fonte de inquietude.[686]

Defende Jorge Pontes, que a decadência do humanismo se deve pela "valoração do artificial em detrimento do natural e na mudança da percepção de tempo". Na medida em que as tecnologias proporcionam o "alívio de tarefas penosas, a abertura de novas possibilidades de ação e experiência, e a melhor utilização do tempo e com maior produtividade", colocamo-nos em posição de aceitação como cobaias acríticas.[687] Nesse contexto, sustenta:[688]

> A inteligência artificial é a concretização da frase tantas vezes repetida "programar-se para uma tarefa". Programamo-nos para tudo, até para o sexo, uma atividade lúdica de onde o prazer vem do inesperado, mas na atualidade não queremos mais "surpresas". Esta confirmação da valorização do artificial nos leva ao segundo sinal, a mudança na percepção do tempo. O tempo tecnológico é o tempo do projeto e da planificação e sua velocidade é exponencial, aliás, esta é uma das características da tecnologia. Nosso tempo no humanismo é linear, composto de passado, presente e futuro. Contudo, pela tela dos nossos *smartphones* e computadores vemos apenas o futuro, um futuro planejado, sem surpresas, um jogo de cartas marcadas que nos guia a morte ou a eternidade. Neste contexto, o passado é desvalorizado, não existe tempo de "olhar para trás" o que nos resta dele é um conjunto de experiências exitosas ou fracassadas que serve de exemplo para planejar no presente. Sim, nosso presente é planejar, se preparar para o que vem pela frente. Esta duração do tempo em instantes prejudica o viver humano, pois importa muito menos o que fazemos em função do tempo que lhe dedicamos – ficar com quem amamos, nos divertir e etc. – do que o que fazemos dentro do que o tempo medido nos permite (e como se estivéssemos tendo que bater metas a cada instante).

A eficiência pode ser definida como o desenvolvimento de uma atividade, tal como produção de bens, fornecimento de serviços ou informações ou processamento de transações com um mínimo de desperdício.[689]

---

[684] HAN, Byung-Chul. *Sociedade do cansaço;* trad. Enio Paulo Giachini. Petrópolis, RJ: Vozes, 2015. p. 18.

[685] SOUZA, Francisco de Castro Samarino e. O homem moderno e seu lugar no tempo. *Revista Filosofia.* Fevereiro de 2018. Ano X, n. 126, p. 11-19.

[686] HABERMAS, Jürgen. *1929 - O discurso filosófico da modernidade*: doze lições. Trad. Luiz Sérgio Repa e Rodnei Nascimento. São Paulo: Martins Fontes, 2000, p. 19.

[687] PONTES, Jorge. *Transumanismo*: a convergência tecnológica criando uma vida pós-humana, 2019, 10.13140/RG.2.2.27509.32486.

[688] Ibid.

[689] TENNER, Edward. *The Efficiency Paradox:* What Big Data Can't Do. New York: Alfred A. Knopf, 2018.

Atualmente, os celulares são pequenos computadores que cabem na palma de nossas mãos, mas são eles que nos aprisionam, especialmente em tempos em que estar "ocupado é muito bem visto". As pessoas estão cada vez mais adaptadas às máquinas e condicionadas por suas linguagens e padrões, reféns de uma "indústria de produtividade pessoal e gerenciamento de tempo" que "premia a eficiência acima de tudo" e infiltra essas ideias em nossa cultura.

A aceleração tecnológica só aumenta ao longo dos anos e almejar desacelerar as coisas é fracasso na certa. Daí cria-se uma tensão "entre como gostaríamos que as coisas fossem e como elas realmente são".[690]

A palavra *eficiência* foi difundida no século XIX, "quando cientistas e engenheiros estenderam ao trabalho humano a ideia física de eficiência como trabalho útil por unidade de energia". Entre 1890 e 1920, os cientistas sociais "expandiram esse sentido para todas as entradas e saídas da sociedade e, de fato, para um ideal de 'eficiência social', a otimização racional do bem-estar humano".[691]

A lógica tecnológica modifica o modo como vemos a vida. Os acontecimentos não pertencem mais ao acaso ou ao fluxo natural da vida, tudo é controlado e pode ser alterado. Conformar-se ou aceitar uma situação ou condição, parece ser coisa do passado quando está ao alcance das pessoas aumentar seu potencial.

Humanos são diferentes de máquinas, e máquinas são diferentes de humanos. A cultura da necessária eficiência sem limites é desumana. Portanto, para proteger o próprio ser humano, deve-se moderar a amplitude da mentalidade controladora humana.

2.2. Reflexos da crise de sentido e da vulnerabilidade de identidade

A tecnologia é usada para manipular nossas emoções, acarretando uma vulnerabilidade de identidade e redefinição de personalidade, introduzida por uma cultura que banaliza os sentimentos e faz com que as pessoas cada vez mais busquem terapias.[692]

Como consequência, viveremos em constante crise de identidade, questionando "para que serve o ser humano"? Bem, temos empenhado nossos esforços em criar inteligências artificiais, que podem ser chamadas de "alienígenas", que nos conduzirão a pensar de um jeito inédito sobre todas as áreas da vida. Nesse contexto, "o maior benefício do advento da IA é que ela ajudará a definir a humanidade. Precisaremos das inteligências artificiais para nos dizer quem somos e no futuro daremos corpos de robôs as mentes alienígenas".[693]

---

[690] POYNTON, Robert. *Pausa*: No eres una lista de tareas pendientes. Toled: Koan, 2020. p. 8 e 11.

[691] TENNER, Edward. *The Efficiency Paradox:* What Big Data Can't Do. New York: Alfred A. Knopf, 2018.

[692] FUREDI, Frank. *Therapy culture*: cultivating vulnerability in an uncertain age. London: Routledge, 2004.

[693] KELLY, Kevin. *Inevitável*: as 12 forças tecnológicas que mudarão nosso mundo. Tradução de Cristina Yamagami. São Paulo: HSM, 2017, p. 81-83.

Refletir sobre si mesmo é algo normal, porém os impactos da tecnologia sobre a identidade humana são de grandes proporções, influenciando diretamente no modo como as pessoas enxergam a si, ao outro e se portam em sociedade.

Estamos diuturnamente expostos à validação social propagada pela mídia, o que propicia a anulação da identidade pessoal em prol de uma identidade social.

Desse modo, valores e propósitos, podem ser deixados de lado em nome de aceitação, em um caminho de incertezas onde todos devem se parecer.

O universo digital é como uma caverna escura que, ao entrarmos, não sabemos o que vamos encontrar. Quanto mais perto da porta, ainda há luz e podemos enxergar detendo algum controle, porém quanto mais avançamos, mais nos tornamos vulneráveis.

Na concepção jurídica, a identidade humana é estanque, pois desconsidera as possíveis modificações de um indivíduo. Problematizar sobre a influência da tecnologia na vida das pessoas e como ela afeta a identidade contribui para alcançar soluções protetivas que não apenas aplaquem, mas impeçam os danos.[694]

Entre as heranças da pós-modernidade estão o hiperconsumismo, a crise identitária, uma cultura que fomenta novas necessidades e desejos como o melhoramento humano, a imortalidade, fazendo surgir o corpo futurível.[695]

A cultura do consumo fulmina a identidade autêntica do sujeito e a converte em mercadoria, na medida em que para pertencer à sociedade moderna, é preciso produzir e consumir.

A mente pode ser usada como forma de exercer a liberdade em terreno seguro,[696] fornecendo sentido para viver. Com a interface e o acesso da máquina ao corpo e à mente, o secredo humano será revelado, e a privacidade e a intimidade, aviltadas.

A frase "Tu não podes tocar na liberdade da minha mente" é da peça *Comus,* escrita por John Milton em 1634 e poderia muito bem ilustrar o cenário atual no qual a tecnologia tenta sequestrar a mente humana, porém a previsão é mais cruel. Na história, *Comus,* o feiticeiro, prende uma jovem e tenta seduzi-la por meio de prazeres corporais, porém a moça, que ao final foi resgatada por seus irmãos, manteve-se firme no refúgio de sua liberdade de espírito.[697]

---

[694] SOARES, Jessica Aparecida. Impacto das novas tecnologias (em especial bio e tecno) para a compreensão das identidades e da pessoa: uma revisão. *Revista Orbis Latina.* Volume 11, nº 1, janeiro- junho 2021. Disponível em: https://revistas.unila.edu.br/index.php/orbis. Acesso em: 28 nov. 2022.

[695] FERREIRA, André; NOVAES, Renato; ASSIS, Monique; TELLES, Silvio. O corpo-futurível: ensaio sobre as recentes (re)descrições do corpo humano rumo à pós-organicidade. *Revista Motrivivência.* 30. v 30 n 53, 2018. p. 181.

[696] FRANKEL, Viktor. *Em busca de sentido.* Petrópolis: Vozes. 1991.

[697] IENCA, M., Andorno, R. Towards. *New human rights in the age of neuroscience and neurotechnology.* Life Sci Soc Policy 13, 5, 2017. Disponível em: https://doi.org/10.1186/s40504-017-0050. Acesso em: 22 out. 2022.

Portanto, à medida que a neurotecnologia se torna parte do ecossistema digital, e a computação neural entra rapidamente na infosfera, a integridade mental dos indivíduos estará cada vez mais ameaçada se medidas de proteção específicas não forem implementadas.[698]

Na agitada rotina da vida moderna, as pessoas, cada vez mais, utilizam a tecnologia para o trabalho e para os mais diversos procedimentos do cotidiano, mas também como uma fuga da realidade.

O cenário tecnológico no qual estamos inseridos exige o desenvolvimento de habilidades como a de um "malabarista" ou a destreza de um "prestidigitador" "para corresponder ao desafio da manipulação líquida moderna da identidade". Segundo Bauman, a prática dessas habilidades foi alcançada pelo consumidor comum por meio do simulacro, "um fenômeno, descrito por Jean Baudrillard, semelhante às doenças psicossomáticas, conhecidas por cancelarem a distinção entre 'as coisas como elas são' e 'as coisas como elas fingem ser', ou entre realidade e ilusão, o verdadeiro estado das coisas e sua simulação"[699]

Para explicar a simulação, o filósofo francês Jean Baudrillard inicia sua obra "simulacros e simulação" utilizando como alegoria uma fábula de Borges que dizia que os cartógrafos do Império fizeram um mapa tão minucioso que cobriu todo o território, no entanto "quando o mapa cobre todo o território "qualquer coisa como o princípio da realidade desaparece".[700]

Nesse particular, "a simulação já não é a simulação de um território, de um ser referencial, de uma substância. É a geração pelos modelos de um real sem origem nem realidade: hiper-real".[701]

As pessoas se tornam mais vulneráveis em ambientes de hiper-realidade[702] como redes sociais[703] e filmes, favorecendo a manipulação e o controle humano por meio da hegemonia tecnológica que causa a crise de sentido e identidade.[704]

Estamos expostos a várias forças (emoções, relatividade às normas sociais etc.) que influenciam o nosso comportamento e nos fazem adotar decisões

---

698 IENCA, M., Andorno, R. Towards. *New human rights in the age of neuroscience and neurotechnology*. Life Sci Soc Policy 13, 5, 2017. Disponível em: https://doi.org/10.1186/s40504-017-0050. Acesso em: 22 out. 2022.

699 BAUMAN, Zygmunt. *A ética é possível num mundo de consumidores*? Trad. Alexandre Werneck. Rio de Janeiro: Jorge Zahar, 2011,p. 154.

700 BAUDRILLARD, Jean. *Simulacros e Simulação*. Trad. Maria João da Costa. Santa Maria da Feira: Relógio d'Água, 1991, p. 7 e 154.

701 Ibid. p. 8.

702 Ibid.

703 Sobre a manipulação da mente pelos algoritmos de recomendação, ver: FISHER, Max. *A máquina do caos*: como as redes sociais reprogramaram nossa mente e nosso mundo. Todavia, 2023.

704 Em 2018, um homem japonês casou-se com um holograma. Disponível em: https://forbes.com.br/colunas/2018/11/japones-se-casa-com-noiva-de-holograma/.Acesso em 18.jun.2023. Sobre a influência das máquinas em nossas vidas ver: LEE, Kai-Fu. *Inteligência artificial*. Como os robôs estão mudando o mundo a forma como amamos nos relacionamos trabalhamos e vivemos. Trad. Marcelo Barbão. Rio de Janeiro: Globo Livros, 2019.

irracionais.[705] Assim como não conseguimos evitar de sermos enganados por ilusões visuais, também "cedemos as decisões ilusórias que a mente nos oferece".[706]

Quando acabamos de digerir uma informação recebida, não necessariamente o nosso cérebro traduz fielmente a realidade "será mais uma representação dessa e é informação que nos baseamos para decidir seja o que for", pois nossos ambientes visuais e de decisão são uma filtragem do que capitam os nossos olhos, ouvidos, olfato, tato, e o cérebro é o grande mestre.[707]

O mundo está repleto de simulacros, ou seja, vivemos em um mundo inventado cada vez mais distantes da realidade,[708] é possível, dentro desse cenário, que criemos a nossa própria realidade,[709] sem que sejamos manipulados e reféns do controle alheio quanto às escolhas da vida.[710]

As invenções e ideias introduzidas nas sociedades ditam a cultura, o que é artificial e criado passa a ser mais bonito, sedutor do que o que é de fato real.[711]

A indústria midiática produz o hiper-real, um simulacro de realidade, criando uma cultura social que seduz ao caminho perfeito da felicidade. Para Baudrillard, a realidade não pode ser determinada, perdemos a capacidade de criar identidade, pois não conhecemos o passado em razão do simulacro e consequentemente a perspectiva de futuro também não existe.

Assim como a alegoria da caverna de Platão, o simulacro é um modo de reproduzir a realidade do mundo que dá sentido à simulação.[712] Essa premissa pode ser vista no contexto tecnológico, e sua propagação conduz à crise

---

[705] O nosso físico, emocional e mental é condicionado pela cultura, treinados para agir, conforme os interesses dos manipuladores. No silêncio, longe de todos os estímulos moduladores de comportamento, é possível acessar campos sutis de consciência, onde não somos condicionados.
Algumas estratégias atualmente adotadas por corporações para identificação e solução de problemas, são a Teoria U e o método *design thinking*. Para mais informações sobre as teorias, ver: SCHARMER, C. Otto. *Teoria U*: como liderar pela percepção e realização do futuro emergente. Alta Books 2019, e BROWN, Tim. *Design Thinking*: uma metodologia poderosa para decretar o fim das velhas ideias. Alta Books, 2020.

[706] ARIELY, Dan. *Previsivelmente Irracional As Forças Ocultas que influenciam as Nossas Decisões* Tradução de Sofia Serra, Estrela polar, 2008. p. 218-219.

[707] Ibid. p. 218.

[708] DELEUZE, G. *Diferença e Repetição*. Tradução de Luiz Orlandi e Roberto Machado. Rio de Janeiro: Graal, 1988, p. 8.

[709] Ibid.

[710] "Os problemas sociais só podem ser apreendidos numa 'retificação', quando a faculdade de sociabilidade se eleva a seu exercício transcendente e quebra a unidade do senso comum fetichista. O objeto transcendente da faculdade de sociabilidade é a revolução. É neste sentido que a revolução é a potência social da diferença, o paradoxo de uma sociedade, a cólera própria da ideia social. A revolução, de modo algum, passa pelo negativo". Ibid. p. 196.

[711] Acredita-se que o gosto de leite é o que se toma diariamente, (na verdade, ao passar por diversos processos, de leite resta pouco); quando bebermos o leite direto da vaca, ele parecerá estranho e não real. Quanto mais nos acostumamos com os simulacros, mais difícil se torna encarar a realidade e viver com ela.

[712] De modo resumido, a simulação é a tentativa de imitar o real, o que já existe, e muitas vezes é possível perceber que estamos sendo enganados. O simulacro é inventado, um mundo construído pela linguagem que muitas vezes parecem mais real que a realidade e desse modo não é possível distinguir o que é ou não real.

de sentido e à consequente vulnerabilidade de identidade na medida em que os sujeitos da atualidade são manipulados e controlados pela realidade virtual, restando desprovidos de sua autonomia e poder de conduzir sua própria vida.

O "Facebook define quem somos,[713] Amazon define o que queremos e Google define o que pensamos".[714] Ou, ainda, "*Google can see what people search for, Facebook what they share, Amazon what they buy*".[715] [716] A fragmentação do sujeito por meio de uma identidade física e uma virtual (virtualização do eu) gera vulnerabilidade de identidade, carecendo o ser humano de uma proteção integral que engloba o corpo[717] e a mente.

O objetivo das grandes corporações é manipular por meio do assédio de consumo, da programação preditiva, publicidade, persuasão, pensamento de manada, aproveitando-se da modernidade líquida e da rapidez e overdose de informações confusas e sedutoras para controlar a vida humana em todas as suas esferas.

Técnicas de *marketing* consistem em enviar estímulos, desencadeando padrões e frequências cerebrais que "aumentam a fragilidade do indivíduo, pois permitem uma alavancagem de dados" e "enfraquecem o poder de barganha do consumidor". A manipulação que viola a autonomia é feita de modo sutil, "explorando fraquezas cognitivas sistemáticas que permeiam a tomada de decisão humana para canalizar o comportamento em direções preferidas pelo arquiteto da escolha".[718]

Manipular para controlar objetiva além de dinheiro, especialmente o poder, possibilitando conduzir os rumos da humanidade conforme interesses de um grupo dominante. Para realizar esse controle, utiliza-se de posse de dados pessoais, acesso ao corpo e à mente por meio de implantes de microchips, interface cérebro-máquina (que atualmente são facultativos) mostrando somente os benefícios tecnológicos. O avanço exponencial da tecnologia apresenta a

---

[713] Como referem Menezes e Colaço, fere-se a "autonomia do sujeito que passa a ser mensurado e identificado pelo avatar que se forma a partir do manejo de todas as informações achadas sobre ele na web. O que se agrava quando tais informações são desatualizadas ou irrelevantes". MENEZES, Joyceane Bezerra de; COLAÇO, Hian Silva. Facebook como o novo Big Brother: Uma abertura para a responsabilidade civil por violação à autodeterminação informativa. *Quaestio Iuris*. Vol. 10, nº 04, Rio de Janeiro, 2017, p. 2319-2338, p. 2.326

[714] Segundo a icástica frase de George Dyson, citada por PASQUALE, Frank. *The black box society*: the secret algorithms that control money and information. Harvard: Harvard University Press, 2015, p. 14 e 15. Pasquale ainda acrescenta que aquelas gigantes ainda definem o que temos e nossa reputação, que crescentemente define nossas oportunidades.

[715] Segundo reportagem do *The economist*. Disponível em https://www.economist.com/leaders/2017/05/06/the-worlds-most-valuable-resource-is-no-longer-oil-but-data. Acesso em 20.10.21.

[716] FACCHINI NETO, Eugênio; SCALZILLI, Roberta. *Tutela jurídica do corpo eletrônico:* novos desafios ao direito digital. Adriano Marteleto Godinho [*et al.*]; coordenado por Cristiano Colombo, José Luiz de Moura Faleiros Jr., Wilson Engelmann. Indaiatuba: Foco, 2022. p. 738.

[717] BASAN, Arthur Pinheiro. A tutela do corpo eletrônico como direito básico do consumidor. *Revista dos Tribunais*. vol. 1021/2020 p. 133-168, nov. 2020 DTR\2020\13135.

[718] BARFIELD, Woodrow (editor). *The Cambridge handbook of the law of algorithms*. New York: Cambridge University Press, 2021, p. 772.

rápida obsolescência dos produtos, normalização do transumanismo e conduzirá à obrigatoriedade de microchips.[719]

Diante disso, a vulnerabilidade aumenta, trazendo crise de identidade e de sentido, pois existem riscos conhecidos e desconhecidos, e estes superam os benefícios.

Para aqueles que não possuem necessidade específica da tecnologia, entre os riscos, destacam-se violação da privacidade da mente, violação do corpo e risco de vida.

Segundo Yuval Harari, a inteligência artificial é capaz de envolver os humanos em um mundo de ilusões "à lá Matrix" independente de do uso de microchips ou qualquer conexão cérebro-máquina, apenas com o domínio da linguagem, e sustenta que "se tiros forem necessários, a IA fará humanos puxarem o gatilho simplesmente contando-nos a história certa".[720]

Eric Schmidt, ex-presidente do Google e fundador do *Schmidt Futures*, sustentou em palestra ministrada na *Collision Conference*, em Toronto (Canadá), que, dentro dos próximos cinco anos, haverá um "segundo eu" para os humanos, oriundo da inteligência artificial, que oferecerá conselhos e poderá representar as pessoas em algumas ocasiões.[721]

Uma das consequências da hipermodernidade é a dessubstancialização da vida e o consequente esvaziamento dos sentidos.[722] A crise de sentido e de identidade[723] na atualidade é facilitada, há códigos e normas que organizam a convivência social, mas não dizem como o indivíduo deve guiar a própria vida.[724] A solução é o reforço das instituições intermediárias que garantam as expectativas mútuas do indivíduo, encontrando um parâmetro de valores para o bem-estar social. Essas instituições garantem a existência de pequenas comunidades de sentido em uma sociedade civil pluralista, fornecendo parâmetros para ação individual dentro do tecido social. As legislações e relações instrumentais não auxiliam nas escolhas diárias que o indivíduo tem que fazer para ter uma vida boa, ficando por vezes perdido, e as instituições

---

719 A obrigatoriedade será explicita ou implícita mediante a cultura ciborgue massificada que excluirá os naturais. Sobre as previsões da tecnologia para o futuro, ver: KURZWEIL, Ray. *A singularidade está próxima quando os humanos transcendem a biologia*. São Paulo: Iluminuras, 2006 e KURZWEIL, Ray. *A Era das Máquinas Espirituais*. Tradução Fábio Fernandes. São Paulo: Aleph, 2007.

720 HARARI, Yuval. O domínio da inteligência artificial sobre a linguagem é uma ameaça à civilização. *Estadão*, 28.mar.2023. Disponível em: https://www.estadao.com.br/internacional/yuval-harari-o-dominio-da-inteligencia-artificial-sobre-a-linguagem-e-uma-ameaca-a-civilizacao/ Acesso em: 28.mar.2023.

721 Inteligência artificial é o destaque do 3º dia da *collision conference*. Disponível em: https://olhardigital.com.br/2022/06/23/pro/inteligencia-artificial-e-o-destaque-do-3o-dia-da-collision-conference/.

722 KNOENER, Luanna Eroles. *Sociedade em rede:* Facebook como personificação da Hipermodernidade. São Paulo: ECA (LGL\1990\37), USP, 2015.

723 CARVALHO, Nara Pereira. *A pessoa atravessa o espelho: (re)(des)construção ético jurídica da identidade pessoal.* 2017. Tese (Doutorado em Direito) – Faculdade de Direito, Universidade Federal de Minas Gerais, Belo Horizonte, 2017. Disponível em: https://repositorio.ufmg.br/handle/1843/BUOS-ASUHYC. Acesso em: 17 ago. 2020.

724 BERGER, Peter L.; LUCKMANN, Thomas. *Modernidade, pluralismo e crise de sentido*: a orientação do mundo moderno. 3. ed. Petrópolis: Vozes, 2012.

intermediárias[725] são importantes intermediadores entre o indivíduo, o mercado e o Estado, para implementar princípios éticos e evitar totalitarismos.[726] A flexibilidade parece ser uma excelente política contanto que os fenômenos colaborem e apareçam de forma nítida e gradual.[727]

As diretrizes éticas e morais são excelentes orientadores de conduta humana. O princípio da proteção preconizado no artigo 6º do CDC está ligado aos direitos fundamentais de liberdade e privacidade que tem sido fortemente abalado pelas escolhas guiadas pela cultura social manipulada.

Como já exposto anteriormente, o tecnopólio controla a informação e implementa "uma cultura cujas teorias disponíveis não oferecem orientação sobre o que é informação aceitável no domínio moral" e desse modo as pessoas são condicionadas a tomar apenas decisões práticas, e não morais.[728] [729]

Desse modo, "a faculdade crítica foi suprimida pela criação de paixões coletivas", na medida que a inteligência humana não resiste a manipulação de seu subconsciente pela propaganda".[730] A criação de um universo abstrato, representando uma reconstrução completa da realidade na mente de seus cidadãos. Seu propósito é formar, e não informar.[731]

Toda a vida está se tornando digitalizada, censurável, editável, controlável e rastreável:[732]

> El mundo de los artefactos modernos siempre está presto a o en disposición de manipular, consumir o descartar. Esto es el resultado no solamente de la producción masiva, sino también del tipo de artículos que son producidos masivamente. Bestand consiste en objetos sin valor inherente aparte del uso que le pueda dar el ser humano.

Atualmente, o consumidor está mais interessado na opinião de seus pares, não necessariamente de críticos ou de especialistas.[733]

A vulnerabilidade parece emergir desse contexto social em evolução,[734] sendo necessário um sistema qualificado de normas que atentem para preven-

---

[725] A participação popular na esfera pública por meio de instituições intermediarias independentes favorecem a democracia, contribuindo com o desenvolvimento social de modo distinto e complementar à do Estado, mercado ou partidos políticos.

[726] HAYEK, F. A. *O caminho da servidão*. São Paulo: LVM, 2010. Nessa obra, Hayek defende a liberdade, e a servidão a que se refere é a servidão ao estado que pode tornar-se totalitário na busca pelo coletivismo.

[727] TENNER, Edward. *A vingança da tecnologia*. As irônicas consequências das inovações mecânicas, químicas biológicas e médicas. Trad. Ronaldo Sergio de Biasi. Rio de Janeiro: Campus, 1997. p. 388.

[728] POSTMAN, Neil *Technopoly:* The Surrender of Culture to Technology, 1993. p. 79.

[729] O objetivo é "fornecer inteligibilidade e ordem, mas isso além de não funcionar, traz sérias consequências". Ibid.

[730] ELLUL, Jacques, *The technological society*. With an Introduction by Robert K. Merton. A penetrating analysis of our technical civilization and of the effect of an increasingly standardized culture on the future of man. New York: Knopf, 1964. p. 369.

[731] Ibid. p. 372.

[732] MITCHAM, Carl; MEDINA, Manuel. *¿Qué es la filosofía de la tecnología? Anthropos*. Vasco: Universidad del País, 1989. p. 68.

[733] PERELMUTER, Guy. *Futuro presente:* O mundo movido a tecnologia. São Paulo: Editora Nacional, 2019.

[734] COHET-Cordey, Frédérique. *Vulnérabilité et droit*: le développement de la vulnérabilité et ses enjeux en droit. Mar 2000, Grenoble, France. Presses universitaires de Grenoble, 2000. p. 31.

ção, proteção, manutenção do bem-estar social e medidas sancionadoras aos responsáveis pela violação dos parâmetros legais.

No entanto, a eficácia do Estado de direito é indissociável da responsabilidade de todos.[735] Segundo Ingo Sarlet, os direitos fundamentais vinculam não apenas o Estado, mas também as relações jurídicas entre particulares a qual denomina de eficácia privada, eficácia externa, eficácia em relação a terceiros ou horizontal dos direitos fundamentais.[736]

Todos já estão habituados aos barulhos e luzes do universo tecnológico e desconfortáveis diante do silêncio que gera reflexão e humanismo[737] na medida em que sabemos ouvir o outro.[738]

A identidade pessoal está intimamente conectada aos padrões sociais de consumo e é composta por elementos de diversas culturas.[739]

As pessoas, atualmente, ao consumir, não buscam apenas ter, mas elas querem "ser" reconhecidas por uma sociedade materialista pelo que possuem. Não é fácil encontrar em caminho próspero para os problemas complexos da sociedade contemporânea, porém uma boa alternativa seria modificar os paradigmas sociais de consumo, para que os desejos a serem perseguidos sejam mais voltados à espiritualidade.[740]

Segundo Soren Kierkegaar, queremos fugir de nós mesmos, ser mais do que somos, ou não saber quem somos e fugir do estado atual, no entanto, é preciso contentar-se com a própria condição humana.[741]

Hayes defende a utilidade de mudar o foco do conteúdo para a forma como nos relacionamos com esse conteúdo. Do mesmo modo que ao analisarmos um quadro tão perto não é possível decifrá-lo. Para tomar perspectiva e desenvolver flexibilidade psicológica, saindo do modo automático de viver, é preciso muitas vezes dar "um passo para trás".[742]

Diante do atual contexto tecnológico, o sentido de privacidade e autonomia tem sido transformado, afetando a personalidade e a identidade humana e, consequentemente, a dignidade humana.

---

735 COHET-Cordey, Frédérique. *Vulnérabilité et droit*: le développement de la vulnérabilité et ses enjeux en droit. Mar 2000, Grenoble, France. Presses universitaires de Grenoble, 2000. p. 31.

736 SARLET, Ingo Wolfgang. *A eficácia dos direitos fundamentais*: uma teoria geral dos direitos fundamentais na perspectiva constitucional. 13. ed. rev., atual. e ampl. Porto Alegre: Livraria do Advogado, 2018. p. 393.

737 Os valores de Deus são supremos e distintos dos valores do mundo. A posição de centralidade humana, trata das relações entre humanos e a tecnologia sob o enfoque ético. Ver: *Rome call for AI Ethic* https://www.romecall.org/wp-content/uploads/2022/03/RomeCall_Paper_web.pdf. Acesso em 03.jul.2023.

738 NAISBITT, John. *High Tech High Touch*. Tecnologia e nossa busca por significado. Trad. Newton Roberval Eichemberg. 3. ed. São Paulo: Cultrix, 2006. p. 38.

739 CANCLINI Néstor Garcia. *Consumidores e Cidadãos, Conflitos Multiculturais da Globalização.* Rio de Janeiro: Editora da UFRJ, 1995, p. 142.

740 MO SUNG, Jung. *Sujeto y sociedades complejas:* para repensar los horizontes utópicos. Costa Rica: San José, 2005.

741 KIERKEGAARD, Soren. *O desespero humano*. São Paulo: LeBooks, 2021.

742 As armadilhas do pensamento e flexibilidade psicológica: podcast com participação de Steven Hayes "Bounce, conversations with Larry Weeks". Disponível em: https://open.spotify.com/show/6Y75VyibivcorLuPiA8gCY.

Assim, importante prevenir a deformação da identidade que o ambiente digital pode causar fortalecendo a personalidade das pessoas, especialmente das crianças e dos adolescentes, com estratégias extrajurídicas e mecanismos jurídicos capazes de preservar a dignidade humana.

2.3. Teoria da tutela qualificada do consumidor de tecnologia e da pessoa humana: ecossistema de fortalecimento humano nas relações tecnológicas

Os recursos tecnológicos chegam aos seus usuários geralmente mediante relações de consumo. Relação de consumo é a que se estabelece entre um fornecedor de produtos ou serviços e o respectivo destinatário final. Dispositivos de tecnologia implantados em seres humanos são produtos instrumentalizados para diversas formas de prestação de serviço. No mundo da tecnologia, o consumidor é cada vez mais vulnerável.

O consumidor deve ser empoderado e não mantido estático na sua condição de vulnerabilidade à espera de proteção. Conhecer os riscos envolvidos em uma relação é fundamental para se libertar e sair da bolha e da hipnose coletiva na qual foi inserido. Apesar dos consumidores estarem expostos a diversas espécies de vulnerabilidades na relação de consumo, se bem informados, unidos e movidos pela cultura do protagonismo,[743] é possível retomar o poder de escolha usurpado pelas forças midiáticas e empresariais dominantes.

A cultura de empoderar o consumidor deve ser proporcionada pela escola, pelo governo e pela própria mídia,[744] por meio de políticas públicas que favoreçam o conhecimento e estimulem o questionamento para que as empresas sejam obrigadas a adaptar seus valores para preservação dos direitos humanos com ética e transparência.

Em razão de a tecnologia cada vez mais integrar todas as áreas de nossas vidas, não há apenas uma atitude isolada que seja capaz de conter efeitos danosos ao ser humano, mas um conjunto de ações integradas que abarquem aspectos culturais, jurídicos, internacionais, além dos tecnológicos.

Nesse contexto, revela-se importante a participação do consumidor como um agente ativo que utiliza a própria tecnologia para encontrar outras fontes de informação, avaliação das empresas.

---

[743] Nem todos os consumidores contam com igual acesso à informação ou compreensão dela. O protagonismo deve ser exercido dentro das capacidades de cada indivíduo, todavia independente do grau de proveito de cada pessoa não deve cessar seu estímulo no dia a dia contando aliado a práticas colaborativas empresariais para que seja implementada à cultura.

[744] Essa medida pode contrariar interesses econômicos e retirada de patrocínios caso não atendam aos interesses empresariais. Portanto, a informação clara e precisa, juntamente com medidas de empoderamento do consumidor, devem ser adotadas por meio de imposição legal.

Inicialmente, esses dispositivos passíveis de nos transformar em super-humanos[745] serão de acesso restrito àqueles que detêm grande poder aquisitivo, podendo gerar desigualdade social.

Todavia, se fosse disponibilizada amplamente à população essa tecnologia pelo Estado de maneira universal, certamente, não se estaria diante de uma questão de desigualdade, mas ainda assim que permanece causando desconforto e grandes riscos adicionados.

Atualmente, "perdemos a capacidade de perceber o outro em sua alteridade. E o outro, privado da sua alteridade, apenas se deixa consumir".[746]

A manipulação do comportamento para o consumo pela tecnologia ocorre diariamente em pequenas coisas que conduzem o abandono da autonomia que nos coloca em modo de conformidade de grupo, prejudicando inconscientemente direitos fundamentais humanos.

Toda a experiência de consumo tem sido modificada pela tecnologia,[747] com falta de transparência e de informações claras, sistemas digitais com potencial prejudicial ao ser humano são normalizados, alcançando acesso a mente e corpo para controle humano absoluto. Ato contínuo, o indivíduo é mantido em cativeiro, sob o pretexto de uma vida feliz, que descaracteriza a humanidade e o torna não apenas hipervulnerável,[748] mas ultravulnerável, quando há violação frontal da pessoa humana, e sua dignidade é maculada em nível máximo pela tecnologia.

A Tutela qualificada tem o condão de potencializar as fontes de proteção e defesa do consumidor já existentes e corroborar por meio dos critérios e estratégias jurídicas (apresentação da fórmula PAM exposta no próximo tópico) e extrajurídicas propostas nessa tese e o direito a instrumentos qualificados capazes de aplacar a ultravulnerabilidade humana em face das condutas de manipulação e controle existentes no assédio de consumo e no uso da internet dos corpos.

2.3.1. Estratégias extrajurídicas de preservação humana e fortalecimento do consumidor para contenção dos efeitos manipulatórios advindos do uso da internet dos corpos

Compreendidas as forças que promovem a manipulação que comanda nosso destino, descrito e explicado o cenário de manipulação humana por meio

---

[745] SANDEL, Michael J. *Contra a perfeição: ética na era da engenharia genética*. Trad. de Ana Carolina Mesquita. Rio de janeiro: Civilização brasileira, 2013.

[746] Nesse sentido a conjugação harmônica entre autonomia e alteridade propiciam "a tutela jurídica adequada à dignidade existencial do ser humano no que tange às situações relacionadas ao bem jurídico vida". NEVES AGUIAR, M.; THEREZA MEIRELES, A. Autonomia e alteridade como fundamentos da construção do sentido de dignidade existencial diante do direito à vida. *RBDA*, Salvador, v. 13, n. 1, 2018. DOI: 10.9771/rbda. v13i1.26220. Disponível em: https://periodicos.ufba.br/index.php/RBDA/article/view/26220. Acesso em: 4 nov. 2022.

[747] Robôs que entregam comidas, NFTS, Power virtual agents, produtos customizados, recommerce entre outros integram as novas experiencias de consumo.

[748] Sobre consumidores hipervulneráveis ver: SCHMITT, Cristiano Heineck. *Consumidores Hipervulneráveis*: A proteção do idoso no mercado de consumo. São Paulo: Atlas, 2014.

das tecnologias midiáticas e da internet dos corpos e os problemas advindos do controle sobre o indivíduo, é preciso percorrer um caminho próspero em direção à proteção humana.

Em razão de o tema da internet dos corpos ser relativamente novo, verifica-se uma escassez de obras específicas a respeito de seus desdobramentos. Diante de uma linguagem interdisciplinar, buscaram-se explorar os efeitos desta tecnologia com enfoque na manipulação eno controle exercido através dela.

O mercado de consumo é um cenário onde a manipulação da vontade, infelizmente, é frequente. Nesse sentido, Jean Baudrillard crítica o excesso de consumismo gerado pela busca da felicidade mensurada por signos:[749]

Os fornecedores e a internet não devem ser demonizados por si só, mas o que se pretende é trazer à tona um novo pensamento social de respeito ao consumidor com liberdade real de escolha e que, ao escolher, ele não seja marginalizado ou obrigado a aderir. Que a cidadania não se confunda com consumo.

Nas relações sociais, as pessoas constantemente veem-se lesadas em seus direitos. A tutela dos consumidores, tais como os denominados direitos de fraternidade e solidariedade, incluem-se como direitos de terceira dimensão de titularidade coletiva ou difusa.[750]

Os direitos difusos e coletivos *stricto sensu* podem ser descritos como direitos essencialmente coletivos, pois transpõem o interesse individual. O direito difuso é caracterizado quando atinge um grupo indeterminado de pessoas ligadas por uma circunstância de fato, ou seja, é um interesse transindividual de terceira dimensão e indivisível, como por exemplo, o direito ao meio ambiente e o caso de ofensa ao artigo 6º, IV, do Código de Defesa do Consumidor, que trata da publicidade enganosa ou abusiva capaz de atingir um número indeterminado de pessoas. O direito coletivo *stricto sensu* está presente quando o grupo é determinável e está ligado por uma relação jurídica base, sendo também indivisível. Para Kazuo Watanabe, essa relação jurídica base é aquela da qual é derivado o interesse tutelado, portanto o interesse que guarda relação mais imediata e próxima com lesão ou ameaça a lesão.[751] Nas relações de consumo, quando se analisa a relação jurídica base derivada de uma vincula-

[749] BAUDRILLARD, Jean. *A sociedade de consumo*. Lisboa: Edições 70, 1995, p. 20.

[750] Os direitos de primeira dimensão abrangem aqueles referidos nas declarações de Direitos das Revoluções Americana e Francesa. São os que "se fundam numa separação entre Estado e sociedade, tais como os direitos de locomoção e liberdade, que permeiam o contratualismo individualista dos Séculos XVIII e XIX" dos quais são titulares os indivíduos, singularmente considerados. Os de segunda dimensão trata-se dos direitos sociais, frutos de uma socialização, "representado pelo anseio dos indivíduos de participar do processo político-econômico, esse anseio veio acompanhado da consciência do coletivo". SARLET, Ingo Wolfgang. *A eficácia dos direitos fundamentais:* uma teoria geral dos direitos fundamentais na perspectiva constitucional. 10. ed. rev., atua. e ampl. Porto Alegre: Livraria do Advogado, 2010. p. 46-48.

[751] WATANABE, Kazuo; BENJAMIN, A H V; FINK, D R; FILOMENO, J G; GRINOVER, Ada Pellegrini; NERY JÚNIOR, N; DENARI, Z. *Código brasileiro de defesa do consumidor comentado pelos autores do anteprojeto*. Rio de Janeiro: Forense Universitária. 1991.p. 625. Ressalte-se a posição divergente de Fredie Didier Jr. e Hermes Zaneti, no sentido de determinar o grupo, categoria ou classe beneficiado em sua amplitude e dimensão não individual, sendo indiferente a identificação da "pessoa do titular", pois a prestação será indivisível, "beneficia um beneficia todos". DIDIER JR., Fredie; ZANETI JR., Hermes. *Curso de Direito Processual Civil*. 7. ed. v. 4. Salvador: Juspodivm, 2012, p. 77.

ção entre os membros de um grupo, classe ou categoria, pode-se tomar como exemplo de interesse ou direito coletivo em sentido estrito um grupo de alunos de uma instituição de ensino quando discutem a reformulação da grade curricular.[752]

Assim, as políticas públicas de proteção do consumidor são importantes instrumentos para a garantia dos direitos de cidadania e, por consequência, para o avanço do processo democrático, contribuindo para um desenvolvimento socioeconômico moderno e justo. Envolvem uma gama ampla de atividades do poder público e da sociedade civil, dentre as quais se destacam como exemplos de ações governamentais possíveis, a educação para o consumo, a veiculação de campanhas publicitárias, a democratização da informação e dos meios de proteção administrativa dos consumidores e o incentivo à criação de entidades e/ou associações de proteção e defesa do consumidor, a qual se traduz em uma perfeita interação entre política pública e movimentos sociais efetivos.

O cerne de toda e qualquer política pública está localizado em escolha, planejamento, aplicação e fiscalização de medidas que implementem direitos sociais que garantam a proteção da dignidade da pessoa humana.

Simultaneamente, políticas públicas de proteção ao consumidor se consubstanciam em programas de educação para o consumo sustentável, não apenas no âmbito da proteção ao meio ambiente e da consequente racionalização do consumo, como também no aspecto preventivo do superendividamento.

Os fatos sociais constituem um momento pré-jurídico, uma fonte material do direito, ou seja, a norma não antevê os fatos, mas sim estes ocorrem para posterior tutela jurídica. É justamente nesse contexto que se vislumbra a proteção do consumidor como objeto de políticas públicas amplas, prioritárias e fundamentais para preparar o cidadão-consumidor para se prevenir e, inclusive, melhor utilizar sua capacidade de consumo, tendo em vista que o cidadão bem informado aproveitará sua renda de forma mais eficiente, decidindo sobre o que, quando e como consumir.

Isso porque toda economia aberta em um mundo globalizado precisa de consumidores conscientes e participativos, capazes de exigir serviços e produtos que correspondam às suas reais necessidades, com preço justo e qualidade, além de atendimento adequado, responsável, que respeite as suas condições de cidadão-consumidor.

O momento pré-jurídico é aquele em que a prevenção de danos deve ocorrer de modo igualmente ativo ao momento jurídico, em que são aplicadas medidas de reparação de danos mediante a execução da norma em concreto. A adoção de medidas que visem a prevenção e proteção do consumidor deve ir além da mera existência de previsão normativa ou instituições de políticas públicas. Propõe-se, que esse momento integre um ecossistema de proteção quali-

[752] Os direitos individuais homogêneos, por sua vez constituem a união de direitos disponíveis e divisíveis, em que os titulares são determinados ou determináveis e ligados entre si por uma origem em um fato comum, cuja importância reside na natureza do interesse e na sua repercussão social.

ficada mediante colaboração dos agentes em busca da harmonização da relação entre tecnologia e consumidor. Para tantos estabelecimentos empresariais desse ramo deverão agir com transparência e respeito as normas de proteção dos indivíduos, e políticas de consentimento livre e esclarecido, além do uso de tecnologias preditivas, para minimizar potenciais danos futuros aos consumidores, por meio da previsão de risco calculado. Ato contínuo, o consumidor deve, na medida do possível, ser proativo na sua proteção por meio de simples atitudes como doses de ceticismo e questionamentos diante do que lhe é apresentado, passíveis de conduzir as empresas a batalhar pela confiança do cliente.

Diante desse cenário, os fornecedores deverão se reinventar.[753] A publicidade não deve ser abusiva, falaciosa, mas deverá ter limites, ser ética e revestida de verdade para inspirar confiança real no consumidor que não mais aceita ser iludido.

A autorregulação regulada, defendida pela doutrina de Ingo Sarlet, é construída sob bases éticas e principiológicas importantes nesse processo. Soma-se a esse conjunto de atitudes a proposta de criação de um órgão especializado em questões que pretendam utilizar a internet dos corpos para que seja alcançada a máxima proteção de corpo e mente humana. Ato contínuo, na esfera regulatória, sugere-se a criação de uma norma específica para tutela da integridade psicofísica e por se tratar o direito do consumidor de um direito humano, a norma poderá ser alcançada às relações de consumo.

O Código Civil tem sido o principal amparo legal nas questões de preservação da integridade física, porém diante da expansão da tecnologia para dentro dos corpos humanos e diante dos já expostos efeitos deletérios à mente humana, esse é um ajuste necessário. Ademais, mesmo nos casos em que a internet dos corpos não é aplicada, o uso da internet tem sido cada vez mais demandado nesse mundo obcecado por eficiência, causando diversas doenças mentais e crise de identidade. Assim, simplesmente ao conectar-se à internet as pessoas estão expostas a todo tipo de manipulação e controle, especialmente das mídias que impõem novas culturas, normalizando condutas antes questionáveis. Publicidades, propagandas, mídias sociais, utilizam-se de técnicas de neuromarketing para persuadir, e algoritmos preditivos, capturam dados e condicionam escolhas, afastando os consumidores de direitos como autonomia e privacidade.

Vivemos em uma sociedade em constante evolução, onde também o consumidor deve desenvolver-se. Logicamente, em detrimento do fornecedor, o consumidor continua em regra sendo a parte mais frágil, merecendo, portanto, toda a proteção necessária contra os abusos do mercado.[754]

---

[753] Em busca de aperfeiçoamento dos fornecedores, o núcleo de pesquisas, Sindilojas, por meio de análise quantitativa, qualitativa e de *desk research*, apresentou, entre as conclusões do trabalho, que o negócio deve possuir um propósito de maneira que os fornecedores se aproximem do seu público para trocar experiência com ele e assim percebam a necessidade do consumidor. SINDILOJAS. E-book. *Negócios do bem.* Núcleo de pesquisas. Disponível em: https://www.sindilojaspoa.com.br/imprensa/noticias/e-book-negocios-do-bem-e-destaque-no-consumidor-rs. Acesso em: 30 out. 2020.

[754] Neste sentido: U.S. Department Of Health, Education & Welfare. *Records computers and the rights of citizens.* Report of the Secretary's Advisory Committee on Automated Personal Data Systems, July, 1973.

O trabalho de condicionamento humano para um pensamento de manada, há tempos tem sido realizado o que pode manter o consumidor na bolha sem enxergar os malefícios mesmo que demonstrados claramente. A sedução tecnológica, com sua promessa de felicidade e resolução de todos os problemas, pode ter afetado o discernimento e autonomia humanos.[755] Nesse sentido, mesmo com forte investimento em prevenção, chega-se ao momento jurídico que demanda aplicação em concreto dos instrumentos existentes e de suas sanções. Assim, em um primeiro momento, o novo órgão especializado poderá impor sanções pecuniárias e restrições de mercado, evitando a busca imediata pelo judiciário não especializado. No âmbito judicial, é fundamental serem analisadas questões além do descumprimento das diretrizes regulatórias privadas e públicas. Dessa forma, a criação de uma norma que proteja o consumidor do assédio, manipulação, controle mental e que estabeleça sanções não apenas pecuniárias, mas que afetem a reputação da empresa, e utilizem mecanismos de divulgação potentes, contribui para que os consumidores tenham melhores condições de escolha.

O Estado[756] deve prestar educação para o consumo e direito à informação sobre dados indispensáveis acerca de produtos ou serviços para que o cidadão possa fazer escolhas conscientes no mercado com a devida sanção legal em caso de descumprimento. A implementação de políticas públicas[757] é um meio eficaz para atingir esse objetivo, portanto sustenta-se que poderá ser realizada por meio de ações coletivas ou até mesmo fomentada com movimentos sociais e audiências públicas. Com a popularização das redes sociais, comprar revestiu-se de um caráter coletivo na medida em que o consumidor, além de comparar preços, também fornece e pede opiniões e indicações para as pessoas que confia, além de tirar dúvidas com o fornecedor antes de efetuar a compra.

O consumidor pós-moderno, muitas vezes, tem atitudes propositivas e busca prevenir e minimizar os riscos de uma compra virtual, por meio de pesquisas em *sites* de reclamações, escolhendo marcas e empresas tradicionais, já sedimentadas no mercado e até mesmo realizando consulta processual para saber se a empresa tem sido acionada judicialmente, mas, infelizmente, em razão do grande poder da internet, que captura todos os dados de seus usuários, favorecendo que as empresas utilizem estratégias muitas vezes ilícitas na captação de clientes, entende-se que em alguns casos como o de idosos e analfabetos, são considerados não apenas vulneráveis, mas hipervulneráveis.[758]

---

[755] BARFIELD, Woodrow. editor. *The Cambridge handbook of the law of algorithms*. New York: Cambridge University Press, 2021. p. 124.

[756] É dever do Estado promover a defesa do consumidor, conforme artigo 5º, XXXII, da Constituição Federal de 1988.

[757] As políticas públicas servem para implementar os comandos constitucionais, principalmente o que diz respeito aos direitos fundamentais se constituem a partir de programas do estado e são desenvolvidas por ações governamentais que envolvem os Poderes Legislativo e Executivo e Judiciário.

[758] SCHMITT, Cristiano Heineck. *Consumidores Hipervulneráveis*: A proteção do idoso no mercado de consumo. São Paulo: Atlas, 2014, p. 217.

Caso ocorra lesão por conta de um produto defeituoso, adquirido pela internet, existem alternativas a se lançar mão, como por exemplo, o auxílio de órgãos como o Procon, formas alternativas de solução de conflitos como a mediação, conciliação, negociação *on-line* ou até mesmo uma ação judicial. As compras realizadas por meio digital proporcionam, além da comodidade e ganho de tempo, também a possibilidade, em caso de uso de cartão de crédito, do cancelamento da compra junto à operadora (*Chargeback*), porém esse ambiente deve oferecer máxima segurança nas transações com proteção dos dados bancários do comprador. O consumidor pós-moderno tem atuado digitalmente de maneira proativa antes e após a aquisição do produto ou serviço na medida em que avalia o fornecedor e até mesmo denuncia se for necessário. A formação dessa rede de informação advinda do próprio consumidor contribui para o fortalecimento da confiança nas empresas éticas e eficientes.

Todavia, por vezes, toda a diligência dos consumidores não é suficiente, pois as empresas buscam nosso tempo, energia e reter a audiência em seus produtos e para isso empenham esforços que podem contrariar a lei ou utilizar de tecnologias que usurpam direitos fundamentais e expõem as pessoas a riscos, por vezes, não revelados.

Com a evolução tecnológica e o aprimoramento do *marketing* empresarial, o consumidor assediado encontra-se em estado de vulnerabilidade comportamental diante das práticas abusivas do mercado.

Ao navegar em ambientes virtuais, como *sites* de busca e redes sociais, mesmo que de forma inconsciente, deixamos pegadas digitais onde são colhidas a maioria das informações dos usuários da rede. Os *cookies* são usados pelas empresas para rastrear as páginas visitadas, possibilitando a geolocalização do consumidor e a execução de campanhas direcionadas. Nesse contexto, possibilita-se uma análise preditiva, e são utilizados artifícios que saltam literalmente aos olhos do consumidor, tais como *banners* com promoções e *pop-ups*.[759]

Necessário, portanto, adotar uma postura diferente e questionadora diante das investidas do mercado para que o consumidor tenha condições de autopercepção e um senso mais esclarecido e crítico, visando a preservar a autodeterminação informativa, especialmente no momento pré-contratual, com transparência e respeito à privacidade, impedindo o aviltamento de seus direitos fundamentais.

Algumas atitudes, como debater valores humanos nas escolas, trabalho e sociedade como um todo e a criação de produtos e serviços inovadores de alto conteúdo humano (ex: através das artes), podem contrabalançar o desequilíbrio de valores e processo de intoxicação tecnológica.

Quando se trata de implementar novas tecnologias e ainda não suficientemente estudadas capazes de ocasionar danos irreparáveis às pessoas, uma alternativa seria consumidores e sociedade em geral serem mais céticos e

---

[759] O *pop-up* é um tipo de janela que se abre no navegador ao visitar uma página web ou acessar uma hiperligação específica.

questionadores, pois naturalmente os fornecedores passariam a ser mais diligentes, diante da ausência de dúvidas que favorecem a superconfiança.

A internet é um terreno fértil para manipulação de decisões, especialmente por meio de viés de confirmação, porém, existem estratégias para escapar dessas armadilhas. Uma delas é submeter sua decisão a pessoas amigáveis (alguém que quer protegê-lo e lhe será honesto) antes de se comprometer com a sua escolha.

Decisões que precisam ser tomadas rapidamente favorecem a chance de ser vítima de um processo "defeituoso", portanto, fazer "perguntas difíceis", envolver "as pessoas certas", admitir "seus próprios preconceitos" e submeter o pensamento "a alguém que realmente o desafiará" são medidas que auxiliam na redução da manipulação no processo de tomada de decisão.[760]

Além disso, uma alternativa para escapar do viés de confirmação e demais armadilhas que manipulam as decisões é adotar a estratégia do *pré mortem*, criado por Gary Klein. O *pré mortem* consiste em estabelecer uma reunião para imaginar como seria a implementação do projeto tal como estabelecido, no futuro, se ele teria sucesso ou falharia. Essa é uma estratégia muito utilizada por empresas, mas que pode ser adaptada para os consumidores de modo a antever os possíveis cenários antes de decidir.

A criação de incentivos cooperativos para enfrentar o cenário de incertezas tecnológicas, aliada à imposição de consequências negativas às posturas não cooperativas na relação de consumo, também constituem estratégias de preservação dos direitos humanos.[761]

Uma peça importante na busca pela harmonização das relações entre a inteligência artificial (ainda representada por grandes empresas) e pessoas físicas comuns está a cooperação, que pode ser alcançada por meio de incentivos. A cooperação nesse cenário consiste na utilização da própria tecnologia como mecanismo de implementação da ética nas relações de consumo e estímulo das habilidades humanas e respeito às garantias fundamentais, com sistemas que incentivem a autonomia das decisões das pessoas e não violem sua privacidade.

Ato contínuo, a necessidade de imposição de consequências negativas às posturas não cooperativas por parte daqueles que detêm o poder tecnológico de controlar e manipular, "pode prejudicar sua reputação como cooperador valioso ou pode demonstrar desprezo pelo bem-estar de alguém, o que pode prejudicar sua reputação como cooperador digno de confiança".[762]

---

[760] Havard Business reviewroot out bias from your decision-making process by Thomas c. Redman. Disponível em: https://hbr.org/2017/03/root-out-bias-from-your-decision-making-process. Acesso em: 23 jan. 2022.

[761] O direito do consumidor é reconhecido como um direito humano. BARBOSA, Fernanda Nunes. Ano Informativo do Consumidor na Era Digital: Uma abordagem a partir do reconhecimento do direito do consumidor como direito humano. *Revista de Direito do Consumidor*, São Paulo, 2020.

[762] THOMAS, Kyle; DESCIOLI, Peter; PINKER, Steven. Common knowledge, coordination, and the logic of self-conscious emotions. *Evolution and Human Behavior 39*, nº 2, 2018, p. 179–90. Disponível em: http://dx.doi.org/10.1016/j.evolhumbehav.2017.12.001. Acesso em: 02 out. 2022.

O *status* social (ou reputação) é de longa data um tipo de bem bastante perseguido, pois proporciona muitas vantagens àqueles que o detêm.[763] Para Stever Pinker, a reputação é a maior descoberta da psicologia do século XX, portanto, quando você expõe a reputação das pessoas, elas tendem a se comportar de maneira melhor. (por exemplo, se colocar pardal fotográfico, vai aumentar primeiro as multas, e depois as pessoas irão se dar conta de que estão sendo monitoradas e que não podem ultrapassar a velocidade e aí vemos que o Estado se torna mais rigoroso e efetivo).[764]

Steven Pinker define como "viés do interesse próprio" um amplo fenômeno que advém das brechas da moralização e explica:[765]

> As pessoas tentam parecer boas. "Bom" pode significar eficiente, potente, desejável e competente, ou pode querer dizer virtuoso, honesto, generoso e altruísta. O impulso para apresentar a si mesmo sob uma luz positiva foi um dos maiores achados da psicologia social do Século XX. O viés do interesse próprio faz parte do preço evolutivo que pagamos por sermos animais sociais. As pessoas se reúnem em grupos não porque sejam robôs magneticamente atraídos uns pelos outros, mas porque têm emoções sociais e morais. Elas sentem cordialidade e simpatia, gratidão e confiança, solidão e culpa, ciúme e raiva. As emoções são reguladores internos que garantem que os indivíduos colham os benefícios da vida social – troca recíproca e ação cooperativa.

O desenvolvimento tecnológico carrega consigo benefícios e prejuízos que fomentam a criação de uma sociedade massificada, manipulada pela propaganda midiática[766] e completamente dependente da internet. Lançar mão do próprio instrumento de manipulação e controle das pessoas para alertar quanto aos riscos do ciberespaço, constitui-se uma estratégia interessante para preservação dos direitos dos usuários. Ou seja, utilizar a mídia para informar as pessoas sobre os malefícios de algumas tecnologias, ensinando modos de extrair as vantagens sem nos tornarmos "títeres que se movem conforme o desenho algoritmo".[767]

A publicidade preventiva deve ser igualmente agressiva. Campanhas, proibições de expressões que vinculem a ideia de plenitude e bem-estar ou outras que possam enganar o consumidor, podem servir de alerta para os riscos reais e potenciais da IA.

Existem estudos de mecanismos para saber se é possível haver prejuízos a questão da possibilidade as pessoas não querem enxergar, diz o filósofo Nietzsche. A alfabetização midiática e informacional (AMI)[768] auxilia no desenvol-

---

[763] GREENE, Joshua. *Tribos morais a tragédia da moralidade do senso comum.* Trad. Alessandra Bonrruquer. Rio de Janeiro: Record, 2018.

[764] PINKER, Steven. *Os anjos bons da nossa natureza:* Por que a violência diminuiu. Trad. Lauta Teixeira Motta. São Paulo: Companhia das Letras, 2013. p. 437.

[765] Ibid. p. 437.

[766] ADORNO, Theodor W; HORKHEIMER, Max. *Dialética do Esclarecimento.* Trad. Guido Antônio de Almeida. Rio de Janeiro: Zahar Editores, 1985.

[767] Disponível em: https://www.lavanguardia.com/vida/20221031/8586043/queremos-titeres-algoritmico.html.

[768] A AMI é definida como um conjunto de competências que empodera os cidadãos, permitindo que eles acessem, busquem, compreendam, avaliem e usem, criem e compartilhem informações e conteúdos midiáticos em todos os formatos, usando várias ferramentas, de forma crítica, ética e eficaz, com o objetivo de

vimento de pensamento crítico utilizando as ferramentas midiáticas com ética nas atividades profissionais, sociais e pessoais.

As pessoas precisam desconstruir a ideia de que a tecnologia será panaceia para todos os males da humanidade, retirando véu da ignorância dos olhos para que não sejam manipuladas, controladas e retomem a condução de suas vidas.

Assim, sugerem-se algumas medidas capazes de redirecionar o leme e desviar do potencial sombrio da tecnologia: campanhas de advertência sobre os riscos tecnológicos, restrições a anúncios publicitários, um protagonismo dos consumidores por meio de atitudes mais céticas e questionadoras, a criação de um órgão especializado para controle dos abusos da IoB e o reforço das instituições intermediárias consistem fortes medidas extrajudiciais que favorecem a proteção aos consumidores, dificultando as práticas danosas por parte das empresas.

Para que o consumidor compreenda seus direitos e tenha clareza quanto aos possíveis riscos de uma relação, falar, debater, ouvir, aprimorar e harmonizar são estratégias extrajurídicas para desenvolver a pessoa e não apenas a tecnologia.

Um consumidor mais cético e mais informado pode dificultar a manipulação. Além disso, o ativismo do consumidor por meio de atitudes como comprar ou boicotar determinada empresa estimula as empresas a agir de modo responsável e consiste em um exercício de cidadania que educa a sociedade para valorizar negócios responsáveis e empresas que priorizam o respeito aos consumidores. Deste modo as empresas perceberão que não é um bom negócio desrespeitar o consumidor e é preciso ter responsabilidade social para um mundo desenvolvido. Segundo a teoria do agir comunicativo de Habermas,[769] compreende-se a importância de todos os atores sociais em cooperação, por meio de ações conjuntas e entendimento recíproco pela linguagem, encontrarem soluções que beneficiem a todos.

Entre os objetivos que o poder anseia alcançar estão a visibilidade, coordenação, controle e harmonização dos processos sociais na busca de escala. De acordo com Shoshana Zuboff, existem duas espécies de poder: totalitarista e instrumentalista,[770] e muito embora sejam distintos, ambos visam à totalidade. Nesse sentido:[771]

> O totalitarismo a busca como condição política e se apoia na violência para abrir seu caminho. Já o instrumentarianismo busca a totalidade como a condição de dominação do mercado, e se apoia

---

participar e de se engajar em atividades pessoais, profissionais e sociais. Marco de Avaliação Global da Alfabetização Midiática e Informacional (AMI): disposição e competências do país. Brasília: UNESCO, Cetic.br, 2016, p. 17.

[769] Sobre a TAC, ver mais em: HABERMAS, J. *Teoria do Agir Comunicativo*. v. 1. Racionalidade da ação e racionalização social. São Paulo: Martins Fontes, 2012 e HABERMAS, Jürgen. *Teoria do Agir Comunicativo*. v. 2. Sobre a crítica da razão funcionalista. São Paulo: Martins Fontes, 2012.

[770] ZUBOFF, Shoshana. *A Era do Capitalismo de Vigilância*. A luta por um futuro humano na nova fronteira do poder. Trad. George Schlesinger. Rio de Janeiro: Intrínseca, 2021, p. 470.

[771] Ibid. p. 473.

no controle dela sobre a divisão da aprendizagem na sociedade, possibilitada e aplicada pelo Grande Outro, para abrir caminho. O resultado é a aplicação do poder instrumentário à otimização da sociedade em nome de objetivos de mercado: a utopia da certeza. Apesar de muitos aspectos soarem como a visão social instrumentária da elite política chinesa, os capitalistas de vigilância têm outros propósitos. Para eles, a sociedade instrumentária é uma oportunidade de mercado. Quaisquer normas e valores que imponham destinam-se a promover a certeza de realização dos objetivos de mercado. Como a experiência humana, a sociedade está subordinada à dinâmica de mercado e renasce como métrica comportamental computacional materializada, acessível às economias de escala, escopo e ação do capitalismo de vigilância na busca pelos suprimentos mais lucrativos de superávit comportamental. Para alcançar tais metas, os capitalistas de vigilância conjuraram uma visão arrepiante. Eles visam construir uma nova sociedade que imite o aprendizado da máquina de forma muito semelhante à maneira como a sociedade industrial foi padronizada pelas disciplinas e métodos da produção de fábrica. Na visão deles, o poder instrumentário substitui a confiança social, o Grande Outro substitui as relações sociais pela certeza, e a sociedade tal qual a conhecemos vai desaparecendo até cair em desuso.

Somos condicionados culturalmente a ceder "nosso autoconhecimento aos especialistas" e "isso nunca funcionou". Convém compreender que "cada um de nós possui o poder de saber mais do que achamos que sabemos. Uma mudança para reconhecer esse poder só poderia ajudar nossa sociedade a se destecnologizar. e reumanizar a vida".[772]

Segundo Byung-Chul Han, vivemos em um enxame digital e, apesar das semelhanças com o *homo electronicus* descrito por Mc Luhan,[773] o *homo digitalis*, preserva sua identidade privada no contexto do enxame.[774]

Porém, diuturnamente, estamos submetidos a instrumentos manipulatórios[775] que nos inserem em uma colmeia. A "colmeia de máquinas torna-se o modelo para uma nova colmeia humana na qual marchamos rumo ao mesmo entendimento de 'correto' para construir um mundo livre de erros, acidentes e bagunças aleatórias". Diante disso:[776]

> Nesse mundo, os resultados "corretos" são conhecidos de antemão e garantidos na prática. A mesma instrumentação e transparência ubíquas que definem o sistema maquinal também devem definir o sistema social, o que no mais é apenas outra forma de descrever a verdade fundamental da sociedade instrumentária. Nessa colmeia humana, a liberdade individual é abandonada em troca de conhecimento e ação coletivos. Elementos que fogem da harmonia são antecipadamente segmentados com altas doses de sintonia, pastoreio e condicionamento, inclusive a plena força sedutora da persuasão e influência sociais. Nós marchamos com toda a certeza, tais quais as máquinas inteligentes. Aprendemos a sacrificar nossa liberdade em prol do conhecimento coletivo

---

[772] GLENDINNING Chellis *When Technology Wounds*: The Human Consequences of Progress. Nova York: Morrow, 1990. p. 146

[773] É o homem das massas, é um mero espectador, sua identidade psíquica foi anulada por exigência excessiva.

[774] HAN, Byung-Chul. *No enxame*: perspectivas do digital. Tradução de Lucas Machado. Petrópolis: Vozes, 2018, p. 28-29.

[775] Sobre as manipulações de toda a espécie e a transformação da vida em um constante entretenimento, ver: GABLER, Neal. *Vida, o filme*: como o entretenimento conquistou a realidade. São Paulo: Companhia das Letras, 1999

[776] ZUBOFF, Shoshana. *A Era do Capitalismo de Vigilância*. A luta por um futuro humano na nova fronteira do poder. Trad. George Schlesinger. Rio de Janeiro: Intrínseca, 2021, p. 491.

imposto por outros e em nome de seus resultados garantidos. Trata-se da assinatura da terceira modernidade oferecida pelo capital de vigilância como sua resposta à nossa busca por uma vida efetiva juntos.

A tecnologia está em toda parte condicionando as pessoas de forma, silenciosa, invisível, imperceptível ou apresentada de forma muito agradável,[777] para que todos nela creiam, envolvendo o mínimo de questionamentos sobre seus propósitos e riscos.

Com a implementação da IoB, é importante contar com um arcabouço protetivo qualificado que conte com o suporte humano necessário para que as pessoas não sejam objeto de manipulação e controle, preservando a autonomia humana para guiar seu próprio rumo.

2.3.2. *Protagonismo humano contra a manipulação e o controle tecnológico: a construção de uma concepção desenvolvida, humanizada e constitucional do consumo no Brasil do futuro*

Ao olhar para o passado, observa-se que atualmente há mais conforto e segurança. Porém, o preço de uma vida de comodidades e segurança e inovações tecnológicas pode fomentar insatisfações, trazendo preocupações diárias que nossos antepassados não tinham. "Estar melhor e sentir-se pior", os problemas atuais e do futuro, não são necessariamente mais graves que no passado, mas certamente mais sutis.[778] Viver em ritmo acelerado, distrai e retira a percepção do momento em que estamos sendo manipulados e condicionados pela tecnologia, quando nos damos conta, já estamos cativos, controlados, desenvolvendo dependência, crise de sentido e identidade e tendo direitos como autonomia e privacidade violados.

O protagonismo de nossas vidas está sob o comando da inteligência artificial, e isso precisa mudar para que possamos reassumir as rédeas de nossa existência, evitando a perpetuação de manipulação e controle algorítmico. A inércia humana favorece o risco de hackeamento de pessoas, violação de direitos, além de diversos problemas psicofísicos.

Para transpor a normalização da ordem imposta pela tecnologia (efetivação universal) e efetivar a vontade da lei do coração, transformando-a em norma jurídica, a revolta por meio da indignação é primordial para construção da democracia.[779]

Não basta assumir um posicionamento contrário às influências nocivas das tecnologias na vida humana. Para traçar novos rumos nesse cenário,

---

[777] Nessa trilha, a humanidade encontrará um futuro estilo Mc Donalds (delicioso, cheiroso, bonito cheio de propagandas lindas, mas que é feito de produtos que prejudicam a saúde). Disponível em: https://www.dailymail.co.uk/news/article-299645/McDs-salad-fattening-hamburger.html; e, https://archive.nytimes.com/opinionator.blogs.nytimes.com/2011/02/22/how-to-make-oatmeal-wrong/. Acesso em: 22 dez. 2022.

[778] TENNER, Edward. *A vingança da tecnologia.* As irônicas consequências das inovações mecânicas, químicas biológicas e médicas. Trad. Ronaldo Sergio de Biasi. Rio de Janeiro: Campus, 1997. p. 363.

[779] HEGEL, Georg Wilhelm Friedrich. *Fenomenologia do Espírito.* Trad. Paulo Menezes. 2. ed. rev. Petrópolis: Vozes; Bragança Paulista: Universitária São Francisco, 2003.

torna-se fundamental um protagonismo humano para alterar a lógica da ordem universal tecnológica e a participação popular na discussão dos negócios públicos que influenciam suas vidas.[780]

A negligência perpetua a locupletação daqueles que detêm esse poder e permite a usurpação de garantias fundamentais. Segundo Jacques Ellul:[781]

> A maior parte de nós só quer ser livre quando temos as costas encostadas na parede quando a vida é compreendida como intolerável que quando outros indicam o caminho para liberdade os meios de comunicação tentam convencer-nos diariamente a desistir das migalhas de liberdade que ainda existem para a segurança e felicidade da utopia tecnológica parecemos ansiosos por fazer-lo no livro autópsia Revolution Jexi Lou menciona duas condições para uma revolução cultural não violenta acontecer: Primeiros estados políticos e econômicos tem que deixar de fornecer os materiais básicos para as pessoas Segundo as pessoas devem conscientemente compreender que a vida se tornou intolerável que a falta de significado e a falta de esperança que são endêmicos da civilização tecnológica nos torna profundamente infelizes.

Um ecossistema de proteção qualificada necessita contar com o poder público por meio da edição de leis e órgãos de efetivação da tutela, mas também com os próprios agentes, o humano/consumidor e a tecnologia por meio das empresas que a implementam.

Os indivíduos unidos por novas atitudes são peça importante de um conjunto de ações já expostas rumo à construção de uma harmonização humana com a tecnologia. As empresas necessitam dos consumidores que ao serem exigentes conduzem as empresas a boas práticas.

Demonstrou-se que a implementação da cultura na sociedade é uma forma de atender interesses privados, normalizando comportamentos e padronizando condutas, por meio de estratégias manipulatórias, como ocorre no assédio de consumo na internet, anulando direitos como a autonomia dos cidadãos.

Para manter o poder de determinados grupos dominantes, a internet dos corpos (IoB) confere acesso ao mais íntimo do ser humano, tornando-o mais vulnerável e controlável. Os benefícios para determinadas pessoas que necessitem de tal tecnologia não são ignorados, porém independente deles, deve haver um olhar atento e urgente para que ela não seja implementada sem as devidas explicações, parâmetros éticos, fiscalizatórios e de segurança.

Compreendemos a internet dos corpos não apenas como um avanço tecnológico, mas como mais uma batalha dessa nova revolução[782] que implementa mudanças de paradigmas sob o ponto de vista social, humano e ético.

---

[780] Tem-se ciência de que nem toda pessoa poderá lutar pelos seus ideais, pelos mais diversos motivos (etário, econômico, entre outros) que podem conduzir a marginalização ou estado de vulnerabilidade extrema que o impeça. Todavia, a proposta atinge o público que utiliza ou utilizará tecnologias como a IoB. Seres humanos, consumidores em média e diante da contribuição dos demais elementos do ecossistema de tutela qualificada, devem atuar de modo proativo, dando início a uma nova mentalidade para o consumo, pois no futuro espera-se atingir a propagação e o potencial transformador do cenário atual.

[781] ELLUL, Jacques. *A Técnica e o Desafio do Século*. Trad. Roland Coorbisier. Rio de Janeiro: Paz e Terra, 1968. p. 246.

[782] A quarta revolução descrita por Klaus Schwab. SCHWAB, Klaus. *A quarta revolução industrial*. Trad. Daniel Moreira Miranda. São Paulo: Edipro, 2016.

Caso o domínio tecnológico avance sobre nossas vidas, as gerações futuras não saberão o que é a liberdade, a autonomia de decidir e a privacidade, portanto não perceberão que a tecnologia é um mal e que são seus escravos. A cultura que conduz a olhar o avanço tecnológico desenfreado como um único caminho capaz de conferir bem-estar humano, precisa ser reavaliada, para que as pessoas cessem em crer no "milagre da tecnologia".[783]

Estratégias políticas e éticas precisam ser implementadas pela sociedade para conter os abusos tecnológicos.

A vulnerabilidade humana diante do uso da tecnologia manipuladora e controladora capitaneada por grandes empresas é um fato que conduz os indivíduos a adotar decisões irracionais, cuja autonomia é reduzida ou anulada. No entanto, "apesar da irracionalidade ser um lugar comum, isso não implica necessariamente que sejamos indefesos. Depois de entendermos como e quando tomamos decisões errôneas, podemos tentar ser mais vigilantes, forçar-nos a pensar nelas de maneira diferente ou utilizar a tecnologia para ultrapassar as nossas falhas".[784]

A mobilização popular e o ativismo, devidamente organizado e conduzido, podem fazer grande diferença. O fortalecimento das instituições intermediárias favorece a democracia, dando mais voz às pessoas para que possam contribuir com a esfera pública de modo que os rumos da sociedade civil não estejam centralizados em instituições estatais e no mercado.[785] Conforme já apontado anteriormente, há muita coisa em jogo, e os riscos são imensos.[786]

Deriva da boa-fé, alguns critérios auxiliares de caráter subjetivo como adoção de cautelas mínimas pelo consumidor para buscar minimizar ou eliminar resultado nocivo. A esperança é parte do ser humano, assim como os seus sentidos, e só percebemos quando a perdemos.[787]

A esperança não cura a doença, mas diminui a dor, sendo uma qualidade necessária para manutenção da existência, especialmente quando ancorada na realidade.

O homem que perde a esperança perde-se a si mesmo, pois ela pertence a sua essência.

---

[783] "E que direi daquela outra patranha a que os povos antigos sempre deram grande crédito? Acreditaram, de fato, que o dedo grande do pé de Pirro, rei dos epirotas, fazia milagres e curava as doenças do baço. Acreditavam na lenda de que o dito dedo, após a cremação do corpo de Pirro, ficaria inteiro no meio das cinzas. Era o próprio povo que forjava as mentiras em que posteriormente acreditava". LA BOÉTIE, Etienne de. *O Discurso da Servidão Voluntária*. São Paulo: Martin Claret, 2017.

[784] ARIELY, Dan. *Previsivelmente Irracional As Forças Ocultas que influenciam as nossas decisões*. Tradução de Sofia Serra. Estrela polar, 2008, p. 219.

[785] BERGER, Peter L.; LUCKMANN, Thomas. *Modernidade, pluralismo e crise de sentido: a orientação do mundo moderno*. 3. ed. Petrópolis: Vozes, 2012.

[786] Noam Choanky, ao tratar de questões políticas, as quais não se pretende tratar, apresenta visão que pode ser transposta para os riscos tecnológicos que os consumidores e a população em geral estão expostos nos dias atuais. CHOMSKY, Noam. *Quem manda no mundo?* tradução Renato Marques. São Paulo: Planeta, 2017, p. 334-335.

[787] Discorda-se de Nietzsche em seu livro *Humano demasiado humano*, no qual ele afirma que a esperança é o pior dos males, porque enganosa.

A coragem não elimina o medo; em vez disso, cria com ele uma dualidade que pode ser chamada de maturidade.

A crise significa ruptura perda de equilíbrio, mudança, incerteza, mas também reagir à dúvida e à incerteza, procurando novos caminhos.[788]

Certa vez Nietzsche afirmou: "tudo o que não me mata me fortalece", sustentando que possuímos o poder de superar nossas fraquezas e dificuldades.[789] No entanto, nem todos são capazes de usar essa força interior. Além disso, no que concerne à tecnologia, se quisermos proteger o humano de seus perigos utilizando atitudes preventivas, essa frase deverá ser totalmente descartada.

Sabe-se que "muita eficiência pode ser ineficiente, e um esforço mais habilidoso pode, a longo prazo, ser mais eficiente, assim como os cantores aprendem maneiras ótimas de respirar, mesmo que a respiração mais normal seja inconsciente". Nesse sentido, as pessoas podem desenvolver algumas habilidades por conta própria através da prática, utilizando, por exemplo os buscadores de pesquisa na internet. "O tipo certo de pesquisa – nem sempre o mais eficiente no curto prazo – pode melhorar investimentos, compras, viagens e decisões de saúde".[790]

No geral, as leis possuem bons mecanismos de proteção humana, contudo a distância que separa o discurso legal da real situação social deve acabar. As pessoas precisam estar preparadas com conhecimento para questionar, duvidar e lançar mão do ecossistema qualificado de proteção capaz de impor limites aos abusos tecnológicos que violem direitos humanos e fundamentais.

Entende-se que "qualquer sistema social depende da cooperação das pessoas. Quando as pessoas deixam de cooperar, o sistema se rompe. Frequentemente, a necessidade de cooperação não é óbvia até que ela pare, e com ela toda a maquinaria trave".[791]

A resistência à opressão tecnológica antiética e desumana deve ser ativa para que os direitos humanos e dos consumidores sejam respeitados.[792]

Ao encontro da cooperação sugere-se o desenvolvimento de comunidades de facilitadores digitais para o consumo humano, como ferramenta de auxílio aos consumidores. São pessoas voluntárias que podem se reunir formalmente ou por meio de redes, grupos de apoio formados por profissionais das mais diversas áreas. Se alguém estiver em um cenário de dificuldade tecnológica, poderá se socorrer dessas ferramentas. A mesma compreensão que existe no meio analógico deve haver no meio digital na relação de consumo.

---

788 MUSSAK, Eugênio. *Caminhos da mudança*. São Paulo: Integrare, 2015.

789 Nesse sentido, pode-se sustentar que a revolução digital 6.0 será humana.

790 TENNER, Edward. *The Efficiency Paradox*: What Big Data Can't Do. New York: Alfred A. Knopf, 2018. p. 246.

791 VÉLIZ, Carissa. *Privacidade é poder:* por que e como você deveria retomar o controle de seus dados. Trad. Samuel Oliveira. São Paulo: Contracorrente, 2021. p. 229-230.

792 MAMAN, Jeanette Antonios. *Fenômenologia existencial do direito:* crítica do pensamento jurídico brasileiro. São Paulo: Edipro, 2000. p. 140.

A expressão *facilitador digital* normalmente é atrelado ao auxílio na transmissão da informação em tempo real utilizando instrumentos visuais (painéis, telões), auditivos (como descrição de apresentações) para alcançar pessoas que têm dificuldades.

Em *Duna*, romance de Frank Herbert, não por coincidência, o diálogo entre Paul, o Muad'Dib, e a Reverenda Madre prediz o futuro:[793]

> Um dia os homens entregaram a própria razão às máquinas, esperando que isso os libertasse. Mas só se deixaram escravizar por outros homens com máquinas. – "Não criarás uma máquina à semelhança da mente de um homem" – citou Paul. – É o que dizem o Jihad Butleriano e a Bíblia Católica de Orange – ela disse. – Mas a Bíblia C. O. deveria ter dito: "Não criarás uma máquina para imitar a mente humana". Já estudou o Mentat a seu serviço? – Eu estudei com Thufir Hawat. – A Grande Rebelião removeu uma muleta – ela continuou. – Obrigou a mente humana a se desenvolver. As escolas foram fundadas para treinar os talentos humanos.

Tanto as vantagens quanto os riscos das aplicações da inteligência artificial demonstram a importância do toque humano na tecnologia.[794] "Devemos nos basear nos direitos, cuja violação, qualquer que seja o autor, sempre há de provocar nossa indignação. Não se pode transigir sobre esses direitos. Criar é resistir. resistir é criar".[795]

A tecnologia não é boa nem má, tampouco neutra. Esse controle e manipulação serve ao modelo de negócio ao qual a tecnologia passou a servir. A tecnologia do consumidor atual forma a base invisível das nossas vidas.[796]

A ideia de que todas as soluções de problemas podem ser encontradas na tecnologia são propagadas principalmente pela mídia e grandes corporações nos impedindo de atentar para os seus efeitos negativos.[797] Portanto, "as tecnologias poderosas apresentam consequências poderosas". Elas não são neutras, podendo incorporar as consequências boas e ruins.[798]

Desse modo, é importante questionar e resistir a esse modelo que tem afetado mentes, corpos e toda a vida humana. Esse é um desafio mundial, e os indivíduos precisam participar e contribuir com os debates de questões que influenciem em suas vidas para que possam ser protagonistas, e não vítimas das mudanças ulteriores.

A tecnologia pode ser amiga ou inimiga, porém a maior parte das pessoas acredita que a tecnologia é uma amiga fiel, que torna a vida mais fácil. Ela tem

---

793 HERBERT, Frank. *Duna*. São Paulo: Aleph. 2017. p. 29

794 NAISBITT, John. *High Tech High Touch* – Tecnologia e nossa busca por significado. Trad. Newton Roberval Eichemberg. 3. ed. São Paulo: Cultrix, 2006. NAISBITT, John. *Megatrends Ten New Directions Transforming Our Lives*. New York: Warnerbooks, 1982.

795 HESSEL, Stéphane. *Indignai-vos!* Tradução: Marli Peres. São Paulo: Leya, 2011. p. 23-26.

796 NAISBITT, *op. cit.*, p. 51-54.

797 E outras instituições "estabelecidas para perpetuar os benefícios obtidos por certos setores privilegiados da sociedade. No entanto, muitas pessoas, tanto dentro como fora desses setores, ainda percebem as tecnologias modernas como a vanguarda da consciência humana e o símbolo supremo da perfeição humana" GLENDINNING Chellis. *When Technology Wounds*: The Human Consequences of Progress. Nova York: Morrow, 1990, p. 140.

798 NAISBITT, *op. cit.*, p. 42.

uma ligação estreita com a cultura, mas não apresenta exame de suas próprias consequências, sendo o "tipo de amigo que pede confiança e obediência,[799] que a maioria das pessoas está inclinada a dar porque seus dons são realmente generosos". Porém, "há um lado sombrio nesse amigo. Seus presentes não são sem um alto custo". A tecnologia se torna um inimigo perigoso, pois, "destrói as fontes vitais de nossa humanidade, cria uma cultura sem fundamento moral e mina certos processos mentais e relações sociais que tornam a vida humana digna de ser vivida".[800]

Desde a criação do relógio de corda, iniciou-se uma alteração no modo de viver em um tempo *high touch* e um tempo *high tech*. A interface *high touch* humana é uma espécie de lente humana, já a interface *high tech* da Internet consiste nas inovações e avanços futuros que envolvem progresso e controle.[801]

O tempo atual revela "um sentido de urgência", e as tecnologias modernas têm prometido ao consumidor economizar tempo, deixando-os livres para as "atividades que realmente interessam". Isso parece sedutor, quem negaria? Porém, o que se percebe é que "cada vez mais aquilo que promete poupar nosso tempo, consome nosso tempo".[802]

Estamos sempre conectados e em busca de cada vez mais produtividade e "à medida que vamos equipando a vida com sistemas automáticos cada vez mais sofisticados, nossas atividades e nossa própria linguagem também vão mudando", vivemos uma vida movida pela tecnologia., mas qual o efeito disso? "Assim como a canção da sereia o convite da tecnologia pode ser encantador, ele seduz para em seguida nos apanhar na armadilha".[803]

O controle, depende de informações e atividades que envolvam, processamento, programação, decisão e comunicação. Identificar as bases organizacionais do controle da informação pelas empresas e pelo Estado e suas implicações para estrutura social, é de fundamental importância para a compreensão da vida em sociedade.[804]

Muitas vezes as informações não são integralmente passadas ao consumidor, pois acredita-se que por conta de sua vulnerabilidade, falta de experiência ou de conhecimento suficiente eles não saberão compreendê-las ou lidar com elas. No entanto, quanto mais transparência e conhecimento sobre os objetivos de uma empresa, mesmo que muitas coisas possam não fazer tanto sentido, todas as informações fornecidas serão armazenadas em sua mente de modo que em algum momento elas podem fazer a diferença. Portanto, é muito

---

[799] POSTMAN, Neil *Technopoly*: The Surrender of Culture to Technology , 1993. p. xii.

[800] Esse tema anteriormente já foi tratado pelos seguinte autores: Lewis Mumford, Jacques Ellul, Herbert Read, Arnold Gehlen, Ivan Illich. Ibid. p. xii.

[801] NAISBITT, John. *High Tech High Touch* – Tecnologia e nossa busca por significado. Trad. Newton Roberval Eichemberg. 3. ed. São Paulo: Cultrix, 2006. p. 43,44.

[802] Ibid. p. 51.

[803] Ibid. p. 53-54.

[804] BENIGER, James R. *The Control Revolution Technological and Economic Origins of the Information society*. Cambridge: Harvard University Press, 1989, p. 434, 435 e 436.

importante o compartilhamento de informações, seja por parte da empresa, de órgãos estatais ou mídia, oportunizando ferramentas para que as pessoas possam pensar. Assim, juntamente com outras estratégias protetivas, o consumidor poderá se empoderar com autonomia, participando efetivamente da sua proteção na medida em que ele pode ser ouvido e exigir das empresas um comportamento ético.

A adoção de posturas mais céticas e questionadoras,[805] realizando paradas para avaliações ao longo do caminho, favorece a tomada de decisões mais conscientes. Todavia, "o homem é por natureza crédulo. Sempre escravizado as primeiras impressões, dificilmente escapa-lhes a tirania".[806]

Existem muitos modos de viver a vida[807] e precisamos assumir o protagonismo de nossas escolhas, de modo consciente e autônomo, sob pena de sermos reféns das escolhas algorítmicas, invasões de privacidade, desrespeito à integridade psicofísica, para que não se atinja o absurdo de nós mesmos desconsiderarmos nos direitos, pouco importando se essas coisas acontecem ou não. Reforce-se: A tecnologia controla e manipula a mente humana, mudando nossa forma de viver e ver o mundo, e assim a técnica, revestida de progresso, tem desviado a atenção do ser humano.[808]

Entre os efeitos prejudiciais da tecnologia está a alienação e os obstáculos para o desenvolvimento de relações reais entre os próprios seres humanos, mas não podemos nos deixar dominar.

Portanto, sugere-se manter o senso crítico e reflexivo, ponderando os riscos e finalidades da tecnologia, sem supervalorizá-la, priorizando as experiências e o aprimoramento[809] das qualidades humanas.

Para alcançar um equilíbrio entre tecnologia e humanos é preciso colaboração e diálogo entre os agentes, fomentando uma maior conexão humana (e não com a máquina) para enfrentar os desafios da IA.

As pessoas não devem se acostumar a ponto de depender das tecnologias, é preciso refletir sobre quais os danos a inteligência artificial pode causar, para que não acabemos nos perdendo de quem somos. Nós não somos a tecnologia e não devemos ser dependentes dela.

O progresso tecnológico deve servir ao humano, portanto, o progresso humano é mais importante que o tecnológico. Isso não significa aceitar o melhoramento rumo ao transumanismo, mas sim, respeitar as bases humanas, desenvolvendo habilidades de análise reflexão criatividade e alteridade e empatia que são genuína e exclusivamente humanas. É preciso converter

[805] Assim como os Bereanos a cada ensinamento verificavam nas escrituras tudo o que lhes era ensinado, as pessoas não devem se contentar com algo que parece bom, mas sim, buscar, sempre que possível, confirmações fundamentadas sobre as coisas.

[806] ROBINSON, James Harvey. *A formação da mentalidade*. Monteiro Lobato, 2022. p. 85-86.

[807] PEREC, Georges. *A vida modo de usar*. Trad. Ivo Barroso. São Paulo: Companhia de Bolso, 2009.

[808] HEIDEGGER, Martin. *A questão da técnica*. Ensaios e Conferências. 3. ed. Petrópolis: Vozes, 2006.

[809] Aqui, não se refere a qualquer melhoramento humano, mas ao estímulo das habilidades naturalmente humanas como a criatividade, pensamento crítico, entre outras.

o medo e as incertezas sobre o futuro em soluções, em ações que nos levem onde queremos estar. O mundo do futuro necessita do sentimento, acolhimento, aconselhamento e outras habilidades exclusivamente humanas que não são alcançadas pelos algoritmos.[810]

Associado ao já descrito arcabouço protetivo qualificado, o protagonismo auxilia no processo de harmonização entre humano e máquina.

2.4. Mecanismos ético-jurídicos harmonizadores das experiências humanas com a máquina

Do exposto até aqui, percebe-se que a inteligência artificial apresenta excelentes vantagens, porém carrega consigo uma enorme gama de riscos potenciais e reais, entre os quais merecem destaque (além das já bastante debatidas questões de privacidade e discriminação) o sistema de pontuação social e a "manipulação do comportamento humano para privar os usuários de seu livre-arbítrio". Essas condutas algorítmicas são de risco inaceitáveis e devem ser proibidas.[811]

A ponderação deve ser um instrumento adotado antes da implementação de tecnologias disruptivas que envolvem diretamente o ser humano, como internet dos corpos. Balancear as externalidades positivas e negativas de uma inovação confere maior previsibilidade custo-benefício da ação, estabelecendo o melhor cenário.[812]

Para Stuart Russel, a chave para a criação de máquinas desejáveis pode ser condensada em três princípios:[813] O primeiro princípio é tornar as máquinas puramente altruístas, – que não se preocupam com seu próprio bem-estar ou sua própria existência, tendo como seu "único objetivo maximizar a execução de preferências humanas".[814]

---

[810] SALOMÃO, Jeovani. *O futuro é analógico, provocações sobre tecnologia e nossa humanidade.* Brasília: Tagore, 2021.

[811] Disponível em: https://montrealethics.ai/europe-analysis-of-the-proposal-for-an-ai-regulation/. Acesso em: 21 nov. 2022.

[812] Robert Alexy, defende que na hipótese de colisão entre princípios devem ser analisadas as condições fáticas e jurídicas do caso concreto por meio da ponderação que deverá ser aplicada a partir do princípio da proporcionalidade. ALEXY, Robert. *Teoria dos Direitos Fundamentais.* 2. ed. Trad. Virgílio Afonso da Silva. São Paulo: Malheiros, 2011. Ver também: ALEXY, Robert. Colisão de direitos fundamentais e realização de direitos fundamentais no Estado de Direito Democrático. Revista de Direito Administrativo, Rio de Janeiro, v. 217, 2015. Uma das aplicações mais proveitosas contidas potencialmente no princípio da proporcionalidade é aquela que o faz instrumento de interpretação toda vez que ocorre antagonismo entre direitos fundamentais e se busca desde a solução conciliatória, para a qual o princípio é indubitavelmente apropriado. As Cortes constitucionais europeias, nomeadamente o Tribunal de Justiça da Comunidade Europeia. fizeram uso frequente do princípio para diminuir ou eliminar a colisão de tais direitos. BONAVIDES, Paulo. *Curso de Direito Constitucional.* 4. ed. São Paulo: Malheiros, 1993, p. 344 e segs.

[813] RUSSEL Stuart. *Inteligência artificial a nosso favor*: Como manter o controle sobre a tecnologia. São Paulo: Companhia das Letras, 2021. p. 219.

[814] Qualquer preferência por autopreservação cria um incentivo adicional dentro do robô que não está estritamente alinhado com o bem-estar humano.

"O segundo princípio, de que a máquina de início não tem certeza de quais são as preferências humanas". Assim, se tornarão máquinas mais humildes e submissas aos seres humanos, permitindo seu desligamento. O terceiro princípio diz que a "fonte definitiva de informações sobre preferências humanas é o comportamento humano" e que por meio de observação das escolhas humanas as máquinas possam se tornar mais úteis.

É inegável a função social que a tecnologia exerce; no entanto, é preciso analisar se não são violados princípios e direitos fundamentais para concebê-la. Entende-se que vários[815] são os princípios que devem ser observados pela IA, mas especialmente nessa tese objetiva-se destacar a proteção à privacidade e intimidade e o respeito à autonomia.

Tudo que vem do homem é dotado de sentido, de valor e, portanto, é preciso uma proteção adequada que seja preventiva e/ou reparadora, mas também preditiva e proativa.

A crise ética origina-se na incompreensão do ser humano. A carta sobre o humanismo foi escrita por Heidegger em 1946 e por meio dela é possível entender questões essenciais sobre o ser humano, passo fundamental para alcançar-lhe uma proteção qualificada.[816]

"O ser é a proteção que abriga os homens em sua essência e a humanidade reside em sua essência". Nesse sentido, "humanismo é meditar e cuidar para que o homem seja humano em vez de não-humano, 'desumano', ou seja alheio a sua essência.[817] A linguagem é ao mesmo tempo a casa do ser e a morada da essência", e se torna a câmara das manipulações.[818]

O *Daisen* de Heideegger agora é um *inforg*,[819] que se comunica e troca informações. A liberdade heideggeriana é a essência da verdade, não é a liberdade individual do liberalismo, por exemplo, em Russeal e em Stuart Mill, mas é um espaço predeterminado onde o indivíduo se encontra e se move. Aquele que irá interpretar o direito (ou compreender) carrega consigo uma pré-compreensão do problema, que nada mais é do que a visão fundamentada em suas experiências de vida. Esta pré-compreensão exposta por Gadamer em sua hermenêutica compõe o círculo hermenêutico que embasa a própria evolução do pensamento.[820]

---

[815] Princípios do bem-estar, solidariedade, cuidado, equidade, inclusão e diversidade, participação democrática, responsabilidade e desenvolvimento sustentável.

[816] "La esencia del materialismo se oculta en la esencia de la técnica, sobre la que ciertamente se escribe mucho, pero se piensa poco. En su esencia, la técnica es un destino, dentro de la historia del ser, de esa verdad del ser que reside en el olvido". HEIDEGGER, Martin. *Carta sobre el humanismo.* Trad. Helena Cortés y Arturo Leyte. Madrid: Alianza Editorial, 2000.

[817] Ibid. p. 5.

[818] Ibid. p. 28.

[819] O ser humano de Heidegger em *Ser e Tempo* explorava o mundo das coisas. Atualmente, vivemos em um mundo de não coisas, em uma infosfera que enquanto proporciona comodidade e aparente liberdade também manipula, vigia e controla aqueles que pretendem desfrutar tudo que as tecnologias têm a oferecer. HAN, Byung-Chul. *Não coisas*: reviravoltas do mundo da vida. 1 ed. Petrópolis: Vozes, 2022.

[820] GADAMER, Hans-Georg. *Verdade e método I*: traços fundamentais de uma hermenêutica filosófica. Trad. Flávio Paulo Meurer. Petrópolis: Vozes, 2002. *passim.*

Se compreender é sempre também aplicar, então poder-se-ia interpretar que quando realmente conhecermos nossa história e seus prejuízos poderemos entender os riscos a que a humanidade está exposta e então fazer algo para mudar.[821] Portanto, torna-se oportuno alcançar logo a consciência de que o desenvolvimento tecnológico deve ser sustentável[822] e depende da mudança de pré-compreensões, alterando, impreterivelmente, o foco de um avanço predatório para um crescimento responsável da tecnologia.

As normas éticas, isoladamente, são "insuficientes para motivar o cumprimento dos contratos", portanto, o Estado organiza a vida em sociedade do ponto de vista jurídico, fazendo "cumprir os ditames da razão", de modo que "os que se submetem às leis são os mesmos que participam da sua elaboração".[823] Assim, "a capacidade de se submeter às leis das quais se é autor ou que se possa dar o seu consentimento", reflete o princípio da autonomia, pois, "tanto no direito quanto na ética há uma mútua imbricação entre liberdade e a lei a qual se obedece. Liberdade implica na prescrição da lei para si próprio".[824]

Objetivando uma proteção humana qualificada, que visa a segurança, efetividade e adequação da conduta nas relações entre as máquinas e o ser humano, propõe-se a fórmula PAM estruturada pelos pilares ético, normativo e social.

O PAM consiste em um conjunto de atitudes integradas e de fluxo constante, de modo que o consumidor não fique desamparado em nenhuma etapa. O "P" refere-se à prevenção e precaução[825] de agravos por meio de medidas como predição e protagonismo que clarifiquem e impeçam os possíveis desdobramentos deletérios do contexto tecnológico em que as pessoas estão inseridas e preservem a natureza humana. A predição tem o condão de utilizar a Inteligência Artificial para prever o futuro com base em eventos passados. Isso já é utilizado na área criminal,[826] no diagnóstico de doenças[827] e no âmbito judicial, podendo prever quantos processos serão ajuizados, "probabilidades de ganho, perda e duração do processo". A implementação dessa tecnologia favorece as tomadas de decisão no direito[828] e em diversas áreas com exatidão

---

[821] GADAMER, Hans-Georg. *Verdade e método I*: traços fundamentais de uma hermenêutica filosófica. Trad. Flávio Paulo Meurer. Petrópolis: Vozes, 2002. *passim*.

[822] FREITAS, Juarez. *Sustentabilidade*: Direito ao Futuro. Belo Horizonte: Fórum, 2011.

[823] WEBER, Thadeu. *Justiça e direitos fundamentais em debate*. Porto Alegre: Fundação Fênix, 2023. Disponível em: http://www.fundarfenix.com.br. Acesso em: 29 mar. 2023. p. 18.

[824] Ibid. p. 19.

[825] A prevenção visa a enfrentar as consequências danosas conhecidas, e a precaução trata da gestão de riscos incertos ou desconhecidos.

[826] Nesse sentido, ver: SOARES Lucas. A Inteligência artificial pode prever crimes antes que eles aconteçam. Disponível em: https://olhardigital.com.br/2022/08/24/ciencia-e-espaco/inteligencia-artificial-pode-prever-crimes-antes-que-eles-acontecam/#:~:text=A%20IA%20consegue%20prever%20onde,n%C3%A3o%20tem%20capacidade%20para%20isso. Acesso em: 11 abr. 2023.

[827] The Lancet Regional Health – Americas, Reimagining leprosy elimination with AI analysis of a combination of skin lesion images with demographic and clinical data. Raquel R Barbieri, Yixi Xu, Lucy Setian, Paulo Thiago Souza-Santos, ... Milton O Moraes. Volume 9, May 2022 Disponível em: https://www.sciencedirect.com/science/article/pii/S2667193X22000096?via%3Dihub.

[828] Disponível em: https://justicadigital.com/blog/o-que-e-predicao/. Acesso em:11 abr. 2023.

de aproximadamente 90%. Assim, sugere-se que seja utilizado o poder preditivo da IA também para alertar quanto aos efeitos negativos de uma nova tecnologia como o uso de microchips e a interface cérebro-máquina.

O "A" versa sobre o ataque (atitudes de combate), ou seja, trata das ações de enfrentamento para defesa dos direitos que incluem a necessária edição de normas ético-jurídicas para regulação do uso da internet dos corpos e assédio de consumo. Nesse sentido, apresenta-se a proposição de uma normativa baseada em riscos e de alcance uniforme em todo território nacional para que sejam evitadas posturas divergentes por parte dos Estados. Trata-se de diretriz ético-jurídica baseada em riscos[829] que visam a traçar parâmetros limitadores do desenvolvimento abusivo das tecnologias utilizadas no assédio de consumo e na IoB, capazes de manipular as pessoas e usurpar-lhes direitos fundamentais. O novo regramento tem como base a implementação da fórmula PAM e objetiva alcançar proteção psicofísica adequada ao cenário digital. Um ecossistema tecnológico ataca de modo invisível diariamente, violando direitos e tornando pessoas ultravulneráveis. O contra-ataque deve estar igualmente em um Ecossistema, mas este sadio e qualificado para a tutela humana.

A letra "M" representa o movimento constante com vistas à construção de um futuro tecnológico que respeite a natureza humana por meio da manutenção e compromisso na continuidade de medidas em direção à harmonização da relação humana diante do dinâmico desenvolvimento tecnológico com o fito de alterar a cultura do progresso tecnológico a qualquer custo e da falácia que isso será sempre benéfico a humanidade.

Assim, é importante a colaboração empresarial na adoção de regulação interna e do compromisso ético no manejo da IA, bem como uma arquitetura humanizada e constitucional precisa ser introduzida nas máquinas para que sirvam às pessoas com ética e primazia humana de modo seguro e confiável. A formação de uma rede cada vez mais ativa, composta por Estado, Ministério Público, Órgãos de defesa e proteção do consumidor na luta para efetivação dos direitos humanos e constitucionalmente assegurados, contribui para esse fim. Além disso, sugere-se programar nas máquinas valores humanos fundamentais, já que estes não podem ser aprendidos por *machine learning*.

Dessa forma, deve haver um movimento, pós-jurídico que envolva a fiscalização do cumprimento das condutas reparatórias e de adequação à legislação exigidos no momento jurídico para a gradual retomada de posições perdidas em razão de suas práticas irregulares. Esses três momentos (pré-jurídico, jurídico e pós-jurídico), ancorados no PAM, são ferramentas úteis que compõem o ecossistema de tutela qualificada. Acredita-se que a adoção dessas medidas, são determinantes para atenuar os riscos de inadequação.

A construção de uma teoria da tutela qualificada do consumidor e da pessoa humana em geral, independentemente da condição de consumidor, está revestida de três principais características, a saber: efetividade, segurança e

[829] Inspirada na proposta Europeia para Regulamentação da IA. Disponível em: https://montrealethics.ai/europe-analysis-of-the-proposal-for-an-ai-regulation. Acesso em: 11 abr. 2023.

adequação, estando fundadas nos pilares, ético, normativo e social para aplicá-los ao contexto da internet dos corpos.

Consumidores são vulneráveis diante das tecnologias controladas por empresas. Diariamente, são condicionados a se tornarem reféns dela. As ferramentas de inteligência artificial são utilizadas para manipulação da vontade, usurpando direitos fundamentais como autonomia e privacidade e, portanto, devem-se enquadrar em parâmetros rígidos de controle, sendo proibidos os usos capazes de transformar a liberdade e dignidade humana em um cativeiro tecnológico.

Sabe-se que o direito precisa fornecer resposta aos riscos que as inovações apresentam, contudo, as normas não conseguem alcançar a rapidez das mudanças sociais. Não por isso deve limitar-se a resolver os problemas apenas após a realização de certas práticas. O direito deve orientar-se pelos princípios da prevenção e precaução, portanto a regulamentação de tecnologias usadas para controlar, manipular a mente humana, devem ser pautadas na ética, efetividade e adequação, objetivando o respeito à dignidade humana, evitando que os sujeitos sejam transformados em pessoas diversas.

A tutela qualificada proposta é perfectibilizada em uma norma que contempla a fórmula PAM que consiste em mecanismos jurídicos e extrajurídicos que integra um verdadeiro ecossistema (atuando em conjunto com outros diplomas de proteção vigentes no ordenamento jurídico)[830] de combate ao ecossistema de manipulação e controle tecnológico, em especial em situações de assédio de consumo e internet dos corpos.

Por serem alvos dessas inovações, os direitos fundamentais, em especial a privacidade e a autonomia, necessitam de estratégias adequadas de proteção para resultados qualificados diante do progresso tecnológico que invade a esfera mais íntima do ser humano. Esta adequação refere-se à convergência ética e aos parâmetros constitucionais de proteção humana, que forneçam segurança e efetividade[831] às demandas sociais frente aos avanços tecnológicos.

Fala-se na tutela jurídica do corpo eletrônico, porém o que se defende nesse trabalho é que o corpo humano seja preservado no mundo real e não seja utilizado como plataforma no ciberespaço.[832]

A liberdade é incondicional e é isso que Sartre quer dizer quando afirma que estamos condenados a sermos livres: "Condenado porque não se criou a si próprio; e, no entanto, livre, porque uma vez lançado ao mundo, é responsável por tudo quanto fizer".[833]

---

[830] MARQUES, Cláudia Lima. *O Diálogo das Fontes.* Do Conflito à Coordenação de Normas do Direito brasileiro. São Paulo: Revista dos Tribunais, 2012.

[831] Conforme Luís Roberto Barroso, a efetividade, em síntese, pode ser entendida como a realização do direito na sua função social. BARROSO, Luís Roberto. *O Direito Constitucional e a efetividade de suas normas: limites e possibilidades da constituição brasileira.* 2.ed. Rio de Janeiro: Renovar, 1993, p. 79.

[832] FACCHINI NETO, Eugênio; SCALZILLI, Roberta. *Tutela jurídica do corpo eletrônico:* novos desafios ao direito digital. In: Adriano Marteleto Godinho [*et al.*]. Cristiano Colombo, José Luiz de Moura Faleiros Jr., Wilson Engelmann (coords.). Indaiatuba: Foco, 2022.

[833] SATRE, Jean-Paul *O existencialismo é um humanismo.* Abril Cultural, 1973, p. 15.

O Código Civil como norma geral resguarda os direitos de personalidade (arts. 11 ao 21) e permanece sendo fundamentalmente aplicável diante dos avanços tecnológicos que invadem a esfera privada do corpo e da mente. A expressão *integridade física* disposta na lei, pode ser interpretada conjuntamente com o conceito de integridade psíquica, como um dos pilares da dignidade humana (art. 1°, III, CF).[834] Contudo, mesmo que o rol desses direitos possa ser considerado *numerus apertus*, amplificando seu entendimento para situações análogas, em razão do grave potencial danoso do assédio de consumo e especialmente da IoB, com afronta direta a direitos fundamentais, necessitam de norma específica capaz de estabelecer parâmetros mais acurados para esse cenário.

A integridade psicofísica está relacionada à autonomia do sujeito e à valorização dos bens jurídicos intrínsecos à noção de pessoa humana. Embora exista previsão de direitos tanto na Constituição Federal[835] quanto no Código Civil, em relação ao corpo nos artigos 13[836] a 15, ainda há longos caminhos a serem percorridos para se atribuir efetividade à tutela física e psíquica do ser humano.[837] Nesse sentido, o direito deve estar atento e se antecipar aos riscos tecnológicos, adaptando a tutela jurídica aos novos tempos para que se atinja uma proteção humana qualificada, porém, "está radicalmente viciado pelo seu atraso", pois, o "regime jurídico não está adaptado à civilização técnica".[838]

Ao publicar o marco de avaliação global da alfabetização midiática e informacional, a UNESCO[839] dispõe sobre as competências do país (AMI)[840] e apresenta importantes contribuições para ética algorítmica no âmbito internacional.

---

834 LACERDA, Denis Otte. Direito da personalidade e integridade psicofísica. *Anais do XVIII Congresso Nacional do Conpedi*. São Paulo: 2009, p. 5277- 5278.

835 A integridade psicofísica é um pilar da dignidade humana (art. 1°, III), e sua proteção pode ser encontrada no artigo 5°, III, XLVII (alíneas "c" e "e") e XLIX. "Ninguém será submetido a tortura nem a tratamento desumano ou degradante", "trabalhos forçados; (...) cruéis", sendo "assegurado aos presos o respeito à integridade física e moral".

836 O consentimento em dispor do próprio corpo encontra limites estabelecidos no artigo 13 do CC. Salvo por exigência médica, é defeso o ato de "disposição do próprio corpo, quando importar diminuição permanente da integridade física, ou contrariar os bons costumes". A redação é inspirada no Código Civil Italiano de 1942 que prevê em seu artigo 5°: *"gli atti di disposizione del proprio corpo sono vietati quando cagionino una diminuzione permanente della integrità fisica, o quando siano altrimenti contrari alla legge, all'ordine pubblico o al buon costume"*.

837 SCHREIBER, Anderson *Direitos da Personalidade*. 2. ed. São Paulo: Atlas, 2013. p. 33.

838 ELLUL Jacques. *A Técnica e o Desafio do Século*, Tradução de Roland Coorbisier. Rio de Janeiro: Paz e Terra, 1968. p. 256-257.

839 A Unesco ocupa um lugar de destaque no "pensamento internacional sobre o impacto das transformações relacionadas às informações, às comunicações, às mídias e à educação", e defendem "o potencial da tecnologia e da mídia livre, independente e pluralista, de promover o desenvolvimento para reforçar os direitos dos indivíduos de serem cidadãos livres e empoderados" e não marginalizados. Para tanto, incentiva seus Estados membros a efetivar esses direitos por meio de ações que proporcionem a sociedade habilidades em AMI. *Marco de Avaliação Global da Alfabetização Midiática e Informacional (AMI)*: disposição e competências do país. Brasília: UNESCO, Cetic.br, 2016. p. 9.

840 Ibid. p. 138.

A utilização do poder do Estado consiste em uma opção estratégica para regulação tecnológica, até os limites e capacidades de agir em bases internacionais.

Assim, sugere-se a elaboração de uma convenção internacional[841] para proteção humana contra a manipulação e controle tecnológico capazes de afastar direitos fundamentais como autonomia, privacidade e a dignidade humana. Nesse contexto, propõem-se em seu conteúdo a proteção da integridade psicofísica da pessoa humana frente aos avanços tecnológicos, e a adoção de medidas do PAM realizadas, por exemplo, por meio da publicidade transparente, campanhas educativas e medidas legais restritivas.

A intenção é que a ultravulnerabilidade humana seja reconhecida diante da capacidade da IoB de manipular, controlar e violar direitos fundamentais em grau máximo, conferindo à proteção psicofísica, já consagrada no ordenamento jurídico pátrio, novos alcances e abordagens amparados na dignidade humana como princípio estruturante da ordem constitucional.[842] Nessa trilha, são as propostas de uma regulação específica no direito nacional baseada em riscos para tutela dos neurodireitos e transnacionalmente como um importante passo para proteção humana no mundo. A convenção internacional permite a adesão de países, contudo, o consenso entre países com diferentes culturas, consiste em um grande desafio.[843]

Passos precisam ser dados em direção a uma mudança cultural gradual, porém firme no propósito de resguardar a natureza e direitos fundamentais humanos de modo efetivo. Um caminho exitoso para a segurança jurídica nessa seara, consiste em normas claras e controle constante das inovações.

Na ausência de legislação específica disciplinando a IoB, são aplicáveis as regras de prestação de serviços previstas no Código Civil, Código de Defesa do Consumidor, normas do CONAR,[844] [845] Marco Civil da Internet, bem como outras que possam incidir no caso concreto. Além disso, podem ser aplicáveis as políticas de publicidade e os termos de uso das plataformas digitais.

No âmbito legal, o Marco Civil da internet e a LGPD são contribuições importantes para disciplinar e afastar as consequências tecnológicas, aliadas a novos regramentos internacionais como o livro branco. Porém, carece de uma

---

841 "Alguns defendem uma nova Convenção de Genebra digital para proteger o mundo da ameaça dos sistemas" de inteligência artificial, especialmente robôs autônomos que podem se tornar assassinos. BARFIELD, Woodrow (editor). *The Cambridge handbook of the law of algorithms.* New York: Cambridge University Press, 2021, p. 15.

842 Um constitucionalismo multinível contempla tratados e convenções internacionais. Os tratados e convenções internacionais de direitos humanos aprovados pelo rito estabelecido no § 3º do artigo 5º da CF, possuem *status* equivalente a emendas constitucionais no Brasil.

843 FUKUYAMA, Francis. *Nosso futuro pós-humano:* consequências da revolução da biotecnologia. Trad. Maria Luiza X. de A. Borges. Rio de Janeiro: Rocco, 2003. p. 23.

844 Conselho Nacional de Autorregulamentação Publicitária (CONAR). Disponível em: http://conar.org.br/pdf/CONAR_Guia-de-Publicidade-Influenciadores_2021-03-11.pdf. Acesso em: 21 de jul. 2022.

845 Nesse sentido, o Código Brasileiro de Autorregulamentação Publicitária do CONAR (Conselho Nacional de Autorregulamentação Publicitária). Disponível em: http://www.conar.org.br/pdf/codigo-conar-2021_6pv.pdf. Acesso em:21.jul.2022.

proteção mais qualificada que ataque a raiz do problema e abarque os aspectos da vida humana passíveis de impacto tecnológico negativo.

Os parâmetros internos ainda são pouco sedimentados para regular o ambiente digital e principalmente os aspectos da internet dos corpos. Assim, lança-se um olhar para a regulamentação internacional na busca de um ambiente digital mais seguro.

Em 2022, o Parlamento Europeu aprovou regras legislativas tanto para os serviços digitais (DSA)[846] quanto para o mercado digital (DMA),[847] visando a aumentar a fiscalização do mercado digital, conferindo maior proteção aos consumidores.

A União Europeia e seus parceiros internacionais apresentaram a Declaração para o futuro da internet,[848] que se baseia na declaração sobre direitos e princípios digitais para todos na U.E.[849]

Sabemos que a publicidade desempenha um papel vital na economia,[850] porém ferramentas como o *Copy Advice* são importantes para realizar um diagnóstico publicitário, garantindo o cumprimento das normas e evitando infrações que possam prejudicar a reputação das empresas.[851]

O *Copy Advice*, consiste uma espécie de assessoramento prévio[852] muito utilizado como prática preventiva na Europa, mediante submissão de regras de conformidade ética que ocorre antes da publicidade das empresas.[853]

Na Europa, órgãos independentes de consulta prévia analisam do ponto de vista técnico e jurídico a publicidade, emitindo um parecer prévio (*Copy Advice*) também em relação ao uso de *cookies* (*Cookie Advice*). Essa autorregulamentação é fiscalizada pelo governo e trata-se de "voz única em questões de autorregulamentação publicitária na Europa".[854]

---

[846] Cuja vigência inicia em fevereiro de 2024. (*Digital Services Act*).

[847] Com vigência a partir de 02 de maio de 2023. (*Digital Markets Act*).

[848] Disponível em: https://ec.europa.eu/commission/presscorner/detail/en/IP_22_2695. Acesso em: 21 mar.2023.

[849] Disponível em: https://ec.europa.eu/commission/presscorner/detail/en/IP_22_452. Acesso em: 21 mar.2023.

[850] Conforme estudo encomendado pela *The Advertising Coalition* e realizado pela IHS Markit, verificou-se que no ano de 2021 a publicidade gerou US$ 7,1 trilhões em vendas e fomentou a criação de 28,5 milhões de empregos nos EUA. The economic impact of advertising on the US economy Disponível em: https://aro36532638-my.sharepoint.com/personal/amelendez_capitolcounsel_com/_layouts/15/onedrive.aspx?id=%2Fpersonal%2Famelendez%5Fcapitolcounsel%5Fcom%2FDocuments%2FThe%20Advertising%20Coalition%20EIA%20Final%20Report%20%2D%20November%202021%2D1%2Epdf&parent=%2Fpersonal%2Famelendez%5Fcapitolcounsel%5Fcom%2FDocuments&ga=1.

[851] Disponível em: https://www.autocontrol.es/. Acesso em: 21. jul.2022.

[852] O CONAR desempenha um importante papel na avaliação da publicidade, verificando se violam os direitos do consumidor. Todavia, essa análise não é preventiva, e sim, posterior à publicidade, o que reduz os seus efeitos.

[853] Não se trata de censura, pois é algo semelhante ao que ocorre com os contratos de adesão no Brasil, onde quem não quer não assina.

[854] Disponível em: https://www.easa-alliance.org/ A organização está situada em Bruxelas.

Essa estratégia é muito bem-vinda no Brasil para evitar que as publicidades sejam instrumento de manipulação que conduz a práticas prejudiciais às pessoas.

John Perry Barlow, na Declaração de Independência do Ciberespaço,[855] defende a liberdade de expressão e a não intervenção regulatória do governo na internet.[856]

A neurociência[857] tem demonstrado os problemas relacionados a privacidade e segurança na manipulação do cérebro humano para interface cérebro-máquina.[858] Uma pesquisa americana demonstrou que as pessoas acreditam que os dispositivos cerebrais passarão a ser utilizados antes mesmo de entendermos completamente como podem afetar a saúde humana, e seu uso generalizado "iria longe demais na eliminação das diferenças naturais entre as pessoas".[859]

A dignidade da pessoa humana se impõe como um limite para os progressos das ciências biotecnológicas, que só podem avançar até o ponto em que não cause lesão à dignidade humana, devendo esta ser o suporte axiológico de toda e qualquer interpretação dos progressos que venham a atingir direta ou indiretamente o ser humano e a humanidade como um todo.

Apresenta-se para esse cenário um conjunto de ações adotadas por meio de condutas comissivas ou omissivas baseadas na fórmula PAM. Estratégias, tais como criação de uma norma específica para fiscalização e sanção das práticas que envolvam a internet dos corpos e contemple os pilares para tutela humana qualificada, resguardando os direitos fundamentais, visando à harmonização com o desenvolvimento ético e seguro da tecnologia de interface humana. Essa norma deve ser categorizada em riscos e respeitada por todos os agentes[860] envolvidos na implementação de mecanismos que utilizem algoritmos de inteligência artificial. Para corroborar a proteção qualificada, também é importante a existência da regulação privada, a qual sugere-se o sistema da autorregulação regulada.[861]

---

[855] BARLOW, John Perry. *Declarlation of cyberspatial independence. EFF – Electronic Frontier Foundation*. Estados Unidos da América, 08 fevereiro 1996. Disponível em: https://www.eff.org/pt-br/cyberspace-independence Acesso em: 21 junho 2022.

[856] Questões como liberdade de expressão, regulação da internet e redes sociais, não constituem o objeto dessa pesquisa, porém são mencionados especialmente para trabalhar a manipulação e o controle humano no ambiente digital.

[857] A neurociência dedica-se ao estudo do sistema nervoso e comandos emitidos pelo cérebro. No ano de 2014, os olhares das pessoas estavam sobre o Brasil, quando um jovem paraplégico deu o chute inicial de abertura da Copa do Mundo, oportunizado por um dispositivo de interface cérebro-máquina desenvolvido pelo neurocientista brasileiro Miguel Nicolelis.

[858] IENCA, M.; Andorno, R. Towards. *New human rights in the age of neuroscience and neurotechnology*. Life Sci Soc Policy 13, 5, 2017. Disponível em: https://doi.org/10.1186/s40504-017-0050. Acesso em: 22 out. 2022.

[859] Disponível em: https://www.pewresearch.org/internet/2022/03/17/public-cautious-about-enhancing-cognitive-function-using-computer-chip-implants-in-the-brain/.Acesso em:18.abr.2022.

[860] Projetistas, integradores, fornecedores e todos aqueles que auxiliam na implementação da tecnologia Disponível em: https://montrealethics.ai/europe-analysis-of-the-proposal-for-an-ai-regulation/. Acesso em: 28. mar.2023.

[861] Em moldes a serem adaptados à semelhança do apresentado pelo ilustre professor Doutor Ingo Sarlet quanto à regulação dos provedores de internet para solucionar a "celeuma" entre liberdade de expressão e discurso de ódio.

Sobre a regulamentação das inovações tecnológicas, parece-nos acertada a implementação de um código de ética algorítmico aliada a alguma regulação privada que poderia ser algum sistema ou plataforma especializado capaz de aplicar na prática as condutas da legislação, iniciando "soluções tecnológicas que permitissem que o código se tornasse um meio de expressão da ética". Portanto, coadunar essas duas condutas é essencial.[862]

Da análise do Projeto de Lei 21/2020,[863] que cria o marco legal do desenvolvimento e uso da Inteligência Artificial (IA), é possível verificar que o risco de exposição dos segredos comerciais é um dos problemas a ser enfrentado pela nova imposição legal da transparência[864] e explicabilidade algorítmica. Embora a intenção da proteção desses aspectos empresariais, na prática, acredita-se que dificuldades serão enfrentadas. Entende-se que limites precisam ser estabelecidos, pois, conforme sustenta Ana Frazão, é preciso refletir até que ponto tecnologias que podem ser consideradas armas[865] podem-se beneficiar do "escudo" do segredo empresarial.[866]

Nesse aspecto, é possível verificar que um dos grandes desafios atuais no que tange à inteligência artificial é a compatibilização dos interesses empresariais e dos usuários.

Atitudes de prevenção direta e indireta que preservem a dignidade, alteridade, autonomia e forneçam informação de qualidade sobre os impactos tecnológicos estimulando o uso moderado da tecnologia, concedem a noção de autonomia progressiva. Quanto mais as pessoas se tornam conscientes desse cenário conseguem perceber que hiperexposição aumenta a vulnerabilidade e abre a porta da nossa mente e corpo para a manipulação, controle tecnológico e suas externalidades negativas e, portanto, precisam ficar alertas a cada interação com as máquinas.

A alteridade deve ser encarada como o respeito da autonomia individual, das diferenças, da subjetividade humana desde que não firam qualquer bem jurídico alheio. Trata-se do direito de conduzir a própria vida,[867] respeitando

---

[862] BERANGER, Jerome. *The Algorithmic Code of Ethics*: ethics at bedside of digital revolution, vol. 2. WILEY, 2018, p. xi.

[863] Art. 6º São princípios para o uso responsável de inteligência artificial no Brasil: IV – transparência e explicabilidade: garantia de transparência sobre o uso e funcionamento dos sistemas de inteligência artificial e de divulgação responsável do conhecimento de inteligência artificial, observados os segredos comercial e industrial, e de conscientização das partes interessadas sobre suas interações com os sistemas, inclusive no local de trabalho.

[864] Um sistema sem qualquer transparência, avaliou mal alguns professores que foram despedidos sem justificativa. https://www.chron.com/news/houston-texas/education/article/Houston-ISD-settles-with-union-over-teacher-12267893.php.

[865] O'NEIL, Cathy. *Algoritmos de destruição em massa*: como o *Big Data* aumenta a desigualdade e ameaça à democracia. Tradução de Rafael Abraham. Santo André, SP: Editora Rua do Sabão, 2020.

[866] Disponível em: https://www.jota.info/opiniao-e-analise/colunas/constituicao-empresa-e-mercado/transparencia-de-algoritmos-x-segredo-de-empresa-09062021. Acesso em: 09. jun. 2021.

[867] "O sentido de dignidade existencial perpassa pela apropriação dos conteúdos constitucionais principiológicos, em especial o sentido de liberdade, expressado pelo direito de exercer a autonomia. A existência digna do ser humano tem alicerce no sentido de poder escolher livremente como conduzir a própria vida, obedecidos os limites que se relacionam aos direitos alheios. Se a dignidade pressupõe como conteúdo a

a lei da qual somos autores. Quando se exerce poder sobre algo ou alguém, é possível também usá-lo como meio, para alcançar o que se quer, ao invés de tratar o ser humano como um fim em si mesmo.[868]

O comportamento ativo do consumidor e as fiscalizações que garantem a aplicação das normas sociais, são essenciais em um contexto em que a proteção que se pretende alcançar é na internet, e não da internet.

Do ponto de vista empresarial, os riscos fizeram parte de todo desenvolvimento industrial e tecnológico ao longo da história, demonstrando a importância da liberdade econômica e inovação[869] para o progresso social e desenvolvimento humano. No entanto, foi possível aprender ao longo dos anos que o consumidor tem aumentado seu grau de vulnerabilidade com a expansão econômica e principalmente tecnológica, ambas sob o domínio do poder empresarial.

O Código de Defesa do Consumidor é uma base exemplar, no entanto insuficiente para os dias atuais no que concerne às questões tecnológicas. Portanto, além de criar uma lei específica para proteção qualificada, deve haver intrepidez do Judiciário impondo multas e duras penas, extraindo em sua aplicação a essência da norma. Essa norma, a qual se propõe criar no Brasil, deverá conter uma tabela com uma abordagem baseada em risco, a exemplo do que tem sido proposto pela Comissão Europeia.[870]

Aquele que interpreta e aplica o direito não é um adversário, pode expressar "um pensamento da diferença sem perder a totalidade do social" para tanto deve ter olhos e ouvidos para ver e ouvir como o outro e motivação para questionar dessa forma preserva-se a diferença sem incorrer em contradição.[871]

Por mais livres e autônomos que pareçamos, só nos movimentamos dentro dos limites em que nos encontramos. A sinceridade e a liberdade individual,

---

ideia de autonomia e é um fim em si mesmo, possui imanência a todo e qualquer humano, descortinando-se aí a evidente incidência do conteúdo da alteridade. Os seres humanos estão imanentemente ligados pelo sentido de alteridade se concebidos como possuidores de uma dignidade intrínseca, natural e incondicionada". NEVES AGUIAR, M.; THEREZA MEIRELES. A. Autonomia e alteridade como fundamentos da construção do sentido de dignidade existencial diante do direito à vida. *RBDA*, Salvador, v. 13, n. 1, 2018. DOI: 10.9771/rbda. v13i1.26220. Disponível em: https://periodicos.ufba.br/index.php/RBDA/article/view/26220. Acesso em: 4 nov. 2022.

868 Ver mais em: WEBER, Thadeu. Autonomia e dignidade da pessoa humana em kant. *In: Direitos Fundamentais & justiça.* Porto Alegre: nº 9, out./dez.2009 e WEBER, Thadeu. *Justiça e direitos fundamentais em debate.* Porto Alegre: Fundação Fênix, 2023. Disponível em: http://www.fundarfenix.com.br. Acesso em: 29 mar. 2023.

869 Nesse sentido, o relatório de desenvolvimento humano sustenta: "A inovação nas suas muitas formas – tecnológica, económica, cultural – será vital na resposta aos desafios incertos e desconhecidos que a humanidade enfrentará. Apesar de a inovação ser um tema que diz respeito a toda a sociedade, aos governos compete a criação dos incentivos políticos certos para a inovação inclusiva, mas também tornarem-se parceiros ativos em todo o processo". Relatório do desenvolvimento humano 2021/2022 UNDP(United Nations Development Programme) Disponível em: https://hdr.undp.org/system/files/documents/global-report-document/hdr2021-22overviewptpdf.pdf. Acesso em: 20 dez.2022.

870 Disponível em: https://montrealethics.ai/europe-analysis-of-the-proposal-for-an-ai-regulation/. Acesso em: 28. mar.2023.

871 MAMAN, Jeanette Antonios. *Fenômenologia existencial do direito:* crítica do pensamento jurídico brasileiro. São Paulo: Edipro, 2000. p. 113-114.

por mais arbitrária, subjetiva desenfreada, caprichosa que seja, é apta a dar testemunho da verdade do ser. Manifestá-lo em sua essência e seu mistério, assim, do excesso do exercício da liberdade pelos indivíduos, ficam resíduo essencial de ser prova última e única decisiva se não da objetividade da verdade da consistência. A existência autêntica não reduz a sociedade ou os indivíduos, mas, descortina a cada qual um horizonte ao seu projeto de vida, permitindo o exercício da liberdade no sentido pós-moderno.[872]

As regras estatais regulam a vida em sociedade. A ordem jurídica conduz a responsabilidades e comportamentos coerentes com o direito sob pena de sanções. "O direito perde autoridade na proporção direta da sua indeterminação", portanto é adequado estabelecer na lei critérios éticos claros a ser seguidos para que não pairem dúvidas interpretativas quanto a sua aplicação.[873]

Independentemente de qualquer debate acerca de livre-arbítrio na escolha de interfaces cérebro-máquina as empresas não podem deixar de ser responsabilizadas por tratar-se de questão metajurídica vinculada a culpa.

O mercado tecnológico é extremamente lucrativo, e as inovações da IoB consistem em um cenário ainda bastante inseguro. Os Poderes Legislativo, Executivo e Judiciário devem estar envolvidos na proteção do cidadão, especialmente no tocante a questões sensíveis como a saúde e a vida, de modo que a responsabilidade por danos causados ao consumidor seja sempre objetiva, conforme artigo 12 do CDC.

No ordenamento jurídico pátrio, existem dispositivos capazes de atender satisfatoriamente aspectos sancionadores gerais, no entanto, é importante atentar para a importância da prevenção, que também deve constar em lei.

Para estabelecer limites às práticas persuasivas, abusivas e invasivas dos direitos fundamentais do cidadão realizadas, por meio da modulação comportamental, é preciso um esforço conjunto que engloba o Legislativo, Executivo, Judiciário, agências reguladoras e a própria sociedade por meio de cada cidadão, individualmente que deve buscar não viver nas bolhas das redes que nos colocam em caixinhas. Buscar o diferente, assuntos diversos, auxilia a furar essas bolhas.

O Estado deve fiscalizar e criar uma lei federal específica, visto que, não há parâmetros para proteção humana no contexto em que ocorre essa violação. Mesmo que haja outras leis, é necessária uma norma específica para as tecnologias que terão acesso ao corpo e mente humana sob pena de violação de direitos, pois, os impactos são diferentes do que vem sendo tratado em diplomas já existentes.

Essa lei deve compreender o conceito de internet dos corpos e criar ou capacitar órgãos para poderem aplicá-la, fortalecendo a sociedade, determinando critérios de transparência e deveres das empresas de apresentar relatórios

[872] MAMAN, Jeanette Antonios. *Fenômenologia existencial do direito:* crítica do pensamento jurídico brasileiro. São Paulo: Edipro, 2000. p. 116-117.

[873] MARINONI, Luiz Guilherme, *A ética dos precedentes*: justificativa do novo CPC. 3. ed. rev. e atual. São Paulo: Thomson Reuters Brasil, 2018. p. 115-116.

de como estão incorporando a lei e se comprometendo com ela (por ex: com práticas como: relatório da transparência e a autorregulação regulada).

O avanço exponencial das novas tecnologias confere mais dinamicidade às relações sociais que clamam por medidas jurídicas capazes de abarcar a proteção humana necessária no cenário atual.

O direito privado tem seu foco na atividade desenvolvida pelas empresas, e essa atividade desenvolvida pode apresentar riscos inimagináveis. Desde Adam Smith,[874] precisamos escolher entre o que desejamos (diante de necessidades infinitas) e o que é desejável (diante de recursos escassos).

Para Kierkegard, existem três dimensões da existência que ele chama de estádios estético, ético e religioso. Cada pessoa em algum momento da vida se encontra em um desses estádios e só poderá avançar para o outro conforme sua decisão que vão ditar as suas escolhas.

O que possibilita a ética da existência são as escolhas do indivíduo; somente por meio das escolhas é possível abandonar a vida estética, passando-se a uma vida ética; isso se dá por meio da seriedade onde o indivíduo se submete às normas universais para ser um bom cidadão.[875] Assim, existência é liberdade de escolha, no entanto, por ser a liberdade o oposto do poder, "os graus de liberdade de uma pessoa estão em razão direta com a quantidade de alternativas que se abrem a decisão dela".[876]

A origem da palavra *ética* vem do vocábulo grego *ethos*, que significa respeito aos costumes e aos hábitos dos homens. Na filosofia,[877] caracteriza-se por ser o ramo que estuda os valores morais e princípios do comportamento humano. Na inteligência artificial, a ética revelou-se de suma importância, no combate aos vieses algorítmicos, capazes de gerar preconceito e discriminação,[878]

---

[874] Pioneiro em interpretar que o mundo das trocas envolve escolhas. WILLIAM, Nozaki. Por uma economia de novos valores da ética à matemática: valores morais como valores mercantis em uma sociedade em colapso econômico. *Revista Filosofia*, fevereiro de 2018.Ano X, n. 126, p. 27-31.

[875] KIERKEGAARD, Soren. *Étapes sur le chemin de la vie*. Trad. Du Danois Par F. Prior et m.-h. Guignot Gallimard, 1948.

[876] COELHO, Fábio Ulhoa. *Os livres podem ser iguais?* São Paulo: Martins Fontes, 2022, p. 43-44.

[877] Para Ingo Sarlet, mesmo que o diálogo entre filosofia e direito apresente certas divergências, "constitui o melhor meio de, pelo menos numa sociedade democrática, estabelecer os contornos nucleares da compreensão das diversas dimensões da dignidade e de sua possível realização prática para cada ser humano. dimensões da dignidade da pessoa humana, está-se a referir – num primeiro momento – à complexidade da própria pessoa humana e domeio no qual desenvolve sua personalidade". SARLET, Ingo Wolfgang. As dimensões da dignidade da pessoa humana: construindo uma compreensão jurídico-constitucional necessária e possível. *Revista Brasileira de Direito Constitucional*, São Paulo, v. 5, n. 9, jan./jun. 2007. p. 361-388. Disponível em: http://bdjur.stj.jus.br/dspace/handle/2011/27252. Acesso em: 05 maio 2023.

[878] De fato, o risco de discriminação é inerente aos processos de tomada de decisão baseados em algoritmos e independe de uma manifestação de vontade nesse sentido por parte dos programadores. Como os algoritmos dependem dos dados em que se baseiam, "a qualidade da decisão automatizada (*output*), baseada em um algoritmo, tem uma correlação direta com a qualidade dos dados que ele processa (*input*). Por isso, se o algoritmo se baseia em dados históricos repletos de preconceitos, ele reproduzirá, de forma automatizada, os mesmos padrões preconceituosos utilizados como base de seu processamento". DONEDA, Danilo Cesar Maganhoto; MENDES, Laura Schertel; SOUZA, Carlos Affonso Pereira de; ANDRADE, Norberto Nuno Gomes de. Considerações iniciais sobre inteligência artificial, ética e autonomia pessoal. *Pensar*. Fortaleza, v. 23, n. 4, p. 1-17, 2018, p. 05.

conforme se verifica nos casos do robô Tay[879] e COMPAS.[880] Portanto, apesar dos benefícios da inteligência artificial, também têm ocorrido registros de erros grosseiros com resultados inaceitáveis os quais não foram possíveis nem mesmo de serem explicados.

A ética das virtudes deve ser aplicada na prática, por meio de uma vida de boas condutas, mediante o uso da racionalidade que conduz a escolhas virtuosas.[881] Essa premissa conduz a orientações éticas como os princípios de beneficência, não maleficência, (*Primum non nocere*), autonomia e justiça, nos princípios e valores consagrados no artigo 2º do Tratado da União Europeia e na Carta dos Direitos Fundamentais, tais como a dignidade do ser humano, a igualdade, a justiça e a equidade, a não discriminação, o consentimento esclarecido, o respeito pela vida privada e familiar e a proteção de dados, bem como em outros princípios e valores subjacentes do direito da União, como a não estigmatização, a transparência, a autonomia, a responsabilidade individual e a responsabilidade social, e em códigos e práticas éticas existentes.

Portanto, as novas tecnologias devem ser usadas como um incremento para servir à vida humana, nunca para substituir ou prejudicar. Nessa esteira, o uso do princípio da não maleficência, por meio de medidas que evitem o abuso do consentimento informado para preservar a confiança do consumidor/usuário, parece um bom começo.

As evoluções tecnológicas devem ser boas aos humanos e não lhe causarem prejuízos,[882] no entanto, "uma andorinha só não faz verão",[883] é importante contar além do amparo jurídico, com o ecossistema que vem sendo proposto nessa pesquisa que abarque outras estratégias para atingimento dessas metas de preservação.

---

[879] O robô programado para interagir no Twiter foi alimentado por manifestações detectadas na rede social que apresentavam atitudes antissociais e reprováveis, passando a incorporá-las, por entender ser essa a realidade das pessoas com quem devia interagir. Disponível em: https://brasil.elpais.com/brasil/2016/03/24/tecnologia/1458855274_096966.html. Acesso em: 20 ago. 2021.

[880] COMPAS, sigla em inglês para *Correctional Offender Management Profiling for Alternative Sanctions*, é a denominação de um *software* utilizado em alguns estados norte-americanos para calcular a probabilidade de um criminoso voltar a reincidir e, assim, identificar seu grau de periculosidade. Tornou-se conhecido mundialmente em razão de uma sua controvertida aplicação a um caso ocorrido no Estado de Wisconsin: "Em 2013, após furtar um veículo, evadir-se de um agente de trânsito e se envolver em um tiroteio, Eric Loomis foi condenado a seis anos de prisão. (...) [O] patamar da pena foi definido a partir da avaliação de que Loomis representava um alto risco para a comunidade. O rating, ao qual aderiu o juiz do caso, foi definido por um (...) software privado, denominado COMPAS, que funciona a partir de um algoritmo secreto, ao qual nem os juízes que o utilizam têm acesso. (...) Durante o julgamento, algumas questões desconfortáveis foram levantadas, como o relatório da ONG ProPublica, sobre o enviesamento do Compas contra afro-americanos. Apesar disso, a Suprema Corte de Winsconsin negou o pleito de Loomis, afirmando que ele teria recebido a mesma sentença a partir de uma análise humana dos fatores usuais: seu crime e seus antecedentes. (...)". FERRARI, Isabela; BECKER, Daniel; WOLKART, Erik Navarro. Arbitrium ex machina: panorama, riscos e a necessidade de regulação das decisões informadas por algoritmos. *Revista dos Tribunais*. Vol. 995, p. 635-655 (Set / 2018), p. 636-637.

[881] ARISTÓTELES. *Ética a Nicômaco*. 6. ed. São Paulo: Martin Claret, 2001.

[882] A esfera de externalidades negativas de uma tecnologia deve atender a limites aceitáveis que não violem qualquer direito do indivíduo e sejam extremamente inferiores aos benefícios alcançados, observado um robusto protocolo de gerenciamento de riscos.

[883] ARISTÓTELES, *op. cit*.

Segundo o professor João César das Neves, *da Católica Lisbon School of Business & Economics,* não há ética da inteligência artificial, mas sim, das pessoas que concebem, usam ou são afetadas por ela. Assim, o que existe é uma "inteligência assistida", por aqueles que constroem e utilizam e que fornecem suporte eletrônico às decisões da máquina, que por sua vez é apenas um instrumento. Dessa forma, entende que "quem buscar fins maus, com meios errados ou em situações inconvenientes fará mal, esteja a usar um machado, alto-forno ou computador", e que por mais espantosas que sejam as máquinas, estão sempre abaixo da ética que é somente humana.[884]

De fato, "o mito sobre a objetividade, neutralidade, racionalidade e imparcialidade dos algoritmos tem sido paulatinamente desconstruído a partir da condução de diversas pesquisas". Elas demonstram que "os vieses existentes na cultura humana são inevitavelmente replicados nos algoritmos, pois estes acabam reproduzindo, em larga escala, preconceitos e estereótipos". Desta forma, tanto quanto "nós humanos estamos sujeitos a heurísticas e a vieses em nossas tomadas de decisão, os algoritmos também estão".[885] Quanto mais introjetados forem as injustiças, preconceitos e discriminações em uma sociedade, tanto mais forte esses padrões serão captados e reproduzidos pelos algoritmos.[886] [887]

Nesse sentido, o grande desafio que se apresenta é o desenvolvimento de uma inteligência artificial confiável, que seja segura, robusta tecnicamente, que assegure a privacidade na gestão de dados, transparência, diversidade, não discriminação e equidade, bem-estar social e ambiental e responsabilidade.[888] Esses requisitos devem ser constantemente avaliados no decorrer de todo o ciclo de vida de um sistema de IA.[889]

---

[884] Disponível em: https://observador.pt/opiniao/etica-e-inteligencia-artificial/. Acesso em: 11 out.2020.

[885] MULHOLLAND, Caitlin; FRAJHOF, Isabella Z. Inteligência artificial e a Lei Geral de Proteção de Dados Pessoais: breves anotações sobre o direito à explicação perante a tomada de decisões por meio de *machine learning*. *In:* FRAZÃO, Ana; MULHOLLAND, Caitlin, Coord. *Inteligência Artificial e Direito.* Ética, Regulação e Responsabilidade. 2. ed. São Paulo: Thompson Reuters; Revista dos Tribunais, 2020. p. 269.

[886] FRAZÃO, Ana; GOETTENAUER, Carlos. *Black box* e o direito face à opacidade algorítmica. BARBOSA, Mafalda Miranda; BRAGA NETTO, Felipe; SILVA, Michael César; FALEIROS JR, José Luiz (coords.). *Direito Digital e Inteligência Artificial. Diálogos entre Brasil e Europa.* Indaiatuba: Foco, 2021. p. 29.

[887] "Algorithms can do anything that can be coded, as long as they have access to data they need, at the required speed, and are put into a design frame that allows for execution of the tasks thus determined. In all these domains, progress has been enormous. (...) Algorithms do better than humans wherever tested, even though human biases are perpetuated in them: any system designed by humans reflects human bias, and algorithms rely on data capturing the past, thus automating the status quo if we fail to prevent them". RISSE, Mathias. *Human Rights and Artificial Intelligence*: An Urgently Needed Agenda. Harvard Kennedy School – Carr Center for Human Rights Policy. Carr Center Discussion Paper Serie, p. 13. Disponível em https://carrcenter.hks.harvard.edu/files/cchr/files/ccdp_2018_002_hrandai.pdf. Acesso em 20.10.2021.

[888] A Rede de Inteligência Artificial Ética e Segura (RAIES) é um projeto que reúne instituições e profissionais de diferentes áreas, com foco no desenvolvimento de boas práticas da IA.

[889] FACCHINI NETO, Eugênio; SCALZILLI, Roberta. *Tutela jurídica do corpo eletrônico:* novos desafios ao direito digital. Adriano Marteleto Godinho [*et al.*]. Cristiano Colombo, José Luiz de Moura Faleiros Jr., Wilson Engelmann (coords.). Indaiatuba: Foco, 2022. p. 738.

Aos engenheiros incumbe a responsabilidade de pensar nos valores que deverão ser incorporados ao *design*[890] dos artefatos, para que sejam sensíveis e adequados aos valores constitucionalmente garantidos. Daí a crescente importância da *privacy by design, security by design* e *ethics by design*.[891] [892]

O autor de obras de ficção científica Isaac Asimov, formulou três leis da robótica, indicando as regras básicas para convivência pacífica entre robôs e humanos.[893] Conforme a primeira lei, "um robô não pode ferir um ser humano ou, por ócio, permitir que um ser humano sofra algum mal". A segunda lei registra que "um robô deve obedecer às ordens que lhe sejam dadas por seres humanos, exceto nos casos em que tais ordens contrariem a primeira lei". A terceira lei, por sua vez, institui que "um robô deve proteger a sua própria existência, desde que tal proteção não entre em conflito com a primeira e a segunda leis". A essas três regras, posteriormente ele acrescentou uma quarta lei, conhecida como lei zero, segundo a qual "um robô não pode fazer mal à humanidade e nem, por inação, permitir que ela sofra algum mal", ampliando a aplicação da primeira lei.

---

[890] Slava Polonski sugere a adoção de alguns princípios a serem incorporados por ocasião do desenvolvimento de algoritmos (*by design*), dentre os quais destacamos o *representation,* que prega que "in order to guard against unfair bias, all subjects should have an equal chance of being represented in the data. Sometimes this means that underrepresented populations need to be thoughtfully added to any training datasets. Sometimes this also means that a biased machine learning model needs to be substantially retrained on diverse data sources"; bem como o *protection,* segundo o qual "machine learning systems need to avoid unjust effects on individuals, especially impacts related to social and physical vulnerabilities, and other sensitive attributes. These could include race, ethnicity, gender, nationality, sexual orientation, religion and political beliefs. The overall fairness of an algorithm must be judged by how it impacts the most vulnerable people affected by it". POLONSKI, Slava. Mitigating algorithmic bias in predictive justice: 4 design principles for AI fairness. *Towards data Science.* 23.11.2018. Disponível em: https://towardsdatascience.com/mitigating-algorithmic-bias-in-predictive-justice-ux-design-principles-for-ai-fairness-machine-learning-d2227ce28099. Acesso em 21.out.2021.

[891] Ou seja, é preciso garantir que os processos e sistemas sejam projetados de modo que a coleta e processamento (incluindo o uso, divulgação, retenção, transmissão e descarte) sejam limitados ao necessário para a finalidade identificada. A Estratégia Brasileira de Inteligência Artificial, publicada em 06 de abril de 2021, ocupa-se do tema, referindo que "as preocupações com a dignidade humana e com a valorização do bem-estar humano devem estar presentes desde a concepção *(ethics by design)* dessas ferramentas até a verificação de seus efeitos na realidade dos cidadãos". Disponível em: https://www.gov.br/mcti/pt-br/acompanhe-o-mcti/transformacaodigital/arquivosinteligenciaartificial/ia_estrategia_diagramacao_4-979_2021.pdf. p. 22.

[892] Como referem Von Braum *et al.*, "robots are increasingly prevalent in human life and their place is expected to grow exponentially in the coming years. Whether their impact is positive or negative will depend not only on how they are used, but also and especially on how they have been designed. If ethical use is to be made of robots, an ethical perspective must be made integral to their design and production. Today this approach goes by the name "responsible robotics". VON BRAUN, Joachin; ARCHER, Margaret S.; REICHBERG, Gregory M.; SORONDO, Marcelo Sánchez. AI, Robotics, and Humanity: Opportunities, Risks, and Implications for Ethics and Policy. *In*: VON BRAUN, Joachin; ARCHER, Margaret S.; REICHBERG, Gregory M.; SORONDO, Marcelo Sánchez, Ed. *Robotics, AI, and Humanity.* Science, Ethics, and Policy. Suíça: Springer, 2021, eBook. p. 11.

[893] As três leis da robótica foram apresentadas por Asimov, pela primeira vez, em 1942, em seu conto *Runaround,* publicado em 1942, na revista *Astounding Science Fiction,* nos EUA. Posteriormente, o conto veio a integrar o volume *I, robot,* publicado em 1950 e traduzido para o português com o título *"Eu, robô"*. Trad. Aline Storto Pereira. São Paulo: Alephe, 2014. Sobre isso, ver: DONEDA, Danilo; MENDES, Laura Schertel; SOUZA, Carlos Affonso Pereira de; ANDRADE, Norberto Nuno Gomes de. Considerações iniciais sobre inteligência artificial, ética e autonomia pessoal. In: TEPEDINO, Gustavo; MENEZES, Joyceane Bezerra de Coord. *Autonomia privada, liberdade existencial e direitos fundamentais.* Belo Horizonte: Fórum, 2019, p. 96.

Embora o livro seja ficcional e trate especificamente de robótica, essas leis são frequentemente lembradas como base para os fundamentos éticos a serem considerados pelos humanos no desenvolvimento de quaisquer ferramentas de inteligência artificial, além daquelas representadas por robôs, ao menos enquanto inexiste uma regulação jurídica sobre o tema.[894]

Ao reconhecer a importância das diretrizes éticas e os impactos gerados pela tecnologia da inteligência artificial no direito, a experiência estrangeira, mas especialmente na sociedade europeia, reforça a ideia de uma visão antropocêntrica baseada em princípios e orientações que auxiliam a torná-la robusta, sólida e valiosa em várias dimensões.

O italiano Luciano Fioridi, professor de ética na Universidade de Oxford, acredita que a governança digital é o novo desafio das inovações tecnológicas e que a aplicação de uma ética rígida visando à superproteção de direitos individuais ou coletivos pode afastar a sociedade dos benefícios das inovações tecnológicas. Nesse sentido, propõe a ética branda como um marco regulatório.[895]

Em face das vantagens e riscos potenciais e reais advindos do uso da inteligência artificial, três caminhos se apresentam aos formuladores de políticas: o da proibição ou até mesmo criminalização do uso da inteligência artificial; outro, que incentiva o uso dessa ferramenta, com foco apenas na extração de vantagem econômica, sem grandes preocupações com questões éticas e efeitos colaterais; e o que identifica todas as vantagens do uso da tecnologia, mas abarca estratégias que buscam minimizar os riscos, enfrentando-os de forma robusta, sólida valiosa e responsável. O primeiro caminho somente deverá ser validado em circunstâncias específicas onde o risco seja inaceitável e quando esses superem os benefícios, prejudicando direitos fundamentais. As inovações devem continuar, elas não vão parar, mas precisam seguir com controle e limites. Devemos rejeitar algumas imposições tecnológicas quando necessário à proteção humana e de outro modo não for possível corrigir, é preciso contê-la. O segundo caminho não é trilhável por sociedades dotadas de

[894] O tema foi revisitado em 2009 por dois professores norte-americanos, Robin Murphy e David Woods, que apresentaram três leis alternativas à visão de Asimov, como sendo: "1. A human may not deploy a robot without the human–robot work system meeting the highest legal and professional standards of safety and ethics; 2. A robot must respond to a human as appropriate for their roles; 3. A robot must be endowed with sufficient situated autonomy to protect its own existence as long as such protection provides smooth transfer of control to other agents consistent with the first and second laws". MURPHY, Robin R.; WOODS, David D. Beyond Asimov: The Three Laws of Responsible Robotics. *IEEE Intelligent Systems*. July-August 2009, p. 19. Disponível em https://www.researchgate.net/publication/224567023_Beyond_Asimov_The_Three_Laws_of_Responsible_Robotics. Acesso em 23.10.2021. Segundo Van Wynsberghe, essas três leis alternativas redirecionam a atenção para as responsabilidades do ser humano por detrás da máquina. Ver mais em: WYNSBERGHE, Aimee Van. Responsible Robotics and Responsibility Attribution. In: VON BRAUN, Joachin; ARCHER, Margaret S.; REICHEBERG, Gregory M.; SORONDO, Marcelo Sánchez Ed. *Robotics, AI, and Humanity*. Science, Ethics, and Policy, Suíça: Springer, 2021, eBook. p. 241.

[895] Em síntese: a ética branda, é aplicável "após o cumprimento legal da legislação, como o Regulamento Geral de Proteção de Dados na União Europeia, e a ética rígida, que antecede e contribui para moldar a legislação". Para mais informações sobre a proposta ver: FLORIDI, Luciano. *Soft ethics, the governance of the digital and the General Data Protection.* Regulation: Phil. Trans. R. Soc. v. 376, Issue 2133, nov. 2018. Disponível em: http://dx.doi.org/10.1098/rsta.2018.0081. Acesso em: 15 out. 2022.

mínima sensibilidade ética. Resta o terceiro, que vem sendo adotado por todos os países, embora não no mesmo ritmo.[896] Um caminho do meio e harmônico onde humanos e máquinas continuam sendo o que são parece ser a melhor alternativa, porém adoção desses caminhos devem ser analisados sempre em concreto.

Um ponto importante a destacar é que, apesar do terceiro caminho parecer o ideal, *prima facie*, não é possível descartar o primeiro pelos motivos acima expostos e por não sabermos o que a IA sobre-humana (IA avançada) faria para atingir seus objetivos. "Se você imaginar treinar um cão com guloseimas, ele aprenderá a escolher ações que o levem a receber guloseimas, mas se o cão encontrar o armário de guloseimas, ele pode pegar as guloseimas sem fazer o que queríamos que ele fizesse". Especialistas alertam que não há limites para os avanços da IA, e pediram regulamentação global para impedir que as empresas criem sistemas fora de controle que podem começar eliminando a concorrência, mas podem acabar "eliminando toda a raça humana". Sustentam que isso acabou se tornando uma "corrida armamentista literal" com países e empresas de tecnologia competindo para criar algoritmos de aprendizado de máquina perigosamente avançados para obter vantagem militar e civil.[897] Aparentemente temerosos[898] com esse cenário, Elon Musk, Yuval Harari e diversos outros pesquisadores do ramo da inteligência artificial "assinaram uma carta aberta para pedir a interrupção do desenvolvimento de sistemas de grande escala", reivindicando normas rígidas para conter os abusos da IA passíveis de sérios danos a humanidade.[899]

Nesse sentido, como aprimoramento das diretrizes já encaminhadas em vários países,[900] sugere-se implementar uma ética das virtudes global, porém respeitando a cultura e autoridade de cada país,[901] de modo a educar para ética das virtudes desenvolvendo práticas tecnomorais.[902]

---

[896] FACCHINI NETO, Eugênio; SCALZILLI, Roberta. *Tutela jurídica do corpo eletrônico:* novos desafios ao direito digital. Adriano Marteleto Godinho [*et al.*]. Cristiano Colombo, José Luiz de Moura Faleiros Jr., Wilson Engelmann (coords.). Indaiatuba: Foco, 2022. p. 738.

[897] Os pesquisadores de Oxford alertam que a IA avançada pode matar todo mundo e deve ser regulamentada como armas nucleares. Advanced AI "could kill everyone", warn Oxford researchers By Sarah Knapton, Science editor 25 January 2023. Disponível em: https://www.telegraph.co.uk/news/2023/01/25/advanced-ai-could-kill-everyone-warn-oxford-researchers/. Acesso em: 28.mar.2023.

[898] *Prima facie,* parece incoerente uma luta capaz de prejudicar seus próprios negócios, porém é certo que o bem da humanidade deve estar acima de quaisquer questões econômicas. No entanto, as grandes empresas frequentemente utilizam a mídia com pretextos aparentemente valorosos que contemplam interesses escusos da grande população e diante disso é preciso ficar alerta e exercer o ceticismo necessário no âmbito tecnológico.

[899] Disponível em: https://canaltech.com.br/inteligencia-artificial/elon-musk-e-especialistas-pedem-que-desenvolvimento-de-ias-seja-suspenso-244800/. Acesso em: 30 mar.2023.

[900] G7 pretente alinhar a inteligencia artificial com os seus interesses e valores democráticos.Disponível em: https://www.reuters.com/world/g7-calls-developing-global-technical-standards-ai-2023-05-20/. Acesso em: 20. maio.2023.

[901] VALLOR Shannon. *Technology and the Virtues.* A Philosophical Guide to a Future Worth Wanting. Oxford University Press 2016.

[902] ARISTÓTELES. *Ética a Nicômaco.* 6. ed. São Paulo: Martin Claret, 2001.

Ao reconhecer a importância das diretrizes éticas e os impactos gerados pela tecnologia da inteligência artificial, Nick Bostrom[903] já havia refletido sobre o tema da ética na inteligência artificial, destacando princípios para máquinas com algum *status* moral. Todavia, isso não alcança todos os desafios éticos e, portanto, reforça-se a ideia de uma visão antropocêntrica baseada em princípios e orientações que auxiliam a torná-la robusta, sólida e valiosa em várias dimensões.

Anos antes, Eliezer Yudkowsky, já havia feito o alerta que "de longe, o maior perigo da Inteligência Artificial é que as pessoas concluem muito cedo que eles entendem isso".[904]

A famosa fábula dos porcos assados pode ser oportunamente recordada neste momento histórico de implementação de tecnologias disruptivas, alertando para necessidade de bom-senso. Acredita-se não ser necessária uma modificação do sistema, tornando o mundo e o homem totalmente digital, para que se tenha uma vida de qualidade.

Ovídio Araújo Baptista da Silva destacou que estamos abandonando os resquícios da Idade Média e mergulhando nas utopias da modernidade e ressalta:[905]

> A ciência e a lei depositárias da confiança da modernidade na construção de um mundo seguro, transformando-se nos grandes promotores da insegurança, que nos atormenta. É a vingança da natureza contra utópica e irresponsável soberba daqueles que, por ambição ou vaidade jogaram o homem contra ela. Estamos pagando o preço dessa inédita e irresponsável experiência política.

Neste tocante, José Joaquim Calmon de Passos sustenta que não há um direito ideal, com o qual estamos comprometidos. Existe um sistema jurídico que é socialmente construído e que se adapta à dinâmica do tempo e do espaço em que o poder político atua, e tem a dimensão de justiça proporcionada pela relação de forças na sociedade.[906]

A tarefa de projetar a inteligência artificial para ser confiável exige o desenvolvimento de soluções baseadas em princípios éticos firmados em valores importantes e atemporais. Trata-se de um longo caminho, no entanto, um próspero início consiste em construir confiança e abordar os impactos sociais da IA focando em princípios guia para orientar que os sistemas de IA sejam:

---

[903] BOSTROM, Nick; YUDKOWSKY, Elizer. *The Ethics of Artificial Intelligence*. Draft for Cambridge Handbook of Artificial Intelligence, eds. William Rmsey and Keith Frankish Cambridge University Press, 2011. Disponível em: https://www.nickbostrom.com/ethics/artificial-intelligence.pdf. Acesso em: 10 out. 2020.

[904] No original: "By far the greatest danger of Artificial Intelligence is that people conclude too early that they understand it". YUDKOWSKY, Eliezer. Artificial Intelligence as a Positive and Negative Factor in Global Risk. *In: Global Catastrophic Risks*, edited by Nick Bostrom and Milan M. Ćirković, 308–345. New York: Oxford University Press, 2008.

[905] SILVA, Ovídio Araújo Baptista da. *Epistemologia das ciências culturais*. Porto Alegre: Verbo Jurídico 2009, p. 53.

[906] PASSOS, José Joaquim Calmon de. Súmula vinculante. *Revista Diálogo Jurídico*, Salvador, CAJ – Centro de Atualização Jurídica, nº 10, janeiro, 2002.Disponível na Internet: http://www.direitopublico.com.br. Acesso em: 19 fev. 2013.

"justos, confiáveis, seguros, privados e protegidos, inclusivos, transparentes e responsáveis".[907]

A sabedoria itálica sustenta que "o fim bom salva até os piores meios", todavia Bobbio convida a necessária reflexão sobre a máxima oposta: "Os meios maus corrompem até os melhores fins".[908] Ao ter usurpada a autonomia do sujeito, fere-se o princípio ético da liberdade.

A tecnologia é cada vez mais parte dos produtos e serviços que as pessoas usam na sua rotina diária, portanto a educação jurídica digital é fundamental para que as pessoas conheçam seus direitos.

O vale do silício é referência quando se fala em produção de tecnologia no mundo. Por lá as escolas, como as que estudam os "filhos de administradores da Apple, Google e outros gigantes tecnológicos", somente introduzem as telas no ensino médio e em casa o uso é bastante restrito.[909]

A tecnologia invadiu definitivamente, nosso corpo e mente e na sociedade atual não é mais possível viver sem ela. Mesmo nesse gélido cenário, não se deve descuidar do ser humano. Enquanto seguimos pensando em soluções definitivas, sugerem-se algumas condutas que se acredita serem capazes de solucionar parte dos problemas aqui apresentados. Primeiramente, é necessário trilhar o caminho cultural, e não da técnica para iniciar a resolução desses problemas, incitando um movimento cultural em escala global com objetivo de estabelecer novas bases principiológicas capazes de reestruturar ideias e reformular preferências em prol da autonomia e da liberdade para decidir. Além disso, será de suma importância a contribuição das máquinas no desenvolvimento de soluções éticas que respeitem os direitos fundamentais e humanos e sua autonomia rumo à harmonização entre homens e máquinas. Essa harmonização de modo algum sugere ou aceita *prima facie* a interface entre humanos e máquinas mediante implantes de microchips ou qualquer fusão.

O que se pretende é encontrar alternativas para conviver com aquilo que não podemos mais nos desvencilhar: a tecnologia. Uma arquitetura humanizada e constitucional precisa ser introduzida nas máquinas para que sirvam às pessoas com ética e primazia humana e para que sejam, confiáveis e seguras.

Um caminho próspero seria programar nas máquinas valores humanos fundamentais, já que não podem ser aprendidos por *machine learning*.[910]

Somo sujeitos históricos, "Os valores vivenciados pela maioria das pessoas moldam a sociedade".[911] A sociedade está repleta de "doenças", práticas

---

[907] MICROSOFT. *The Future Computed*: Artificial Intelligence and its role in society. Redmont: Microsoft Corporation, 2018. p. 61

[908] BOBBIO, Norberto. *As ideologias e o poder em crise:* pluralismo, democracia, socialismo, comunismo, terceira via e terceira força. 4. ed. Brasília: Polis, 1999. p. 111.

[909] Disponível em: https://brasil.elpais.com/brasil/2019/03/20/actualidad/1553105010_527764.htmlAcesso em: 26 nov.2022.

[910] LIAO, Matthew (org.). *Ethics of artificial intelligence*. Oxford: Oxford University Press, 2020.

[911] COELHO, Fábio Ulhoa. *Os livres podem ser iguais?* São Paulo: Martins Fontes, 2022. p. 93.

danosas às pessoas, implementadas pela cultura, reproduzidas e normalizadas. A cada disrupção é preciso avaliar e realizar análises críticas sobre o que está sendo proposto.

Diante disso, os empresários devem trilhar o caminho da ética com foco na ampla proteção humana, para não ser necessário limitar o avanço das inovações tecnológicas. Caso não haja conformidade com o ecossistema de proteção qualificada, e o cenário seja de riscos inaceitáveis, será necessário lançar mão de mecanismos limitadores do desenvolvimento tecnológico em específico para de outro lado evitar que ele seja usado para controle humano. Demonstrou-se que a manipulação e o controle humano pela inteligência artificial podem ocorrer por meio de diversos tipos de interface, desde o mais simples acesso a internet e redes sociais até a utilização de microchips e interfaces cérebro-máquina. Não podemos retroceder de onde estamos, tampouco seria recomendável se pudéssemos. Primeiro, porque reconhecem-se os diversos benefícios da tecnologia e segundo, acredita-se que nesse ponto ainda é possível gerenciar o que se apresenta. No entanto, algo grandioso está por vir a IoB. Assim, todo o ecossistema apresentado nessa tese aplica-se a todo tipo de condicionamento, manipulação e controle tecnológico, mas especialmente aos microchips e interfaces cérebro-máquina, onde as condutas de proteção e eventual limitação devem ser maiores.

Quando se tratar de risco elevado, deve-se reduzir a acurácia e autonomia da inteligência artificial para sua eficaz regulação. Ninguém deseja *prima facie* frear a inovação, mas não devemos acelerá-la quando existem riscos elevados aos humanos.

Quaisquer implementações de algoritmos que causem impacto na vida humana, devem ser abertos e disponíveis ao público, além de auditáveis.[912]

Assim, propõe-se a criação de um Comitê Transnacional de confiança, de qualidade, ética e humanidade para analisar, por esses prismas, os impactos das novas tecnologias ou/e que as empresas criem esses cargos em sua gestão.[913]

Ingo Sarlet refere que, desde o seu reconhecimento nas primeiras constituições, os direitos fundamentais passaram por diversas transformações, tanto no seu conteúdo, quanto no que concerne à sua titularidade, eficácia e efetivação. Costuma-se, neste contexto marcado pela autêntica mutação histórica experimentada pelos direitos fundamentais, falar da existência de três gerações de direitos, havendo, inclusive, quem defenda uma quarta geração e até mesmo uma quinta e sexta gerações. Esclarece, portanto, que o uso da palavra "gerações" pode ensejar a falsa impressão da substituição gradativa de uma

---

912 O'NEIL, Cathy Algoritmos de destruição em massa: como o *Big Data* aumenta a desigualdade e ameaça à democracia. Tradução de Rafael Abraham. Santo André, SP: Editora Rua do Sabão, 2020, p. 198.

913 Segundo Klaus Schwuab, "a indústria 4.0 exigiu a criação de novos cargos executivos: "diretor de confiança, diretor de qualidade e diretor de ética e humanidade".Disponível em: https://epocanegocios.globo.com/Forum-Economico-Mundial/noticia/2019/01/foco-da-5-revolucao-industrial-sera-salvar-o-planeta-diz-fundador-da-salesforce.html. Acesso em:02 mar. 2023.

geração por outra, razão pela qual se adota o termo *dimensões* na esteira da mais moderna doutrina.[914] [915]

Os direitos fundamentais objetivam a realização integral da pessoa humana na sociedade e estão pautados em quatro valores: liberdade, igualdade, segurança e solidariedade.[916] As tecnologias afetam aspectos sociais, políticos, econômicos, ambientais e penetram em todas as esferas da vida humana; esses valores estarão em risco caso não sejam estabelecidos limites éticos e estratégias que preservem as características humanas.

Para tanto, é importante focar na conservação nas *lifes sklis* humanas, tais como, empatia, compaixão cooperação e criatividade. Trata-se de habilidades internas e genuínas que estão paulatinamente sendo alteradas, danificadas e anuladas pela manipulação da inteligência artificial.

As pessoas são feitas de corpo e mente e ambos estão sendo alvo das modernas tecnologias, cujos riscos de danos psicofísicos são de proporções irremediáveis. Seria possível compensar de forma pecuniária ou qualquer outro modo um hakeamento de dados, invasão da mais íntima privacidade humana como pensamentos e acesso ao corpo e DNA, colocando em risco até mesmo a vida humana? Esses são riscos inadmissíveis e, deste modo, urge a necessidade de um direito que consagre, além da integridade física, também a segurança mental.[917] Diversos níveis de manipulação e controle podem existir. Mas basicamente vamos dividir em duas situações: Aquelas em que o sujeito não possui qualquer ingerência, autonomia, ou se encontra absolutamente suscetível a um direcionamento condicionado. E as situações em que há alguma margem para escolhas. Ambas podem gerar discriminação e violar direitos que se fundam na dignidade humana.

No entanto, apesar de ser de fundamental importância a proteção legal psicofísica, é necessário um desenho estratégico por meio do estabelecimento de políticas públicas que conduzam as instituições a dar publicidade de seus indicadores e que utilizem os mesmos meios tecnológicos de controle

---

914 SARLET, Ingo Wolfgang. *A eficácia dos direitos fundamentais:* uma teoria geral dos direitos fundamentais na perspectiva constitucional. 10. ed. rev., atual. e ampl. Porto Alegre: Livraria do Advogado, 2010. p. 45.

915 Parte da doutrina admite a existência de uma quarta, quinta e até sexta dimensão de direitos fundamentais, no entanto, segundo Ingo Sarlet a extensão dessa divisão não é necessária, vez que esses direitos já estariam abarcados dentro das três dimensões amplamente consagradas na doutrina. Entre os defensores de uma quarta dimensão, estão Paulo Bonavides e Norberto Bobbio, e seu conteúdo diz respeito à democracia direta, direitos à informação e ao pluralismo. Como expoentes da quinta dimensão, estão José Alcebíades de Oliveira Junior e Antônio Wolkmer. Tal dimensão trata dos direitos vinculados aos desafios da sociedade tecnológica e da informação, do ciberespaço, da internet e da realidade virtual em geral. Para José Adércio Sampaio, a quinta dimensão abarca o dever de cuidado, amor e respeito para com todas as formas de vida, bem como direitos de defesa contra as formas de dominação biofísica geradores de toda sorte de preconceitos. Zulmar Fachin e Deise Marcelino da Silva defendem a existência de uma sexta dimensão, que é o acesso ao direito humano e fundamental a água potável, baseando-se na consagração de tal direito no cenário do direito internacional dos direitos humanos e do direito constitucional comparado. MENDES, Gilmar Ferreira; BRANCO, Paulo Gustavo Gonet. *Curso de direito constitucional*. 9. ed. São Paulo: Saraiva, 2014. p. 145.

916 MARTÍNEZ, Gregório Peces-Barba. *Lecciones de derechos fundamentales*. Madrid: Dykinson, 2004, p. 34.

917 Sobre esse tema, ver: RUSSEL Stuart. *Inteligência artificial a nosso favor*: como manter o controle sobre a tecnologia, Companhia das Letras, 2021. p. 139

utilizados em suas operações para informar, servir e preservar as habilidades humanas.

Nesse contexto, é importante que as políticas públicas que realizem um acompanhamento "dos ganhos junto com a prevenção das perdas e danos sociais no uso das novas tecnologias". E discutam "com a sociedade regulações que maximizem os ganhos de precisão e qualidade nas atividades humanas, sem esgarçar o tecido social". Assim como na economia, se propagam "afirmações como verdades indiscutíveis", também é na tecnologia. Ato contínuo, bons resultados podem ser colhidos ao "abrir um canal de discussão" social para que participem das escolhas desse setor que impactam suas vidas, rompendo a cadeia de "discursos utópicos e acríticos" para que a manipulação, discriminação e controle não se propaguem.[918]

A inteligência artificial proporciona oportunidades e riscos associados e para alcançar destaque humano e preservação da dignidade, devem ser adotados princípios éticos que orientem a sua utilização, desenvolvendo a sociedade de modo benéfico aos humanos.

Para tanto, mecanismos de auditoria capazes de identificar possíveis consequências, instrumentos legais para a reparação de danos e criação de órgão específico que incentive a cooperação entre os diversos setores e promovam a adequação tecnológica ao humano.

As oportunidades de progresso social devem ser ponderadas em relação ao risco de manipulação por parte da inteligência artificial.

O uso cauteloso da IA pode melhorar a vida das pessoas, gerando bons resultados no fomento das habilidades naturalmente humanas "sem reduzir o controle humano" ou "remover a responsabilidade humana", preservando a autodeterminação e o poder de decidir.[919]

Atualmente, muitas empresas de tecnologia buscam trabalhar pelo bem comum, no entanto, é preciso ter em mente que a inteligência artificial "não irá resolver os problemas sociais, principalmente aqueles complexos e em escala global". Isso deve ser definido pelos cidadãos e não pelas máquinas". Todavia, as empresas e seus parceiros devem perseguir o bem comum por meio de suas atividades e "precisam passar de boas intenções para ações responsáveis que mitiguem os riscos".[920]

Os sistemas tecnológicos devem ser transparentes e acessíveis ao escrutínio externo,[921] possuírem governança e monitoramento efetivo. Além disso,

[918] TORRES JUNIOR, Alvair Silveira. A sociedade disruptiva – fazendo das máquinas, humanos e dos humanos, máquinas. *Revista USP*. São Paulo, n. 123, p. 107-118, out./nov./dez. 2019.

[919] Para um estudo mais detalhado sobre as oportunidades e riscos da inteligência artificial e as estratégias para Good AÍ Society, ver: FLORIDI, Luciano *et al*. AI4 People-An Ethical Framework for a Good AI Society: Opportunities, Risks, Principles, and Recommendations. *Minds and machines*. vol. 28, 4 (2018): 689-707. Disponível em: http://dx.doi.org/10.1007/s11023-018-9482-5. Acesso em: 15 out. 2022.

[920] Mark Lanonero BUSINESS, NOV 18, 2019, *Opinion: AI For Good Is Often Bad*. Disponível em: https://www.wired.com/story/opinion-ai-for-good-is-often-bad/. Acesso em:14.ago. 2022.

[921] Especialmente por aqueles que assumem os maiores riscos como os consumidores.

é preciso questionar quais os propósitos, quais os poderes introduzidos no sistema e quem se beneficiará deles.

Já foi abordado anteriormente que os algoritmos influenciam na tomada de decisão e quais são as implicações disso para as pessoas. Assim, quando se fala no poder[922] dessas tecnologias sobre a vida humana, deparamo-nos com problemas desde o compartilhamento não igualitário da inovação até a violação de direitos que culminam na manipulação e controle. Diante disso, incita-se a conduzir o desenvolvimento tecnológico para o mundo que queremos, e não para o que temos.

O mercado entendeu que o consumo exagerado, muitas vezes, assume um papel compensatório de necessidades existenciais não supridas e assim iludem as pessoas a adquirirem símbolos para transmitir valor. Consumir mais do que se precisa virou um hábito.

No mundo pós-moderno, o consumo é sinônimo de inclusão, a vida é estetizada, e os signos retratam a vulnerabilidade das pessoas diante do marketing de produtos e suas publicidades. Nesse sentido, "em uma cultura cada vez mais eletrônica, imagens não verbais tornam-se lugar comum na experiência do dia a dia", porém, os signos, por mais icônicos que sejam, precisam de uma narrativa", feita pela mediação humana.[923]

As compras são muitas vezes influenciadas por emoções. Compreender os meios de estimulá-las deixa algumas empresas em vantagem na luta pelo mercado.[924] As empresas utilizam técnicas de neuromarketing para antecipar os sonhos e as necessidades dos clientes, proporcionando experiências emocionantes e personalizadas, proporcionando uma satisfação imediata que conecta o cliente com a marca. Nesse sentido, essa é a conclusão de Trujilo Simancas e Navarro, merecendo destaque os seus dizeres:[925]

> A emocionalidade pesa mais que a racionalidade no momento da compra, porque, na verdade, não está totalmente ciente do que está sendo feito, os seres humanos estão sujeitos a um constante bombardeio de preconceitos culturais e biológicos, que claramente influenciam isso. Fazer as coisas de uma maneira ou de outra, geralmente é o caso que os seres humanos agem, pensam ou expressam sentimentos em relação a algo ou alguém e, perguntando-lhes por que, eles simplesmente não têm idéia; o que leva à conclusão de que todas as decisões tomadas pelo ser humano são baseadas em circunstâncias emocionais que sempre serão justificadas por respostas racionais.

---

[922] HAN, Byung-Chul *O que é poder?* tradução de Gabriel Salvi Philipson. Petrópolis, RJ: Vozes, 2019.

[923] LASH, Scott; BECK, Ulrich, GIDDENS, Anthony. *Modernização reflexiva*: política tradição e estética na ordem social moderna. Risco, confiança, reflexibilidade. São Paulo: Universidade Estadual Paulista, 1997. p. 234.

[924] Alguns estímulos no âmbito social, advindos do círculo de amigos, por exemplo, conseguem influenciar todas as emoções do consumidor, enquanto o compartilhamento de compras móveis apenas influenciou o prazer e a excitação do consumidor. JUN, Hong He; FU, Li; SHANG, Rong Du; YI, Tao; ZHONG, Xiang Li. "A Qualitative Study of the Stimuli on Consumer Emotion in Mobile Shopping", Advanced Engineering Forum, Scientific.Net. Agost 2019. v. 33, p. 47-56, 2019. Disponível em: https://doi.org/10.4028/www.scientific.net/AEF.33.47. Acesso em: 31 out. 2019.

[925] SIMANCAS TRUJILO, R.; NAVARRO, Y. El peso de la razón, la emoción y la decisión: claves del consumo desde el neuromarketing. *Revista Adgnosis*. v. 3, n. 3, 9 dic. 2014.

Na atualidade, as relações são construídas por interesses, e aquele que mais possui bens adquire maior *status* e aprovação social.[926] É preciso respeitar as diferenças e entender que as pessoas são singulares e não devem ser colocadas em um único molde que exclui e discrimina aqueles que não se inserem no padrão do ter. As energias estão focadas em possuir e quase não resta tempo, sequer para ponderar se realmente precisamos de tantas coisas para viver bem e ser felizes. Virar a chave e tentar ver as coisas reais, valorizando a troca com o outro e experiências, é assumir uma postura diferente e questionadora diante das investidas do mercado.

As práticas de manipulação da vontade controlam os indivíduos, violando direitos fundamentais, razão pela qual são inconstitucionais. Não há como solucionar integralmente todas as demandas apenas com reformas legislativas. Assim, torna-se necessário um conjunto de medidas aplicadas a indústria tecnológica que conduzam a observância das normas constitucionais e de direitos humanos para um caminho próspero e uma relação qualificada entre homem e máquina e consequentemente consumidor-fornecedor. Em razão disso, é preciso rediscutir o modo como os sujeitos se relacionam (de uma perspectiva assimétrica para uma perspectiva cooperativa), bem como adaptar conceitos e institutos clássicos a essa nova perspectiva no uso da internet dos corpos.

A garantia de um sistema de proteção social efetivo, democrático e que contemple as garantias fundamentais, implica não apenas na existência de normas regulamentadoras e protetivas contra os abusos do poder tecnológico, mas na imposição de severas punições em caso de descumprimento. Também se propõe a formação de uma rede cada vez mais ativa, composta pelo Estado, Ministério Público, órgãos de defesa e proteção do consumidor na luta para efetivação dos direitos humanos e constitucionalmente assegurados. A contribuição dessa pesquisa prossegue na demonstração da importância da criação de um órgão, ou setor específico de auxílio aos Procons e órgãos consumeristas, visando a controlar as práticas empresariais que por meio da tecnologia violem direitos humanos, coibindo o assédio de consumo, a segregação e o abuso das vulnerabilidades humanas, e que os consumidores evitem as distrações intencionais, gastando bem seu tempo[927] com a menor exposição aos riscos. Deste modo será oportunizada a real condução das suas vidas sem que sofram penalidades veladas por escolhas que recusem a imposição de adesão a tecnologias que violem de alguma forma a condição humana ou direitos fundamentais.

---

[926] Essa premissa é uma realidade em vários países do mundo. Nesse sentido as compras on line no contexto indiano: "A compra on-line oferece uma oportunidade de chamar atenção (receber e-mails pessoais da loja on-line) e respeito. A associação à comunidade virtual desejada pode fornecer status elevado e sensação de ser importante". SAHNEY, Sangeeta; GHOSH Koustab; SHRIVASTAVA, Archana. 'Buyer's motivation" for online buying: an empirical case of railway e-ticketing in Indian context. *Journal of Asia Business Studies*. v. 8 n. 1 2014, p. 43-64. Disponível em: https://doi.org/10.1108/JABS-07-2011-0036. Acesso em: 22 out. 2019.

[927] Sabe-se, que em muitas situações, após a contratação de um serviço, em caso de desistência, o consumidor tem dificuldades de se desvencilhar dele. Por vezes, é mais fácil consumir que deixar de consumir. Como exemplo, cita-se a dificuldade que o cancelamento de televisão por assinatura em geral apresenta. Para isso, necessária uma rede de apoio ao consumidor frente às novas tecnologias para que o auxilie na percepção dos empecilhos que cada escolha implica. Nesse sentido, estratégias de manipulação conhecidas como *dark patterns* precisam ser combatidas.

Por certo, que tanto as partes diretamente envolvidas na relação de consumo, como também os agentes fiscalizadores e de proteção precisarão se reinventar diante dessa nova realidade tecnológica.

O cidadão sofreu um abandono progressivo na sua esfera de proteção frente aos prejuízos que algumas tecnologias apresentam. A ignorância quanto aos riscos advindos da incorporação da internet dos corpos (IoB), em razão da falta de transparência das empresas e propaganda que só evidenciam os benefícios, tem permitido, por meio da inércia legislativa e de órgãos de proteção humana, que se realize uma transmutação da identidade humana.

Será necessário superar os muitos obstáculos para cooperação, nos níveis disciplinar, organizacional, da indústria e da formulação de políticas, se quisermos acabar com a lavagem ética e entregar a promessa de "IA ética" em cenários do mundo real.[928]

A imbricação entre homem e máquina altera a natureza humana fazendo surgir um corpo híbrido ou ciborgue.[929] Nesse contexto, Eduardo Bittar sustenta que "essa nova dimensão física passa a ser requalificado como 'pós corpo'" e deve ser protegido no âmbito dos direitos da personalidade,[930] na medida que o uso dessa alternativa alcança desde "a cura de doenças" até a "liberdade estética que cada um possui sobre o próprio corpo, cujos limites ainda não se conhece por completo". Para os simpatizantes do constante aperfeiçoamento, a desidentificação e os danos futuros não são preocupações suficientemente fortes para abandonar o entendido "corpo obsoleto" e encontrar o triunfo que o "bio/trans/tecno/metacorpo humano" e a consequente cidadania ciborgue irá proporcionar.[931]

Assim, "o Direito na era digital tem o papel de circunscrever fronteiras, regras e parâmetros, 'freando' o caráter 'desenfreado' do desenvolvimento tecno-científico, ao mesmo tempo em que a condição humana é ressignificada, e em que as formas de sociabilidade são redefinidas".[932] Daí, a importância dos avanços da ciência do direito, conjuntamente com a renovação de fronteiras de compreensão da teoria do direito, em face destes novos e imensos desafios da "era digital".[933]

Assim, conforme já exposto, propõe-se uma reformulação das leis,[934] instituições, políticas públicas (privadas e governamentais) e princípios de modo a

---

[928] YEUNG, Karen; HOWES, Andrew; POGREBNA, Ganna. AI Governance by Human Rights-Centered Design, Deliberation and Oversight: An End to Ethics Washing 21. jun. 2019. *The Oxford Handbook of AI Ethics*, Oxford University Press, 2019. Disponível em: SSRN: https://ssrn.com/abstract=3435011 ou http://dx.doi.org /10.2139/ssrn.3435011. Acesso em: 20 ago. 2021.

[929] Nesse sentido, ver: LE BRETON, David. *Adeus ao corpo:* antropologia e sociedade. Campinas: Papirus, 2003.

[930] Arts. 11 a 21 do CC 2002.

[931] BITTAR, Eduardo C. B. A teoria do direito, a era digital e o pós-humano: o novo estatuto do corpo sob um regime tecnológico e a emergência do sujeito pós-humano de direito. *Rev. Direito Práx.*, Rio de Janeiro, v. 10, n. 2, p. 933-961, 2019. Disponível em: https://www.scielo.br/pdf/rdp/v10n2/2179-8966-rdp-10-2-933.pdf. Acesso em: 17 ago. 2022.

[932] Ibid.

[933] Ibid.

[934] As normas baseadas em direitos humanos devem servir para nortear a adaptação legislativa, no que for necessário à realidade tecnológica. Nesse sentido, DUDH, CEDH, CADH.

assegurar que a tecnologia esteja a serviço do ser humano e da sociedade como um todo, nunca o contrário.

Para condensar e clarificar as ideias e propostas apresentadas nesta tese, desenvolveram-se os quadros abaixo:

Quadro Resumo

Principais Atores	Problemas	Causas	Estratégias	Consequências	Solução
-Mídia -Empresas	1.Manipulação da mente através de assédio de consumo 2.Manipulação da mente e do corpo através da IoB 3.Controle/condução dos rumos da humanidade	Interesses privados como: - Poder - Dinheiro	-Vigilância -Linguagem -Normalização -Implementação de cultura de massa -Programação preditiva -Mensagens subliminares e nudges -Sedução -Fomento do transumanismo	-Ultravulnerabilidade -Crise de sentido/ identidade -Violação dos direitos fundamentais (autonomia e privacidade) -Impactos de ordem econômica (moeda única digital./ O assédio conduz a comprar mais) -Social (segregação e discriminação) -Saúde (dependência e risco de vida)	Aplicação do PAM como base de um ecossistema de tutela qualificada

Arquitetura do Ecossistema de Tutela Humana Qualificada amparado na fórmula PAM

Diretrizes e Mecanismos (Ferramentas)	P Predição Protagonismo	A Ações/Atitudes de Ataque	M Movimento Manutenção
Descrição	Estratégias de prevenção e precaução, voltadas para preservação da natureza humana.	Objetiva implementar mudanças paulatinas na cultura que conduzam em direção a real efetivação de direitos e harmonização (não concordância nem fusão) das relações entre humanos e máquinas.	Movimento constante que se retroalimenta. Manutenção e compromisso na continuidade de medidas jurídicas e extrajurídicas.
Extrajurídicas	-Protagonismo humano por meio de práticas como o ceticismo e o questionamento. -Predição (Assim como a IA pode prever crimes ou doenças, poderá usar seu poder preditivo para alertar quanto aos efeitos negativos de uma nova tecnologia).	Fomento da atuação das Instituições intermediarias	Visam alterar a cultura por meio: -Da colaboração empresarial na adoção de regulação interna e do compromisso ético no manejo da IA. -De uma arquitetura humanizada e constitucional introduzida nas máquinas (programá-las com valores humanos fundamentais, já que não podem ser aprendidos por *machine learning)* para que sirvam as pessoas com ética e primazia humana e para que sejam, confiáveis e seguras.

Jurídicas	Políticas públicas: Voltadas para educação e orientação do consumidor quanto aos riscos da manipulação tecnológica. (As escolas e a própria mídia devem dispor de recursos de alerta para as práticas manipulatórias). - Que conduzam as empresas a dar publicidade de seus indicadores e que utilizem os mesmos meios tecnológicos de controle aplicados, em suas operações, para informar, servir e preservar as habilidades humanas. - Para abertura de um canal de discussão e participação social nas escolhas do setor tecnológico que impactem na vida humana, rompendo a cadeia de "discursos utópicos e acríticos", para que a manipulação, discriminação e controle não se propague.	-Proposição da Norma Jurídica interna para Assédio de consumo e IoB (tabela específica) – Sugestão de criação de um órgão, ou setor específico dentro dos Procons, visando controlar as práticas empresariais, que por meio da tecnologia violem direitos humanos -Proposta de norma jurídica transnacional para proteção dos neurodireitos. - Autorregulação regulada e regulação privada	-Formação de uma rede cada vez mais ativa, composta pelo Estado, Ministério Público, Órgãos de defesa e proteção do consumidor na luta para efetivação dos direitos humanos e constitucionalmente assegurados, por meio do incentivo a boas práticas empresariais, fiscalização constante. -Fomento de iniciativas que facilitem a identificação e a valorização das empresas éticas.
Características	Efetividade, Segurança, Adequação		
Pilares	Ético, Normativo e Social		

Proposição da Norma Jurídica interna para Assédio de consumo e IoB[935]

Características da norma	Adequação ao PAM e aos níveis de riscos	
	Uniformidade em todo o Território Nacional	
	Rol exemplificativo (*numerus apertus*)	
	Proteção Psicofísica	
Nível do risco e efeitos	**Tipos de IA e áreas de aplicação**	**Regras e Obrigações**
Risco inaceitável (independente de consentimento) -Manipulação e/ou controle da mente e do corpo humano com ausência de conhecimento, ingerência ou controle do indivíduo quanto a decisões ou efeitos. -Violação da privacidade e autonomia em grau máximo. -Discriminação e segregação. -Risco de morte.	-Aplicativos de IA que manipulem o comportamento humano para privar os usuários de seu livre-arbítrio. -Sistemas que permitem pontuação social por Estados. -Dispositivos de IoB de segunda e terceira geração (internos, como pílulas digitais microchips e interface cérebro máquina). -Jogos de vídeo que promovam desafios, fomentem a violência e coloquem em risco a vida.	Proibição da comercialização, importação e propagandas desses produtos.

935 Para confecção desse quadro utilizou-se a planilha de proposta de regulamentação da IA da Comissão Europeia, no tocante a classificação de riscos, tipos de aplicação e regras. Foram acrescentados pela autora para compor a proposição: as características da norma, sanções, além de todas as adequações pertinentes a IoB e assédio de consumo. Disponível em: https://montrealethics.ai/europe-analysis-of-the-proposal-for-an-ai-regulation/. Acesso em:25.abr.2023.

Alto risco -Violação da privacidade, liberdade e autonomia em alto grau. -Discriminação, segregação e controle -Estagnação das habilidades humana -Manipulação e/ou controle da mente com redução de espaço para decisões livres. -Dados de geolocalização, informações médicas, dados pessoais (sucessíveis a *hackers*).	-Sistemas de identificação biométrica remota. - Sistemas de IA generativa -Ferramentas tecnológicas (mecanismos de persuasão como programação preditiva, mensagens subliminares e assédio de consumo na internet) utilizadas em publicidades expressas ou não, veiculações midiáticas que modulam o comportamento social e traçam perfil do usuário e utilizam gatilhos de compromisso e coerência. -IoB de primeira geração (dispositivos médicos, bem-estar geral que promovem estilo de vida saudável, e outros relacionados a recreação, educação, coorporativo).	-Uso em tempo real, restrito à aplicação da lei em casos limitados: por exemplo, para procurar uma criança desaparecida, prevenir uma ameaça terrorista ou detectar, localizar, identificar ou processar o perpetrador ou suspeito de um crime grave. Esses sistemas devem ser autorizados por um órgão judicial ou outro órgão independente. -Controle humano adequado. -Alto nível de transparência e informações de qualidade. -Sistemas de adequação ética com respeito a privacidade e autonomia humana. -Separar dispositivos de IOT em sua própria rede sem conexão à internet.
Alto risco	-Infraestrutura crítica (eletricidade, transporte, etc.). -Educação ou treinamento vocacional. -Componentes de segurança do produto. -Gestão da força de trabalho e acesso ao emprego. -Serviços privados e públicos essenciais, -Policiamento. -Gestão da migração, asilo e controles de fronteira. -Administração da justiça e processos democráticos.	-Conjuntos de dados de alta qualidade para reduzir resultados discriminatórios. -Sistemas de avaliação e mitigação de riscos - Registro de atividades para garantir a rastreabilidade dos resultados - Documentação detalhada, Informação clara e adequada para o usuário - Controle humano adequado, -Alto nível de robustez, segurança e precisão.
Risco limitado	Jogos de vídeo em geral, Robôs usados para limpeza, Chatbots, callbots, voicebots...	Sistemas de IA aos quais se aplicam obrigações específicas de transparência em relação aos usuários.
Risco mínimo	Filtros de *spam*.	Utilização gratuita ou sem obrigação regulamentar.
Sanções	Pecuniária e limitação/restrição até adequação/ interdição da atividade da empresa e cancelamento do registro.	

No tocante à regulamentação, é importante a que os cidadãos estejam "vigilantes e envolvidos no processo regulatório associado às tecnologias inteligentes emergentes, pois algumas nações veem o desenvolvimento de tecnologias da informação como uma forma de consolidar seu controle ideológico sobre seus cidadãos". Na medida em que o panorama futuro é de coexistência com entidades inteligentes e orientadas por algoritmos, esse resultado deve ser evitado.[936]

Assim, dentro da proposta de uma visão sistêmica, busca-se o empoderamento humano para que, se possível de modo colaborativo, auxilie na construção de soluções adequadas a determinados contextos tecnológicos.

[936] BARFIELD, Woodrow, editor. *The Cambridge handbook of the law of algorithms.* New York: Cambridge University Press, 2021, p. 15.

2.4.1. *A norma jurídica interna baseada em riscos como armadura da ultravulnerabilidade psicofísica*

O corpo e a mente humanos estão da mira da IoB, e os riscos são catastróficos caso não sejam adotadas medidas jurídicas capazes de salvaguardar os direitos fundamentais e a própria dignidade humana.

Alguns países como Espanha (que adotou a carta de direitos digitais) e o Chile (primeiro país a introduzir a proteção dos neurodireitos) anteciparam-se à normatização supranacional e já adequaram suas legislações internas. O Brasil tem demonstrado interesse na regulamentação da inteligência artificial e adesão a iniciativas mundiais.[937] Nesse sentido, o PL nº 522/2022 propõe a alteração da LGPD no tocante ao artigo 5º, inciso II, que conceitua dado pessoal sensível, para incluir "dado neural", criando também os incisos XX, XXI e XXII, que definem dado neural, interface cérebro-computador e neurotecnologia. Todavia, sustenta-se que essa medida não é suficiente para proteção desses direitos e, portanto, uma norma regulamentadora baseada em riscos é necessária, pois níveis máximos de violação devem ser proibidos, e os demais níveis, conduzidos conforme a orientação legal (não taxativa) apta a abarcar novas condutas tecnológicas dentro de cada nível norteador. Além disso, os neurodireitos precisam integrar o rol de direitos fundamentais da Constituição Federal, seja por emenda constitucional, seja por meio de convenção de direitos humanos, pois seu conteúdo refere-se à dignidade humana, que precisa conter blindagem adequada aos riscos do cenário atual.

As neurotecnologias têm orientado os rumos dos tratamentos de saúde clínicos e não clínicos, porém não se restringem a fins terapêuticos, pois cada vez mais tem seduzido as pessoas a aderirem aos dispositivos para as mais diferentes atividades cotidianas, rompendo as tradicionais fronteiras entre as terapias médicas e o mercado de consumo.[938] As questões de governança em torno da neurotecnologia afetam a "privacidade de dados (do cérebro), passando por perspectivas de aprimoramento humano, regulamentação e comercialização de dispositivos diretos ao consumidor, vulnerabilidade de padrões cognitivos para manipulação comercial ou política e outras desigualdades no uso e acesso". Nesse sentido, o Conselho sobre Inovação responsável em neurotecnologia (OCDE) emitiu recomendação demonstrando a necessidade de um padrão internacional para inovação responsável em neurotecnologia.[939]

Sobre a neurotecnologia e neurodireitos, Marcelo Ienca esclarece:[940]

> Desde o início do século atual, surgiu uma quinta e complementar área de investigação neuroética e neurolegal, que começou a olhar para os desafios ético-legais em neurociência e neurotecnologia em termos de princípios normativos de alto nível, como direitos, prerrogativas, e deveres

---

[937] OECD, *Recommendation of the Council on Responsible Innovation in Neurotechnology*, OECD/LEGAL/0457.

[938] Sobre a 'quantificação do eu', ver: Notas 149 e 150.

[939] OECD, *loc cit*.

[940] Disponível em: https://www.frontiersin.org/articles/10.3389/fnhum.2021.701258/full. Acesso em: 5.jun.2023.

associados. Essa forma de analisar as implicações éticas e legais da neurociência passou a ser conhecida como "neurodireitos" Os neurodireitos podem ser definidos como os princípios éticos, legais, sociais ou naturais de liberdade ou direito relacionados ao domínio cerebral e mental de uma pessoa; ou seja, as regras normativas fundamentais para a proteção e preservação do cérebro e da mente humana.

Assim, sustenta-se que a integridade mental está diretamente ligada à dignidade humana e precisa ser protegida universalmente em razão das neurotecnologias.

Diante dos riscos dessas inovações para as pessoas, os pesquisadores Rafael Yuste[941] e Sara Goering propõem cinco novos direitos humanos, os quais chamam de neurodireitos, a saber: "(1) garantia a privacidade mental e que seu conteúdo não possa ser decifrado sem o consentimento de acesso aos dados neurais das pessoas,[942] (2) proteção ao senso de identidade dos indivíduos, de modo que a consciência humana não seja manipulada, assim como é feito com os ratos (3) proteção à autodeterminação(liberdade de vontade) de modo que as decisões tomadas sem internas, sem influência externa.(4) uso da neurotecnologia para a expansão artificial das capacidades humanas, e (4) combate ao preconceito e proteção contra os vieses inseridos no cérebro por meio da neurotecnologia". É preciso estabelecer "uma linha que não pode ser ultrapassada. O cérebro não pode ser tocado, é o órgão que gera tudo que você é: seus pensamentos, emoções, memórias e consciência". Nesse sentido, a proteção aos neurodireitos devem integrar os tratados internacionais de direitos humanos.[943]

A proteção da integridade psíquica e física, além da base jurídica já existente no ordenamento jurídico, merece o respaldo de uma norma específica baseada em riscos, conforme proposta apresentada nessa tese, integrando ecossistema de tutela qualificada. A diretriz visa a acompanhar os avanços tecnológicos alcançando os casos de manipulação decorrentes de assédio de consumo ou dispositivos de IoB internos, de segunda ou terceira geração, para resguardar por lei as atividades cerebrais e informações que dela decorrem, bem como vedar a obrigatoriedade da implantação de dispositivos para qualquer relação de consumo.

Para além da proteção de dados, Bublitz e Merkel propõem o conceito de "autodeterminação mental", visando à proteção contra intervenções indiretas

---

941 Diretor do centro de pesquisa *Neurorights Iniciative*. Criado para promover novos direitos humanos diante da neurotecnologia, garantindo seu desenvolvimento ético. Disponível em: https://neurorightsfoundation.org/Acesso em:20.jun.2023.

942 De acordo com a Unesco, grande parte dos dados neurais é gerada inconscientemente, assim, não há um procedimento para consentimento de uso. Deste modo, há risco que dados confidenciais extraídos "caiam em mãos erradas e causem consequências prejudiciais". Disponível em: https://canaltech.com.br/saude/unesco-pede-urgencia-na-regulamentacao-e-etica-em-neurotecnologia-256416/. Acesso em: 18 jul. 2023.

943 YUSTE, R.; GOERING, S.; ARCAS, B. *et al.* Four ethical priorities for neurotechnologies and AI. Nature. Vol. 551, 159–163 (2017). Disponível em: https://doi.org/10.1038/551159a. Acesso em: 03 jan. 2023. e HARTMANN, Marcell. Entrevista com Rafael Yuste. Disponível em: https://gauchazh.clicrbs.com.br/comportamento/noticia/2023/07/finalmente-poderemos-entender-o-que-e-um-ser-humano-por-dentro-vibra-neurocientista-rafael-yuste-clk1itphf00bb0150n2sh6br6.html#:~:text=a%20mente%20humana.-,Finalmente%20poderemos%20entender%20o%20que%20%C3%A9%20um%20ser%20humano%20por,milhares%20de%20anos%3A%20quem%20somos%3F.. Acesso em: 13 jul. 2023.

no estado mental de alguém.[944] Nesse sentido, Ienca e Andorno identificam quatro novos direitos que podem se tornar de grande relevância nas próximas décadas: o direito à liberdade cognitiva, o direito à privacidade mental, o direito à integridade mental e o direito à continuidade psicológica.[945]

Em 2021, o Chile se tornou o primeiro país no mundo a editar uma lei para a proteção dos neurodireitos (Lei n° 21.383) e, em conjunto com os pesquisadores citados, além dos quatro direitos já sustentados, foi incluído no projeto, que modifica a Constituição Federal o direito ao livre-arbítrio e à autodeterminação.[946]

A exemplo do Chile, o Brasil pode alçar voos maiores na proteção desses direitos, alcançando um *status* constitucional por meio de emenda constitucional ou uma convenção internacional para proteção da autonomia e privacidade mental, direitos que até então possuem interpretação ampla no ordenamento jurídico pátrio, insuficientes diante do potencial devastador das tecnologias atuais.

A primazia do ser humano e o importante *status* da sua dignidade atribuído pelo direito brasileiro, torna indispensável a criação de um ecossistema de tutela humana qualificada em contraposição ao ecossistema tecnológico de poder com o qual nos relacionamos diariamente e que, por meio de manipulação e controle, viola direitos fundamentais.

As bases diagnósticas para sua criação estão amplamente demonstradas. As constatações originais nesse cenário são o surgimento da crise de identidade e especialmente da ultravulnerabililade humana na medida em que a internet alcança amplo acesso ao corpo e à mente das pessoas.

Em síntese, a tese sustentou a existência de um ecossistema tecnológico, liderado por empresas e a mídia, cujo principal ponto abordado foi a IoB. Em busca de poder, manipulam, controlam e aprisionam as pessoas em uma cultura hedonista e de instrumentalização, violando em grau máximo direitos fundamentais intrínsecos ao ser humano.

A solução apresentada para esse problema foi o ecossistema de tutela humana qualificada estruturado nos mecanismos extrajurídicos e jurídicos do PAM, cujas principais proposições jurídicas consistem em uma norma interna baseada em riscos e uma convenção internacional para proteção qualificada de direitos já consagrados no ordenamento jurídico, porém sem assertividade para o cenário atual (como os direitos a: autonomia, integridade psicofísica e privacidade) e dos neurodireitos para constarem expressamente na

---

[944] BUBLITZ, Jan Christoph; MERKEL, Reinhard. Crimes Against Minds: On Mental Manipulations, Harms and a Human Right to Mental Self-Determination. *Criminal Law and Philosophy 8*, p. 51-77, 2014.

[945] IENCA, M., Andorno, R. Towards. *New human rights in the age of neuroscience and neurotechnology*. Life Sci Soc Policy 13, 5, 2017. Disponível em: https://doi.org/10.1186/s40504-017-0050. Acesso em: 22 out. 2022.

[946] Disponível em: https://www.projetodraft.com/verbete-draft-o-que-sao-neurodireitos/. Acesso em: 14. maio. 2022. (1) direito à privacidade mental, referente aos dados cerebrais das pessoas; (2) direito à identidade e à autonomia pessoal; (3) direito ao livre-arbítrio e à autodeterminação; (4) direito ao acesso equitativo ao aprimoramento cognitivo (para evitar a produção de desigualdades) e (5) direito à proteção contra vieses em algoritmos ou processos automatizados de tomada de decisão.

constituição como direitos fundamentais (seja por emenda constitucional ou por convenção de direitos humanos). Reconhecemos que a neurotecnologia é uma grande promessa para a saúde humana e inovação, no entanto, carrega consigo riscos que não podemos alcançar. Diante disso, no âmbito nacional, a proposição de uma norma baseada em riscos, (que se enquadra entre as atitudes de ataque, na letra A do PAM) preconiza que o uso da IoB de segunda ou terceira geração em humanos é inconstitucional e, portanto, deve ser proibida em razão de gerar ultravulnerabilidade humana.

Os dispositivos de IoB de segunda e terceira geração, possuem o potencial de manipular e controlar as pessoas em grau máximo. A defendida inconstitucionalidade e a consequente proibição desses instrumentos está amparada nas seguintes premissas: a integridade psicofísica compõe um aspecto da personalidade que é um valor fundamental[947] e consiste na inviolabilidade da pessoa.[948] A proteção da integridade psicofísica compreende o direito à vida,[949] e a vida humana necessita da máxima proteção especializada, rejeitando quaisquer riscos que maculem sua integridade,[950] pois na integridade do corpo e da mente humana está projetada a sua dignidade.[951]

A dignidade humana, por sua vez, consiste no "valor dos valores" que alcança toda a ordem jurídica e por se tratar de "um fim e não um meio, não se sujeita a ponderações",[952] devendo figurar na categoria de riscos inadmissíveis.[953]

A ultravulnerabilidade da pessoa humana não é vulnerabilidade do consumidor. Esta é tradicionalmente defendida na doutrina como a inferioridade do consumidor no mercado. Compreende a vulnerabilidade técnica, econômica, jurídica, fática e informacional.[954] Mais recentemente, a hipervulnerabilidade, que diz respeito a pessoas determinadas, como os idosos, as crianças, os deficientes e os analfabetos.[955] Ainda mais recentemente, falou-se da vulnerabi-

---

[947] PERLINGIERI, Pietro. *Perfis do Direito Civil. Introdução ao Direito Civil Constitucional.* 2 ed. Rio de Janeiro: Renovar, 2002, p. 155-156.

[948] RODRIGUES, Rafael Garcia. *Da autonomia Privada à Autonomia Corporal.* Dissertação (Mestrado em Direito) – Universidade do Estado do Rio de Janeiro, Rio de Janeiro, 2003, p. 81.

[949] ESPOLADOR, Rita de Cássia Resquetti Tarifa. *Breves comentários acerca da autonomia corporal e da manipulação genética humana.* Disponível em: www.damasio.com.br. Acesso em 20.04.2008.

[950] ARIAS, Cristiano Chaves de; ROSENVALD, Nelson. *Direito Civil, Teoria Geral*, 6. ed. Rio de Janeiro: Lumen Juris, 2006, p. 118.

[951] GAMA, Guilherme Calmon Nogueira da. *Direito Civil.* Parte Geral. São Paulo: Atlas, 2006, p. 34.

[952] SARMENTO, D. *A ponderação de interesses na Constituição Federal*, p. 196.

[953] Embora desde a concepção de uma inteligência artificial ela apresente riscos ponteciais, Yampolskiy apresenta dois momentos principais onde a IA torna-se perigosa: o anterior, a implantação diante de situações externas ao sistema, e o posterior diz respeito a alterações realizadas pelo próprio sistema, sem a compreensão ou prévia análise humana, apresentando riscos existenciais extremamente elevados. YAMPOLSKIY, R. V. Taxonomy of Pathways to Dangerous Artificial Intelligence. In: *Workshops at the Thirtieth AAAI Conference on Artificial Intelligence*, 2016, p. 143.

[954] MARQUES, Cláudia Lima. *Contratos no Código de Defesa do Consumidor:* O novo regime das relações contratuais. São Paulo: Revista dos Tribunais, 2002.

[955] Conforme Bruno Miragem, trata-se nesses casos de vulnerabilidade agravada. MIRAGEM, Bruno. *Curso de Direito do Consumidor*. 6. ed. São Paulo: Revista dos Tribunais, 2016. p. 131 a 141.

lidade tecnológica.[956] Não é de nenhuma dessas que a presente tese trata, mas sim, da afronta direta à intangibilidade da pessoa humana, nos termos contrários à proteção constante no art. 1º da Lei Fundamental da Alemanha e do art. 1º, III, da Constituição brasileira. Muito além desses conceitos, a ultravulnerabilidade ocorre quando a tecnologia acessa o interior da mente e do corpo humano, violando em grau máximo direitos fundamentais, podendo colocar em risco a vida.[957] Esse novo princípio reflete a condição humana diante da violação extrema de direitos fundamentais pela tecnologia e, portanto, poderá ser invocado em diversas relações, independente de consumo.

Portanto, o limite ético-jurídico deste avanço tecnológico é o ser humano e, consequentemente, o princípio da dignidade da pessoa humana, operacionalizando-se através do Direito e da Bioética. Com o avanço da IoB e sua capacidade de manipular, controlar as pessoas e violar direitos fundamentais em grau máximo, é fundamental alcançar a proteção psicofísica existente no ordenamento jurídico pátrio, fornecendo novos alcances e abordagens mediante uma regulação específica no direito nacional baseada em riscos e transnacionalmente como um importante passo para proteção humana no mundo.

Não há como se conformar simplesmente com a regulamentação geral da inteligência artificial ou com a proteção de dados pessoais. Reconhecer a ultravulnerabilidade é o primeiro passo para trazer uma nova abordagem para a integridade psicofísica, fortalecendo-a e conferindo uma tutela adequada e integral da pessoa humana e não apenas nas relações comerciais, relativas a dados pessoais ou a um abalo emocional.

É ingênuo pensar que os direitos humanos, ameaçados ao extremo pelas novas tecnologias, já estão suficientemente protegidos no ordenamento jurídico pátrio.

Ainda que haja previsão infraconstitucional e constitucional tanto para tutela da integridade psicofísica, autonomia, privacidade sob as bases da dignidade humana, essas disposições precisam ser revisitadas para serem adequadas ao cenário tecnológico atual de modo que delas se extraia a proteção da privacidade mental, da autonomia e do DNA humano, diante das tecnologias capazes de acessar internamente o corpo e o cérebro humano, respeitando a integridade física e moral das pessoas.

O mundo jurídico tem buscado acompanhar as demandas advindas das novas tecnologias com escopo na proteção humana. Diversos países têm reunido esforços para debater e formular *standards* éticos capazes de nortear as

---

[956] A vulnerabilidade tecnológica é um conceito amplo, destinado a consumidores com e sem acesso digital. Ver: FERREIRA, Vitor Hugo do Amaral. *Tutela de Efetividade no Direito do Consumidor Brasileiro*: a tríade prevenção-proteção-tratamento revelada nas relações de crédito e consumo digital. São Paulo: Revista dos Tribunais, 2022.

[957] Nesse sentido, a Declaração Universal sobre Bioética e Direitos Humanos, em seu artigo 8º, estabelece o respeito pela vulnerabilidade humana e pela integridade individual: "Na aplicação e no avanço dos conhecimentos científicos, da prática médica e das tecnologias que lhes estão associadas, deve ser tomada em consideração a vulnerabilidade humana. Os indivíduos e grupos particularmente vulneráveis devem ser protegidos, e deve ser respeitada a integridade pessoal dos indivíduos em causa". Disponível em: https://unesdoc.unesco.org/ark:/48223/pf0000146180_por. Acesso em: 15.jun.2023.

relações entre humanos e máquinas, por meio de recomendações ou diretrizes que visam ao desenvolvimento tecnológico, ético e adequado aos direitos humanos, tendo como norte principal a Declaração Universal dos Direitos Humanos de 1948.[958] [959] Esse movimento global[960] visa a adaptar os direitos humanos à era da neurotecnologia.[961]

O ser humano, se furtado das necessidades fundantes de seus direitos de personalidade como sua autonomia, identidade pessoal, privacidade, liberdade de expressão, é despojado de sua própria dignidade. A proteção da integridade psicofísica compõe o núcleo essencial da dignidade humana.

Nesse sentido, a Fórmula PAM (P – Predição e Protagonismo; A – Ações jurídicas e M – Movimento cultural) que embasa o Ecossistema de Tutela humana qualificada apresenta soluções jurídicas e extrajurídicas em consonância com o preconizado internacionalmente, promovendo mecanismos para predizer e prevenir os impactos das neurotecnologias antes que sejam implantadas, para resguardar a integridade psicofísica, autonomia, privacidade e dignidade das pessoas a curto e longo prazos. Assim, tal como preconizado na OECD/LEGAL/0457, objetiva-se evitar a influência nos processos de decisão humana capaz de macular a liberdade e a autodeterminação por meio, por exemplo, de vigilância intrusiva, avaliação não consentida, manipulação de estados cerebrais e/ou comportamento.

Para assegurar a autonomia e a privacidade mental o Brasil precisa estabelecer uma legislação específica e consistente que evite os abusos físicos e mentais das novas tecnologias, protegendo os bio e neurodireitos. Além disso, "a proteção jurídica da mente, no cenário normativo constitucional brasileiro, passa a ser decorrência natural da própria opção conceitual de dignidade humana".[962] Nesse sentido, a recente proposta de Emenda Constitucional nº 29/2023, sustenta que diante do cenário tecnológico atual os neurodireitos

---

[958] Nessa trilha, a Convenção Europeia de Direitos do Homem; a Recomendação do Conselho relativa às Diretrizes que Regem a Proteção da Privacidade e os Fluxos Transfronteiriços de Dados Pessoais [OECD/LEGAL/0188]; a Recomendação do Conselho sobre Gestão de Riscos de Segurança Digital para Prosperidade Econômica e Social [OCDE/LEGAL/0415]; a Decisão do Conselho sobre as Diretrizes da OCDE para Empresas [OCDE/LEGAL/0443]; Multinacionais [OECD/LEGAL/0307], a Recomendação do Conselho considerando que a neurotecnologia desenvolvida para fins de saúde pode ser utilizada de forma não intencional; [OCDE/LEGAL/0433]; a Recomendação do Conselho sobre inteligência artificial [OCDE/LEGAL/0449].

[959] O SEIVA, consiste em um plano de ação estratégico sobre direitos humanos e tecnologias em biomedicina (2020-2025). Esse plano é baseado Convenção do Conselho da Europa sobre Direitos Humanos e Biomedicina (Convenção de Oviedo. Disponível em: https://www.coe.int/en/web/bioethics/strategic-action-plan. Acesso em:25.abr.2023).

[960] ONU, *Human Rights Council Promotion and protection of all human rights*. Disponível em: https://www.ohchr.org/en/hrbodies/hrc/home. Acesso em: 16.jun.2023.OEA, Segundo Informe de avance, Proyecto de principios interamericanos en materia de neurociencias, neurotecnologías y derechos humanos. Disponível em: https://www.oas.org/es/sla/cji/docs/CJI-doc_673-22_rev1_ESP.pdf. Acesso em: 20. jun.2023.

[961] Essa necessidade de adaptação e expansão dos direitos humanos aos novos tempos para uma proteção adequada é sustentada pelo *Neurorights Iniciative*. Disponível em: https://neurorightsfoundation.org/Acesso em: 20. jun.2023.

[962] PINTARELLI, Camila. A proteção jurídica da mente. *Revista de Direito da Saúde Comparado*. v. 1, n. 1. São Paulo, 2022.

devem ser incluídos entre as garantias fundamentais para proteção à integridade mental e à transparência algorítmica.[963]

A regulação da União Europeia para a inteligência artificial está em fase final e servirá de norte mundialmente para a governança da IA. Com objetivo de promover a adoção de uma inteligência artificial centrada no ser humano, o Parlamento Europeu adotou posição de proibir determinadas práticas consideradas inaceitáveis,[964] seguindo uma abordagem baseada em riscos, para "proteger a saúde, segurança, direitos fundamentais e a democracia dos seus efeitos nocivos".[965] Percebe-se forte preocupação que mecanismos tecnológicos capazes de categorizar as pessoas e identificar suas emoções não sejam permitidos, embora não sejam enfrentados os problemas complexos e reais da IoB que nos propomos aqui.

Algumas empresas que utilizam essas tecnologias em dispositivos que servem desde manter o foco nos estudos ou entretenimento até pagamentos de contas, sustentando a segurança e adequação de seus produtos às normas. Um exemplo é o Crown da Neurosity. Trata-se de uma espécie de coroa/capacete capaz de medir os impulsos elétricos emitidos pelo cérebro, desenvolvendo controles neurais para aumentar o foco e a calma.[966]

Esse dispositivo para a mente que controla somente com o pensamento denomina-se a primeira interface cérebro-computador que é criptografado, exigindo autenticação e processando as informações apenas no dispositivo sem que ninguém tenha acesso a elas. A empresa em seu *site* oficial faz uma promessa: "Sua impressão digital neural nunca é vista e nunca enviada".[967]

Pensar é um diálogo consigo mesmo, um momento de estar só em nossa própria companhia. Com pensamentos monitorados, para qualquer finalidade, poderemos ser livres no pensar? Caso sejam detectados pensamentos considerados inadequados, algum tratamento diferenciado será estendido a essa pessoa?

Não há limites para o pensamento, nele somos livres, porém essa liberdade tal como se conhece está prestes a terminar.[968]

---

[963] Disponível em: https://legis.senado.leg.br/sdleg-getter/documento?dm=9386704&ts=1686688862951&disposition=inline. Acesso em:20.jun.2023.

[964] Entre eles: sistemas de identificação biométrica a distância em tempo real em espaços acessíveis ao público; sistemas de identificação biométrica à distância em diferido, com a única exceção para a repressão de crimes graves por autoridades responsáveis pela aplicação da lei e apenas após autorização judicial; sistemas de categorização biométrica que utilizem características sensíveis (por exemplo, gênero, raça, etnia, estatuto de cidadania, religião, orientação política); sistemas de policiamento preditivo (baseados na definição de perfis, localização ou comportamento criminoso passado);sistemas de reconhecimento de emoções na aplicação da lei, na gestão das fronteiras, no local de trabalho e nos estabelecimentos de ensino; e remoção não direcionada de imagens faciais da Internet ou de filmagens de vídeo vigilância (circuito fechado) para criar bases de dados de reconhecimento facial (violação dos direitos humanos e do direito à privacidade).

[965] Disponível em: https://www.europarl.europa.eu/news/pt/press-room/20230609IPR96212/parlamento-negoceia-primeiras-regras-para-inteligencia-artificial-mais-segura. Acesso em:15. jun.2023.

[966] Disponível em: https://neurosity.co/. Acesso em: 14.jun.2023.

[967] Disponível em: https://neurosity.co/privacy. Acesso em: 14.jun.2023.

[968] O tema convida a refletir também sobre o estado existencial de estar "só" em: ARENDT, Hannah. *A vida do espírito*. Trad. Antônio Abranches, 10. ed. Rio de Janeiro: Civilização Brasileira, 2009.

Realmente estamos seguros? Não! Chegamos no ponto em que as normas precisam ser reforçadas. Nesse aspecto, defendemos que seja introduzida expressamente no artigo 5º da Constituição Federal a proteção jurídica da mente humana[969] em sentido semelhante ao que foi concebido aos dados pessoais com a Emenda Constitucional nº 17, de 2019, que incluiu o inciso LXXIX no rol do artigo 5º, para estabelecer a proteção de dados pessoais dentre os direitos e garantias fundamentais.[970]

A pessoa humana é muito mais do que os seus dados pessoais, já elencados dentre os direitos fundamentais na Constituição Federal. No entanto, esses dados compõem a identidade da pessoa e não podem ser dissociados dela em proteção apartada.[971] A internet dos corpos ameaça diretamente os direitos mais profundos do ser humano. Esses direitos precisam ser efetivos, expressos e específicos para a proteção humana frente aos riscos tecnológicos.

No momento em que vivemos, estão em curso transformações estruturais promovidas pela tecnologia não apenas no mercado de consumo, mas nos rumos do desenvolvimento de toda a humanidade.[972]

A civilização está exposta a verdadeiros riscos existenciais na medida em que o controle humano se torna limitado diante dos complexos sistemas de IA, especialmente quando o cérebro biológico, é condicionado a adotar acriticamente tudo que os sistemas de inteligência artificial impõem.[973]

Portanto, condutas ético-jurídicas precisam ser adequadas aos novos tempos, por meio de medidas qualificadas e transfronteiristas. Sugere-se que essa tutela integre uma convenção de direitos humanos em uma proteção de cooperação internacional, como se abordará a seguir.

---

969 PINTARELLI, Camila. A proteção jurídica da mente. *Revista de Direito da Saúde Comparado*. v. 1, n. 1. São Paulo, 2022. Ver mais em: LÓPEZ-SILVA, Pablo. The Concept of Mind in Neuroprotection Debate. In LÓPEZ-SILVA, Pablo. VALERA, Luca. Protecting the Mind: Challenges in Law, Neuroprotection, and Neurorights. Switzerland: Springer, 2022.

970 Nesse sentido, a decisão histórica do Tribunal Federal Constitucional da Alemanha (*Bundesverfassungsgericht)* em 15 de dezembro de 1983 que reconheceu a autodeterminação informacional como um direito fundamental: BVerfGE 65, 1, Censo. No Brasil, em sentido semelhante a jurisprudência alemã a ADI 6387.

971 Nesse contexto, os autores defendem o reconhecimento da integridade baseado nos direitos digitais. Vardanyan, Lusine, Stehlík, Václav e Kocharyan, Hovsep. "Integridade digital: uma base para os direitos digitais e a nova manifestação da dignidade humana". *TalTech, Journal of European Studies*, vol.12, n. 1, 2022, p. 159-185.

972 Pesquisadores italianos introduziram o conceito de *neurolaw*, onde padrões jurídicos seriam alterados por padrões neurocientíficos, usados para controle social. O acesso às estruturas neurais das pessoas favorecem o controle de seus comportamentos o que permitiria a substituição do sistema jurídico de controle social, "algo semelhante a uma verdadeira neurocivilização". Surge daí a necessidade de uma regulação internacional. PINTARELLI, Camila. A proteção jurídica da mente. *Revista de Direito da Saúde Comparado*. v. 1, n. 1. São Paulo, 2022. Ver mais em: LÓPEZ-SILVA, Pablo. The Concept of Mind in Neuroprotection Debate. In LÓPEZ-SILVA, Pablo. VALERA, Luca. *Protecting the Mind*: Challenges in Law, Neuroprotection, and Neurorights. Switzerland: Springer, 2022

973 CANDIOTTO, K. B. B.; KARASINSKI, M. Inteligência Artificial e os Riscos Existenciais Reais: Uma Análise das Limitações Humanas de Controle. *Filosofia Unisinos*, v. 23, n. 3, 2022. p. 23.307.

2.4.2. *Parâmetros jurídicos atuais para uma norma internacional de proteção à pessoa humana contra o risco tecnológico*

Desde a Constituição de 1988, intensificou-se a interação entre o direito nacional e o internacional.[974]

Atualmente, a dignidade humana baseia-se no ideal de que cada ser humano possui um valor intrínseco. Para atingir a compreensão atual, passou pelos "marcos da tradição judaico-cristã, o Iluminismo e o período pós-Segunda Guerra Mundial", tendo sido posteriormente incorporada pelo discurso político e jurídico.[975]

Na trajetória jurídica, observa-se nos últimos anos uma crescente onda de democratização e diálogo constitucional entre os tribunais mundiais, movimento que passou a destacar a dignidade humana em diferentes documentos, como constituições nacionais e tratados internacionais.

O primado da dignidade humana está presente em diversos diplomas nacionais e internacionais do mundo ocidental, podendo ser considerada um dos maiores consensos éticos entre países, tornando-se "ideia onipresente no direito contemporâneo" ao longo das últimas décadas. No entanto, diante do pluralismo cultural existente no mundo, torna-se um desafio elaborar um conceito transnacional de dignidade humana. Nesse sentido, Luís Roberto Barroso, destaca um "conteúdo mínimo da dignidade humana que se desdobra em valor intrínseco, autonomia e valor comunitário" e se baseia em uma perspectiva laica, neutra e universalista, para que se possam extrair consequências jurídicas previsíveis e aplicáveis em todo o mundo.[976]

De outro modo, o valor intrínseco é a fonte de um grupo de direitos fundamentais, entre eles, o direito à vida, a igualdade perante a lei e na lei e o da integridade psíquica[977] e física.[978] A autonomia consiste no elemento ético da dignidade, refletido na capacidade de tomar decisões "sem influências externas indevidas", na medida em que a autodeterminação "define as regras que vão reger sua vida". E o valor comunitário traduz o elemento social da digni-

---

[974] PIOVESAN, Flávia. Direitos humanos e o direito constitucional internacional. São Paulo: Max Limonad, 1996. CANÇADO TRINDADE, Antônio Augusto. A proteção internacional dos direitos humanos: fundamentos jurídicos e instrumentos básicos. São Paulo: Saraiva, 1991.

[975] No passado, a dignidade humana era considerada um critério categorizador e qualificador de indivíduos e instituições. Em uma sociedade hierarquizada, a dignidade estava associada a uma posição superior.

[976] Barroso esclarece que, para finalidades jurídicas, a dignidade humana pode ser dividida em três componentes: valor intrínseco, que se refere ao *status* especial do ser humano no mundo; autonomia, que expressa o direito de cada pessoa, como um ser moral e como um indivíduo livre e igual, tomar decisões e perseguir o seu próprio ideal de vida boa; e valor comunitário, convencionalmente definido como a interferência social e estatal legítima na determinação dos limites da autonomia pessoal. Essa dimensão comunitária da dignidade humana deve estar sob escrutínio permanente e estrito, devido aos riscos de o moralismo e o paternalismo afetarem direitos e escolhas pessoais legítimas. BARROSO, Luís Roberto· "Aqui, lá e em todo lugar" a dignidade humana no direito contemporâneo no discurso transnacional. *Revista do Ministério Público*. Rio de Janeiro: MPRJ, n. 50, out./ dez. 2013.

[977] Declaração Universal de Direitos Humanos, artigos VI e XII; Carta da ONU, artigos 16 e 17.

[978] Declaração Universal de Direitos Humanos, artigos IV e V; Carta da ONU, artigos 7 e 8; Convenção Americana, artigos 5 e 6; Carta Europeia, artigos 3 a 5 e Carta Africana, artigos 4 e 5.

dade enfatiza, portanto, "o papel do Estado e da comunidade no estabelecimento de metas coletivas e de restrições sobre direitos e liberdades individuais em nome de certa concepção de vida boa".[979]

Não restam dúvidas de que a dignidade humana é o valor-fonte de onde emanam todos os outros direitos e exige o respeito a integridade física e emocional e daí decorrem, por exemplo, "a proibição da pena de morte, da tortura e da aplicação de penas corporais e até mesmo a utilização da pessoa para experiências científicas". Assim, para preservar a "dignidade da pessoa humana, torna-se indispensável não tratar as pessoas de tal modo que se lhes torne impossível representar a contingência de seu próprio corpo como momento de sua própria, autônoma responsável individualidade".[980]

No Brasil, a proteção psicofísica está inserida no Código Civil, artigo 13, e artigo 5º da Constituição, residindo no âmago da proteção da dignidade humana. Quando falamos em alcançar uma norma com *status* supralegal ao Brasil para proteção psicofísica por meio de uma convenção internacional, isso não significa ignorar que esta já se constitui em um direito fundamental. O aparente *bis in idem* dessa proposição não ignora o patamar supremo da integridade psicofísica nacionalmente por estar inserida na essência da dignidade humana. O que haverá, é uma coincidência harmônica entre o conteúdo da Constituição e dos preceitos internacionais de modo a complementar e ampliar a tutela pelo prisma da internet dos corpos.[981] A atualização da compreensão da integridade psicofísica, incluindo expressamente no rol de direitos fundamentais à proteção da mente e do corpo interno, é medida necessária para abranger todas as suas tradicionais tutelas e alcançar as demandas atuais.

Portanto, entre as funções dos tratados internacionais de direitos humanos está o fortalecimento da proteção dos direitos já consagrados na Constituição de um país.[982]

---

979 BARROSO, Luís Roberto· "Aqui, lá e em todo lugar" a dignidade humana no direito contemporâneo no discurso transnacional. *Revista do Ministério Público. Rio de Janeiro: MPRJ*, n. 50, out./ dez. 2013.

980 Nesse contexto, Sarlet defende o caráter multidimensional da dignidade humana "considerando sua dimensão ontológica sua dimensão histórico-cultural e sua dupla dimensão (ou função) negativa e prestacional, ao que se poderia ainda agregar a igualmente dupla dimensão objetiva e subjetiva da dignidade, na condição de princípio e norma embasadora de direitos fundamentais". SARLET, Ingo Wolfgang. *Dignidade da Pessoa Humana e Direitos Fundamentais na Constituição Federal de 1988*. 9. ed. rev. e atual. Porto Alegre: Livraria do Advogado, 2011. p. 18, 49 e 52.

981 De modo semelhante, o Tribunal Constitucional Federal da Alemanha considerou que as novas tecnologias introduziram um vácuo na proteção da personalidade que a autodeterminação informativa não consegue alcançar. Nesse contexto, a garantia da confidencialidade e da integridade dos sistemas técnico-informacionais foi alçada ao patamar de direito fundamental de modo a atualizar a tutela da personalidade ao cenário tecnológico, sem, portanto, torná-lo absoluto, ao passo que são possíveis intervenções preventivas nesse direito. Para um estudo mais aprofundado sobre o tema, ver: Hoffmann-Riem, W. A Proteção Jurídica Fundamental da Confidencialidade e da Integridade dos Sistemas Técnicos de Informação de Uso Próprio. Direito Público, 18(100), 2022; e MENKE, Fabiano. A proteção de dados e o direito fundamental à garantia da confidencialidade e da integridade dos sistemas técnico-informacionais no direito alemão. *RJLB – Revista Jurídica Luso-Brasileira*, v. 1, p. 781-809, 2019.

982 Sobre os valores comuns da humanidade e a possibilidade de um contrato social global, ver: DELMAS-MARTY, Mireille. *Vers uma communauté de valeurs?* Paris: Seuil, 2010.

Constatou-se que o acesso da tecnologia ao corpo e à mente humana é capaz de manipular e controlar as pessoas expondo os direitos fundamentais, especialmente da autonomia e privacidade ao nível grau máximo de violação, culminando em uma situação de ultravulnerabilidade.

Atualmente, os direitos humanos estão vinculados a uma lei moral que circunda a sociedade mundial "em concorrência com outros modelos morais" alguns direitos humanos mais fragilizados ainda não atravessaram a fronteira do sistema jurídico avançando ao nível mundial, pois falta-lhes uma positivação jurídica capaz de lhes proporcionar a implementação. Por outro lado, os direitos humanos considerados fortes já venceram a barreira da positivação, passando a buscar "concretização e efetivação".[983]

Com base na ética kantiana, um imperativo categórico constitui uma lei moral que queremos que se torne lei universal. Em razão do imensurável valor do agir moral, devemos estender o respeito à agência dos outros, tratando a humanidade como um fim, nunca como um meio. Somos seres morais, e esse valor está amparado na liberdade ou autonomia da vontade,[984] que impõem lei a si mesma.[985] Essa construção orienta "a dignidade como valor intrínseco do ser humano".[986] Nesse sentido, sustenta-se que existem direitos básicos e fundamentais que pertencem a toda humanidade e precisam ser protegidos globalmente em face dos avanços tecnológicos capazes de violá-los.[987] A integridade psicofísica consiste em um dos mais importantes direitos de um ser humano e é sobre ela que pretendemos lançar luzes para demonstrar que sua tutela deve ser universal.

Marcelo Neves sustenta a possibilidade de utilização de uma constituição transversal para solução de problemas mundiais considerando a diversidade de perspectivas de observação enquanto o ponto cego de um observador pode ser visto pelo outro:[988]

---

[983] NEVES, Marcelo. *Transconstitucionalismo.* São Paulo: Martins Fontes, 2009. p. 255.

[984] "Enquanto forma de manifestação da liberdade, a autonomia é um meio de concretização da dignidade da pessoa humana, é uma forma de efetivação de escolhas simples ou escolhas complexas, é um atributo essencial ao desenvolvimento da existência plena do ser humano". NEVES AGUIAR, M.; THEREZA MEIRELES, A. Autonomia e alteridade como fundamentos da construção do sentido de dignidade existencial diante do direito à vida. *RBDA*, Salvador, v. 13, n. 1, 2018. DOI: 10.9771/rbda. v13i1.26220. Disponível em: https://periodicos.ufba.br/index.php/RBDA/article/view/26220. Acesso em: 4 nov. 2022.

[985] KANT, Immanuel. *Fundamentação da Metafísica dos Costumes.* Lisboa: Edições 70, 2007.

[986] MORAES, Maria Celina Bodin. O conceito de dignidade humana: substrato axiológico e conteúdo normativo. In: SARLET, Ingo Wolgang (coord.). *Constituição, Direitos Fundamentais e Direito Privado.* 2. ed., rev. e ampl. Porto Alegre: Livraria do Advogado, 2006. p. 119.

[987] A proteção dos direitos fundamentais pode ser entendida sob o ponto de vista formal (garantias expressas ou implícitas na constituição) e material (podem compreender decisões, tratados de direitos humanos e direitos previstos na constituição fora do catálogo de direitos fundamentais e em uma perspectiva objetiva (diz com o dever de prevenção e proteção do Estado em relação aos direitos fundamentais) e subjetiva (direitos exigíveis do Estado). A menção coloca luzes sobre a teoria dos diretos fundamentais contudo não nos cabe aprofundá-las, apenas trazer contribuições ao estudo. Ver mais em: SARLET, Ingo Wolfgang. *A eficácia dos direitos fundamentais:* uma teoria geral dos direitos fundamentais na perspectiva constitucional. 13. ed. rev., atual. e ampl. Porto Alegre: Livraria do Advogado, 2018.

[988] NEVES, Marcelo. *Transconstitucionalismo.* São Paulo: Martins Fontes, 2009. p. 298.

O transconstitucionalismo implica o reconhecimento de que a diversas ordens jurídicas entrelaçadas na solução de um problema caso eu constitucional a saber de direitos fundamentais ou humanas e de organização legítimo do poder que eles sejam concomitantemente relevantes devem buscar formas transversais de articulação para a solução do problema cada uma delas observando a outra para compreender o seus próprios limites e possibilidades de contribuir para a solucionando. sua identidade em reconstruída dessa maneira. Enquanto leva sério a altere idade a observar observação do outro isso parece infrutífero enriquece dor da própria identidade porque tudo observador tem um limite divisão do ponto cego é aquele que o observador não pode ver em virtude da sua posição ou perspectiva de observação.

Em outras palavras, pode-se afirmar que o transconstitucionalismo reconhece os limites de observação de uma determinada ordem jurídica, admitindo a alternativa de que o ponto cego que o observador não vê, o outro pode ver, servindo como um modelo estrutural de conexão funcional entre as esferas fragmentadas na sociedade mundial.[989]

Assim, busca-se "um agir em rede de conexão entre várias ordens jurídicas para solução de problemas comuns". Diálogo transnacional por meio "da abertura para a experiência de outras ordens constitucionais como condição funcional para solução adequada de problemas jurídicos na sociedade mundial (...) sobretudo na área de direitos humanos".[990]

A proteção dos direitos humanos perpassa questões culturais, diferenças étnicas regionais e nacionais entre os países, por se tratar de primado universal.

Podemos observar que o Brasil já reconhece a integridade psicofísica como um direito supremo, estando inserida no conceito de dignidade humana. A dignidade humana é inviolável e advém do imperativo categórico e serve de base ao artigo 1° da Lei Fundamental alemã e ao artigo 1°, III, da Constituição Federal do Brasil.

O transconstitucionalismo no Brasil possui mais tradicionalmente um forte diálogo com o constitucionalismo alemão e mais recentemente também com o americano.[991]

Diplomas internacionais com o fito de proteger os direitos humanos na seara das neurotecnologias existem como a Declaração Internacional sobre Dados Genéticos Humanos e a Declaração Universal sobre Bioética e Direitos Humanos, podendo orientar a coleta e armazenamento de dados cerebrais e as bases para o consentimento,[992] todavia não há internacionalmente balizas orientativas sobre os usos da IoB que incluam os já propagados microchips e meios de interface cérebro-máquina.

Diversas interpretações podem ser dadas acerca do tema, não se pretende aqui explorar todos os seus aspectos, mas registrar o posicionamento de que

[989] NEVES, Marcelo. *Transconstitucionalismo.* São Paulo: Martins Fontes, 2009. p. 288.

[990] Ibid.p. 260.

[991] Ibid. *passim.*

[992] PINTARELLI, Camila. A proteção jurídica da mente. *Revista de Direito da Saúde Comparado.* v. 1, n. 1. São Paulo, 2022.

esse possivelmente é um caminho próspero para cuidar de um assunto tão relevante que extrapola as fronteiras de um país. Desse modo, a proposta, de regulação transnacional é complementar às demais apresentadas na tese, merecendo reflexão especializada para sua perfectibilização diante da sua magnitude.

A proposição da presente tese não parte do vazio, mas de iniciativas que podem servir de referência para a produção de uma normativa internacional. Tais referências dizem respeito tanto à substância quanto à forma.

Substancialmente, podem servir de parâmetro a legislação de países que já produziram leis nos campos dos direitos digitais (Espanha)[993] e neurodireitos (Chile),[994] assim como a recomendação da OCDE sobre neurotecnologia.[995]

Essas iniciativas, sustentam a importância de ampliar e reforçar direitos e orientam que toda a transformação digital deve estar centrada no ser humano.

Do ponto de vista formal, o percurso da OMS até chegar à Convenção Quadro para o Controle do Tabaco pode servir de guia e de experiência para abreviar o caminho até o consenso internacional.

Complementarmente, o diálogo entre as cortes constitucionais (como propugnado por Marcelo Neves) podem contribuir para a implementação de uma jurisprudência fundamentada no respeito dos direitos humanos e na contenção dos interesses comerciais toda vez que a tecnologia colocar em risco a integridade psicofísica, a autonomia e a dignidade da pessoa humana.

Também deve ser lembrada a consolidada jurisprudência do Supremo Tribunal Federal de resguardo da dignidade da pessoa humana frente a interesses marcadamente comerciais. Em julgados como nos casos de acessibilidade em veículos de locação,[996] vagas para baixa renda no transporte público[997]

---

[993] A Carta de direitos digitais da Espanha de julho de 2021 proíbe o uso de mecanismos de inteligência artificial capazes de manipular e controlar a vontade das pessoas. Disponível em: https://portal.mineco.gob.es/RecursosArticulo/mineco/ministerio/participacion_publica/audiencia/ficheros/SEDIACartaDerechosDigitales.pdf. Acesso em: 02.jul.2023.

[994] A Lei nº 21.383, de setembro de 2021, modifica o artigo 19, nº 1, da Carta Fundamental, para estabelecer o desenvolvimento científico e tecnológico a serviço das pessoas: artigo único: o desenvolvimento científico e tecnológico estará a serviço das pessoas e será realizado com respeito à vida e à integridade física e mental. A lei regulará os requisitos, condições e restrições para seu uso nas pessoas, devendo proteger especialmente a atividade cerebral, bem como as informações dela provenientes. Disponível em: https://www.bcn.cl/leychile/navegar?idNorma=1166983. Acesso em: 02.jul.2023.

[995] Disponível em: https://www.oecd.org/science/recommendation-on-responsible-innovation-in-neurotechnology.htm. Acesso em: 04.jun.2023. O objetivo é orientar governos e inovadores a antecipar e enfrentar os desafios éticos, legais e sociais levantados pelas novas neurotecnologias, ao mesmo tempo em que promove a inovação no campo. A Recomendação incorpora nove princípios, que se concentram em: Promover a inovação responsável; Priorizar a avaliação de segurança; Promover inclusão; Promover a colaboração científica; Habilitar a deliberação social; Capacitação dos órgãos de supervisão e assessoria; Proteção de dados cerebrais pessoais e outras informações; Promover culturas de administração e confiança nos setores público e privado; Antecipar e monitorar o potencial uso não intencional e/ou uso indevido.

[996] ADI 5452 / Órgão julgador: Tribunal Pleno, Relator(a): Min. Cármen Lúcia, Julgamento: 22/09/2020. Publicação: 06/10/2020.

[997] ADI 5657 / DF Órgão julgador: Tribunal Pleno, Relator(a): Min. LUIZ FUX, Julgamento: 17/11/2022. Publicação: 28/04/2023.

ou sobre a pulverização aérea de agrotóxicos,[998] verifica-se a proteção do STF à dignidade da pessoa humana frente a outros interesses, especialmente havendo conflito com a livre iniciativa.

A livre iniciativa tem um papel primordial na ordem econômica nacional, no entanto, a regulação das atividades econômicas pelo Estado é fundamental para preservar outros valores também compreendidos pela Constituição Federal de 1988, como, por exemplo, a dignidade da pessoa humana, a valorização do trabalho humano, a defesa do consumidor e do meio ambiente, a livre concorrência, a função social da propriedade, e a busca do pleno emprego. Desse modo, a Carta Constitucional estabelece diretrizes e fins a serem realizados pelo Estado e toda a sociedade conforme estabelecido nos preceitos elencados em seus artigos 1º, 3º e 170.[999]

Por esses precedentes, observa-se que o STF adota a dignidade humana não apenas como "fundamento da República, mas também como fim ao qual se deve voltar a ordem econômica".[1000]

Sendo caso de judicialização, o art. 127, *caput*, da Constituição Federal outorga legitimidade ao Ministério Público para a defesa dos interesses sociais e individuais indisponíveis, como também já reconheceu no STF em diversas decisões.[1001]

Além disso, muitos são os precedentes dessa Corte[1002] relacionados à manutenção da integridade física e moral dos indivíduos, como a realização forçada de exame de DNA para comprovação de paternidade, que viola a intimidade e integridade psicofísica amparada pela dignidade humana.[1003]

A internet dos corpos não apresenta apenas riscos para o Brasil, mas sim, para toda a humanidade. Portanto, em que pese o pluralismo cultural deva ser respeitado, as pessoas não podem aceitar sua instrumentalização, pois pessoas são um fim em si mesmas, e não um meio a serviço da tecnologia, todavia ela que deve nos servir.

Floridi sustenta que há necessidade de uma "Declaração de direitos *on-line* em razão do entrelaçamento da vida entre o virtual e o real, surgindo

---

[998] ADI 6137/CE – CEARÁ, AÇÃO DIRETA DE INCONSTITUCIONALIDADE, Relator(a): Min. CÁRMEN LÚCIA. Julgamento: 29/05/2023 Publicação: 14/06/2023 Órgão julgador: Tribunal Pleno.

[999] ADI 1.950, relator ministro eros grau, tribunal pleno, dj 2.6.2006

[1000] ADI 5657 / DF, órgão julgador: tribunal pleno, relator(a): min. Luiz Fux, julgamento: 17/11/2022, publicação: 28/04/2023.

[1001] É o caso, por exemplo do agravo regimental no recurso extraordinário nº 1.325.681-CE: "agravo regimental no recurso extraordinário. Direito constitucional. Ação civil pública. Cobrança de taxa por instituição de ensino superior. Serviços educacionais. Ministério Público federal. Legitimidade para propor ação civil pública em defesa dos direitos difusos, coletivos ou individuais homogêneos. Competência da justiça federal. Precedentes. Agravo regimental ao qual se nega provimento" (STF, Primeira Turma, rel. Min. Carmen lúcia, 19/6/2023).

[1002] Alguns exemplos são: HC 70389 órgão julgador: Tribunal Pleno, Relator(a): Min. Sydney Sanches redator(a) do acórdão: Min. Celso de Mello, Julgamento: 23/06/1994, publicação: 10/08/2001 e ADPF 130/DF, Rel. Min. Carlos Britto, 2009.

[1003] HC71373, órgão julgador: Tribunal Pleno Relator(a): Min. Francisco Rezek, Redator(a) do acórdão: min. Marco Aurélio, julgamento: 10/11/1994, publicação: 22/11/1996.

o que denominou de vida *on-life*, ressaltando que atualmente o modo que os direitos individuais são compreendidos e afirmados vis-à-vis a esfera *on-line* permanece notavelmente desarticulada". E questiona: como podemos continuar como humanos se uma parte fundamental de nossa experiência diária ocorre sobreposta em uma esfera na qual nossos direitos não são articulados e – ainda mais importante – protegidos?[1004]

O poder é um tipo especial de comunicação generalizada na sociedade que influencia o agir humano. A tecnologia é um poder, cuja abrangência de sua comunicação é mundial. A influência desse poder apresenta riscos de manipulação e controle humano passíveis de macular a autonomia e a privacidade da pessoa.[1005]

As máquinas enxergam as pessoas como um número a ser processado ou codificado; nós as criamos e estamos sendo desumanizados por elas. As tecnologias que utilizamos devem ser compreendidas e controladas pelos humanos de modo a estarmos comprometidos com as nossas ações.[1006] Em razão disso, o movimento *A Stop Killer Robots* visa a evitar a desumanização e o potencial destrutivo da IA sustentando, por exemplo, que as decisões de vida e morte não devem ser delegadas a uma máquina e que é hora de uma nova lei internacional regular essas tecnologias.[1007]

Sendo, os problemas relacionados às neurotecnologias de ordem mundial, carecem da união de esforços de todas as nações na busca de soluções jurídicas capazes de preservar os direitos humanos. A tese sustenta uma necessária Convenção internacional, cujo modelo se assemelha à Convenção Quadro de Controle do Tabaco,[1008] o primeiro tratado internacional de saúde pública.[1009] Assim como a CQCT, a proposta pretende resguardar as gerações presentes e futuras das avassaladoras consequências da internet dos corpos.

Os países aderentes deverão comprometer-se a introduzir nos seus ordenamentos jurídicos as normas necessárias à implementação da defesa da dignidade da pessoa humana, reprimindo os abusos e harmonizando as aplicações da tecnologia aos interesses invioláveis da pessoa humana.

[1004] FLORIDI, Luciano. *Soft ethics, the governance of the digital and the General Data Protection.* Regulation: Phil. Trans. R. Soc. v. 376, Issue 2133, nov. 2018. Disponível em: http://dx.doi.org/10.1098/rsta.2018.0081. Acesso em: 15 out. 2022.

[1005] LUHMANN, Niklas. *Poder.* Trad. Martine Creusol de Rezende Martins. Brasília: Universidade de Brasília, 1985.

[1006] O documentário Código imoral aborda "os impactos dos robôs assassinos em um mundo cada vez mais automatizado". Disponível em: https://www.stopkillerrobots.org/take-action/immoral-code/. Acesso em:04. Jun.2023.

[1007] Disponível em: https://www.stopkillerrobots.org/. Acesso em: 04. Jun.2023.

[1008] Disponível em: https://www.inca.gov.br/sites/ufu.sti.inca.local/files//media/document//convencao-quadro-para-controle-do-tabaco-texto-oficial.pdf. Acesso em: 16.jun.2023.

[1009] Sobre o tema, o texto: PASQUALOTTO, Adalberto de Souza. A convenção quadro para o controle do tabaco como reforço da constitucionalidade da proibição da publicidade de tabaco. *Revista de Direito do Consumidor*. São Paulo, v. 23, n. 91, p. 169-209, jan./fev. 2014.

Conclusão

As práticas utilizadas no assédio de consumo e na internet dos corpos conduzem à precarização humana, enquanto usurpam a autonomia e a privacidade, desrespeitando a ética, a transparência e os direitos fundamentais. As pessoas são conduzidas de modo inconsciente a um pensamento de manada, advindo de mecanismos como a programação preditiva que, a partir de um simples perfil do usuário, se torna capaz de manipular emoções e a própria mente. A manipulação obtida por meio da internet dos corpos ocorre com o acesso da tecnologia ao interno do nosso corpo, conectando o ser humano à internet por meio de implantação de *chips* e interface entre cérebro e máquina. Desse modo, pensamentos (a máxima privacidade humana) podem ser vigiados ou introduzidos na mente, informações genéticas e econômicas podem ser hackeadas, assim como a geração de preconceito e segregação. O corpo e a mente humana passam a apresentar o que denominamos de ultravulnerabilidade, enquanto vidas estão suscetíveis à manipulação e controle tecnológico.

Este é o momento crucial para decidir os rumos da humanidade.

Tecnologias capazes de apresentar tamanhos riscos devem-se submeter a diretrizes éticas, condutas transparentes, regulamentação legal e rígida fiscalização para serem utilizadas somente em casos necessários à saúde humana. Quanto aos demais usos, em que essas tecnologias apenas trazem comodidade ou pretendem justificar práticas de segurança, os prejuízos não compensam os benefícios. Sem um arcabouço protetivo adequado, tal como o aqui proposto, tais práticas exercidas por grandes empresas conduzem ao controle e à manipulação humana, retirando direitos fundamentais dos cidadãos e, portanto, são ilícitas.

Investir no fortalecimento humano consiste em estratégia essencial para preservação e efetivação dos direitos individuais, mesmo que eventualmente sejam necessários mecanismos limitadores do desenvolvimento tecnológico para evitar abusos e a violação de direitos oriundos da manipulação e controle humano exercido pela inteligência artificial.

A pessoa humana encontra-se em situação de ultravulnerabilidade diante das neurotecnologias e precisa de proteção efetiva, capaz de fazer frente aos novos riscos. Essa proteção deve-se dar em várias frentes: órgãos protetivos institucionalizados, corpos sociais intermediários, governos, empresas, todos em colaboração, e o próprio indivíduo, precisam aprender a usar suas capacidades de forma mais ativa, contando com estratégias e mecanismos extrajudiciais e judiciais para amparo do ser humano.

O progresso tecnológico não deve se apartar da ética e dos instrumentos de preservação da natureza humana. Um desenvolvimento tecnológico responsável, transparente, ético e moral e com foco nas necessidades humanas, é benéfico a toda sociedade, e não deve atender apenas aos interesses de grupos empresariais.

Para que direitos como autonomia e privacidade sejam preservados e efetivamente exercidos de modo seguro, a tecnologia preditiva deve ser usada para análise dos potenciais futuros prejuízos que a própria tecnologia pode causar. Em outras palavras, a tecnologia sendo usada para predizer os riscos da própria tecnologia e assim evitar danos às pessoas.

Além disso, a tecnologia deve ser usada para preservar e desenvolver as habilidades exclusivamente humanas, de modo que as máquinas sejam impedidas de interferir nelas. Evitar a mecanização humana e a tentativa de humanizar as máquinas. Humanos são humanos, robôs são robôs e devem servir aos humanos sem jamais prejudicá-los. Essa harmonização é desejável e possível, conforme os agentes participem desse processo. Empresas titulares das tecnologias, especialmente de IoB, devem adotar práticas éticas que envolvam autorregulação, condutas transparentes, informações claras que conduzam ao não abuso do consentimento informado de modo a gerar confiança nos usuários, combinando o já mencionado uso da tecnologia preditiva para maior segurança.

Porém, o que se tem constatado é que a vulnerabilidade humana tem sido maximizada conforme o cenário tecnológico avança. Desde o assédio de consumo até a IoB, onde o corpo humano tem sido usado como plataforma de interface com a máquina, a manipulação e controle do corpo e da mente só aumentam, induzindo a comportamentos condicionados que conduzem a crises de identidade e sentido, sendo causa de diversas patologias e aviltamento de direitos fundamentais.

A presente tese sustentou-se precipuamente em dois pressupostos de fato:

a) A atual subjugação da natureza humana à máquina e aos interesses econômicos e de poder das grandes corporações digitais, tornando a pessoa ultravulnerável ao domínio da tecnologia;

b) A universalidade da ameaça tecnológica e dos danos que já vêm sendo causados à privacidade, à integridade psicofísica e à dignidade humana.

Diante desse cenário, apontou-se como solução a teoria da tutela humana qualificada amparada na fórmula PAM, que apresenta mecanismos extrajurídicos tais como a predição e o protagonismo e duas proposições jurídicas básicas:

a) Uma indispensável resposta internacional, que só se tornará viável pela adoção de uma convenção ou tratado, que emane diretrizes normativas para a regulação adequada do poderio tecnológico, compatibilizando-o com os interesses superiores da pessoa humana e proclamando a proteção da integridade psicofísica como direito fundamental da pessoa humana;

b) A internalização das diretrizes internacionais no ordenamento jurídico do maior número possível de países aderentes ao tratado internacional, para harmonização e aplicação universal de normas uniformes. Desse entendimento, surge a proposição da norma jurídica interna baseada em riscos, inspirada na proposta Europeia para Regulamentação da IA.

As diretrizes internacionais devem partir de precedentes que já despontaram, como as apontadas legislações internas da Espanha e do Chile, que legislaram, respectivamente, sobre direitos digitais e neurodireitos.

Considerando-se a transdisciplinaridade do tema, concebeu-se a fórmula PAM, que conjuga providências em áreas distintas. A fórmula expressa-se da seguinte forma mediante a) condutas preditivas e proativas (P); ataque por meio de ações de proteção (A); e movimento contínuo de fiscalização e acompanhamento do cumprimento e adequação acerca das diretrizes e regulamentos voltados para a proteção (M). A fórmula PAM embasa o ecossistema de tutela humana qualificada, e apresenta soluções jurídicas e extrajurídicas em consonância com o preconizado internacionalmente, promovendo mecanismos para predizer e prevenir os impactos das neurotecnologias antes que sejam implantadas, para resguardar a integridade psicofísica, a autonomia, a privacidade e a dignidade das pessoas a curto e longo prazos.

Em síntese, o ser humano está sendo manipulado e controlado por um ecossistema tecnológico que causa uma violação máxima da dignidade humana e dos direitos fundamentais. É possível transformar o futuro da tecnologia, centrando-a no ser humano, minimizando as externalidades negativas sem estagnar o desenvolvimento computacional, mas para isso um ecossistema de tutela humana qualificada precisa ser contraposto ao predomínio tecnológico atual. Precisamos de um instrumento normativo eficaz para proteger os direitos fundamentais contra os riscos tecnológicos advindos da IoB, que impeça de forma absoluta o ataque ao conteúdo essencial da dignidade da pessoa humana.

Seu caráter deve ser nacional e transnacional, considerando-se que os riscos advindos do ecossistema tecnológico que afetam toda a humanidade, causando a ultravulnerabilidade da pessoa.

Ao final desta obra, o sentimento que se quer transmitir é de esperança, e não de medo. Porém, é preciso enfatizar que o caminho para a mudança exige movimento em direção ao que se quer, e isso também pode ter consequências, com as quais precisamos estar preparados para lidar. Alterar a rota, retirar as pedras, assentar o terreno, retirar as amarras e os grilhões que nos têm feito cativos pode demorar um tempo, mas é preciso começar por pequenas atitudes que preservem a liberdade, a autonomia e a privacidade e nos levem ao futuro de cabeça erguida.

Referências

ADORNO, Theodor W; HORKHEIMER, Max. *Dialética do Esclarecimento*. Trad. Guido Antônio de Almeida. Rio de Janeiro: Zahar Editores, 1985.

AGUIAR, Antônio Carlos. *Direito do trabalho 2.0*: digital e disruptivo. São Paulo: LTr, 2018.

ALEMANHA. *Nationale Strategie fur Künstliche Intelligenz* (KI). Novembro 2018. Disponível em: https://www.ki-strategie-deutschland.de/home.html. Acesso em: 10 out. 2020.

ALEMANHA. *Strategie Intelligente Vernetzung*. Outubro, 2015. Disponível em: https://www.bmwk.de/Redaktion/DE/Publikationen/Digitale-Welt/Intelligente-Vernetzung/strategie-intelligente-vernetzung.html Acesso em: 04 out. 2020.

ALEXY, Robert. *Teoria dos Direitos Fundamentais*. 2. ed. Trad. Virgílio Afonso da Silva. São Paulo: Malheiros, 2011.

AMPUDIA, Ricardo. Tecnologia busca controle de dispositivos por pensamento Desenvolvimento de interfaces seguras e comercializáveis ainda deve levar décadas. *Folha de São Paulo*, São Paulo, out. 2019. Disponível em: https://www1.folha.uol.com.br/tec/2019/10/tecnologia-busca-controle-de-dispositivos-por-pensamento.shtml. Acesso em: 31 out. 2019.

ANTUNES, Henrique Sousa. Inteligência artificial e responsabilidade civil: enquadramento. *In*: *Revista de Direito da Responsabilidade*. ano 1, Coimbra, 2019.

APRIGLIANO, Ricardo de Carvalho. *Ordem pública e processo*: o tratamento das questões de ordem pública no direito processual civil. São Paulo: Atlas, 2011.

ARENDT, Hannah. *A condição humana*. Trad. Roberto Raposo; revisão técnica e apresentação Adriano Correia. 13. ed. rev., Rio de Janeiro: Forense Universitária, 2020.

ARENDT, Hannah. *A vida do espírito*. Trad. Antônio Abranches, 10. ed., Rio de Janeiro: Civilização Brasileira, 2009.

ARISTÓTELES. *Ética a Nicômaco*. 6. ed. São Paulo: Martin Claret, 2001.

ARISTÓTELES. *Política*. Madrid: Gredos, 1985.

ASIMOV, Isaac. *Eu robô*. Trad. Aline Storto Pereira. São Paulo: Alephe, 2014.

ASLANBAY, Y.; ASLANBAY, M.; ÇOBANOĞLU, E. "Internet addiction among Turkish young consumers". *Young Consumers*. v. 10 n. 1, 2009. p. 60-70. Disponível em: https://doi.org/10.1108/17473610910940792. Acesso em: 20 set. 2019.

AUGUSTO, Thel; CARLOS, Antônio; PIZZINATTO, Nadia Giuliani Kassouff. Managing the digital consumer: insights from Brazil and Spain. *Journal of Manufacturing Technology Management*. Vol. 30, N. 8, 2019. p. 1196-1215. Disponível em:www.emeraldinsight.com/1741-038X.htm. Acesso em: 25 set. 2022.

AZEVEDO, Souza E. Avanços da tecnociência e a pessoa humana. *Bioethikos*. São Paulo: Centro Universitário São Camilo, n° 4, jan. 2010.

BARFIELD, Woodrow (editor). *The Cambridge handbook of the law of algorithms*. New York: Cambridge University Press, 2021.

BARBOSA, Fernanda Nunes. Informação e consumo: a proteção da privacidade do consumidor no mercado contemporâneo da oferta. *Revista de Direito do Consumidor*, São Paulo, v. 88, p. 145-174, jul. ago. 2013.

BARBOSA, Fernanda Nune. Ano Informativo do Consumidor na Era Digital: Uma abordagem a partir do reconhecimento do direito do consumidor como direito humano. *Revista de Direito do Consumidor*, São Paulo, 2020.

BARCELLOS, João. Além da ficção: Como a inteligência artificial tem sido essencial para os negócios. *Revista Brasileira de comércio eletrônico* (E- Commerce Brasil), São Paulo, v 8, fev. 2018.

BARJAVEL, Rene. *Devastação ou a Volta à Natureza*. 2. ed. São Paulo: Círculo do Livro, 1976.

BARROSO, Luís Roberto. *A dignidade da pessoa humana no direito constitucional contemporâneo*: a construção de um conceito jurídico à luz da jurisprudência mundial. Trad. Humberto Laport de Mello. 3. Reimp. Belo Horizonte: Fórum, 2014.

BARROSO, Luís Roberto. "Aqui, lá e em todo lugar" a dignidade humana no direito contemporâneo e no discurso transnacional. *Revista do Ministério Público*. Rio de Janeiro, MPRJ, n. 50, out./ dez. 2013.

BARROSO, Luís Roberto. *O Direito Constitucional e a efetividade de suas normas*: limites e possibilidades da constituição brasileira. 2. ed. Rio de Janeiro: Renovar, 1993.

BASAN, Arthur Pinheiro. A tutela do corpo eletrônico como direito básico do consumidor. *Revista dos Tribunais*. vol. 1021/2020 p. 133 – 168, nov. 2020 DTR\2020\13135.

BAUDRILLARD, Jean. *A sociedade de consumo*. Lisboa: Edições 70, 1995.

BAUDRILLARD, Jean. *Simulacros e Simulação*. Trad. Maria João da Costa. Santa Maria da Feira: Relógio d'Água, 1991.

BAUMAN, Zygmunt. *A ética é possível num mundo de consumidores*? Trad. Alexandre Werneck. Rio de Janeiro: Jorge Zahar, 2011.

BAUMAN, Zygmu. *A vida para o consumo*: a transformação das pessoas em mercadoria. Trad. Carlos Alberto Medeiros. Rio de Janeiro: Jorge Zahar, 2008.

BAUMAN, Zygmu. *Globalização*: as consequências humanas. Trad. Marcus Penchel. Rio de Janeiro: Jorge Zahar, 1999.

BAUMAN, Zygmu. *Modernidade líquida*. Trad. Plínio Dentzien. Rio de Janeiro: Jorge Zahar, 2001.

BEAR, A.; KNOBE, J. *Normality*: Part descriptive. Cognition. 2017. Disponível em: http://dx.doi.org/10.1016/j.cognition.2016.10.024. Acesso em: 12. maio 2022.

BECK, Ulrich. *Sociedad del riesgo: hacia una nueva modernidad*. Trad. de Jorge Navarro, Daniel Jiménez e Maria Rosa Borras. Barcelona: Paidós, 2006.

BECK, Ulrich. *Sociedade de risco*: rumo a uma outra modernidade. Trad. de Sebastião Nascimento. 2. ed. São Paulo: Editora 34, 2011.

BENIGER, James R. *The Control Revolution Technological and Economic Origins of the Information society*. Cambridge: Harvard University Press, 1989.

BERGER, Peter L.; LUCKMANN, Thomas. *Modernidade, pluralismo e crise de sentido*: a orientação do mundo moderno. 3. ed. Petrópolis: Vozes, 2012.

BITTAR, Eduardo C. B. A teoria do direito, a era digital e o pós-humano: o novo estatuto do corpo sob um regime tecnológico e a emergência do sujeito pós-humano de direito. *Revista Direito Práx*, Rio de Janeiro, v. 10, n. 2, p. 933-961, 2019. Disponível em: https://www.scielo.br/pdf/rdp/v10n2/2179-8966-rdp-10-2-933.pdf. Acesso em: 17 ago. 2022.

BOBBIO, Norberto. *As ideologias e o poder em crise:* pluralismo, democracia, socialismo, comunismo, terceira via e terceira força. 4. ed. Brasília: Polis, 1999.

BOSTROM, Nick. Defense of posthuman dignity. *Bioethics*. v. 19, n. 3, p. 202-214, 2005.

BOSTROM, Nick; YUDKOWSKY, Elizer. *The Ethics of Artificial Intelligence*. Draft for Cambridge Handbook of Artificial Intelligence, eds.William Rmsey and Keith Frankish Cambridge University Press, 2011. Disponível em: https://www.nickbostrom.com/ethics/artificial-intelligence.pdf. Acesso em: 10 out. 2020.

BRANDÃO, Beatriz e CARNEIRO, Janderson Bax. Da construção do corpo aos significados da dor: antropologia do "risco", do silêncio e da palavra: uma entrevista com David Le Breton. *Revista Café com Sociologia*. v.7, n.2 p. 88-98, mai./jul., 2018. Disponível em: https://revistacafecomsociologia.com/revista/index.php/revista/article/view/996/pdf. Acesso em: 10. maio 2021.

BRASIL. *Constituição da República Federativa do Brasil*: promulgada em 5 de outubro de 1988.

BRASIL. *Lei 14.181/2021*. Altera a Lei 8.078/90 para aperfeiçoar a disciplina do crédito ao consumidor e dispor sobre a prevenção e o tratamento do superendividamento. Disponível em: http://www.planalto.gov.br/ccivil_03/_ato2019-2022/2021/lei/L14181.htm. Acesso em: 04 ago. 2022.

BRASIL. *Lei nº 10.406*, de 10 de janeiro de 2002. Institui o Código Civil. Disponível em: https://www.planalto.gov.br/ccivil_03/leis/2002/l10406compilada.htm.Acesso em: 04 nov. 2021.

BRASIL. *Lei nº 8.078*, de 11 de setembro de 1990. Dispõe sobre a proteção do consumidor e dá outras providências. Disponível em: https://www.planalto.gov.br/ccivil_03/leis/l8078compilado.htm.Acesso em: 04 ago. 2022.

BRASIL. *Projeto de Lei 3.514/2015*. Altera a Lei 8.078/90 para aperfeiçoar a disciplina dos contratos internacionais comerciais e de consumo e dispor sobre as obrigações extracontratuais. Disponível em: https://www.camara.leg.br/proposicoesWeb/fichadetramitacao?idProposicao=2052488. Acesso em 04 nov. 2021.

BRASIL. Superior Tribunal de Justiça. Disponível em: https://www.stj.jus.br/sites/portalp/Inicio. Acesso em: 24.jun.2023.

BRASIL. Supremo Tribunal Federal. Disponível em: https://portal.stf.jus.br/.Acesso em:23.jun.2023.

BROWNE, Simone. *Dark Matters*: On the Surveillance of Blackness. Carolina do Norte: Duke University Press, 2015.

BUBLITZ, Jan Christoph; MERKEL, Reinhard. Crimes Against Minds: On Mental Manipulations, Harms and a Human Right to Mental Self-Determination. *Criminal Law and Philosophy 8*, p. 51-77, 2014.

BURTON, Dawn. Postmodernism, social relations and remote shopping European. *Journal of Marketing* 36,7/8, Leeds University Business School, Leeds, UK April 2000. Disponível em: https://www.emeraldinsight.com/researchregisters. Acesso em: 28 out. 2019.

CANDIOTTO, K. B. B.; KARASINSKI, M. Inteligência Artificial e os Riscos Existenciais Reais: Uma Análise das Limitações Humanas de Controle. *Filosofia Unisinos*, v. 23, n. 3, 2022. p. 23.307.

CASABONA, Carlos María Romeo. Las prácticas eugenésicas: nuevas perspectivas. In: CASABONA, Carlos Maria Romeo. *La eugenesia hoy*. Bilbao: Comares, 1999.

CASTELLS, Manuel. *A galáxia da internet:* reflexões sobre a internet, os negócios e a sociedade. Trad. Maria Luiza X. de A. Borges; revisão Paulo Vaz. Rio de Janeiro: Zahar, 2003.

CALÇADE, Paula. As taxas de analfabetismo ainda são altas no Brasil? *Nova escola*. 26 ago. 2018. Disponível em: https://novaescola.org.br/conteudo/12398/as-taxas-de-analfabetismo-ainda-sao-altas-no-brasil. Acesso em: 02 nov. 2019.

CANCLINI, Néstor Garcia. *Consumidores e Cidadãos*, Conflitos Multiculturais da Globalização. Rio de Janeiro: Editora da UFRJ, 1995.

CARVALHO, Nara Pereira. *A pessoa atravessa o espelho*: (re)(des)construção ético jurídica da identidade pessoal. 2017. Tese (Doutorado em Direito) – Faculdade de Direito, Universidade Federal de Minas Gerais, Belo Horizonte, 2017. Disponível em: https://repositorio.ufmg.br/handle/1843/BUOS-ASUHYC. Acesso em: 17 ago. 2020.

CATALAN, Marcos. *Em busca da identificação do estado da arte no tratamento dos riscos do desenvolvimento no Direito brasileiro*. Disponível em: http://www.direitorp.usp.br/wpcontent/uploads/2014/11/MarcosCatalanEmbuscadaidentificacao.pdf. Acesso em: 21 abr. 2023.

CATALAN, Marcos; PITOL, Yasmine. Primeiras linhas acerca do tratamento jurídico do assédio de consumo no Brasil. *Revista Luso-Brasileira de Direito do Consumo* v. VII, n. 25, mar. 2017.

CENEVIVA, Walter. *Publicidade e direito do consumidor*. São Paulo: Revista dos Tribunais, 1991.

CHARAUDEAU, Patrick. *Discurso das mídias*. Trad. Angela M. S. Corrêa. 2. ed. São Paulo: Contexto, 2013.

CIURO, Caldani Miguel Ángel. *Estrategia Jurídica*. Rosario: Editorial de la Universidad Nacional de Rosario, 2011.

CLOTET, Joaquim. *Bioética:* uma aproximação. Porto Alegre: Edipucrs, 2003.

COELHO, Fábio Ulhoa. *Os livres podem ser iguais?* São Paulo: Martins Fontes, 2022.

COHET, Frédérique. *Vulnérabilité et droit : le développement de la vulnérabilité et ses enjeux en droit*, Mar. 2000, Grenoble, France. Presses universitaires de Grenoble, 2000.

COMISSÃO EUROPEIA. *White Paper On Artificial Intelligence* – A European Approach To Excellence And Trust. 2020. Disponível em: https://ec.europa.eu/info/sites/info/files/commission-white-paper-artificial-intelligence-feb2020_pt.pdf. Acesso em 28 set. 2021.

CVM Comportamental Consumidor. Volume 3: *Vieses do Consumidor*. Disponível em: https://www.investidor.gov.br/publicacao/ListaCVMComportamental.html. Acesso em: 03 jun. 2022.

DEBORD, Guy. *A sociedade do espetáculo*. Rio de Janeiro: Contraponto, 1997.

DECLARAÇÃO *Universal sobre a Diversidade Cultural*, 2002. Disponível em: https://www.oas.org/dil/port/2001%20Declara%C3%A7%C3%A3o%20Universal%20sobre%20a%20Diversidade%20Cultural%20da%20UNESCO. pdf. Acesso em: 20 set. 2022.

DELEUZE, Gilles. Post-scriptum sobre as sociedades de controle. Trad. de Peter Pál Pelbart. *Conversações*. Rio de Janeiro: Ed. 34, 1992.

DELEUZE, Gilles. *Conversações*. São Paulo: Editora 34, 1992.

DELEUZE, Gilles. *Diferença e Repetição*. 2. ed. Trad. Luiz Orlandi; Roberto Machado. Rio de Janeiro: Graal, 1988.

DESMURGET, Michel. *A fábrica de cretinos digitais*: Os perigos das telas para nossas crianças. Trad. Mauro Pinheiro. São Paulo: Vestígio, 2021.

DIDIER JR., Fredie; ZANETI JR., Hermes. *Curso de Direito Processual Civil.* 7. ed. v. 4. Salvador: Juspodivm, 2012.

DRESCH, Rafael de Freitas Valle; FALEIROS JÚNIOR, José Luiz de Moura. Reflexões sobre a responsabilidade civil na Lei Geral de Proteção de Dados (Lei 13.709/2018). In: ROSENVALD, Nelson; DRESCH, Rafael de Freitas Valle; WESENDONCK, Tula (Coords.). *Responsabilidade civil*: novos riscos. Indaiatuba: Foco, 2019.

DUNSTAN, G. R.; SELLER, Mary J. *The Status of the Human Embryo*: Perspectives from Moral Tradition. London. Oxford: Oxford University Press, 1988.

DWORKIN, R. *Domínio da vida:* aborto, eutanásia e liberdades individuais. São Paulo: Martins Fontes, 2003.

EBIT. *Webshoppers*. 40 ed. 2019. Disponível em: https://www.ebit.com.br/webshoppers. Acesso em: 02 nov. 2019.

EDWARD, S. herman; CHOMSKY, Noam. *Manufacturing Consent the Political Economy of the Mass Media*. London: The Bodley Head, 2008.

ELLUL, Jacques. *A Técnica e o Desafio do Século*. Trad. Roland Coorbisier. Rio de Janeiro: Paz e Terra, 1968.

ELLUL, Jacques; RICHMOND, Lisa. *Presence in the Modern World*. Eugene: Cascade Books, 2016.

ELLUL, Jacques. *The technological society*. With an Introduction by Robert K. Merton. A penetrating analysis of our technical civilization and of the effect of an increasingly standardized culture on the future of man. New York: Knopf, 1964.

ESTADOS UNIDOS. *Artificial Intelligence for the American People*. Disponível em: https://www.whitehouse.gov/ai/. Acesso em: 12 set. 2021.

EVAS, Tatjana. EPRS. European Parliamentary Research Service. *European framework on ethical aspects of artificial intelligence, robotics, and related technologies*. Sep.2020. Disponível em: https://www.europarl.europa.eu/RegData/etudes/STUD/2020/654179/EPRS_STU(2020)654179_EN.pdf. Acesso em: 12 out. 2021.

FACCHINI NETO, Eugênio; SCALZILLI, Roberta. *Tutela jurídica do corpo eletrônico:* novos desafios ao direito digital. Adriano Marteleto Godinho [*et al.*]; coordenado por Cristiano Colombo, José Luiz de Moura Faleiros Jr., Wilson Engelmann. Indaiatuba: Foco, 2022.

FAGUNDES JÚNIOR, José Cabral Pereira. Limites da ciência e o respeito à dignidade humana. in: *Biodireito: Ciência da vida, os novos desafios*. São Paulo: Revista dos Tribunais, 2001.

FERREIRA, André; NOVAES, Renato; ASSIS, Monique; TELLES, Silvio. O corpo-futurível: ensaio sobre as recentes (re)descrições do corpo humano rumo à pós-organicidade. *Revista Motrivivência*. 30. v 30 n 53, 2018.

FLORIDI, Luciano. *The Onlife Manifesto*: Being Human in a Hyperconnected Era. New York: Springer, 2015.

FLORIDI, Luciano. *Soft ethics, the governance of the digital and the General Data Protection.* Regulation: Phil. Trans. R. Soc. v. 376, Issue 2133, nov. 2018. Disponível em: http://dx.doi.org/10.1098/rsta.2018.0081. Acesso em: 15 out. 2022.

FLORIDI, Luciano. *et al.* AI4People-An Ethical Framework for a Good AI Society: Opportunities, Risks, Principles, and Recommendations. *Minds and machines.* vol. 28, 4 (2018): 689-707. Disponível em: http://dx.doi.org/10.1007/s11023-018-9482-5. Acesso em: 15 out. 2022.

FOGEL, Robert William. *The Fourth Great Awakening and the Future Egalitarianism.* Chicago: University of Chicago Press, 2000.

FOSCH, Villaronga Eduard; LUTZ, Christoph; TAMÒ LARRIEUX, Aurelia. Gathering Expert Opinions for Social Robots' Ethical, Legal, and Societal Concerns: Findings from Four International Workshops. International Journal of Social Robotics. Disponível em: https://www.researchgate.net/publication/337389749_Gathering_Expert_Opinions_for_Social_Robots'_Ethical_Legal_and_Societal_Concerns_Findings_from_Four_International_Workshops Acesso em: 09 out. 2020.

FRANÇA, Rubens Limongi. *Manual de direito civil.* 2. ed. São Paulo: Revista dos Tribunais, 1971.

FRAZÃO, Ana; GOETTENAUER, Carlos. *Black box* e o direito face à opacidade algorítmica. BARBOSA, Mafalda Miranda; BRAGA NETTO, Felipe; SILVA, Michael César; FALEIROS JR, José Luiz (Coords.). *Direito Digital e Inteligência Artificial. Diálogos entre Brasil e Europa.* Indaiatuba: Foco, 2021.

FUKUYAMA, Francis. *Nosso futuro pós-humano:* Consequências da revolução da biotecnologia. Trad. Maria Luiza X. de A. Borges. Rio de Janeiro: Rocco, 2003.

FUREDI, Frank. *Therapy culture*: cultivating vulnerability in an uncertain age. London: Routledge, 2004.

GARCIA, Maria. *Bioética e o princípio da autonomia:* a maioridade Kantiana e a condição do autoconhecimento humano. In: GOZZO, Débora; LIGIERA, Wilson Ricardo (Org.). *Bioética e Direito, Fundamentais.* São Paulo: Saraiva, 2012.

GARRETT, Alex; STRAKER, Karla. *Digital channels for building collaborative consumption communities.* v. 11 n. 2, 2017, p. 160-184. Disponível em: www.emeraldinsight.com/2040-7122.htm. Acesso em: 25 set. 2019.

GEOFFREY, Hubonab; SRITEC, Mark; WHITE, Baker Elizabeth. Does "Being There" Matter? The Impact of Web-Based and Virtual World's Shopping Experiences on Consumer Purchase Attitudes. *Information & Management jornal.* Disponível em: www.elsevier.com/locate/im. Acesso em: 20 set. 2019.

GLENDINNING, Chellis. *When Technology Wounds*: The Human Consequences of Progress. New York: Morrow, 1990.

GPS by Design. Disponível em: https://gpsbydesign.org/. Acesso em: 12 out. 2020.

GODINHO, A.M. *A responsabilidade civil dos robôs inteligentes e de seus fabricantes.* Fórum, Belo Horizonte, 1º junho 2021. Disponível em: https://www.editoraforum.com.br/noticias/responsabilidade-civil-dos-robos-inteligentes-e-de-seus-fabricantes-coluna-direito-civil/#_ftnref6. Acesso em: 06.jan. 2023.

GOLEMAN, D. *Inteligência Emocional.* A teoria revolucionária que define o que é ser inteligente. Rio de Janeiro: Objetiva, 1995.

GOMES, Celeste Leite dos Santos Pereira; SORDI, Sandra. Aspectos atuais do projeto genoma humano. in: SANTOS, Maria Celeste Cordeiro Leite (org.). *Biodireito*: Ciência da vida, os novos desafios. São Paulo: Revista dos Tribunais, 2001.

GOODMAN, Marc. *Los delitos del futuro*: Todo está conectado, todos somos vulnerables, ¿qué podemos hacer al respecto? Barcelona: Grupo Planeta, 2015.

GREENE, Joshua. *Tribos morais a tragédia da moralidade do senso comum.* Trad. Alessandra Bonrruquer. Rio de Janeiro: Record, 2018.

HÄBERLE, Peter. *El Estado constitucional.* Traducción del Héctor Fix-Fierro. México: UNAM, estudio introductorio por Diego Valadés, 2016.

HABERMAS, Jürgen. *Teoria do Agir Comunicativo.* v. 1. Racionalidade da ação e racionalização social. São Paulo: Martins Fontes, 2012.

HABERMAS, Jürge. *O futuro da natureza humana:* a caminho de uma eugenia liberal? Trad. Karina Jannini. São Paulo: Martins Fontes, 2004.

HABERMAS, Jürge. *1929 – O discurso filosófico da modernidade*: doze lições. Trad. Luiz Sérgio Repa, Rodnei Nascimento. São Paulo: Martins Fontes, 2000.

HABERMAS, Jürge. The concept of human dignity and the realistic utopia of human rights. *Metaphilosophy,* vol. 41, no. 4, 2010, pp. 464–480. Disponível em: JSTOR, www.jstor.org/stable/24439631. Acesso em: 08. maio 2023.

HAN, Byung-Chul. *Não coisas*: reviravoltas do mundo da vida. Petrópolis: Vozes, 2022.

HARARI, Yuval. O domínio da inteligência artificial sobre a linguagem é uma ameaça à civilização. *Estadão*, 28.mar.2023. Disponível em: https://www.estadao.com.br/internacional/yuval-harari-o-dominio-da-inteligencia-artificial-sobre-a-linguagem-e-uma-ameaca-a-civilizacao/ Acesso em: 28.mar.2023.

HARARI, Yuval. *21 Lições para o século 21*. Trad. Paulo Geiger. São Paulo: Companhia das Letras, 2018.

HARARI, Yuval. *Homo Deus:* Uma breve história do amanhã. Trad. Paulo Geiger. São Paulo: Companhia das Letras, 2016.

HAYEK, F. A. *O caminho da servidão*. São Paulo: LVM, 2010.

HEIDEGGER, Martin. *A caminho da linguagem*. Petrópolis: Vozes, 2003.

HEIDEGGER, Martin. A Questão Sobre a Morada do Homem. *Revista de Cultura Vozes*. Petrópolis, ano 71, n. 04, maio de 1977.

HEIDEGGER, Martin. *The question concerning technology and other essays*. New York: W. Lovitt, 1977.

HEIDEGGER, Martin. *Carta sobre el humanismo*. Trad. Helena Cortés y Arturo Leyte. Madrid: Alianza Editorial, 2000.

HEIDEGGER, Martin. *A questão da técnica. Ensaios e Conferências*. 3. ed. Petrópolis: Vozes, 2006.

HEMMENT, Drew; EVANS John; HUMPHRIES Theo; RAENTO Mika. "*The LOCA Project: Locative Media and Pervasive Surveillance*", em The Hothaus Papers: Paradigms and Perspective in Media Arts, A Vivid Publication em associação com Article Press, UCE, J Gibbons e K. Winwood eds, 2006. Disponível em: https://eprints.lancs.ac.uk/id/eprint/30973/1/The_Loca_Project.pdf. Acesso em: 30 nov. 2022.

HERBERT, Frank. *Duna*. São Paulo: Aleph, 2017.

HOFFMANN-RIEM, Wolfgang. *Teoria Geral do Direito Digital. Transformação digital* – desafios para o direito. Trad. de Italo Fuhrmann. Rio de Janeiro: Forense, 2021.

HORKHEIMER, Max; ADORNO, Theodor. *La industria cultural. Iluminismo como mistificación de masas*. Dialéctica del iluminismo. Buenos Aires: Sudamericana, 1988.

HUXLEY, Aldous. *Admirável Mundo Novo*. Trad. Vidal de Oliveira. Rio de Janeiro: Globo, 2010.

IENCA, M., Andorno, R. Towards. *New human rights in the age of neuroscience and neurotechnology*. Life Sci Soc Policy 13, 5, 2017. Disponível em: https://doi.org/10.1186/s40504-017-0050. Acesso em: 22 out. 2022.

ISAACSON, Walter. *Os inovadores:* uma biografia da revolução digital. São Paulo: Companhia das Letras, 2014.

IZQUIERDO, Pedro José. La desigualdad del hombre mejorado: El desafío transhumanista al orden jurídico liberal. *Persona y derecho*, vol. 84, 2021/1, junho, 2021. p. 347-368.

JAPIASSU, Hilton Ferreira. A crise da razão no Ocidente. *Revista em Educação Ambiental*. São Paulo, Ribeirão Preto, v. 1, n. 1, 2006, p. 27-41.

JIMENA, O. Se acerca la era de la vigilancia subcutánea, advierte Yuval Noah Harari. *Pijama Surf.* Disponível em: https://pijamasurf.com/2020/05/covid_19_coronavirus_consecuencias_vigilancia_subcutanea_microchip_yuval_noah_harari_opinion/ 05/15/2020. Acesso em: 24 set. 2022.

JUN, Hong He; FU, Li; SHANG, Rong Du; YI, Tao; ZHONG, Xiang Li. "A Qualitative Study of the Stimuli on Consumer Emotion in Mobile Shopping", Advanced Engineering Forum, *Scientific.Net*. Agost 2019. v. 33, p. 47-56, 2019. Disponível em: https://doi.org/10.4028/www.scientific.net/AEF.33.47. Acesso em: 31 out. 2019.

KANT, Immanuel. *Die Metaphysik der Sitten*. *In*: Kants Werke, Akademie-Ausgabe. Berlin: Walter de Gruyter & Co., vol. VI, 1968.

KANT, Immanuel. *Fundamentação da Metafísica dos Costumes*. Lisboa: Edições 70, 2007.

KELLY, Kevin. *Inevitável:* as 12 forças tecnológicas que mudarão nosso mundo. Trad. Cristina Yamagami. São Paulo: HSM, 2017.

KENNEDY, John F. Special message to congress on protecting consumer interest. *Presidential Library and Museum*. Disponível em: https://www.jfklibrary.org/asset-viewer/archives/JFKPOF/037/JFKPOF-037-028 e Public Papers of the Presidents, p.235. Publicação oficial do governo dos EUA. Disponível em: https://www.govinfo.gov/app/details/PPP-1962-book1. Acesso em: 31 maio 2022.

KIERKEGAARD, Soren. *Étapes sur le chemin de la vie*. Trad. Du danois par f. Prior et m.-h. Guignot Gallimard, 1948.

KIERKEGAARD, Soren. *O desespero humano*. São Paulo: LeBooks, 2021.

KNOENER, Luanna Eroles. *Sociedade em rede:* Facebook como personificação da Hipermodernidade. São Paulo: ECA (LGL\1990\37), USP, 2015.

KONDER, Carlos Nelson. Vulnerabilidade patrimonial e vulnerabilidade existencial: por um sistema diferenciador. *Revista de Direito do Consumidor*. vol. 99. ano 24. p.101-123. São Paulo: Revista dos Tribunais. Maio-junho, 2015.

KOTLER, Philip. *Marketing 3.0 as forças que estão definindo o novo marketing centrado no ser humano*. Hermawan Kartajaya, Iwan Setiawan. Trad. Ana Beatriz Rodrigues. Rio de Janeiro: Elsevier, 2012.

KRISHEN, Anjala S.; LEE Michael Kraussman. Do consumers dig it all? The interplay of digital and print formats in media. *Journal of Consumer Marketing,* 33/7 2016. 489–497. Disponível em: www.emeraldinsight.com/0736-3761.htm. Acesso em 28 out. 2019.

KURZWEIL, Ray. *A singularidade está próxima quando os humanos transcendem a biologia*. São Paulo: Iluminuras, 2006.

KURZWEIL, Ray. *A Era das Máquinas Espirituais*. Trad. Fábio Fernandes. São Paulo: Aleph, 2007.

LA BOÉTIE, Etienne de. *O Discurso da Servidão Voluntária*. 1. ed. São Paulo: Martin Claret, 2017.

LACERDA, Denis Otte. Direito da personalidade e integridade psicofísica. *Anais do XVIII Congresso Nacional do Conpedi*. São Paulo, 2009.

LASH, Scott; BECK, Ulrich; GIDDENS, Anthony. *Modernização reflexiva:* política tradição e estética na ordem social moderna. Risco, confiança, reflexibilidade. São Paulo: Universidade Estadual Paulista, 1997.

LE BRETON, David. *A sociologia do corpo*. 2. ed. Trad. Sônia M.S. Fuhrmann. Petrópolis: Vozes, 2007.

LE BRETON, David. *Adeus ao corpo:* antropologia e sociedade. Campinas: Papirus, 2003.

LEMOS, André. *A tecnologia é um vírus:* Pandemia e cultura digital. Porto Alegre: Sulina, 2021.

LEMOS, André. Mídias Locativas e Vigilância: sujeito inseguro, bolhas digitais, paredes virtuais e territórios informacionais. In: *Surveillance in Latin America, Vigilância, segurança e controle social*. Curitiba: PUCPR, 2009. p. 621- 648.

LLANO-ALONSO, Fernando Higinio. Transhumanism, Vulnerability and Human Dignity. Deusto journal of human rights. *Revista Deusto de derechos humanos*, 4, 39-58, 2019.

LEMBKE, Anna. *Nação dopamina*: por que o excesso de prazer está nos deixando infelizes e o que podemos fazer para mudar. Trad. Elisa Nazarian. São Paulo: Vestígio, 2022.

LÉVY, Pierre. *Cibercultura*. São Paulo: Editora 34, 1999.

LEWIS, C.S. *Cristianismo puro e simples*. São Paulo: Martins Fontes, 2005.

LI, Tiffany. Destruição algorítmica (2022). *SMU Law Review*. Volume 75, Edição 3, 2022. Disponível em SSRN: https://ssrn.com/abstract=4066845 ou http://dx.doi.org/10.2139/ssrn.4066845. Acesso em 05 maio 2023.

LIMBERGER, Têmis. *O direito à intimidade na era da informática:* a necessidade de proteção dos dados pessoais. Porto Alegre: Livraria do Advogado, 2007.

LIMBERGER, Têmis. Direitos humanos na era tecnológica. *Revista Direitos Emergentes na Sociedade Global*. Santa Maria, v. 2, n. 2, p. 346-366, 2014.

LIPOVETSKY, Gilles. *A era do vazio:* ensaios sobre o individualismo contemporâneo. Barueri: Manole, 2005.

LÓPEZ, David Jiménez. Publicidad, Prácticas comerciales agresivas, y ficheros de exclusión voluntaria o listas robinson en el ámbito digital: una sugerente visión desde el Derecho Español. *Revista de Derecho Universidad Católica del Norte Sección*. Estudios Año 21 – n. 1, 2014, p. 61-109.

LOVEKIN, David. *Technique, Discourse, and consciousness:* an introduction to the philosophy of Jacques Ellul. Bethlehem: Lehigh University Press, 1991.

LUCHETTI, Luca. Pratiche Commerciali Slealie Diligenza Professionale*:* Profili Comparatisitici e Diritto Europeo. *Università Degli Studi di Macerata*. Anno 2012. Disponível em: https://www.academia.edu/29777737/pratiche_commerciali_sleali_e_diligenza_professionale_profili_comparatisitici_e_diritto_europeo_tutor_dottorando. Acesso em: 03 nov. 2019.

LUHMANN, Niklas. *Poder*. Trad. Martine Creusol de Rezende Martins. Brasília: Universidade de Brasília, 1985.

MACIEL Nahima. *Yuval Harari diz que inteligência artificial criou massa de "inúteis" Estado de Minas*. Disponível em: https://www.em.com.br/app/noticia/cultura/2019/11/09/interna_cultura,1099644/amp.html. Acesso em: 11.dez.2022.

MAMAN, Jeanette Antonios. *Fenômenologia existencial do direito:* crítica do pensamento jurídico brasileiro. São Paulo: Edipro, 2000.

MARQUES, Cláudia Lima. *Contratos no Código de Defesa do Consumidor:* O novo regime das relações contratuais. São Paulo: Revista dos Tribunais, 2002.

MARQUETA. *The european payments landscape in 2030*. Disponível em: https://resources.marqeta.com/c/report-european-payments-landscape?x=hj28ub. Acesso em: 20 dez. 2022.

MARQUES, Cláudia Lima. *O Diálogo das Fontes*. Do Conflito à Coordenação de Normas do Direito brasileiro. São Paulo: Revista dos Tribunais, 2012.

MARTÍNEZ, Gregório Peces- Barba. *Lecciones de derechos fundamentales*. Madrid: Dykinson, 2004.

MARX, Leo. *Does Improved Technology Mean Progress?* Disponível em: http://w3.salemstate.edu/~cmauriello/Course%20Development/IDS271%20Readings/MarxDoes%20Improved%20Technology%20Mean%20Progress.pdf. Acesso em: 12 out. 2019.

MEDON, Filipe. *Inteligência Artificial e Responsabilidade Civil*. Autonomia, Riscos e Solidariedade. 2. ed., rev., atual. e ampl. São Paulo: Juspodivm, 2022.

MEDON, Filipe. Inteligência Artificial e a Responsabilidade Civil: Diálogos entre Europa e Brasil. *In:* PINHO, Anna Carolina (coord.). *Discussões sobre Direito na Era Digital*. Rio de Janeiro: GZ, 2021.

MENKE, Fabiano. A proteção de dados e o direito fundamental à garantia da confidencialidade e da integridade dos sistemas técnico-informacionais no direito alemão. *RJLB – Revista Jurídica Luso-Brasileira*, v. 1, p. 781-809, 2019.

MENKE, Fabiano. As origens alemãs e o significado da autodeterminação informativa, *In*: MENKE, Fabiano; DRESCH, Rafael de Freitas Valle. *Lei Geral de Proteção de Dados. Aspectos Relevantes,* Indaiatuba: Editora FOCO, 2021, p. 13-21.

MENKE, Fabiano; MARCON, Daniele Verza. A dimensão do corpo eletrônico a partir de "Be right Back": reflexões sobre a "softwarização" da personalidade. In: COLOMBO, Cristiano; ENGELMAN, Wilson; FALEIROS JÚNIOR, José Luiz de Moura. *A tutela jurídica do corpo eletrônico*: novos desafios ao direito digital. Indaiatuba: Foco, 2022.

MESTRES, F. Evolución: de la especie humana al cyborg. Sociología y tecnociencia. *Revista digital de sociología del sistema tecnocientífico*, 2011, n. 1, Vol. 1, p. 37-46.

MICROSOFT. *The Future Computed:* Artificial Intelligence and its role in society. Redmont: Microsoft Corporation, 2018.

MITCHAM, Carl; MEDINA, Manuel. *¿Qué es la filosofía de la tecnología? Anthropos.* Vasco: Universidad del País, 1989.

MIRAGEM, Bruno. *Curso de Direito do Consumidor*. 6. ed. São Paulo: Revista dos Tribunais, 2016.

MIRAGEM, Bruno. *Direito Civil*: responsabilidade civil. São Paulo: Saraiva, 2015.

MIRAGEM, Bruno. Princípio da vulnerabilidade: perspectiva atual e funções no direito do consumidor contemporâneo. *In*: MIRAGEM, Bruno; MARQUES, Claudia Lima; MAGALHÃES, Lucia Ancona Lopez de. (Org.). *Direito do Consumidor*: 30 anos do CDC. 1. ed. São Paulo: Forense, 2020.

MOLINARO, Carlos Alberto. A dignidade da pessoa humana na visão de Ingo W. Sarlet: desde a problematização do conceito até o pensar fora do marco jurídico estabelecido. *Revista de Argumentação e Hermeneutica Jurídica*. Salvador v. 4, n. 1, p. 94-118, Jan/jun. 2018.

MONTREAL Ai Ethics Institute. Disponível em: https://montrealethics.ai/europe-analysis-of-the-proposal-for-an-ai-regulation/. Acesso em: 25 maio 2022.

MORAES, Maria Celina Bodin. *O conceito de dignidade humana:* substrato axiológico e conteúdo normativo. In: SARLET, Ingo Wolgang (coord.). Constituição, Direitos Fundamentais e Direito Privado. 2.ed., rev. e ampl. Porto Alegre: Livraria do Advogado, 2006.

MORE, Max. *The Philosophy of Transhumanism*. The Transhumanist Reader: Classical and Contemporary Essays on the Science, Technology, and Philosophy of the Human Future. Max More e Natasha Vita-More Oxford, Reino Unido: Wiley-Blackwell, 2013.

MO SUNG, Jung. *Sujeto y sociedades complejas:* para repensar los horizontes utópicos. Costa Rica: San José, 2005.

MULHOLLAND, Caitlin. Responsabilidade civil e processos decisórios autônomos em sistemas de inteligência artificial (IA): autonomia, imputabilidade e responsabilidade. *In:* FRAZÃO, Ana; MULHOLLAND, Caitlin, Coord. *Inteligência Artificial e Direito*. Ética, Regulação e Responsabilidade. 2. ed. São Paulo: Revista dos Tribunais, 2020.

MUSSAK, Eugênio. *Caminhos da mudança*. São Paulo: Integrare, 2015.

NAISBITT, John. *High Tech High Touch* – Tecnologia e nossa busca por significado. Trad. Newton Roberval Eichemberg. 3. ed. São Paulo: Cultrix, 2006.

NAISBITT, John. *Megatrends Ten New Directions Transforming Our Lives*. New York: Warnerbooks, 1982.

NASCIMENTO, Noel. *A justiça e o fim da repressão*. Curitiba: Beija Flor, 1983.

NEVES, Marcelo. *Transconstitucionalismo.* São Paulo: Martins Fontes, 2009.

NEVES AGUIAR, M.; THEREZA MEIRELES, A. Autonomia e alteridade como fundamentos da construção do sentido de dignidade existencial diante do direito à vida. *RBDA*, Salvador, v. 13, n. 1, 2018. DOI: 10.9771/rbda. v13i1.26220. Disponível em: https://periodicos.ufba.br/index.php/RBDA/article/view/26220. Acesso em: 4 nov. 2022.

NEVES PINTO, Gerson. Nanovigilância: qual é o limite? *IHU on line. Revista do Instituto Humanitas Unisinos*. ed. 241. São Leopoldo, 2007. Disponível em: https://www.ihuonline.unisinos.br/media/pdf/IHUOnlineEdicao241.pdf. Acesso em: 10 out. 2021.

NERY JUNIOR, Nelson; NERY, Rosa Maria Andrade. *Código de Processo Civil Anotado*. São Paulo: Revista dos Tribunais, 2003.

NUNES, Luis Antonio Rizzatto. *Comentários ao Código de Defesa do Consumidor*. 3. ed. São Paulo: Saraiva, 2007.

ORWELL, George. *1984*. Trad. Karla Lima. Jandira: Principis, 2021.

PASQUAL, Cristina Stringari. Frank e o Robô: A robótica e a hipervulnerabilidade do idoso. *In*: Aline Mapelli; Marina Giongo; Rita Carnevale (org.). *Os impactos das novas tecnologias no direito e na sociedade*. Erechim: Deviant, 2018.

PASQUAL, Cristina Stringari; SOUZA, M. G. B. P. O direito fundamental do consumidor à proteção de dados pessoais: uma breve análise sobre a proteção de dados sensíveis. In: Anizio Pires Gavião Filho, Rogério Gesta Leal, Handel Martins Dias. (Org.). *Coletânea do V seminário internacional tutelas à efetivação de direitos indisponíveis*, vol. 2. Belo Horizonte: Dialética, 2020.

PASQUALOTTO, Adalberto de Souza. A convenção quadro para o controle do tabaco como reforço da constitucionalidade da proibição da publicidade de tabaco. *Revista de Direito do Consumidor*. São Paulo, v. 23, n. 91, p. 169-209, jan./fev. 2014.

PASQUALOTTO, Adalberto de Souza.. *Os efeitos obrigacionais da publicidade no Código de Defesa do Consumidor*. São Paulo: Revista dos Tribunais, 1997.

PASQUALOTTO, Adalberto de Souza.. Publicidade é matéria de ordem econômica, não política. *Consultor Jurídico*. Maio, 2019. Disponível em: https://www.conjur.com.br/2019-mai-06/adalberto-pasqualotto-publicidade-liberdade-economica. Acesso em: 12 out. 2019.

PASQUALOTTO, Adalberto de Souza.. A responsabilidade civil do fabricante e os riscos de desenvolvimento. AJURIS: *Revista da Ajuris*, Porto Alegre, v. 20, n. 59, p. 147-168, nov. 1993.

PASQUALOTTO, Adalberto de Souza.; SCALZILLI, Roberta. Desafios para regulação jurídica dos processos decisórios autônomos em sistemas de inteligência artificial: rumo ao desenvolvimento de novas competências humanas com olhar para o futuro das relações de consumo. *RJLB – Revista Jurídica Luso-Brasileira,* v. 5, p. 1-28, 2020.

PEREC, Georges. *A vida modo de usar*. Trad. Ivo Barroso. São Paulo: Companhia de Bolso, 2009.

PERELMAN, Chaim. *Ética e Direito*. São Paulo: Martins Fontes, 1996.

PERELMUTER, Guy. *Futuro presente:* O mundo movido a tecnologia. São Paulo: Companhia Editora Nacional, 2019.

PINKER, Steven. *Os Anjos bons da nossa natureza:* Por que a violência diminuiu. Trad. Lauta Teixeira Motta. São Paulo: Companhia das Letras, 2013.

PINTARELLI, Camila. A proteção jurídica da mente. *Revista de Direito da Saúde Comparado*. v. 1, n. 1. São Paulo, 2022.

POSNER, Richard A. *A economia da justiça*. Trad. Evandro Ferreira e Silva. São Paulo: Martins Fontes, 2010.

POSTMAN, Neil. *Technopoly:* The Surrender of Culture to Technology. New York: Vintage Books, 1993.

POYNTON, Robert. *Pausa:* No eres una lista de tareas pendientes. Toled: Koan, 2020.

PRIETO, Antonio Márquez. *Calidad Ambiental de las Relaciones Laborales* (ensayo interdisciplinar). Granada: Comares, 2010.

QIANG, Yang. A Quarta revolução. *O correio da Unesco*. n. 3. jul.-set. 2018.

QUINTÁS, Alfonso Lópcz. *A Manipulação do Homem através da Linguagem*. Disponível em: http://www.hottopos.com/mp2/alfonso.htm. Acesso em: 22 abr. 2022.

RAINIE, L.; ANDERSON, J. The Fate of Online Trust in the Next Decade. Trust, Facts and Democracy. *Pew Researche Center*. Agosto, 2017. Disponível em: http://www.pewinternet.org/2017/08/10/the-fate-of-online-trust-in-the-next-decade/. Acesso em: 25 out. 2019.

RECH, Adir Ubaldo; RECH, Adivandro. Os direitos humanos e fundamentais e a garantia de uma sociedade humanitária. *In*: PEREIRA, Agostinho Oli Koppe; HORN, Luiz Fernando Del Rio (Orgs.). *Relações de consumo: humanismo*. Caxias do Sul: Educs, 2011.

RICH, Elaine; KNIGHT, Kevin. *Inteligência artificial*. 2. ed. São Paulo: Makron Books, 1994.

ROBOLAW. Disponível em: http://www.robolaw.eu/. Acesso em: 11 out. 2020.

RODOTÀ, Stefano. *Il diritto di avere diritti*. Roma: Laterza, 2012.

RODRIGUES, Lays Soares dos Santos. *Precisamos falar sobre assédio de consumo*: a publicidade a serviço da indústria cultural. Rio de Janeiro: Lumen Juris, 2019.

ROOS, Gautier; YEH, Alexandra. L'IA en route vers la quatrième révolution industrielle? *Méta-Media*, 26 mars 2017.

RUBIN, Charles T. Human Dignity and the Future of Man. *In*: *Human Dignity and Bioethics*. President's Council on Bioethics. Mar. 2008.

RUBIN, Charles T. *Eclipse of Man*: Human Extinction and the Meaning of Progress. Encounter Books, 2014.

RUSSELL, Stuart; NORVIG, Peter. *Inteligência artificial*. Trad. Regina Célia Simille. 3.ed. Rio de Janeiro: Elsevier, 2013.

RUSSELL, Stuart. *Inteligência artificial a nosso favor*: Como manter o controle sobre a tecnologia. Trad. Berilo Vargas. São Paulo: Companhia das Letras, 2021.

SANDEL, Michael J. *Contra a perfeição*: Ética na era da engenharia genética. Trad. Ana Carolina Mesquita. Rio de Janeiro: Civilização Brasileira, 2013.

SANDLER, Ronald L. *Ethics and Emerging Technologies*. New York: Palgrave Macmillan, 2014.

SANDLER R, Basl J. Transhumanism, human dignity, and moral status. *Am J Bioeth*. 2010;10(7):63-66.

SCASSA, Teresa. Ownership and control over publicly accessible platform data Online Information. *Online Information Review*, v. 43 n. 6, 2019, p. 986-1002. Disponível em: https://doi.org/10.1108/OIR-02-2018-0053. Acesso em: 20 set. 2020.

SAHNEY, Sangeeta; GHOSH Koustab; SHRIVASTAVA, Archana. "Buyer's motivation" for online buying: an empirical case of railway e-ticketing in Indian context. *Journal of Asia Business Studies*. v. 8 n. 1 2014, p. 43-64. Disponível em: https://doi.org/10.1108/JABS-07-2011-0036. Acesso em: 22 out. 2019.

SALOMÃO, Jeovani. *O futuro é analógico, provocações sobre tecnologia e nossa humanidade*. Brasília: Tagore, 2021.

SARAMAGO, José. *As intermitências da morte*. São Paulo: Companhia das Letras, 2005.

SARAMAGO, José. *Ensayo sobre la ceguera*. Madrid: Santillana, 1996.

SARLET, Gabrielle Bezerra Sales; MOLINARO, Carlos Alberto. Questões tecnológicas, éticas e normativas da proteção de dados pessoais na área da saúde em um contexto de *Big Data*. *Direitos Fundamentais & Justiça,* Porto Alegre, v. 13, 2019, p. 183-213.

SARLET, Ingo Wolfgang. *A eficácia dos direitos fundamentais:* uma teoria geral dos direitos fundamentais na perspectiva constitucional. 10. ed. revista., atualizada. e ampliada. Porto Alegre: Livraria do Advogado, 2010.

SARLET, Ingo Wolfgang. *A eficácia dos direitos fundamentais:* uma teoria geral dos direitos fundamentais na perspectiva constitucional. 13. ed. revista, atualizada. e ampliada. Porto Alegre: Livraria do Advogado, 2018.

SARLET, Ingo Wolfgang. As dimensões da dignidade da pessoa humana: construindo uma compreensão jurídico-constitucional necessária e possível. *Revista Brasileira de Direito Constitucional*, São Paulo, v. 5, n. 9, jan./jun. 2007. p.361-388. Disponível em: http://bdjur.stj.jus.br/dspace/handle/2011/27252. Acesso em: 05 maio 2023.

SARLET, Ingo Wolfgang. *Dignidade da Pessoa Humana e Direitos Fundamentais na Constituição Federal de 1988*. 9. ed. Rev. atual. Porto Alegre: Livraria do Advogado, 2011.

SARLET, Ingo Wolfgang; SARLET, Gabrielle Bezerra Sales. Inteligência artificial e direito. SALES Gabrielle Bezerra [*et al.*] Coordenadores; Coordenador executivo Lucas Reckziegel Weschenfelder. *In*: *Algumas notas sobre a relação entre inteligência artificial, Proteção de dados pessoais e os direitos fundamentais na ordem Constitucional brasileira*. Porto Alegre: Fundação Fênix, 2023.

SCALZILLI, Roberta. A tributação do influenciador digital: reflexões sobre transparência e uso da inteligência artificial nas mídias digitais. *In*: CALIENDO, Paulo; CAVALCANTE, Denise Lucena; BITTENCOURT, Luiz Antonio da Silva (Orgs.). *Tributação, Tecnologia e Direitos Fundamentais*. Porto Alegre: Fundação Fênix, 2021. *E-book*.

SCHREIBER, Anderson. *Direitos da Personalidade*. 2. ed. São Paulo: Atlas, 2013.

SCHMIDT NETO, André Perin. *O Livre-Arbítrio na Era do Big Data*. São Paulo: Tirant lo Blanch, 2021.

SCHMITT, Cristiano Heineck. *Consumidores Hipervulneráveis*: A proteção do idoso no mercado de consumo. São Paulo: Atlas, 2014.

SCHWAB, Klaus. *A quarta revolução industrial*. Trad. Daniel Moreira Miranda. São Paulo: Edipro, 2016.

SCMP. Disponível em: https://www.scmp.com/. Acesso em: 25.jan. 2023.

SCRUTON, Roger. *Beleza*. Trad. Hugo Langone. São Paulo: É Realizações, 2013.

SEN, Amartya. *A ideia de justiça*. Trad. Denise Bottmann e Ricardo Doninelli Mendes. São Paulo: Companhia das Letras, 2011.

SHELLEY, Mary. *Frankenstein*. Trad. Miécio Araújo Jorge Honkis. Porto Alegre: L&PM Pocket, 1985.

SILVA, Ovídio Araújo Baptista da. *Epistemologia das ciências culturais*. Porto Alegre: Verbo Jurídico, 2009.

SILVEIRA, Paulo Antônio Caliendo Velloso da. *Ética e Inteligência Artificial:* da possibilidade filosófica de Agentes Morais Artificiais. Porto Alegre: Fi, 2021.

SILVEIRA, Sérgio Amadeu da. *Tudo sobre tod@s:* Redes digitais, privacidade e venda de dados pessoais. São Paulo: Edições SESC São Paulo, 2017. *E-book*.

SIMANCAS TRUJILO, R.; NAVARRO, Y. El peso de la razón, la emoción y la decisión: claves del consumo desde el neuromarketing. *Revista Adgnosis*. v. 3, n. 3, 9 dic. 2014.

SINDILOJAS. E-book. *Negócios do bem*. Núcleo de pesquisas. Disponível em: https://www.sindilojaspoa.com.br/imprensa/noticias/e-book-negocios-do-bem-e-destaque-no-consumidor-rs. Acesso em: 30 out. 2020.

SMALL, Gary W; VORGAN, Gigi. *Ibrain:* Surviving the technological alteration of the modern mind. New York: William Morrow e Company, 2008.

SNOWDEN, Edward J. *Eterna vigilância*. Trad. Sandra Martha Dolinsky. São Paulo: Planeta do Brasil, 2019.

SOARES, Jessica Aparecida. Impacto das novas tecnologias (em especial bio e tecno) para a compreensão das identidades e da pessoa: uma revisão. *Revista Orbis Latina*. Volume 11 nº 1 janeiro- junho 2021. Disponível em: https://revistas.unila.edu.br/index.php/orbis. Acesso em: 28 nov. 2022.

SOUZA, Francisco de Castro Samarino e. O homem moderno e seu lugar no tempo. *Revista Filosofia*. Fevereiro de 2018. Ano X, n. 126, p.11-19.

STIVERS, Richard. *A tecnologia como Magia. O Triunfo do irracional*. Lisboa: Instituto Piaget, 2001.

STIVERS, Richard. The Media Creates Us in Its Image Bulletin of Science. *Technology & Society*. Volume 32, Issue, June 2012, Pages 203-212. 2012.

STIVERS, Richard. *The Illusion of Freedom and Equality*. New York: State University of New York, 2008.

STIVERS, Richard. *Shades of loneliness:* pathologies of a technological society. New York: Rowman e Littlefield Publishers, 2004.

SU, C., ZHOU H., GONG L., TENG B., GENG F., HU Y. Viewing personalized video clips recommended by TikTok activates default mode network and ventral tegmental area. *NeuroImage* 237, 118136 2021. Disponível em: https://doi.org/10.1016/j.neuroimage.2021.118136. Acesso em:21.jan.2022.

TENNER, Edward. *A vingança da tecnologia*. As irônicas consequências das inovações mecânicas, químicas biológicas e médicas. Trad. Ronaldo Sergio de Biasi. Rio de Janeiro: Campus, 1997.

TENNER, Edward. *The Efficiency Paradox:* What Big Data Can't Do. New York: Alfred A. Knopf, 2018.

TENNER, Edward. *Why Things Bite Back*. Technology and the Revenge of Unintended Consequences. New York: Vintage, 1997.

TENNER, Edward. *Our Own Devices:* The Past and Future of Body Technology. New York: Alfred A. Knopf, 2003.

TEIXEIRA, Coelho. Inteligência Artificial, ética artificial A máquina talvez possa ser moral; a pergunta sobre o que é moral pode não ser inteligência artificial [livro eletrônico]: avanços e tendências / organizadores Fabio G. Cozman, Guilherme Ary Plonski, Hugo Neri. São Paulo: Instituto de Estudos Avançados, 2021.

THALER, Richard H; SUNSTEIN Cass R. *Nudge*: como tomar melhores decisões sobre saúde, dinheiro e felicidade, Trad. Ângelo Lessa. Rio de Janeiro: Objetiva, 2019.

TORRES JUNIOR; Alvair Silveira. A sociedade disruptiva – fazendo das máquinas, humanos e dos humanos, máquinas. *Revista USP*. São Paulo, n. 123, p. 107-118, out./nov./dez. 2019.

THOMAS, Kyle; DESCIOLI, Peter; PINKER, Steven. Common knowledge, coordination, and the logic of self-conscious emotions. *Evolution and Human Behavior 39*, nº 2, 2018, p.179–90. Disponível em: http://dx.doi.org/10.1016/j.evolhumbehav.2017.12.001. Acesso em: 02 out. 2022.

TURING, Alan. Can Digital Computers Think? *In*: B J Copeland (ed.). *The Essential Turing* (Oxford, 2004; online, Oxford Academic, 12. nov. 2020) 1951. Disponível em: https://doi.org/10.1093/oso/9780198250791.003.0019. Acesso em: 10. jan. 2023.

UCHÔA, Pablo. Como evitar que hakers invadam seu cérebro no futuro. *BBC News Brasil*, 15 fev.2019. Disponível em: https://www.bbc.com/portuguese/geral-47240830. Acesso em: 31 out. 2019.

UNIÃO EUROPEIA. *Resolução do Parlamento Europeu de 16 de fevereiro de 2017, com recomendações à Comissão de Direito Civil sobre robótica*. Disponível em: https://www.europarl.europa.eu/doceo/document/TA-8-2017-0051_PT.html. Acesso em: 07 jul. 2021.

URY, William. *Supere o não*: negociando com pessoas difíceis: como fechar grandes negócios transformando seu oponente em parceiro. 7. ed. Trad. Regina Amarante. Rio de Janeiro: BestSeller, 2012.

U.S. Department Of Health, Education & Welfare. *Records computers and the rights of citizens*. Report of the Secretary's Advisory Committee on Automated Personal Data Systems, July, 1973.

VÉLIZ, Carissa. *Privacidade é poder:* por que e como você deveria retomar o controle de seus dados. Trad. Samuel Oliveira. São Paulo: Contracorrente, 2021.

VERASZTO, Estéfano Vizconde; SILVA, Dirceu da; MIRANDA, Nonato Assis de; SIMON, Fernanda Oliveira. *Tecnologia*: buscando uma definição para o conceito, n. 7, p. 60-85, 2008. Disponível em: Prisma.com. Acesso em: 10 out. 2019.

VIRILHO, Paul. *Inercia polar*. Lisboa: Publicações Dom Quixote, 1993.

VON BRAUN, Joachin; ARCHER, Margaret S.; REICHEBERG, Gregory M.; SORONDO, Marcelo Sánchez. ed. *Robotics, AI, and Humanity*. Science, Ethics, and Policy, Suíça: Springer, 2021, eBook.

WATANABE, Kazuo; BENJAMIN, A H V; FINK, D R; FILOMENO, J G; GRINOVER, Ada Pellegrini; NERY JÚNIOR, N; DENARI, Z. *Código brasileiro de defesa do consumidor comentado pelos autores do anteprojeto*. Rio de Janeiro: Forense Universitária, 1991.

WEBER, Thadeu. Autonomia e dignidade da pessoa humana em Kant. *Direitos Fundamentais & justiça*. Porto Alegre: nº 9 – out./dez.2009.

WEBER, Thadeu. *Justiça e direitos fundamentais em debate*. Porto Alegre: Fundação Fênix, 2023. Disponível em: http://www.fundarfenix.com.br. Acesso em: 29 mar. 2023.

WESENDONCK, Tula. A responsabilidade civil pelos riscos do desenvolvimento: evolução histórica e disciplina no Direito Comparado. *Direito & Justiça*, Porto Alegre, v. 38, n. 2, p. 213-227, jul./dez. 2012.

WEBER, Thadeu. Algumas reflexões sobre a responsabilidade civil pelos riscos do desenvolvimento no uso de nanotecnologias no direito brasileiro. *In:* MARTINS Guilherme Magalhães; ROSENVALD. Nelson (Org.). *Responsabilidade Civil e Novas Tecnologias*. Indaiatuba: Foco, 2020.

WIENER NORBERT, *Cibernética e sociedade o uso humano de seres humanos*. 2. ed. São Paulo: Cultrix,1954.

WILLIAM, Nozaki. Por uma economia de novos valores Da ética à matemática: valores morais como valores mercantis em uma sociedade em colapso econômico. *Revista Filosofia*, [s. l.], fev. 2018. Ano X, n.126, p.27-31.

WOOLRICH, Cornell, *Janela Indiscreta*. Trad. Rubens Figueiredo. São Paulo: Companhia das Letras, 2008.

YEUNG, Karen; HOWES, Andrew; POGREBNA, Ganna. AI Governance by Human Rights-Centered Design, Deliberation and Oversight: An End to Ethics Washing, 21 de jun. 2019. *The Oxford Handbook of AI Ethics, Oxford University Press,* 2019. Disponível em: http://dx.doi.org /10.2139/ssrn.3435011. Acesso em: 20 ago. 2021.

YOUNG, KS. Vício em Internet: O surgimento de um novo distúrbio clínico. *CyberPsychology & Behavior, 1* (3), 1998, 237–244. Disponível em: https://doi.org/10.1089/cpb.1998.1.237. Acesso em: 25 ago. 2021.

YUDKOWSKY, Eliezer. Artificial Intelligence as a Positive and Negative Factor in Global Risk. In: BOSTROM, Nick; ĆIRKOVIĆ, Milan M., (ed.). *Global Catastrophic Risks*, New York: Oxford University Press, 2008. p.308–345.

YUSTE, R.; GOERING, S.; ARCAS, B. *et al. Four ethical priorities for neurotechnologies and AI*. Nature. Vol. 551, 159–163 (2017). Disponível em: https://doi.org/10.1038/551159a. Acesso em: 03 jan. 2023.

ZUBOFF, Shoshana. *A Era do Capitalismo de Vigilância.* A luta por um futuro humano na nova fronteira do poder. Trad. George Schlesinger. Rio de Janeiro: Intrínseca, 2021.